本书由华中师范大学政治学世界一流学科建设经费资助出版

政治哲学概论

江畅 著

Introduction to Political Philosophy

中国社会科学出版社

图书在版编目（CIP）数据

政治哲学概论 / 江畅著. -- 北京：中国社会科学出版社，2025.7. -- ISBN 978-7-5227-5054-5

Ⅰ. D0-02

中国国家版本馆 CIP 数据核字第 2025GV9925 号

出 版 人	季为民
责任编辑	郝玉明
责任校对	谢　静
责任印制	李寡寡

出　　版	中国社会科学出版社
社　　址	北京鼓楼西大街甲 158 号
邮　　编	100720
网　　址	http://www.csspw.cn
发 行 部	010-84083685
门 市 部	010-84029450
经　　销	新华书店及其他书店
印　　刷	北京君升印刷有限公司
装　　订	廊坊市广阳区广增装订厂
版　　次	2025 年 7 月第 1 版
印　　次	2025 年 7 月第 1 次印刷
开　　本	710×1000　1/16
印　　张	20
字　　数	330 千字
定　　价	98.00 元

凡购买中国社会科学出版社图书，如有质量问题请与本社营销中心联系调换
电话：010-84083683
版权所有　侵权必究

前　　言

与道德哲学（伦理学）一样，政治哲学几乎与哲学同时诞生，但其学科地位在我国长期没有得到社会的承认。值得庆幸的是，2024年1月国务院学位委员会第一次将政治哲学列入我国研究生招生专业目录。① 从此，政治哲学正式成为哲学一级学科中的九个二级学科之一，这对于中国哲学和政治哲学界来说是值得庆贺的大事！为了适应培养研究这一古老而又新生学科专业人才的需要，作者将所主持编撰的《中西政治哲学通史》（20卷）中作者所著的《总论卷·政治哲学：理论与历史》进行删节组编成现在这本《政治哲学概论》教材。

本书分为三篇十一章。上篇"学科篇"阐述政治哲学的性质，主要讨论政治哲学的对象、使命、意义、立场、视野、方法及其与哲学的关系等问题。本篇共分三章，从第一章到第三章。

第一章讨论政治哲学的对象、使命和意义。大家公认政治哲学是一门有其独特学科性质的专门学科，但对政治哲学的性质见仁见智。其实，政治哲学是研究政治本性及其实践要求的哲学学科，是围绕政治本性及其实践要求从基础、原理和应用三个层面展开探讨的哲学学问，所体现的是人类的美好社会希冀及使之得以实现的政治智慧。其旨趣在于通过对现实政治及其本质的反思和批判揭示政治的本性及其要求，论证和阐明政治的终极目的在于运用政治权力使人类基本共同体成为为其全体成员过上好生活提供必要资源的好社会。其根本使命是通过反思和批判现实政治（包括政治现实和政治理论），揭示政治的本性及其实践要求并据此规导现实政治，使之体现政治的本性及其实践要求。政治哲学主要具有批判、构建、规导和诊疗四个主要功能，

---

① 参见《研究生教育二级学科，发布！》，中国教育在线，2024年1月26日。https：∥baijiahao.baidu.com/s? id=1789107576020792514&wfr=spider&for=pc。

它可以为人类构建合理的社会治理体系提供根本理念和基本原则，为人类消除社会政治腐败和异化提供思想武器，为人类追求永久和平和普遍幸福指明方向，为人类先进政治文化确定价值取向并赋予其实质内涵。政治哲学不属于现代意义上的政治学，而是属于哲学，是哲学的一个专门学科或特殊领域，政治学属于政治哲学反思和批判的对象、规导的对象。

第二章讨论政治哲学的立场、意向和方法。政治哲学研究者总是站在某一立场上研究政治哲学，政治哲学的立场问题就是研究者在人类社会的复杂结构中，立足于谁、为了谁进行政治哲学研究的问题。当代人类基本共同体从国家走向世界势在必行，政治哲学要超越以往立场的多元而走向一元，为世界共同体构建提供支持和服务。政治哲学的意向是一种研究者确定目标对象并在意识中不断与之相互建构的活动。政治哲学研究如果死守某个目标对象，就会丧失创造性和生命力。政治哲学研究的目标对象是个性化的、具有创造性的构建过程，这个过程不是一次性完成的，而是不断循环往复的持续过程，与研究者的研究相伴始终。政治哲学作为哲学的专门学科必须运用哲学的基本方法——思辨方法，但也要选用一些其他方法，如文献诠释法、历史审视法、现实质疑法等。今天政治哲学要回归其应承担的使命和责任，必须改变政治哲学研究中流行的科学经验方法，在使思辨方法成为政治哲学的基本方法的同时，对政治现实和政治科学始终保持批判性态度，不断推进政治复归其真实本性，体现本性的实践要求。立场、意向和方法的不同决定着政治哲学性质的不同，构建当代中国特色政治哲学需要对我们的研究立场、意向和方法进行反思和重构。

第三章讨论政治哲学与哲学的关系。一诞生，哲学家就注意到了人性的自为性和社群性两种基本特性，并将其作为思考和探索的重点，于是就有了重点关注人性自为性潜能及其现实化的伦理学和重点关注人性社群性潜能及其现实化的政治哲学。政治哲学与作为哲学主体部分的本体论、知识论和价值论有着不可分割的血肉联系，因此，政治哲学在哲学中具有特殊地位。在哲学的整个学科体系中，政治哲学与作为主干学科的价值论关系最为直接和密切。政治哲学研究的政治主要属于价值的领域，是其中的一个特殊，因此它属于价值学科，两者之间是一种交叉关系。政治哲学和伦理学或道德哲学的共同目的是根据人性的要求研究人类怎样过上好生活，但两者在研究对象、使命、关注的主要问题上存在着区别。不过，两者之间的区别是相对的，它们都有可能全口径地涉及社会成员好生活的各个方面，只是研究的侧重点不同，在两者各自研究的侧重点之间有宽阔的界限模糊区域。

中篇"理论篇"阐述政治哲学原理，主要探讨政治本性的人民性、政治目的的合理性、政治权力的正当性、政治制度的合法性、政治活动的公正性等问题。这些问题是笔者归纳出来的，这五个问题是政治哲学必须研究的基本问题，对这些问题的回答构成政治哲学的基本原理。本篇共分为五章，从第四章到第八章。

第四章阐述政治本性的人民性。人类社会怎么会有政治？为什么要政治？要什么样的政治？对这些问题的回答隐含着对政治本性问题的回答。轴心时代以来，哲学家对于这一问题歧见众多，并未形成普遍共识。在政治哲学的意义上，政治的真实本性在于人民性，即人民统治和治理社会，具体体现为作为社会统治者的人民，为了自身的幸福，运用法律统治社会，并授权其代表在法律范围内并依据法律治理社会。政治是在人类基本共同体日益复杂化的条件下伴随国家出现的，它是统治阶级为了实现自身利益和维护社会秩序，凭借以暴力机构为后盾的公共权力对社会实行治理的活动及其方式。到目前为止的政治都是统治阶级以国家为载体实现的，但这绝不意味着政治必定与国家相伴随，更不意味着国家的本质就是政治的真实本性。政治本性源自社会本性，而社会本性源自人类本性，人类本性则是与万物相通的。社会本性是政治本性的直接基础，人类本性则是政治本性的深层根基。政治与道德的关系特别密切且十分特殊，它们都是人类的生存智慧，区别只在于政治是用权力治理社会的政治智慧，而道德则是用道义治理社会的道德智慧，它们是人类生存智慧的两个最重要的方面。

第五章阐述政治目的的合理性。人类创造政治是有目的的，不同时代不同国家的政治目的很不相同，因此政治目的存在着合理与否的问题。政治目的可划分为根本性、总体性目的和派生性、单一性目的，前者可视为政治的终极目的或终极政治目的。终极政治目的的合理性问题是政治哲学重点关注的问题，因为终极政治目的合理与否是一种政治是否具有应用价值或者说是有利还是有害的根本前提和最终根据。历史上不同时代不同国度的终极政治目的各不相同，思想家对这一问题也作出了种种不同的理论回答。通过比较分析可以看出，只有马克思提出的"每一个个人的全面而自由的发展"（可以转换为"社会中所有人的全面而自由的发展"）才是真正合理的终极政治目的。这一终极政治目的的合理性不仅在于它体现了人类本性的要求，而且从历史上各种幸福观中汲取了养分，因而具有综合性和超越性。终极政治目的可以说就是政治理想的终极目的，政治理想则是对如何实现终极政治目的的谋划或设计，两者实质上是一致的。合理的政治目的得以实现，政治的本性才能真正得到实现，政治才具有了它应有的价值。

第六章阐述政治制度的合法性。政治制度是伴随着政治的出现而出现的，已经发展成为日益完整的社会制度体系，而社会制度日益政治化。伴随着人类政治加速从人治转向法治，政治制度日益法律化。政治制度对于政治生活乃至整个社会生活极其重要，它的出现标志着人类社会开始由政治主体进行自觉治理，从此人类也就开始成为社会的主人，自己掌握自己的命运。不同国度的政治制度不尽相同，但都存在着合法与否的问题。政治制度是一切政治活动的规范，制定和更新必须体现人民的意志，也必须体现政治的本性及其实践要求。合法的政治制度要贯彻和捍卫人民至上原则，要为人民运用法律进行统治提供制度保障，要为道德导向机制的建立和作用的发挥作出制度安排，要建立防治权力滥用、确保政治清正廉洁的权力控制体系，要促进社会全面进步和增进全体人民幸福，要追求使社会个体得其所应得的社会公正。政治制度的运用也存在合法性问题，其关键是如何处理政府机关的自由裁量权。作为政治制度重要补充的公共政策也存在公正性问题，而其前提在于合法性。

第七章阐述政治活动的公正性。政治的本性及其实践要求是通过政治活动实现的，政治活动是政治主体的活动，政治主体在政治活动中呈现其身份并发挥其作用，因而政治主体就是政治活动主体，政治活动则是政治活动主体作为的过程。政治活动主体包括统治主体——人民和治理主体——政府。两类政治主体活动的目的是要有所作为，它们因肩负着不同的使命而具有不同的应有作为。人民（包括人民整体和人民个体）政治活动最主要的作为是将自己的意志转化为法律，将自己的统治转化为法律统治。政府的一切治理活动都必须在法律的范围内并依据法律进行，但政府在法律的底线之上具有广阔的作为空间，而且必须有所作为、有大作为。人民和政府的政治活动都存在着公正性问题。政治活动公正是指在真正的民主社会，作为政治主体的人民和政府，根据政治本性及其实践要求，以政治公正原则为依据从事一切政治活动，并追求政治公正的结果。实现统治活动公正的形式是民主和法治，即人民用法律统治，包括立法公正；实现治理活动公正则包括行政活动和司法活动都公正。立法活动公正要求必须制定体现人民意志的善法；行政活动公正要求必须依法行政、为民造福；司法活动公正要求必须司法公正，包括实体司法公正和程序司法公正。政治主体的活动过程和结果要公正，政治活动主体就必须具有政治智慧。

第八章阐述政治权力的正当性。政治作为社会管理方式与其他社会管理方式最明显的不同在于，它凭借具有强制性的政治权力（公共权力）进行整个社会的管理，政治权力是政治的决定性、关键性要素。所谓政治权力，就是某一特定社会的全体成员为了自身的全面而自由发展，运用法律对社会实行统治，授予社会治理主体代表自己行使而共同建立并享有的社会主体权力。政治权力存在着正当性问题，而其正当性取决于其根据和理由的正当性，只有政治权力的根据和理由正当，政治主体拥有的主权和运用主权统治社会才能够为被统治对象或人民所普遍认同乃至支持。政治权力体现的是人民整体的意志，所面对的却是人民个体，其功能主要在于对人民个体进行规导。政治权力对人民个体的规导应以尊重和保护个体权利为前提，个体权利可以说就是政治权力的边界或阈限。政治权力的正当性要求使主权法律化，将人民统治转化为法律统治；确保治权在法律授权的范围内依法进行社会治理；实行权力分立，以权力制约权力；将个人权利置于至上地位，将人民至上落实到个人权利至上；健全权力运行制约和监督体系，让人民监督权力，让权力在阳光下运行，防止政治权力滥用。

下篇阐述中西马政治哲学，主要讨论中国政治哲学的界定、产生、演进、重点关注的问题、贡献、经验和当代任务等问题。本篇共分为三章，从第九章到第十一章。

第九章述介中国政治哲学。中国政治哲学一般是指春秋战国时期以来在中国社会不同历史时期产生，具有中国社会背景和文化根基，对当时和后世产生过一定影响的各种以著述表达的政治哲学，包括元理论、基本理论和应用理论三个基本层次。它以身家国天下一体为研究对象，运用经验体悟、理智直觉和思辨构想一体的方法，以道与德、理想人格与理想社会、等级尊卑与众生平等、身家国天下关系、王道与霸道、尚民爱民与人民至上、内圣外王与人民民主以及德治、礼治与法治等问题为关注重点，旨在为社会治理和政治生活提供规范和指导。中国政治哲学源远流长、内容丰富、思想深邃，与同样历史悠久的西方政治哲学相比较，具有历史演进的一贯性、理论根基的深厚性、思想旨趣的道德性、理想追求的崇高性、学术观点的归宗性等标志性的总体特征。

中国政治哲学历史悠久、博大精深，取得了重大成就，为人类政治哲学发展和政治文明进步作出了重要贡献：构想并追求世界大同的理想社会，为人类政治文明发展提供了一种中国模式；阐明并构建身家国天下一体的关系，为世界共同体构建提供了基本模式和重要经验；研究和回答政治活动的一系列深层次问题，为当代中国和人类社会现实政治问题的解决提供了理论原则。中国政治哲学立足于人类本性和社会本体探求政治的应然本质，而不局限于对政治现象的观察分析；视天下即世界为其对象范围，而不只专注于对国家问题的研究；将个人人格完善与社会整体和谐紧密关联起来研究，而不局限于对政治社会的探讨；注重在实践探索中构建和完善其体系，而不只专注于纯粹的学术研究。所有这些是中国政治哲学在发展过程中积累的独具中国特色的研究经验。

第十章述介西方政治哲学。西方政治哲学从来没有某种共同的研究范式，甚至同一个学派的政治哲学家亦如此，从历史的角度看，其情形十分复杂。西方政治哲学一般是指轴心时代以来在西方社会不同历史时期产生，具有西方文化背景和文化根基，对当时和后世产生过一定影响的各种理论形态的政治哲学，包括元理论、基本理论和应用理论三个基本层次。它们以国家为主要研究对象，主要运用哲学思辨方法研究理想社会、社会公正、政体和制度的合理性、权力的合法性、法治的重要性、公民社会及其与国家的关系、公民的德性和权利等重点问题，旨在为国家治理和政治生活提供规范和指导。西方政治哲学历史悠久、内容丰富、观点纷呈，与同样历史悠久的中国政治哲学相比较，具有历史发展的多源性和断裂性、理论根基的多变性和迥异性、思想旨趣的理想性和实践性、学术观点的多元性和对立性等标志性的总体特征。

西方政治哲学的学术价值和实践意义丰富而深刻，尤其是注重为政治存在的合理性提供哲学论证，阐明政治的目的和价值及其与社会美好、人生幸福的内在关联，研究和回答以国家为治理主体的政治社会的深层次问题，揭示国家治理必须遵循的应然法则和基本原则。它告诉我们，政治哲学研究要注重对重大时代政治问题进行哲学反思、批判和回应，注重彰显政治哲学的规导特性，注重政治哲学理论的创新和超越，注重个性化政治哲学体系的构建。但它也存在着诸如缺乏天下情怀、轴心时代以后不重视政治本然本质的探讨、忽视国家的实体和主体性质、对西方历来存在的霸权主义和强权政治问题缺乏应有的反思和批判等问题和局限。

第十一章述介马克思的恩格斯的政治哲学（简称马恩政治哲学）。马恩政治哲学不是马克思一个人的政治哲学，而是马克思和恩格斯两人共同创立和完善的政治哲学。马恩的科学社会主义是马恩的政治哲学的主体部分或基本原理，其形成过程也就是马恩政治哲学的形成过程。《共产党宣言》的发表是其产生的标志，但直到《资本论》草稿完成（1865年）才完成其论证。马恩政治哲学批判地继承了以前西方空想社会主义思想，但主要是在对西方资本主义社会现实及其理论依据——自由主义思想进行反思和批判的基础上建立起来的。马恩政治哲学是以唯物史观为本体论根基，以全人类彻底解放为现实目标，以从必然王国进入自由王国为社会理想，以每一个个人全面而自由发展为社会发展的终极目的，以无产阶级革命和无产阶级专政为实现现实目标的主要手段，以人们把劳动作为生活的第一需要而各尽所能地为社会作贡献为实现理想社会的基本途径的政治哲学体系。它具有理想性与实践性、人类性与阶级性、革命性与建设性、系统性与深刻性有机统一的主要特征。

马恩构建了西方历史上最富有生命力的完整政治哲学体系，这样的政治哲学体系前所未有，直到目前在西方也没有被超越。马恩政治哲学的主要贡献在于，创立了以人类彻底解放和普遍幸福为终极追求的政治哲学体系，描绘了具有现实可行性的美好理想社会，找到了实现理想蓝图的强大社会力量，开辟了破坏旧世界、建设新世界的可靠路径。与古今中外各种政治哲学相比较，马恩政治哲学具有自身独具的不可替代的价值：给政治哲学提供了唯物史观的本体论基础，确立了全人类立场和价值取向，将每一个个人全面而自由的发展规定为政治的终极目的，提出了一系列具有普适性的核心理念和基本原则，明确了政治哲学改变世界的根本使命和实践要求。马恩政治哲学研究和回答了一系列重大政治问题，其理论对于今天构建当代中国特色政治哲学具有重大意义。其政治本性论为政治文明进步奠定了牢固的动力基础；政治目的论为人类普遍而永久地获得幸福指明了正确的前进道路；政治制度论为社会长治久安贡献了政治哲学智慧；政治活动论为社会公平正义提供了政治保障；政治权力论为人民当家作主提供了充分的理论论证。

目　　录

上篇　学科篇

第一章　政治哲学的对象、使命和意义 3
　　第一节　政治哲学性质辨析 3
　　第二节　政治哲学的对象和旨趣 8
　　第三节　政治哲学的使命、功能和意义 13
　　第四节　政治哲学与政治学 20

第二章　政治哲学的立场、意向和方法 27
　　第一节　政治哲学的立场 28
　　第二节　政治哲学的意向 33
　　第三节　政治哲学的方法 38

第三章　政治哲学与哲学 46
　　第一节　政治哲学在哲学中的地位 46
　　第二节　政治哲学与价值论 53
　　第三节　政治哲学与道德哲学（伦理学） 58

中篇　理论篇

第四章　政治本性的人民性 67
　　第一节　政治本性及其实践要求 67
　　第二节　政治与国家的关系 74

第三节　政治本性的社会本性基础及人类本性根基 …………… 79
　　第四节　政治与道德 ………………………………………………… 84

第五章　政治目的的合理性 ……………………………………………… 91
　　第一节　政治目的与终极政治目的 ………………………………… 91
　　第二节　人类对终极政治目的的实践和理论探索 ………………… 96
　　第三节　合理的政治目的及其根据 ………………………………… 101
　　第四节　政治理想、政治目标与政治价值 ………………………… 107

第六章　政治制度的合法性 ……………………………………………… 115
　　第一节　政治制度及其法律化的重要性 …………………………… 115
　　第二节　政治制度制定和更新的合法依据 ………………………… 122
　　第三节　政治制度运用的合法性 …………………………………… 129
　　第四节　公共政策与政治制度的关系及其合法性 ………………… 135

第七章　政治活动的公正性 ……………………………………………… 142
　　第一节　政治活动主体的作为及其意义 …………………………… 142
　　第二节　公正、社会公正与政治公正 ……………………………… 149
　　第三节　政治活动公正的含义及要求 ……………………………… 155
　　第四节　政治智慧与政治活动公正 ………………………………… 161

第八章　政治权力的正当性 ……………………………………………… 168
　　第一节　政治权力的概念及其本性 ………………………………… 168
　　第二节　政治权力正当性的根据和理由 …………………………… 175
　　第三节　政治权力与个体权利 ……………………………………… 183
　　第四节　政治权力的滥用与防治 …………………………………… 189

下篇　历史篇

第九章　中国政治哲学 …………………………………………………… 199
　　第一节　外延意义上的中国政治哲学 ……………………………… 200

第二节　内涵意义上的中国政治哲学 …………………………… 203
　　第三节　中国政治哲学的总体特征 …………………………… 208
　　第四节　中国政治哲学的主要贡献 …………………………… 212
　　第五节　中国政治哲学的基本经验 …………………………… 222

第十章　西方政治哲学 ……………………………………………… 231
　　第一节　西方政治哲学的外延 ………………………………… 231
　　第二节　西方政治哲学的一般内涵 …………………………… 235
　　第三节　西方政治哲学的总体特征 …………………………… 240
　　第四节　西方政治哲学的学术价值与实践意义 ……………… 245
　　第五节　西方政治哲学的经验与局限 ………………………… 251

第十一章　马恩政治哲学 …………………………………………… 260
　　第一节　马恩政治哲学的一般意涵及本体论根基 …………… 261
　　第二节　马恩政治哲学的基本特征 …………………………… 268
　　第三节　马恩政治哲学的独特贡献 …………………………… 278
　　第四节　马恩政治哲学的独到价值 …………………………… 288
　　第五节　马恩政治哲学的当代意义 …………………………… 296

进一步阅读书目 ……………………………………………………… 304

上 篇
学 科 篇

第一章 政治哲学的对象、使命和意义

作为哲学的一个专门学科，政治哲学有其独特的学科性质。一般来说，政治哲学是关于政治的哲学学说，其对象是政治。但政治是一种复杂的人为事物，有很多学科研究它。要使政治哲学与其他学科区别开来，需要明确它研究政治的什么方面、其旨趣和使命是什么以及它具有什么样的意义，尤其是需要弄清楚与它最相近的政治学或政治科学的关系怎样。

第一节 政治哲学性质辨析

对政治哲学性质的看法体现了研究者的政治哲学观，但20世纪以前的思想家几乎都没有对自己所从事研究的政治哲学作出明确界定，他们对政治哲学性质的看法隐含在他们的研究成果之中。即便是亚里士多德，他虽然撰写了人类历史上第一部以《政治学》（被公认为政治哲学的经典著作）为书名的著作，但也没有对政治学作出明确的界定。最早对政治哲学作出明确界定的是美国哲学家列奥·施特劳斯，他在对历史上政治哲学研究进行反思后明确提出了他的政治哲学观。总体上看，研究者对政治哲学的理解有两种情形：一种是研究者给自己从事的政治哲学研究作一个界定，或者规定一个或几个主题，这种界定或规定通常不完整，不一定能反映研究者自己的政治哲学观；另一种是对政治哲学作一个一般性的界定，以表达自己对政治哲学的看法，这种界定通常是对政治哲学本身进行反思后作出的，所表达的是研究者的政治哲学观。前一种情形的界定或规定属于政治哲学原理研究的一个部分，这种情形自古至今一直存在；后一种情形的界定则具有元政治哲学的性质，不属于政治哲学原理研究，而属于元政治哲学研究，所表达的是政治哲学观，这种情形严格来说是从施特劳斯开始的，今天有越来越多的研究者在做这方面的工作。

从截至目前的有关文献看，关于政治哲学性质的观点很多，几乎每一位政治哲学研究者都有自己与别人不尽相同的看法，其中以下五种应是比较具有代表性的。持这五种观点的研究者并不一定明确地表达了他们的政治哲学观，但他们的研究隐含着对政治哲学是什么问题的回答。而且，他们持某一种看法，并不意味着他们认为政治哲学只是研究某一方面的问题，而是意味着他们认为政治哲学应重点研究某一问题，最终是要研究解决某一问题。

一是认为政治哲学是研究理想社会的。这种观点非常流行，理想社会也是政治哲学研究最早关注的问题，中西政治哲学最初就起源于对理想社会的构想。在西方，柏拉图虽然没有对政治哲学作出明确的界定，但他将政治哲学看作研究最佳政体即理想国是很明确的，他的整个政治哲学可以说都是围绕理想国是什么以及如何构建理想国展开的，而且他也将理想社会与作为制度的最佳政体（"哲人王"和"次佳政体"）联系起来研究。柏拉图对政治哲学研究的这种定位对后世产生了重要影响，斯多亚派创始人芝诺曾针对柏拉图的《理想国》也写了一本《理想国》，另一位斯多亚派重要代表人物克律西波写了《论〈理想国〉》，后来西塞罗又写了一本《论共和国》。至于隐含地把政治哲学看作研究理想社会的思想家则更多，如西方的空想社会主义者、启蒙思想家、马克思和恩格斯，中国的孔子、老子、董仲舒等。有一种观点与上述观点相近，认为政治哲学是研究社会终极价值和根本原则的。比如，李石教授认为，与对自然界的探索类似，有一些问题通过对人类社会各种现象的调查、访问和统计都无法得到最终答案，只能依靠人们思辨性的推理和论证来求证。"所以，以推理和论证的方式探寻人类社会的根本原则和人类社会的终极价值的学说，就是政治哲学。"[①]

二是认为政治哲学是研究最佳政体或政制（regime）的。最早明确把政治哲学看作研究最佳政体的是亚里士多德。他认为，如果一门科学不限于事物的部分而以事物的整体为对象，那么事物的部分就应由它来研究。据此他进一步提出，对政体的所有研究应属于同一门科学。"它研究什么是最优良的政体，以及若是没有外部的干扰，什么性质的政体最切合我们的意愿，什么

---

① 李石：《政治哲学导论》，中国人民大学出版社2022年版，第1页。

政体与什么城邦相适合。"并补充说，"什么政体对一切城邦最为适宜"。① 这就是说，政治哲学所研究的最佳政体具有普遍适用性。亚里士多德对城邦的理解有两个方面或层次。其一是把它理解为共同体："政体是一种共同体，它必须有一个共有的处所，一个城市位于某一地区，市民就是那些共同分有一个城市的人。"② 其二是把它理解为共同体中的制度："一个政体就是关于一个城邦居民的某种制度或安排。"③ 显然，亚里士多德所说的政治哲学研究的是什么是具有普遍意义的政体，既有最佳社会或理想社会的含义，也有最佳社会制度或政治结构的含义。

三是认为政治哲学是研究政治的本性以及优良政治秩序的。施特劳斯就持这种观点，他指出："政治哲学是用关于政治事物本性的知识取代关于政治事物本性的意见的尝试。"又说："政治哲学是一种尝试，旨在真正了解政治事物的本性以及正当的或好的政治秩序。"④ 我国当代哲学家陈晏清教授也持这种观点。他明确说："作为一种特殊形式的哲学，政治哲学是对政治事物的内在本性进行形而上的反思，对政治事物进行善恶好坏之别的价值判断，它为人类的政治活动提供理念支撑，即为合理的社会秩序的建构提供理念基础。因此，可以说政治哲学是一种关于人类应当怎样生活的智慧。"⑤

四是认为政治哲学是研究公共权力与个人权利关系的。万俊人教授最为系统地表达了这种观点。他认为，政治哲学的基本问题关乎公民社会和国家（政府）两大领域，其核心概念是公民权利和国家权力，"简而言之，权利与权力实乃政治哲学的关键概念"⑥。韩冬雪教授持与万俊人教授相似的观点，

---

① ［古希腊］亚里士多德：《政治学》，载苗力田主编《亚里士多德全集》第九卷，中国人民大学出版社1994年版，第118、119页。
② ［古希腊］亚里士多德：《政治学》，载苗力田主编《亚里士多德全集》第九卷，中国人民大学出版社1994年版，第31页。
③ ［古希腊］亚里士多德：《政治学》，载苗力田主编《亚里士多德全集》第九卷，中国人民大学出版社1994年版，第73页。
④ ［美］列奥·施特劳斯：《什么是政治哲学》，李世祥等译，华夏出版社2019年版，第3页。
⑤ 陈晏清：《政治哲学的时代使命》，《求是学刊》2006年第3期。
⑥ 万俊人：《关于政治哲学几个基本问题研究论纲》，《天津社会科学》2004年第2期。

认为政治活动与哲学思维的不同规定性决定政治哲学的理论范畴和学理结构。这就是:"首先,它要探讨人类社会出现政治现象的根源,即人性与公共权力之间的内在联系问题。其次,它要研究公共权力的合理性与合法性基准,也即人们服从公共权力的价值依据。而从对上述问题的回答中,还将自然地引申出政治的性质、目的和功能等结论。同时,由此推导而来的政治原则和政治制度,不仅将强制地规定着人们之间的社会关系和价值分配原则,而且还将作用于人们的思想和行为方式,影响着人们对于生活的目的、意义等问题的价值认知和道德判断。"[1] 吴根友教授也持这种观点,他给政治哲学作了这样的界定:"政治哲学是对政治权力的来源及其行使的正当性,以及理想社会模式等问题从根本处进行思考的一门学问。它涉及的对象包括国家的起源与组成原则、个人与国家的关系、国家制度及制度的根基等问题,但核心问题是关于权力与理想社会的理性思考。"[2]

五是认为政治哲学是研究社会正义(公正)的。这种观点在罗尔斯的著述中得到了典型的体现。罗尔斯在谈到他写《正义论》一书的意图时说,他的目标是确立一种正义论以替换那些长期支配西方社会的传统政治哲学理论。他之所以这样做,是因为"正义是社会制度的首要价值"[3],而"一个社会,当它不仅被设计得旨在推进它的成员的利益,而且也有效地受着一种公开的正义观管理时,它就是组织良好的社会"[4]。在《政治自由主义》中,罗尔斯又将《正义论》所提出的公平正义学说转换为一种适应社会基本结构的政治的正义观念,重新阐发作为政治观念的各构成性理念,从而构成公平正义的完备学说。他自己明确说:"《正义论》和《政治自由主义》力求勾画出适合民主政体的较合乎理性的正义观念,并为最合乎理性的正义观念提出一种预选观念。"[5] 罗尔斯并没有明确提出政治哲学就是研究正义的,但他给自己的

---

[1] 韩冬雪:《政治哲学论纲》,《政治学研究》2000 年第 4 期。

[2] 吴根友:《政治哲学新论》,《江西社会科学》2009 年第 11 期。

[3] [美] 约翰·罗尔斯:《正义论》,何怀宏等译,中国社会科学出版社 1988 年版,第 1 页。

[4] [美] 约翰·罗尔斯:《正义论》,何怀宏等译,中国社会科学出版社 1988 年版,第 3 页。

[5] [美] 约翰·罗尔斯:《政治自由主义》(增订版),万俊人译,译林出版社 2011 年版,平装本导言第 45 页。

政治哲学规定的主题正是西方民主社会中的正义问题。

以上五种观点各有道理，研究者在提出或表达自己的观点时也都提供了论证，或者按照自己对政治哲学的理解构建了自己的政治哲学体系（如柏拉图、罗尔斯）。但是，它们也各有局限。对政治哲学性质问题难以作出一般性的精准回答，导致人们包括政治哲学研究者对这一问题难以形成基本共识，难以对政治哲学有一个整体的把握，难以形成政治哲学的完整体系或"完备学说"（罗尔斯语）。综合历史上和当代各家的观点，笔者尝试对政治哲学的性质提出一种初步界定，即政治哲学是研究政治本性及其实践要求的哲学专门学科。

这一界定首先明确了政治哲学是以政治为研究对象的哲学专门学科，而不是政治学或政治科学的学科，也不是政治学与哲学的交叉学科。政治哲学作为哲学学科，它通过对政治学以及政治实践的反思和批判，对它们进行规范与指导，而不是为政治学和政治实践提供论证与辩护。既然政治学是政治哲学反思、批判、规范和指导的对象，那么政治哲学就不是政治哲学与政治学的交叉学科。政治哲学与政治学都以政治为研究对象，但政治哲学主要不是研究政治作为人为事物的各种理论和实践，而是着眼于人类本性和社会本性研究政治的本性，揭示政治的应然本质。这种应然本质不是从现实政治（包括历史和当下的政治）背后抽象出来的实然本质，而是现实政治应致力于构建的实然本质。这是政治哲学研究的基础部分。政治的本性或应然本质有其实践要求，包括人民至上、法律统治、道德导向、清正廉洁、个人幸福、社会公正等方面的应然要求。对政治本性及其实践要求的研究构成了政治哲学原理研究的部分。政治哲学还要研究政治应然本质要求实现的基本原则和主要路径，以及解决实现过程中出现的重大问题。这些构成了政治哲学研究的应用部分。总体上看，政治哲学就是探讨政治本性及其实践要求并从基础、原理和应用三个层面展开研究的哲学学问，所体现的是人类的美好希冀及使之得以实现的政治智慧。

提出这一界定的主要根据或理由主要有两个方面。其一，这一界定体现了政治哲学的哲学性质。政治哲学作为哲学，它不是屈从现实，而是反思和批判现实。这种反思和批判不是破坏性的，而是建设性的，即它要使现实政治体现政治的本性要求或应然本质。这种应然本质因源自人类本性和社会本性，甚至有更深厚的宇宙本体根基，而能够使人类本性和社会本性得以实现，从而使人类普遍过上幸福生活。其二，这一界定大致上可以涵盖以上关于政治哲学性质的五种不同观点。政治哲学研究政治事物的本性，而人类创制政治事物是有目的的，这种目的就是使基本共同体（社会）的成员普遍过上好生活。这种目的从根本上决定着政治的本性，政治本性的根本要求就是构建这种让其成员普遍过上好生活的理想社会，而理想社会必定是秩序优良的社会，秩序优良只有通过社会正义或公正才能实现。社会需要治理，治理是通过治理体系（政体）实现的，只有最佳政体才能治理好社会，使之达到理想的状态。最佳政体有许多规定性和标准，而能够处理好公共权力与个人权利之间的关系是判断政体最佳与否的基本标准。由此看来，关于政治哲学性质的五种观点所体现的不过是政治本性及其实践要求的不同方面。

第二节 政治哲学的对象和旨趣

政治哲学的研究对象无疑是政治，但政治是极为复杂的社会事物。今天有很多学科都在研究政治，如政治学、法学、公共管理学、国际政治、马克思主义理论等，那么，政治哲学研究政治的哪一部分或哪一方面呢？政治哲学所要研究的这个部分就是政治哲学研究的对象范围，要了解这一点，就需要追溯政治哲学的起源，考察它的初衷或目的。

自古以来对政治这一复杂事物的理解可谓见仁见智，归纳起来主要有六种观点，也可以说是六种政治观。其一，政治是对于一种社会价值的追求，是一种规范性的道德。孔子说过："政者，正也。子帅以正，孰敢不正？"（《论语·颜渊》）这里的"正"，就是一种道德规范。亚里士多德也持这种观点："所有共同体中最崇高、最有权威、并且包含了一切其他共同体的共同体，所追求的一定是至善。这种共同体就是所谓的城邦或政治共同体。"[①] 其二，政治是对权力的追求和运用。韩非就直言不讳地说，"先王所期者利也，所用者力也"（《韩非子·外储说左上》），这里的"力"指的是权力。马克

---

① [古希腊]亚里士多德：《政治学》，载苗力田主编《亚里士多德全集》第九卷，中国人民大学出版社1994年版，第3页。

斯·韦伯也认为，"'政治'意指力求分享权力或力求影响权力的分配"。① 其三，政治是公众事物的管理活动。孙中山曾用公众管理来界定政治："政治两字的意思，浅而言之，政就是众人之事，治就是管理，管理众人之事，便是政治。"② 美国政治学家杰弗里·庞顿和彼得·吉尔也表达了类似的观点："政治是与社会事务的治理以及个人和群体对这种治理所具有的控制力的相关的制度安排。"③ 其四，政治是对社会共同体的利益进行分配的决策及其实施活动。意大利政治学家让·布隆代尔说："政治是在共同体中并为共同体的利益而作出决策和将其付诸实施的活动。"④ 其五，政治是一种超自然、超社会力量的体现和外化。《诗经·大雅·文王》中的诗句"文王在上，于昭于天"，讲的就是文王奉天承运，统治天下。董仲舒"天子受命于天，天下受命于天子"（《春秋繁露·为人者天》）的论断，讲的是君王的权力来自上天。托马斯·阿奎那强调尘世的政治都应听从上帝的安排，因为国王"是上帝的一个仆人"，"没有权柄不是出于神的"。⑤ 黑格尔则把国家看作"精神为自己所创造的世界"，是"神的意志"。⑥ 其六，政治是一种具有公共性的社会关系，其根本问题是国家政权问题。马克思认为，"人们的政治关系同人们在其中相处的一切关系一样自然也是社会的、公共的关系"⑦。作为一种重要的社会关系，现实政治及其载体（国家）"总的说来还只是以集中的形式反映了支配着生产的阶级的经济需要"⑧，而国家政权是满足这种经济需要的关键，所以国家政权问题"是全部政治的基本问题，根本问题"⑨。

---

① 转引自［美］艾伦·C·艾萨克《政治学：范围与方法》，郑永年等译，浙江人民出版社1987年版，第21页。

② 孙中山：《三民主义》，东方出版社2014年版，第77页。

③ ［美］杰弗里·庞顿、彼得·吉尔：《政治学导论》，张定淮等译，社会科学文献出版社2003年版，第9页。

④ ［英］戴维·米勒、韦农·波格丹诺英文版主编：《布莱克维尔政治学百科全书》，邓正来中译本主编，中国政法大学出版社1992年版，第583页。

⑤ 《阿奎那政治著作选》，马清槐译，商务印书馆1963年版，第65页。

⑥ ［德］黑格尔：《法哲学原理》，范扬、张企泰译，商务印书馆1961年版，第324、308页。

⑦ 《马克思恩格斯全集》第4卷，人民出版社1958年版，第334页。

⑧ 《马克思恩格斯选集》第4卷，人民出版社2012年版，第258页。

⑨ 《列宁全集》第37卷，人民出版社1986年版，第60页。

史实表明，并不是人类社会有政治后很快就有对它的哲学研究，而是在政治出现很长一段时间以后才有以它为对象的哲学思考。人类社会的政治事物最早是什么时间出现的，似乎没有定论。列奥·施特劳斯认为人类一在地球上诞生就有了政治思想。他说："政治思想同人类一样古老；第一个讲出诸如'父亲'一词或'汝不应（thou shalt not）……'短语的就是第一位政治思想家；但政治哲学出现在有史可载的过去中一个可知的年代。"① 不过施特劳斯的这一说法似乎很随意，他没有提供任何论证。政治思想必定以政治事物存在为前提，当然政治事物作为人为事物也要以思想为前提，应该说，它们的产生是互为前提的。如果说人类政治思想同人类一样古老，那就意味着人类一诞生就有政治事物。显然，施特劳斯的这种观点是值得商榷的。但可以肯定的是，政治在历史上出现后有很长一段时间（至少四千年以上）没有任何学问专门研究它，到了轴心时代才有哲学（其中包含政治哲学）从总体上研究它。自19世纪下半叶开始，才从哲学中分离出了政治科学（现代政治学），后来又分离出了不少研究政治的学科。经过一百多年的分离，政治哲学研究的范围越来越小，它不再对政治进行包罗万象的研究，包括实然性研究和应然性研究，而是限定在对政治进行应然性研究的有限范围，或者说以应然性政治为对象，政治哲学也因此越来越显现它的哲学本性和特色。应然性政治就是政治哲学的特定对象，对政治进行应然性研究就是政治哲学研究的对象范围。政治哲学的这种研究对象的确定，是以人类政治的早期兴起和发展为前提的，而与人类政治哲学最初创立的初衷或目的直接相关。

从人类历史看，人类有很长一段时间（约300万年）生活在原始人群和氏族公社之中，这是人类的两种基本共同体形态。这两种基本共同体有一个共同特点，即它们都是以血缘关系为纽带维系的，共同体的成员都是亲人或亲属，他们之间的关系是亲属关系。原始人群基本上像动物一样生活，共同体很小而且人类意识不发达，基本情形是上辈猿人带着子辈猿人主要凭借本能以及在以原始思维为主要特征的原始意识支配下共同生存，这时无所谓社会管理。到了氏族公社阶段（约10万年前），人类主要在以形象思维为主要特征的原始意识支配下生活，出现了原始家庭性质的共同体——氏族，氏族

---

① ［美］列奥·施特劳斯：《什么是政治哲学》，李世祥等译，华夏出版社2019年版，第4页。

由具有权威的长辈管理。氏族的绝大多数时间是由母亲管理的，即所谓母系氏族。当父亲取代母亲成为氏族管理者即出现了部落时（约1万年前），人类已经有了以逻辑思维为主要特征的意识，这是一种自我意识与社会意识相统一的意识，社会由此开始从原始社会过渡到文明社会。部落（类似于家族）人口增多、地域扩大，部落下面管辖多个氏族（类似于家庭），也就需要有专人进行管理，其管理者通常被称为"首领"，亦被称为"酋长"等。部落中由于有多个氏族和多位男性家长，就存在由哪个氏族的家长担任首领的问题。这时，部落内部出现了贫富差别，那些富有的氏族的"家长"最有可能被推举出来担任首领，当然也有纯粹凭借德性和才能被推举出来或被前任首领选中作为接班人的首领（如尧选舜）。随着部落的发展，主要是为了适应战争的需要（战争通常是为了占有更多的土地、人口和财富），后来又出现了部落联盟。

部落联盟早期是松散的，后来联系越来越紧密，于是就有了中国的"邦国"、古希腊罗马早期的"城邦"，同时也就开始有了专门进行社会管理的管理者，其首领产生的情形与部落差不多。部落联盟仍然是亲人社会，其内部成员之间有一定的亲情关系，首领不过是更大家族的家长。他主要依赖血缘关系、凭借本氏族或本部落的实力以及个人的威望进行部落联盟管理，而不是凭借武力。这种社会管理总体上看属于家族管理。但是，当一个部落联盟去侵略别的部落或部落联盟导致部落之间的战争时，在战争中获胜的部落联盟就会成为社会的统治者，而战败的部落或部落联盟则成为被统治者，基本共同体也就由亲人社会走向了生人社会。获胜者夺取了战败者的土地、财富和人口，并对被统治者实行统治，这通常会引起战败者的反抗。在这种情况下，获胜部落就不能再像在亲人社会那样单凭基于血缘关系的个人威望来进行社会管理，而必须凭借武力（当时主要是军队，后来发展成"暴力机构"①）来管理生人社会。这种凭借武力进行社会管理的管理方式不同于家族管理的国家管理，于是，政治就出现了。政治最初是凭借暴力机构管理社会的管理方式，这种管理方式现在通常被称为"治理"，即具有统治性质的

---

① 过去我们经常将"暴力机构"与国家联系起来，这是不正确的，因为就中国而言进入文明社会并不是进入了国家，而是进入了"王土"，这是一种由君王统治的无明显边界的天下。

管理。

进入文明社会后,原始社会末期的部落联盟之间的战争演化为国家之间的战争(古希腊城邦之间的战争)和国家内部的争斗(中国的改朝换代,如周代商),其直接后果是生灵涂炭、社会混乱、百姓苦难不堪。战争和争斗持续不断,其灾难性的社会后果也就无休无止。当人类文明进化到轴心时代时,思想家产生的社会条件业已成熟,在古代中国和古代希腊同时产生了一大批思想家(统称为"古典思想家")。其中一些思想家面对人世间的灾难开始探索其根源并寻求走出灾难的出路。他们注意到,国家之间的战争是国家为了扩大本国利益而发生的,实质上是国家统治者运用手中掌握的政治权力操作的结果;国家内部的争斗则是统治阶级内部不同家族或不同利益集团为了争夺国家的最高统治权力以最大限度地实现自身利益的结果。而这一切都不过是获取政治权力和运用政治权力的政治活动及政治现象。于是,古典思想家开始反思和批判政治,试图弄清楚政治为什么会导致如此普遍且连续不断的社会灾难,这些社会灾难是不是政治必然导致的,这就需要追问政治的本性及其实践要求。正是这种深度追问差不多同时在古中国和古希腊催生了政治哲学。

由此看来,政治哲学最初是思想家为了寻求解决政治导致的灾难性社会问题而产生的,其目的是揭示政治的真实本性及其要求,谋划政治本性的要求得以实现的方案。轴心时代思想家确立和追求实现的政治哲学的目的就是政治哲学的根本旨趣,尽管后来随着时代的变迁思想家对政治哲学的旨趣有不同的表达,甚至有完全不同的观点,但轴心时代思想家的规定是原初的规定,不仅具有根本性,而且具有普适性。政治哲学在发展的过程中可以根据时代和实践的需要丰富其目的和旨趣的内涵,但如果丢掉初衷和旨趣,政治哲学就不再是政治哲学了,其使命、功能和意义也就无从谈起。

根据政治哲学的初衷以及后来的发展,我们可以给政治哲学的旨趣作出这样的概括:政治哲学的旨趣在于通过对现实政治及其本质的反思和批判揭示政治的本性及其要求,论证和阐明政治的终极目的在于运用政治权力使人类基本共同体成为为其全体终极成员(所有个人)过上好生活提供必要资源的好社会。这里说的"政治"指一切政治事物,包括政治活动、政治制度、政治文化等,但政治活动是基本的,政治制度和政治文化都是政治活动的产物。这里说的"人类基本共同体"在当代指国家,但随着人类全球化的发展和人类命运共同体构建的推进,其范围将会扩展到人类一体的基本共同体——世界。推进人类一体的基本共同体构建是当代政治哲学的最重要任务之一。这里说的"必要资源"是指能够使全社会所有个人都能过上好生活所需要的社会资源,包括为他们提供条件、创造机会、搭建平台,但这并不意味着确保社会中的每一个人都过上好生活,因为每一个人过上好生活除了客观条件之外还需要个人的主观条件,尤其是个人的作为或奋斗。简言之,政治哲学的旨趣就在于为政治创造好社会提供理论依据和实践规导。

政治哲学的旨趣也就进一步明确了政治哲学的对象范围,这就是政治的本性及其实践要求。需要注意的是,政治的本性并不是现实政治事物的实然本质,而是政治哲学家根据人类本性和社会本性揭示的或者说引申的应然本质。政治哲学的研究对象就是政治的本性或应然本质及其实践要求,这也就是前文谈到的应然性政治的实质内涵。正是这一对象范围,把政治哲学与所有其他以政治为研究对象的学科区别开来。

第三节 政治哲学的使命、功能和意义

政治哲学之所以会产生,尤其重要的是,之所以能够产生后一直存在下来,在当代还呈兴盛之态势,是因为政治哲学对人类社会具有其他学问不可替代的重要意义,而这又是由它可以履行的特殊使命和可能发挥的特有功能决定的。这些使命和功能所体现的是政治哲学旨趣即政治的本性及其实践要求,而不是政治哲学家随心所欲规定的,因而具有应然性。中西历史上思想家构建了许多政治哲学体系,但并非所有政治哲学体系都坚守政治哲学的初衷和旨趣,并在此前提下发挥其应具有的功能、履行其应有的使命。相反,历史上有不少思想家,尤其是那些御用思想家,忽视或忘却了政治哲学的初衷和旨趣,或者走入了误区,或者走上了歧途。他们的政治哲学也就不可发挥政治哲学的应有功能、履行其应有使命,相反导致了严重的社会后果,也影响了政治哲学的社会声望。政治哲学只有坚守其初衷和旨趣,才能发挥应有的功能、履行应有使命,才会成为政治哲学真理,这种真理才会真正对社会和人类具有意义。

关于政治哲学的使命任务,不同研究者因对政治哲学性质及旨趣的理解

不同而持不同看法。例如，孙晓春教授明确提出："政治哲学之所以有意义，是因为它与现实的政治生活密切相关，政治哲学的价值就在于它在更深刻的层面上对现实政治负责。"首先，它承担着对现实政治生活进行合理性论证的责任；其次，它向社会输出价值观念；最后，它构建现实政治生活的评价标准。① 在这里，笔者根据轴心时代思想家研究政治哲学的初衷和旨趣以及近两千年来思想家的丰富发展，结合当代的时代精神及其要求，指出政治哲学的根本使命是通过反思和批判现实政治（包括政治理论），揭示政治的本性及其实践要求并据此规导现实政治，使之体现和彰显政治的人民本性，从而不断走向完善。政治哲学的这种根本使命具体体现在以下五个方面，其中前四个方面属于理论问题研究，后一个方面属于现实问题研究。

第一，根据人类本性和社会本性，研究回答政治的本性及其实践要求问题，尤其是政治的人民性问题。在人类政治哲学史上，不少思想家尤其是近代以来的西方思想家从政治现象入手得出了政治本质上是以不道德的手段防范和惩罚人类恶性导致恶行的工具的结论，导致人们形成了"政治是以恶制恶的黑手"的观念。这是一种必须纠正的政治哲学观念。政治哲学要像古典思想家那样着眼于宇宙本体，立足于人类本性和社会本性来揭示政治的真正本性，阐明政治的现实本质并非政治的本性或应然本质，阐明政治的本性或应然本质是什么，阐明政治的应然本质有哪些实践要求。② 这是政治哲学的根本使命，履行这种使命，可以为人们戴在政治头上的种种污名正名，改变人们对政治的种种误解，形成正确的政治观，从而更好地彰显政治一切为了人民、一切依靠人民的人民性本性，充分发挥政治对于社会美好和人类幸福的决定性作用。

第二，根据政治本性，研究回答社会中所有人都过上好生活的理想社会及其实现的问题，尤其是政治目的的合理性问题。在政治哲学诞生之前的文明社会，社会治理者主要是凭借经验而不是按照某种得到理论论证的方案来构建和治理社会，其结果是社会不仅战乱不已、百姓苦难不堪，治理者也不

---

① 参见孙晓春《政治哲学的使命及其当下意义》，《天津社会科学》2016年第6期。
② 从当代看，这些政治应然本质的实践要求有人民是国家的主人、政治权力来自人民并接受人民的监督、政治权力只能保护和扩大公民权利而不能损害和侵犯公民权利、政治权力在体现人民意志的法律之下运行等。

断改朝换代。古典思想家创立政治哲学的初衷就是要从根本上改变这种状态，于是他们就着眼宇宙本体揭示人类本性和社会本性，构建取代当时社会的理想社会并设计其实现方案。从政治哲学史看，思想家提供的理想社会蓝图有其共同特点，这就是所有社会成员都能够过上好生活，虽然对好生活的理解不尽相同。今天看来，任何一个社会都不可能让所有社会成员都过上尽善尽美的生活，而只能为他们过上好生活提供条件、创造机会和搭建平台。政治哲学就是要从理论上阐明政治在理想社会构建方面应承担的责任。

第三，根据构建理想社会的要求，研究回答构建社会治理体系及其运行机制的根本理念、基本原则问题，尤其是制度的合法性和治理的公正性问题。历史上的政治哲学家都意识到，理想社会不可能自然而然地形成，而必须主动构建并且与时俱进，这就需要社会治理者掌控的社会治理体系及其运行机制发挥作用。这项使命在19世纪下半叶以前是由政治哲学和政治科学一体的政治学承担的，政治科学和政治哲学发生分离之后，就由政治科学和政治哲学共同承担。从现代社会看，研究社会治理体系及其运行机制（如政体、机构、制度、政策等）是政治学及相关学科肩负的使命，政治哲学的使命则在于为政治学及相关学科的构建提供根本理念和基本原则，如自由、平等、民主、法治、公正等。这些根本理念和基本原则既是政治学及相关社会科学的基本遵循，又是社会政治实践的基本遵循，也是人们评价政治实践好坏优劣的主要标准。

第四，根据构建社会治理体系及其运行机制的需要，研究回答政治权力的起源、根据及其载体问题，尤其是权力的正当性问题。政治是依赖权力存在的，没有权力就没有政治，政治的本义就在于运用权力进行社会治理。人类历史上的社会都是运用权力治理的，这是经验事实，但什么样的权力才能使社会治理实现理想社会，这样的权力来自哪里、合理性根据是什么、由谁来掌握，也就是权力的正当性问题。政治哲学的使命主要不在于论证权力存在的必要性，而是在于肯定权力对社会治理必要的前提下探讨什么样的权力才能使社会治理实现理想社会，也就是什么样的权力才是正当的。从人类历史看，政治权力是有载体的，到目前为止政治权力的载体都是国家，只是国家的情形有所不同，如有四大文明古国、古希腊罗马城邦、现代国家等。权力由国家掌控似乎是不言而喻、理所当然的事情。然而，在全球一体化、科技化、信息化的当代，政治权力的载体不仅涉及与国家的关系，还涉及与作为人类基本共同体的世界的关系。这就需要政治哲学研究回答权力与世界共同体构建的关系问题，为人类命运共同体构建提供理论支持。

第五，根据政治哲学的原理、理念、方法，研究回答现实社会中存在的各种重大现实问题。政治哲学是实践哲学，必须研究和回答现实生活中的重大政治问题，为现实政治实践服务，这一点在当代尤其重要。当代与日俱增的重大社会现实问题已引起各门学科的普遍关注，各门学科都积极参与对这些严重威胁人类存在的重大问题的研究，政治哲学作为哲学中与现实社会直接相关的专门学科尤其要参与研究，并提供相应的解决方案。政治哲学不仅要关注各学科普遍关注的战争、饥饿、环境污染、恐怖主义等全球性问题，也要关心国家内部的政治专制、社会不公、权力腐败、公民不服从、权利受权力挤压等诸多与政治直接相关的问题。政治哲学不能仅仅出于现实政治的需要去研究这些问题，而是要运用政治哲学特有的原理、理念和方法，尤其是其特有的反思、批判精神从深层次上揭露其根源，从社会治理体系及其运行机制上提供长效对策。

罗尔斯在《政治哲学史讲义》中谈到政治哲学有四种功能：一是为人们在彼此分歧的问题上达成共识寻求某种基础；二是通过为政治问题的公共讨论提供概念框架，引导人们扮演公民角色；三是通过说明他们的社会为什么是（或有潜力变成）一个适合于自由而平等之公民的公平的社会合作关系，引导人们与其社会实现和解；四是思考一个理想的民主社会究竟应当是什么样子。[①] 罗尔斯关于政治哲学功能的看法是对自由主义政治哲学功能的看法，而不是对一般意义上的政治哲学功能的阐述，具有明显的偏狭性。王岩教授认为，政治哲学对社会产生的功能主要体现在三个方面：一是政治哲学可以以其特定的政治世界观和方法论来阐释现实政治社会的"是其所是"，并根据政治实践的价值指向进行自我完善和自我修复，从而维护其隶属阶级的根本利益；二是政治哲学可以围绕着主流意识形态对现实政治生活的干预和渗透的要求，对非主流意识形态和现实政治实践进行同化和否定，具有批判性和整合性特点；三是作为主流意识形态的目的性和价值性诉求，政治哲学以其特有的思辨风格、深厚的理性底蕴和鲜明的价值导向协调政治生活中的利益

---

① 参见［美］约翰·罗尔斯《政治哲学史讲义》，杨通进等译，中国社会科学出版社 2011 年版，译者前言第 8—9、9—10 页。

冲突，规范政治实践的发展方向，构想未来社会的理想模式，展示政治生活的"应然性"。[①] 王岩教授谈的是主流政治哲学的功能，而不是政治哲学的一般功能。实际上，谈到政治哲学的功能应考虑政治哲学应具备的一般功能，而不能局限某一特定政治哲学学派或特定政治哲学体系的功能。从这种意义上看，政治哲学主要具有以下四个主要功能。

一是批判功能。对现实政治进行以反思为前提的批判，是政治哲学研究的首要功能。作为哲学，政治哲学不是在观察现实政治的基础上运用科学方法找出其本质和规律，而是从批判现实政治入手运用思辨方法揭示政治的本性或应然本质及其实践要求，并运用所揭示的政治应然要求批评现实政治，力求使现实政治达到应然要求，从而使之得到改进和完善。这个功能是政治哲学的首要功能，但也是政治哲学的一种危险功能，思想家可以因为其政治哲学具有这个功能而惹来杀身之祸，苏格拉底就因是一只"牛虻"而被社会治理者"毒死"。

二是构建功能。在反思批判现实政治的基础上借助哲学本体论、知识论和价值论的原理构建理想的政治蓝图，这是政治哲学的核心功能。政治哲学家不是无政府主义者，他们都肯定政治的必要性，但不满足于现状，尤其是对由政治导致的苦难现实社会不满，于是他们出于强烈的社会责任感和大爱的人类情怀，勾画理想的社会蓝图及其实现路径。因此，政治哲学反思和批判现实政治的初衷和主旨不是破坏性的，不是要损毁现实政治，更不是否定任何政治，而是建设性的，旨在改造或者重建现实政治，用它所构建的理想政治蓝图批判和取代现实政治模式，使之趋向理想政治。

三是规导功能。如同哲学及其他哲学分支一样，政治哲学也是成体系的，只是体系的外延有大有小。大致上说，政治哲学体系包括理论、观念、原则和方法几个方面或层次，所有这些方面都对与政治相关的学科尤其是作为社会科学的政治学研究有直接的规范和指导作用。比如，当代中国政治哲学所确立的"人民至上"原则就应该成为当代政治学理论研究的基本遵循和评价其正确与否的基本标准。政治哲学尤其是其观念和原则对现实政治事实上也发挥着这样的规导作用。例如，今天任何一个国家都不敢公开宣称反对自由、平等；一个丈夫如果实施家暴就会遭到普遍谴责。这一切都是因为得到政治

[①] 参见王岩《政治哲学论纲》，《哲学研究》2006 年第 1 期。

哲学论证的平等原则已经深入人心。政治哲学的观念和原则对于社会个体（包括个人、家庭、社会组织）以及国际社会也具有规导作用。

四是诊疗功能。政治哲学是实践哲学，这几乎是哲学界的一种共识。这种共识正确与否暂且不论，但它表明大家都承认政治哲学要十分关注现实的政治生活。这不仅体现在其反思、批判现实政治，试图以自己构建的理想社会取代现实社会方面，也体现在它十分关注现实生活中存在的社会问题，并为其解决提供诊疗方案方面。政治肩负着对整个社会进行治理的责任，因此社会中发生的任何重大的或具有普遍性的问题都可以说是政治问题。政治哲学历来都关注社会现实问题，而不只是在当代才如此。孔子曾针对社会贫穷等问题就提出了"均无贫，和无寡，安无倾"（《论语·季氏》）的对策，表达了一位政治哲学家对社会现实问题的关切。

政治哲学的意义是指它对特定基本共同体（社会）的意义以及对整个人类的意义。关于政治哲学的意义，也有不少学者论及。这里从政治哲学的旨趣、使命和功能的角度，提出政治哲学对于社会和人类至少具有的四种重大意义。

其一，它通过探索政治本性及其实践要求为人类构建合理的社会治理体系提供根本理念和基本原则。政治哲学的首要使命就是根据哲学本体论、知识论和价值论原理和观念，根据人类本性和社会本性探求政治的真正本性，为人类构建治理体系提供根本价值理念。根本价值理念是构建社会治理体系的价值取向、价值目标和最高原则，从根本上决定着社会治理体系的合理性和生命力。政治哲学在揭示政治本性的基础上还要进一步阐明其基本实践要求，这些基本实践要求作为政治本性的体现就是构建社会治理体系的基本原则。这些基本原则也是构建社会治理体系所不能违背的，否则其价值目标就难以实现。历史证明，社会治理体系的构建缺乏政治哲学提供的根本理念和基本原则，就不可能是合理的，也必定是短命的。当然，政治哲学提供的根本理念和基本原则本身也只有体现政治的本性和实践要求才可能是合理的，据此构建的社会治理体系也才会合理并具有生命力。

其二，它通过反思和批判现实政治，为人类消除社会政治腐败和异化提供思想武器。政治哲学诞生于对现实政治的反思和批判，其存在也依系于此。对现实政治不断进行反思和批判是政治哲学的基本功能，也可以说是政治哲学的独特存在方式和生命力源泉。政治哲学的反思批判可以划分为两个层次：

一是为揭示政治本性及其政治要求进行的反思和批判，这是构建政治哲学根本理念和基本原则乃至理论体系的切入口；二是以所确立的政治哲学根本理念和基本原则为思想武器，揭露和批判现实政治中存在的种种腐败和弊端，尤其是政治异化的问题。很多学科乃至常人都可以对社会政治的腐败和异化进行批判，但政治哲学与所有这些批判不同。一方面，它是建立在运用哲学思辨的方法对政治进行深刻反思的基础之上的深度批判，可以揭露这些政治问题的深层次根源，指明彻底消除它们的根本路径；另一方面，它是依据自己确立的根本政治理念和基本政治原则进行的反思和批判，所指向的是改造或革新，即通过重新建立或改造社会治理体系彻底铲除腐败产生的土壤。所以可以说，政治哲学是人类反对政治腐败和异化的利器。

其三，它通过勾画人类社会理想蓝图，为人类追求永久和平和普遍幸福指明方向。政治哲学的重要使命之一是基于对政治本性及其实践要求的揭示为人类构建理想社会的方案。完整的理想社会方案既包括理想社会的图景，也包括理想社会的构建。虽然有不少思想家提供的理想社会方案并不完整，但也有些思想家提供的方案是完整的，更为重要的是将不同思想家提供的方案整合起来就能构成完整的方案。不同思想家对理想社会蓝图的设计有很大的不同，有人设计的是近期就可实现的理想社会，有人设计的是远期才能实现的理想社会；有人设计的是整体方案，有人设计的是局部方案。但是，将历史上所有思想家设计的方案整合起来，就可以发现其中的"重叠共识"，这就是它们都指向世界的永久和平和人类的普遍幸福。正是这种理想社会蓝图指明了人类进化的正确方向，即使人类在前行的过程中会发生某些曲折和挫折，但有智慧的人类最终会走上政治哲学规划的正确征程。

其四，它通过探索政治真理，为人类先进政治文化确定价值取向并赋予其实质内涵。政治哲学作为知识，所追求的是真理，是政治哲学意义上的政治真理。政治作为客观存在的事物在当代可以成为许多学科研究的对象，这些学科也都致力于从不同层次、不同维度揭示政治的真理，但它们都是从现存的政治事物入手揭示它们的实然本质和规律。与其他学科不同，政治哲学所致力于揭示的是体现政治事物本性的应然本质和规律，其根据主要不是现存的政治事物，而是人类本性和社会本性，从人类本性和社会本性的要求引申政治本性及其要求。政治的本性是一以贯之的，但其实践要求是与时俱进的，政治哲学就是要一方面不断加深对政治本性的认识，另一方面又要根据时代精神和实践要求阐明新时代政治本性的新实践要求。这种对政治本性的揭示和对新时代政治本性的新实践要求的阐明是所有政治理论的根基，也是政治实践的基本遵循，它们也就因此代表了作为理论和实践相统一的政治文化的发展方向，构成了政治文化的实质内涵，具有时代性和先进性。

正因为政治哲学具有上述重大意义，所以它一经诞生就被公认为社会治理不可缺乏的根本性指导思想和理论依据，是一切政治事物的灵魂。人类文明史表明，缺乏政治哲学，社会就会步入歧途，误用或滥用政治哲学，政治社会就会变质或发生异化，并必然导致人间灾难。

第四节　政治哲学与政治学

政治哲学与政治学（指现代意义上的政治学或政治科学）的关系问题是在 19 世纪 80 年代才提出的，此前两者混在一起，没有明确的区别。

从西方看，在苏格拉底尤其是柏拉图那里有政治哲学和政治科学方面的内容研究，但既无这两个术语，更没有两者的区分，两者是完全一体的，柏拉图的《国家篇》《政治家篇》《法篇》等都如此。亚里士多德虽然对伦理学与政治学作了区分，并且第一次有了用这两个词作书名的著作，但他的《政治学》也没有对政治哲学与政治学作出区分。亚里士多德之后，无论是古希腊罗马的斯多亚派、奥古斯丁，中世纪的托马斯·阿奎那，还是近代的马基雅维里、霍布斯、洛克、卢梭、约翰·密尔，他们虽然都有政治哲学和政治学两方面的政治思想，但都没有在两者之间作出区分。通常认为，1880 年美国哥伦比亚大学根据政治学家 J. W. 柏吉斯的倡议成立"哥伦比亚大学政治研究院"是政治科学从传统的政治学独立出来的标志。作为社会科学分支之一的现代意义上的政治学由此获得独立的学科地位[①]，政治哲学与政治科学成为有明显区别的两个学科。

在中国，从老子、孔子首创政治哲学一直到 20 世纪前，中国既有政治哲学研究也有政治学研究，但两者也从未被区分过，也没有政治哲学和政治学的概念。现代汉语中的"政治""哲学"以及"政治哲学"的译名，最早皆

---

① 参见王浦劬等《政治学基础》，北京大学出版社 2018 年版，第 27 页。

• 第一章 政治哲学的对象、使命和意义 •

由日本学人译定。在日本 1884 年出版的《哲学字汇》（改订增补版）中，"Philosophy"被译定为"哲学"；"Science"被译定为"理学、科学"；"Politics"被译定为"政治学"；"Political Science"与"Political Philosophy"皆被译为"政理学"。① 19 世纪末到 20 世纪初，"政治学""政治哲学"跟"政治""哲学"等术语一起，经由中国学人（其中包括留学生、晚清士人、先进知识分子）的使用和译介传入中国。他们翻译的书籍被认为是"最早向中国系统介绍西方政治学和法学的著作"②。"政治哲学"的译名，正是通过《译书汇编》刊载的政治类书籍首次传入中国。1901 年《译书汇编》（第二期）翻译并刊发了英国学者斯宾塞所著的《政法哲学》（第一、二卷），此译本可以说是现代汉语学界第一部关于"政治哲学"的译著。1902 年由王阆著的《泰西学案》在内容上分为哲学学案、教育学案、（法律）政治学案、经济学案四个部分，这里有了"政治学"概念，并使用了"法律政治哲学"的概念。③ 这时的"法政哲学"或"政法哲学"是"政治哲学"的先行概念。如果说《政法哲学》是中国第一本政治哲学译著，那么 1903 年由冯自由翻译的《政治学》则是中国的第一本政治学译著。由此看来，在中国从传统社会向现代社会转换的过程中，政治哲学与政治学就已经有了明确的区分，而且这种区分在改革开放后被延续下来。④ 但在今天的中国，政治学属于一级学科，而政治哲学不是一级学科，甚至连二级学科都不是，只能算作一个研究

---

① 参见［日］井上哲次郎《哲学字汇》（修订增补版），日本东洋馆 1884 年版，转引自吴根友、汪日宣《现代汉语"政治哲学"的语言和观念史考察》，《湖北大学学报》（哲学社会科学版）2023 年第 2 期。

② 熊月之：《西学东渐与晚清社会》，上海人民出版社 1994 年版，第 643 页。

③ 参见王阆《泰西学案》，明权社 1902 年版，第 103 页，转引自吴根友、汪日宣《现代汉语"政治哲学"的语言和观念史考察》，《湖北大学学报》（哲学社会科学版）2023 年第 2 期。

④ 中国改革开放后，政治学肯定比政治哲学在中国出现得早。有考证表明，中华人民共和国成立后，一直到 1985 年"政治哲学"一词才在商务印书馆出版的美国詹姆斯·A. 古尔德等编的《现代政治思想：关于领域、价值和趋向问题》（杨淮生等译）中第一次出现，该词是该书收入的列奥·施特劳斯的《什么是政治哲学》的关键词。但是，这篇文章当时没有引起学界注意，再到 1993 年列奥·施特劳斯等主编的《政治哲学史》在河北人民出版社出版后，政治哲学才逐渐引起学界重视（参见刘擎《汉语学术界政治哲学的兴起》，《浙江学刊》2008 年第 2 期）。

21

领域。政治学属于社会科学的一个学科已得到广泛认同，而政治哲学在学科性质上属于政治学一级学科还是属于哲学一级学科的问题上存在着很大的争议。

今天，关于政治哲学与政治学的关系，中外政治哲学界的一种比较流行的观点认为，政治学是对政治进行描述性研究，而政治哲学是对政治进行规范性研究。我国翻译出版的《西方哲学英汉对照辞典》的作者说："政治哲学不同于政治科学，其原因在于政治科学是经验性的和描述性的，它解释一个政府实际上是如何运作的，而政治哲学则是规范性的，它确立那些规定政府应如何运作的准则或理想的标准。"① 孙晓春教授也赞成这种观点，认为"政治哲学区别于政治科学的关键点，即在于政治科学是实证的和描述性的，其任务是要说明现实生活中的政治是什么（to be），而政治哲学则是有关社会政治生活的应然性判断，在政治哲学领域里，所有讨论都围绕'我们应该（ought to be）有什么样的社会政治生活'展开的"②。这种观点应是大多数学者的共识，但在两者的关系上存在着一个重大的分歧：政治哲学是属于哲学的分支学科，还是属于政治学的分支学科，抑或两者的交叉学科？

列奥·施特劳斯在考察了西方政治哲学的历史演变后首先明确提出，政治哲学是哲学的分支，而非政治科学的分支。他说："政治哲学是与政治生活、非哲学生活和人类生活最近的一个哲学分支。"③ 他不仅对政治哲学与政治科学作出了鲜明的区分，而且认为它们是对立的。"科学——自然科学和政治科学——坦白说都是非哲学的。它们只需要一种哲学：方法论或逻辑。但这些哲学学科显然与政治哲学没有什么共同之处。'科学的'政治科学实际上与政治哲学水火不相容。"④ 国内不少学者赞同这种观点。罗予超教授甚至比列奥·施特劳斯说得更直接："政治哲学以政治世界的普遍本质和规律作为自己的研究对象。当我们用哲学反思的方法，来把握这种本质和规律的时候，

---

① ［英］尼古拉斯·布宁、余纪元主编：《西方哲学英汉对照辞典》，人民出版社2001年版，第774页。

② 孙晓春：《政治哲学的使命及其当下意义》，《天津社会科学》2016年第6期。

③ ［美］列奥·施特劳斯：《什么是政治哲学》，李世祥等译，华夏出版社2019年版，第2页。

④ ［美］列奥·施特劳斯：《什么是政治哲学》，李世祥等译，华夏出版社2019年版，第5—6页。

我们所获得的知识就是政治哲学。政治哲学是一门真正的哲学学科，是一种政治世界观。政治哲学作为政治世界观，是一般哲学世界观的重要组成部分。"① 欧阳英教授也明确把政治哲学看作"是哲学的一部分，而不是政治学的一个分支"②。

有不少学者不赞成施特劳斯的观点，认为政治哲学是政治学的分支。美国学者史蒂芬·B.史密斯说："就某种意义来说，政治哲学只是政治科学的一个分支或'子领域'。……政治哲学旨在澄清各种塑造了政治探究的基本问题、基础概念与范畴。在此意义上，与其说它是政治科学的一个分支，不如说它是这门科学的根本或基石。"③ 英国学者乔纳森·沃尔夫对这种观点作了较系统的阐述："一般来说，从事描述性政治研究的是政治科学家、社会科学家和历史科学家，例如，有些政治科学家提的问题是关于某个特定社会里利益（goods）的实际分配状况。在美国谁拥有财富？在德国谁掌握着权力？像我们这样的研究政治哲学的人当然也有充分的理由对这样的问题感兴趣，但是他或她更关心的是其他一些问题：利益的分配应该遵循什么样的原则？政治哲学家探询的不是'财产是怎样分配的'，而是'怎样分配财产才是正义的或公平的'；不是'人们享有哪些权利和自由'，而是'人们应该享受哪些权利和自由'；一个社会应当用什么理想的标准或规范来指导利益的分配。"④

我国不少学者也秉持政治哲学是政治学的分支的观点。万斌教授最早明确提出政治哲学是哲学政治学，属于政治理论的最高层次。他说："政治哲学是广义政治理论的分支学科，居于政治理论体系的最高层次。广义政治理论，是以政治和一切政治现象、政治关系为研究对象的科学体系。"他依据认识主体的需要和主体认识所涉及的政治现象的性质、层次和范围，将政治理论大致划分为通俗政治学、应用政治学、理论政治学、哲学政治学（亦可称元政

---

① 罗予超：《政治哲学论纲》，《湖南师范大学社会科学学报》2001年第6期。
② 欧阳英：《走进西方政治哲学：历史、模式与解构》，中央编译出版社2006年版，第5页。
③ ［美］史蒂芬·B·斯密什：《耶鲁大学公开课：政治哲学》，贺晴川译，北京联合出版公司2015年版，第1页。
④ ［英］乔纳森·沃尔夫：《政治哲学导论》，王涛等译，吉林出版集团有限责任公司2009年版，第3页。

治学）四个依次递进的层次。① 俞可平教授也大致这样认为："政治哲学是政治学的一个分支学科，它主要研究政治价值和政治实质。政治哲学属于政治理论的范畴，它是关于根本性政治问题的理论，是其他政治理论的哲学基础。"② 他进一步阐述说，政治哲学是一种规范理论，它主要不是关于现实政治的知识，而是关于现在政治生活的一般准则以及未来政治生活的导向性知识，即主要关注政治价值，为社会政治生活建立规范和评估标准。换言之，它主要回答"应当怎样"的问题。臧峰宇教授通过解析政治哲学的英语表达来证明政治哲学属于政治学，认为政治哲学是"元政治学"。他说："从政治哲学的概念构成角度看，政治哲学（political philosophy）是'政治的哲学'，而不是'关于政治的哲学'（philosophy of politics），因而主要是一种'元政治学'，而不是以探究政治知识为要务的政治认识论。"③ 这种元政治学立足当代、指向现实，引导现实政治的走向并反映政治发展的轨迹，力图将面对现存世界的政治理想转换为一种全新的现实格局。

我国也有一些学者认为政治哲学是哲学与政治学的交叉学科。宁骚教授根据休谟关于科学与哲学的分野判定，"政治哲学是哲学与政治学的交叉学科"。"其研究对象是政治现象，就此而言它属于政治学；其研究方法与哲学相同而与政治科学大异其趣，哲学方法即沿着直觉和思辨指引的方向发现真理的方法的运用使得政治现象脱离具象而达到向意境的全面提升，从而获得对政治的内在本质的超验的普遍性认识。就此而言，政治哲学属于哲学体系的一个组成部分。政治哲学是政治思想体系中最高层次的理论形态。"④ 在他看来，政治哲学在整个政治学中具有基础的和指导的作用，其进展对整个政治学的研究水平和发展状况都有着深刻的影响，并对社会变迁、社会发展、社会整合和社会的有序运动具有不可替代的作用。

还有不少学者没有在政治哲学与政治科学之间作出区分。比如，姚大志

---

① 参见万斌《略论政治哲学》，《政治学研究》1987 年第 3 期。
② 俞可平：《民主与陀螺》，北京大学出版社 2006 年版，第 41—42 页。
③ 臧峰宇：《政治哲学的"规定"及其当代性》，《江苏大学学报》（社会科学版）2013 年第 6 期。
④ 宁骚：《政治学·政治哲学·政治科学——〈中国现代科学全书·政治学卷〉总序》，《江汉石油学院学报》（社会科学版）2002 年第 3 期。

教授认为政治哲学是一种实践哲学，它所关注的问题有三个方面：政治价值、政治制度和政治理想。"政治价值涉及的是政治哲学的价值理论，政治制度涉及的是国家理论，而政治理想涉及的是传统上所说的乌托邦理论。"① 这里所说的三个方面的内容基本上是从传统政治学意义上讲的，因为这些问题不仅为政治哲学所关注，也都是政治科学所涉及的。

从以上考察中可以看出，关于政治哲学与政治科学（现代政治学）的关系，在它们的基本区别方面学者们基本达成了共识，即政治学是经验性学科，而政治哲学是规范性学科。他们的分歧主要在于政治哲学是属于哲学还是属于政治学，而这种分歧在列奥·施特劳斯开始对政治哲学本身进行反思和批判之前不存在，他的反思开启了这一分歧，也开启了两者之间关系的讨论。从总体上来看，上述三种观点是其主张者站在不同的立场上形成的。站在哲学立场尤其是古典哲学立场上看政治哲学，就会把政治哲学看作属于哲学；站在政治学的立场上，就会把政治哲学看作属于政治学；而站在交叉学科的立场上，就会把政治哲学看作属于哲学与政治学的交叉学科。从这个角度看，三种主张各有道理，这就是他们在这个问题上难以达成共识的原因。关于两者关系的三种观点实际上表达的是三种不同的政治哲学观，它们不可能都是对的，否则就无法在政治哲学问题上形成基本共识。

在笔者看来，如果说政治哲学的旨趣在于为政治活动创造好社会提供理论依据和实践规导，其根本使命是通过反思和批判现实政治揭示政治的本性及其实践要求并据此规导现实政治，那么政治哲学显然不属于政治学，而属于哲学，是哲学的一个专门学科或特殊领域。不仅政治哲学不属于政治学，相反政治学应当属于政治哲学的反思、批判和规导的对象。政治学只有接受政治哲学的规导才能成为有助于实现人类理想社会的学问，否则就可能成为政治弊端尤其是政治异化的帮凶。如果认为政治哲学属于政治学，那就意味着政治哲学是直接为政治学服务的，它就必须站在政治学的立场上，为之提供依据、论证和辩护，政治哲学和政治学就有可能都会成为现实政治的御用工具。把政治哲学作为哲学，就会对政治学以及现实政治都持反思和批判态度，政治哲学与政治学就会存在一定的张力关系。同理，政治哲学显然也不是哲学与政治学的交叉学科，而且它们不仅研究方法不同，研究对象的范围

---

① 姚大志：《什么是政治哲学》，《光明日报》2013年9月24日第11版。

也不同。政治学研究现实政治事物，政治哲学研究政治事物的一般本性及其在一定时代的实践要求。我们更不能将政治哲学理解为应用学科，这是因为政治哲学和道德哲学是哲学本身的两个关注人性两大特性的专门学科或特殊领域，它们是和哲学一起产生的，而且本身就具有实践性，根本不存在与其他学科交叉的问题，正如我们不能说伦理学是哲学与道德社会学的交叉学科一样。

第二章　政治哲学的立场、意向和方法

　　研究政治哲学如同研究作为整体的哲学、研究哲学的不同分支一样，不仅存在研究方法的问题，还存在研究立场和意向的问题。这一点政治哲学和哲学与其他科学尤其是自然科学不同。自然科学要求研究者站在中立的立场直面对象探讨对象，揭示自然事实①的真相，而且自然科学从不同视角和运用不同方法可以得出相同的结论。但是，哲学不同，哲学研究成果（知识）主要是哲学家思辨构想的结果，研究的结论与哲学家站在什么立场上研究、研究指向什么或以什么为目标对象②、运用什么方法研究有直接关系。正因为科学研究与哲学研究存在着这种区别，所以科学研究才可能形成共同的结论，而哲学则很难形成共同的结论，出现陈修斋先生所说的"哲学无定论"③的情形。在哲学的所有分支中，政治哲学因为研究对象是社会的政治事物，而社会的成员构成极其复杂且研究者身处其中，所以政治哲学研究更受研究者的立场、意向以及其他主观因素的影响。研究者对这种隐含在背后的主观因素常常缺乏意识，在哲学史的研究中对此也重视不够，这正是人们难以理解

---

　　①　自然事实在日常话语和科学话语中通常称为"现象"，但这一表达并不准确。通常所说的"现象"实际上是自然事实，自然事实背后存在着本质，但不能因此将自然事实称为现象。通常所说的现象不过是个体事实，而本质是同一类自然事实的共性。作为同一类事物本质的共性也是自然事实，不过它是自然界中不同事物的共性事实，而个体事物是包含共性事物的个体事实。当然，自然界中不仅存在个体事实、共性事实，还存在关系事实。

　　②　目标对象实际上是研究者确定的特定研究对象，比如政治哲学的对象是政治，但不同研究者给自己确定的特定对象是不同的。有的人研究国家，有的人研究政党，有的人研究个人权利，如此等等，笔者将这种研究对象称为目标对象。

　　③　陈修斋：《关于哲学本性问题的思考》，《武汉大学学报》（社会科学版）1988年第2期。

为什么不同哲学家有不同哲学思想的重要原因。导致哲学和政治哲学无定论的主观原因很多，其中研究者的立场、意向和方法是最为重要的三个方面，它们一起构成政治哲学研究的方法论。

第一节 政治哲学的立场

政治哲学研究者总是站在某一立场上研究政治哲学，他们的立场虽然可能发生变化，但不可能不站在任何立场上去进行研究。只不过有的研究者对自己的立场有意识，或者说自觉地选择某种立场（如马克思就自觉地站在人类立场上研究政治哲学），而有的研究者则缺乏这种意识（如苏格拉底就没有意识到自己是站在自由民的立场上研究政治哲学）。所谓立场，一般地说是指人们认识和处理问题时所处的位置。就政治哲学而言，立场问题就是在人类社会的复杂结构中，研究者立足于谁、为了谁进行研究的问题，因此这一问题实质上就是政治哲学的价值取向问题。政治立场不同，研究者的政治哲学也就不同。"在政治领域，对某个问题及与之相关的逻辑技巧的陈述随着观察者政治立场的变化不同。"[①] 人类包括个人、组织群体（如家庭、企业、政党等）、基本共同体（当代主要是国家）和全人类（人类尚未成为整体），因此政治哲学研究者的基本立场可能是个人、组织群体、基本共同体和全人类。从政治哲学史看，情形也正是如此，这四种基本立场都有拥护者。

之所以如此，是因为三个方面的原因。一是研究者有多种立场可站。谈及立场，其前提是有多种可站的位置可被自觉不自觉地选择，如果没有多种可站的位置，也就没有所谓立场问题。自政治哲学诞生开始到今天，研究者始终面临着多种基本立场可以选择，研究者必定会站在其中某一种立场上研究他的政治哲学。在专制社会，研究者往往不能自由选择研究立场，而只能以官方规定的立场为立场（也有例外）。二是研究者自身各方面的因素尤其是自身利益的因素不同。影响研究者研究立场的因素很多，其中最重要的是世界观、价值观和人生观以及自身的社会地位和利益诉求。这些因素的综合作

---

① ［德］卡尔·曼海姆：《意识形态与乌托邦》，李步楼等译，商务印书馆 2014 年版，第 151 页。

用决定着研究者自觉不自觉地在多种立场中选择某种立场。三是研究者的研究彼此隔离。政治哲学研究基本上是个人单独进行的，研究者之间交流合作较少，在20世纪之前尤其如此。这种研究的隔离状况难免导致其研究者的立场各行其是。

从中西历史看，研究者研究政治哲学主要持四种基本立场。正是站在这四种不同的立场上，研究者创立了不同的政治哲学。以下主要依据不同政治哲学产生的历史顺序来考察研究者的研究所持的不同立场。

一是持社会中所有人的立场。这种立场是指研究者研究政治哲学时不考虑社会中的正式成员（如自由民）和非正式成员（奴隶等）的区别，不考虑不同阶级或阶层之间的区别，把社会中所有的人都当人看。这里说的"社会"指基本共同体，如古希腊罗马的城邦、中国专制时代的帝国、当代的国家。持这种立场的研究者一般只是考虑本社会的成员，而不考虑本社会以外的成员，只不过有的人是自觉的，有的人是不自觉的。在中西政治哲学史上，很多研究者是持这种立场研究政治哲学的，中国先秦时期的思想家几乎都如此。当时他们能看到或想象到的就是周王朝的天下，这个"天下"就是他们生活的基本共同体或社会，他们甚至没有想到在"天下"之外还有其他的基本共同体。他们就是站在天下民众的立场上说话，尤其是对现实的政治进行反思和批判，并从理论上构建涵盖天下民众的理想社会。西方近现代大多数思想家也持这种立场，启蒙时期的自由主义思想家都是站在近代西方所有社会成员的立场上，提出社会所有人都具有天赋的自然权利并主张扩大他们的自然权利。现代自由主义者罗尔斯的立场也是西方社会尤其是美国社会的所有人，他的作为公平的公正理论就是针对西方现代社会存在的两极分化和贫富悬殊开的药方。显然，西方近现代自由主义者所持的立场是西方社会所有人，而不是西方社会以外的社会的任何人。虽然他们以这种立场所创立的政治哲学，其最终实践结果主要是有利于资产阶级尤其是大财团的利益的，但他们所持的立场应是西方社会的所有人。

二是持社会成员的立场。在人类历史上，社会有时并不是所有人的社会，这一点在西方尤其明显。在古希腊时代，作为基本共同体的城邦并不是所有生活于其中的人的社会，具有社会成员资格的只有自由民，那些奴隶、妇女、儿童都不具有社会成员的资格。古罗马早期的罗马城邦、后来的罗马共和国和罗马帝国的情形亦基本如此。古希腊的思想家基本上都是站在社会成员即

· 政治哲学概论 ·

自由民的立场上研究哲学，甚至从理论上论证这种不平等的社会现实是天然合理的。亚里士多德说："很显然，有些人天生即是自由的，有些人天生就是奴隶，对于后者来说，被奴役不仅有益而且是公正。"① 基督教虽然从诞生开始号称把所有人看作上帝的子民，但实际上那些不信奉基督教的异教徒并未被看作其宗教共同体的成员。当基督教教会获得政治上的统治地位之后，基督教更是对异教大开杀戒，著名的"十字军东征"就是典型的事例。基督教神学家正是站在基督教立场上为其教义进行哲学论证和辩护的。奥古斯丁将人类划分为"上帝之城"和"尘世之城"，他说："尽管这个世界上有许许多多国家，人们按不同的礼仪、习俗生活，有许多不同的语言、武器、衣着，但只有两种人类社会的秩序，我们可以按照圣经的说法，正确地称之为两座城。一座城由按照肉体生活的人组成，另一座城由按照灵性生活的人组成。当它们找到了自己想要的东西时，各自生活在它们自己的和平之中。"② 奥古斯丁的政治哲学就是告诉人们怎样从尘世之城走向上帝之城。

三是持社会治理者的立场。在传统社会，社会治理者就是社会的统治者。在政治哲学史上有不少研究者是站在统治者的立场上为其统治提供论证、辩护和出谋划策的。在基督教教会成为西方社会的实际统治者的时候，神学家的政治哲学就是站在基督教教会（后来成为天主教教会）立场，成为天主教教会实行统治的御用工具。中国传统社会以董仲舒为主要代表的汉儒，以及后来宋明理学家也都是站在皇权专制主义者的立场，其政治哲学成为社会占统治地位的官方意识形态的核心内容。其中最典型的是董仲舒，他的政治哲学主张集中体现在他的《天人三策》之中。汉武帝继位后，让各地推荐贤良文学之士，董仲舒被推举参加策问。汉武帝连续对董仲舒进行了三次策问，基本内容是天人关系问题，包括巩固统治的根本道理、治理国家的政术和天人感应的问题，所以称为"天人三策"。董仲舒的君权神授、独尊儒术、建立大一统帝国等主张完全是为适应汉武帝求解汉朝强盛的长治久安之道提出的。在当代，罗尔斯作为公平的公正理论的创立也完全是为了西方国家尤其是美

---

① ［古希腊］亚里士多德：《政治学》，载苗力田主编《亚里士多德全集》第九卷，中国人民大学出版社 1994 年版，第 12 页。

② ［古罗马］奥古斯丁：《上帝之城》上卷，王晓朝译，人民出版社 2006 年版，第 578—579 页。

国破解社会两极分化、贫富悬殊导致的社会危机问题。

四是持全人类的立场。在中西政治哲学史上,自觉地站在全人类立场上研究政治哲学的思想家可能只有马克思和恩格斯,他们的政治哲学的出发点和目的是通过解放无产阶级最后解放全人类。中国先秦时期孔子、老子等思想家大多将人和天地万物关联起来,并且有天下情怀,但由于时代局限而没有世界意识和全人类意识,至少这种意识是模糊的。所以,他们的政治哲学主要是站在社会(基本共同体)所有人的立场上,而非全人类的立场上。马克思、恩格斯的先驱——空想社会主义者追求财产公有、人人平等、生活富足,应该说初步有了全人类的意识,但这种意识并不清晰,他们的政治哲学思想不仅具有空想性质,而且具有思想实验的性质,如"乌托邦"(托马斯·莫尔)、"太阳岛"(康帕内拉)、"教区公社联盟"(梅叶)等。① 马克思、恩格斯在继承空想社会主义思想遗产的基础上对其实行了根本性变革,旗帜鲜明地站在全人类立场上为全人类寻求代替那存在着阶级和阶级对立的资产阶级旧社会的"以每一个个人的全面而自由的发展为基本原则"② 的自由人联合体。对于马克思、恩格斯政治哲学的全人类立场,马克思曾有过明确的表述:"旧唯物主义的立脚点是市民社会,新唯物主义的立脚点则是人类社会或社会的人类。"③ 这里的"新唯物主义"主要是指正在形成中的历史唯物主义,"市民社会"指的是资本主义社会。历史唯物主义是马克思主义政治哲学的本体论基础,这表明马克思主义政治哲学是站在全人类的立场,而不是站在资本主义社会的立场。

以上是从人类不同群体的角度来考察政治哲学的立场,还可以从人类个体和人类不同共同体的角度来考虑。从这个角度考虑,有的政治哲学是持人类不同共同体的立场,可概称为"整体主义立场";有的持共同体中的个人的立场,可概称为"个人主义立场"。从理论上看,整体立场还存在阶级立场、国家立场、人类立场的区别,但研究者一般采取国家立场,也有个别研究者采取人类立场。国家立场通常与统治阶级立场相一致,因为历史上国家都是

---

① 参见江畅《西方德性思想史》近代卷,载《江畅文集》第6卷,人民出版社2022年版,第502—550页。

② 《马克思恩格斯文集》第5卷,人民出版社2009年版,第683页。

③ 《马克思恩格斯选集》第1卷,人民出版社2012年版,第136页。

由统治阶级控制的。从总体上看，中国自古以来的主流政治哲学持整体主义立场，而西方则持个人主义立场。

中国政治哲学一经诞生，占主导地位的儒道两家都直接传承了传统的"天人一体""天人相通""天人合一"观念，将社会看作一个整体，个人存在的价值和意义就在于得道行道，最典型的表达是孔子所说的"朝闻道，夕死可矣"（《论语·里仁》）。在中国传统文化中，"社会"的范围最初并不是古希腊罗马那种"城邦"，而是"天下"，"天下大同"成为政治哲学的最高追求。到了皇权专制时代，"社会"的范围虽然主要限于帝国疆域，但传统的天下观念仍然深深地影响着中国人。中国共产党成立后，马克思、恩格斯的共产主义理想同中国传统的"大同"理想相结合，形成了中国式共产主义理想。其突出特点在于马克思的"以每一个个人的全面而自由的发展为基本原则"[①] 的自由人联合体，转变成为中国特色社会主义初级阶段的以"人民至上"为根本理念、追求人的全面发展的社会主义现代化强国。当代中国政治哲学传承了传统的整体主义的立场，但这个整体不是传统的国家、王朝，而是作为整体的人民、民族及人民生活于其中的国家，"国家富强、民族振兴、人民幸福"的中国梦是中国当代政治的追求，也是中国当代政治哲学的指向。

西方政治哲学最初的本体论根据不是类似于"道"的整体性本体，而是每一个事物追求的目的（"善"或"好"），而且事物的好是事物的灵魂，就存在于事物本身之中，只需事物自己开发或实现出来就行了。人也一样，人存在的价值和意义就在于通过人自主地认识自己的活动（如"诘难"或"回忆"）认识本来存在但被肉体遮蔽或玷污的灵魂之善。不过，柏拉图和亚里士多德也注意到城邦对于个人幸福获得的重要意义，有整体主义诉求，但根基是个人主义的。中世纪虽然天主教教会势力强大，但从根本上说还是继承了古希腊罗马的传统，上帝不再像拯救犹太民族那样来拯救人类整体，而是拯救一个个的个人。西方近代主流政治哲学将西方传统的个人主义立场推到了极致，将其体现出来就是个人至上或个人权利至上，个人生活于其中的国家不过是个"守夜人"而已。至于人类整体，西方主流政治哲学因为完全站在了人类个人立场而不可能顾及，因为政治哲学通常只能站在一个立场上研究和回答问题。

---

① 《马克思恩格斯文集》第 5 卷，人民出版社 2009 年版，第 683 页。

无论是从人类群体角度看的四种立场，还是从个体与人类基本共同体关系解读的两种立场，它们都是在中西政治哲学史上为不同研究者所采取过的立场，采取这些不同立场的研究者也获得了他们的政治哲学研究成果，这些成果对于人类社会发展不同程度地发挥过作用。但是，在当代世界全球化、科技化、信息化的背景下，研究者的学识层次有了跨越式提高，因此政治哲学研究者在研究立场方面可以也应该形成共识。从当代人类发展的态势看，人类基本共同体从国家走向世界势在必行，政治哲学应超越以往立场的多元而走向一元，为世界共同体构建提供支持和服务。那么，这种一元的政治哲学立场是什么呢？就是人类整体或全人类。今天和未来的政治哲学研究都要站在人类整体的立场上思考和探讨政治问题，通过揭示政治的本性并阐明其实践要求为世界的永久和平和人类的普遍幸福的实现提供论证、辩护并出谋划策。人类整体的立场才是政治哲学应采取并始终持守的正确立场。当然，今天的政治哲学研究者都生活在不同国家，不可避免地要为本国服务，但在提供服务时要站稳人类整体的立场，着眼于世界和平和人类幸福研究政治哲学问题。

第二节　政治哲学的意向

政治哲学的意向就是研究者确定目标对象并在意识中不断与之相互构建的互动活动，是研究者在研究政治哲学过程中的意向性活动。研究者通过具有意向性的活动在研究对象范围内确定、研究和重构自己特定的目标对象，形成自己关于目标对象（政治要素）以至于总体对象（政治）的理论体系。实际上，每一种学术研究都是一种意向性活动，但由于对象不同而意向性活动也不相同。政治哲学研究的对象是政治，政治哲学研究者的意向活动就是在政治这种复杂事物内选择特定的目标对象进行研究，而研究的目的不是对目标对象作出描述，而是要超越目标对象，构建一种关于理想化的目标对象乃至总体目标的政治哲学体系。在政治哲学研究中，研究者的研究意向非常重要，它决定着研究者的目标对象定位正确与否，而这又决定着研究者能否建立得到合理论证的政治哲学体系，决定着研究的目的能否达到。

"意向"在汉语中的一个基本意思是"心之所向"。"意向性"一词来自西方，英语和德语中的"意向性"（intentionality, Intentionalität）可追溯到拉丁文"intentio"。该词与弓箭的射击相关联，其动词形式是"intentere"，意思是朝向、射向或对准某物。作为一个哲学概念，"意向"最早由经院哲学家引入哲学，经院哲学家经常用这个概念来区分意向的存在和实际的存在。受中世纪哲学的启发，奥地利哲学家布伦塔诺提出了"意向性"概念和意向性学说。他在《经验立场的心理学》（1874）中将心理学划分为两个领域：发生心理学，它研究心理事件的生理学基础；描述心理学，它是关于"心理现象"的科学，与发生心理学相对照。在他看来，发生心理学是经验性、实验性的，而描述心理学则是与心理现象的先天本质相关，其宗旨是完整描述"组成人类所内在地感知到的东西的基本要素，并列举这些要素的联系方式"。他后来将描述心理学称为"现象学"，由此启发了胡塞尔。布伦塔诺主张把意向性规定为对立于物理现象的心理之物所具有的本质特征。所有心理现象独有的特征可称为意向的，而意向性是心理之物的唯一标准。"每个心理现象的特征在于中世纪的经院哲学家称之为对象之意向的（或心理的），以及我们可以称为，尽管不是完全明确，对于内容的指涉、对于对象的指向（对象或内容在此不应被理解为意指的事物），或者称为内在对象的东西。尽管每个心理现象并不总是以同样的方式包含对象，它们却都包含作为某物的对象。在表象行为中某物被表象，在判断中某物被肯定或否定，在爱中某物被爱，在憎恨中某物被恨，在欲望中某物被欲求等。"[1] 布伦塔诺的描述心理学认为，我们首先熟悉的是我们自己的表象、思维和情感。感知的对象不是直接被把握的，只是间接推导出来的，因而只具有"意向的存在"，而心灵或意识拥有"现实的存在"："我们的心理现象是最能属于我们自己的事情。"[2] 发生的心理行为拥有作为其意向对象的内在内容。物理现象是心理现象的内容，而不是意识之外的对象。布伦塔诺的意向性学说对胡塞尔产生了直接影响，"意向性是现象学的核心问题"[3]，它作为一种方法论也启示我们要重视政治哲学研究的意向。

---

[1] Franz Brentano, *Psychology from an Empirical Standpoint*, Trans. A. C. Rancurello, D. B. Terrell, and L. L. McAlister, London: Routledge, 1995, p. 88.

[2] Franz Brentano, *Psychology from an Empirical Standpoint*, Trans. A. C. Rancurello, D. B. Terrell, and L. L. McAlister, London: Routledge, 1995, p. 20.

[3] ［爱尔兰］德莫特·莫兰：《意向性：现象学方法的基础》，《学术月刊》2017年第11期。

政治哲学研究是一种不断构建目标对象的意向活动。当一个人进入政治哲学研究的时候，他所面对的是复杂的政治事物，他会自觉不自觉地站在某种立场上试图达到某种研究的目的，需要确定一个研究的目标对象，然后对目标对象展开研究。伴随着人类文明的发展，政治事物演变成有不同主体、不同层次、不同主题、不同变化等要素的错综复杂事物。比如，从政治的主体看，有阶级、政治组织（政党、政治社团等）、国家、国际社会等；从政治的层次看，有政治制度、政治权力、政治权利、政治行为、政治文化等；从政治的活动看，有阶级斗争、政治斗争、政治治理、政治参与和协商、战争等；从政治的主题看，有自由、平等、公正、法治、理想、信念和信仰等；从政治的变化看，有政治革命、政治变革、政治改革等。这里的列举是不周延的，而且彼此之间并非界限分明，而是你中有我，我中有你。虽然今天全世界不知道出版了多少有关政治问题的著作，但未见有一本著作对政治的结构作出一种令人信服的阐述。因此，一个研究者从事政治研究，虽然知道自己是研究政治的，但不可能一下研究所有这些不同的政治事物，而只能确定一个目标对象。这种确定目标对象的活动就是一种意向活动，是研究者的智能指向对象的活动。这种意向活动的指向由多种因素决定，而这种指向一旦确定就规定了他的研究对象，而对象确立得是否正确会对他的研究能否成功具有先决性的意义。

各种政治事物总是不断地呈现在研究者的眼前和意识之中，面对这些对象需要对它们进行划分，这种划分类似于市场营销的市场细分。所谓市场细分，是指企业按照某种标准将市场上的顾客划分成若干个顾客群，每一个顾客群构成一个子市场，其目标是针对不同子市场的需求生产和销售满足其需要的产品和服务。政治哲学研究者也需要着眼于以上谈及的政治要素中的某一类要素（不同主体、不同层次或不同主题等要素）对呈现的各种对象进行划分。在作出划分的前提下需要对对象的意义作出判断，进而选择目标对象。当然，选择目标对象，不仅要考虑它的价值，还要考虑研究者自己的能力，只有当两者相契合时，才能作出正确取舍，最后确立适合自己研究的目标对象，展开个性化的研究。但是，这个过程并不是一次性的，而是一个不断反复的过程。而且，研究的目标对象并非一旦确立就一成不变，而是需要不断调整的。这是因为，目标对象本身会发生变化，研究者会发生变化，研究者对目标对象的认识也会变化。因此，研究者需要不断地在呈现的对象中作出取舍然后调整自己的研究方向。只要研究者的意向活动过程是个性化的，他们确立的目标对象也就不会完全一致。不过，在政治哲学史上也常常出现研究者集中指向某种对象的情况。比如，在古希腊时期，政体或政制是苏格拉底、柏拉图和亚里士多德共同关注的对象；20世纪下半叶，社会公正成为西方研究者讨论的焦点。不同研究者选择相同的目标对象是正常的，这样学者间才有所谓形成共识的问题。意向性活动是一种个性化的自主构建对象的活动，研究者对同一对象的研究不能成为跟风式的研究，否则就会丧失意向性活动的个性化特性。

政治哲学的意向活动是对象呈现、作出取舍、展开研究、重构对象的有机统一活动。在布伦塔诺看来，意向性活动并不是单纯地对对象的反映，而是呈现、判断和情感三种意向活动形式的有机统一。呈现就是某物呈现给我们。无论某物什么时候出现在意识中，无论我们什么时候看见一种颜色，或听到一种声音，或在想象中构想一个形象，或理解一个词的意义，我们都是在经历呈现。判断是指我们接受或拒绝被呈现的某物。当我们判断时，我们接受真的某物或拒绝假的某物，这样的判断甚至在简单的知觉和记忆的情形下也会出现。情感（爱和恨）表示我们欲望某一对象或事态或对其反感。在爱和恨的情感中，某物作为好的被接受，或作为坏的被拒绝，对象在我们身上唤起了快乐和不快。这种快乐和不快又会产生欲望和希望，最后欲望在自愿的决定中终止。在布伦塔诺看来，这三种形式彼此之间处于单向的依赖关系之中，呈现在逻辑上先于所有其他的经验类型，判断是以呈现为基础的，但是它又独立于爱和恨的现象，爱和恨的现象则以判断和呈现为先决条件。政治哲学研究的目标对象也并不就是意向性活动所呈现的对象，而是经过判断和情感综合作用选择确立的对象。在这个过程中，研究者的主体性发挥着作用。判断正确与否是关键，根据不正确的判断确定的目标对象必定是错误的。情感也很重要，如果对目标对象热爱就会倾情投入，对它的研究其研究就不会是为了功名利禄而是为了求其真理。不过，从政治哲学研究看，其意向活动并不是呈现、判断和情感三种形式单向依赖的逻辑递进过程，而是体现为对象呈现、作出取舍、展开研究、重构对象四者有机统一的开放过程。

在对象呈现方面，政治哲学的意向活动与布伦塔诺所说的呈现大致相同。所有政治哲学研究者从起步开始的整个研究过程都会有不同的政治事物呈现在意识中，其中有些是没有呈现过的事物现在呈现出来，有些却是以往呈现过的事物再呈现出来。不过，政治哲学研究者不会停留于政治事物的呈现，或对它发表一些看法、议论，而是要对呈现的政治事物作出哪种或哪类是可以作出自己目标对象的判断，并在此基础上根据个人研究的目的和兴趣或志向作出取舍，从而确定自己的目标对象。所确定的目标可能是政治事物中的某一类（如政治主体）或某一种（如政党），也有可能是总体（政治）。确立目标对象以后，研究者就开始了自己的研究。他的研究是政治哲学研究，因而不是要像政治学等社会科学那样运用科学方法描述目标对象，也不是要透过现实政治事物去揭示它的本质（现实本质或实然本质），而是要通过哲学的思辨方法对目标对象进行反思和批判，并依据哲学的本体论、知识论和价值论原理构建政治的本性并阐明其实践要求，然后在此基础上形成重构目标对象的理论。这种理论可能是重构目标对象的原则（如罗尔斯的公正原则），也可能是重构目标对象的整体方案（如孔子的大同理想），其共同特点是这些原则或理想所体现的都不是现实政治事物的现实本质，而是现实政治事物的应然本质，按照这种应然本质或规定性重构的目标对象就是理想的或应然的政治事物。政治哲学意向活动的四个环节只是理论上的划分，在研究者个人那里是交织在一起的。在正常情况下，它们不断地交互作用、相互支撑，推进目标对象研究的深化和拓展。一些学者正是在这种深化和拓展的过程中构建起了令人叹为观止的政治哲学丰碑。

政治哲学的意向性活动是旨在超越目标对象所从事的政治哲学理论构建活动。当布伦塔诺把意向活动看作一个呈现、判断和情感的过程时，他实际上已经肯定了意向性活动不是描述活动或反映活动，而是除了有智能或理性参与之外还有意志（抉择）和情感（爱恶）两种主观因素参与其中。因此，对于他来说，意识中形成的目标对象已经不是原来的对象，而是对原来对象的超越，是一种人为的精神事物。就政治哲学研究而言，其目的也不是描述或反映对象，不是像政治学那样通过研究目标对象去揭示它的本质，而是根据政治哲学的本性及其实践要求去反思和批判目标对象，并在此基础上构建关于目标对象的政治哲学理论。有些研究者还有可能通过将一个目标对象扩展到其他目标对象，形成多种政治哲学理论，以至于形成完整系统的政治哲学体系。

从理论和实际情况看，对政治事物的意向活动事实上有三种不同类型。一是对某一对象纯粹的感知，在感知的过程中可能会经历布伦塔诺所说的呈现、判断和情感三个阶段，最后会形成对目标的态度。这样的层次其实也就是胡塞尔所说的现象学还原，只不过他强调在进行还原的过程中，要将意识中原有的各种观念、知识等"先见"悬置起来。这是平常人对待政治事物的意向活动。二是在对对象进行感知的基础上，通过科学方法（主要是归纳法）去揭示对象的本质以及它运动的规律性。这个过程只需布伦塔诺所说的"呈现"和"判断"两个阶段，无须进至第三阶段，相反还要排除情感因素。这是政治学研究者对待政治事物的意向活动。三是在对呈现给意识的对象作出取舍之后所形成的目标对象进行审视，通过思辨方法寻求其本性及其要求，从而揭示它的应然本质，并根据应然本质重构对象，形成政治哲学体系。但这个过程不是完全孤立的，而是需要依据有关政治（作为总体对象）的本性及其实践要求的政治哲学一般原理。当然，研究者自己也可以去构建自己的政治哲学原理。这是政治哲学研究者对待目标对象应有的意向活动。

从政治哲学史的情况看，普遍存在着这样一种情形：研究者选定某一目标对象后，就会局限于其中，不能兼顾其他，忽视了目标对象与总体对象的关系。罗尔斯就主要局限于国家的公正问题，虽然后来研究了万民法，但没有考虑公正在世界永久和平和人类普遍幸福这一政治哲学终极追求中的地位。不少政治哲学史研究者致力于某个历史上的政治哲学家或学派研究，则另当别论，因为他们的研究主要是学术史研究，而不是政治哲学理论研究。不过，他们的研究如果也运用政治哲学对待目标对象的应有意向活动，其研究成果会更有价值，列奥·施特劳斯就是这方面的一位成功典范。政治哲学的意向性活动不是一次性完成的，而是一个不断指向对象的过程，体现在研究上表现为对目标对象的深化和扩展，而这也正是研究的过程。如果死守某一目标对象，从一而终，其研究就会丧失创造性和生命力。布伦塔诺意向性学说给政治哲学研究的一个重要启示在于，政治哲学研究目标对象的确定应是个性化的、具有创造性的开放构建过程，这个过程不是一次完成的，而是与研究者的研究相伴始终的不断循环往复的持续过程。

第三节　政治哲学的方法

如果研究者研究政治哲学的立场是正确的，意向也是合理的，那么他能否成功地构建其合理性得到论证的政治哲学体系，就取决于其方法了。在中西政治哲学史上，研究者使用了各种研究政治哲学的方法，但似不见有多少系统而深入的研究，这应该说是一个缺憾。政治哲学作为哲学的专门学科必须运用哲学的基本方法，即得到公认的思辨方法。当然，它作为哲学的特殊领域和专门学科，也有一些不同于其他哲学分支的方法，或者方法相同，但含义和意义却有所不同。其中比较常用的有文献诠释法、历史审视法、现实质疑法等。

政治哲学必须以思辨方法作为基本方法，这原本是习以为常的，但西方近代以来大多数思想家丢掉了这一传统方法，而以科学方法（更准确地说是经验方法）研究政治哲学。这样做的一个严重后果就是政治哲学日益科学化，政治哲学与政治科学的界限模糊，两者之间失去了必要的张力。如此一来，政治哲学变得如同政治科学一样臣服于现实政治的需要，政治哲学的批判功能丧失，导致社会日益物化等诸多消极社会后果。鉴于这种情况，我们这里着重讨论思辨方法及其在政治哲学中的运用问题。

思辨方法究竟是一种什么样的方法，在中外哲学史上并没有明确的界定。至于政治哲学要不要运用思辨方法，可能还存在着很大分歧。如果将政治哲学理解为政治学的一个分支，它也许无须运用思辨方法。在这里，我们先对思辨方法作一点历史考察，然后再讨论它作为政治哲学研究方法意味着什么，它与政治科学研究的科学（经验）方法有什么区别。

思辨方法十分古老，可以说一有哲学就有了这种方法，因为哲学需要运用这种方法来进行研究。在中国古代文献就有"博学之，审问之，慎思之，明辨之，笃行之"（《中庸》）的记载，这说的是学者的为人之道，其中包含了哲学思辨方法的含义。清代王夫之更加明确地使用了"思辨"这一概念："故必极学问思辨之力……然后可以治天下国家。"（《薑斋诗话·夕堂永日绪论外编》二八）。但是，"思辨"作为一个哲学概念是西方最早明确提出的，思辨方法在西方哲学得到了更典型的运用。亚里士多德谈到过思辨，他说："可以说合乎本己德性的现实活动就是完满的幸福了。像所说的那样，这就是思辨活动。"[1]"思辨"在亚里士多德那里用的原文是 theoretike（形容词），名词为 theoria。对这个形容词有不同的英译，比较流行的是 "contemplative"

---

[1] ［古希腊］亚里士多德：《尼各马科伦理学》，载苗力田主编《亚里士多德全集》第八卷，中国人民大学出版社 1994 年版，第 226 页。

（汉语通常译为"沉思的"）①。根据范明生先生的解读，"思辨活动"在亚里士多德那里的主要含义是"以探求第一原理为目的"，"为知识自身而求取知识"的活动，也就是第一哲学的研究活动。② 亚里士多德的思辨活动实际上是运用思辨方法沉思本体以获得第一哲学原理的活动。黑格尔是第一位有意识地运用思辨方法构建自己哲学体系的哲学家。他认为，以往的哲学方法都是知性方法，而他要建立的是超越知性、理性的思辨方法或辩证方法。这种方法以绝对真理为哲学研究的对象，把差异和矛盾作为事物发展的内在动力，并视"自否定"为推动事物向前发展的第一力量。这里说的"自否定"不是全盘否定，而是既抛弃又保留的"扬弃"。③ 黑格尔的思辨哲学体系就是这样建立起来的：将包含事物自身逻辑规定的理念作为出发点，理念在自然界和人类社会的演绎过程中展开自身，最终达到将主体与客体、形式与内容统一起来的绝对理念。

亚里士多德和黑格尔运用的思辨方法有很大的不同，但有一个共同特点，就是这种方法不同于一般的科学方法或知性的方法，而是沉思的方法或辩证的方法。亚里士多德认为，灵魂获得真理有五种方式，即技术、科学、实践智慧、智慧、理智。他对科学与理智作出了明确区分。他认为，科学知识的对象是出于必然性的，因而也是永恒的，同时每一门科学都是可教的，科学知识的教学是从已知的东西开始，通过归纳法或演绎法获得新的知识。因此，科学具有可证明的品质。但所有可证明的东西和可知的东西都是从第一原理或最高原理（最初原因和本原）推导出来的，只有理智才能把握第一本原。这种理智在亚里士多德那里是灵魂的最高层次的能力，是人的思辨理性，也是完善幸福的源泉。④ 黑格尔认为，以往的科学方法，无论是分析方法还是综

---

① 在现代英语中，对应汉语中的"思辨"一词不是"contemplation"，而是"speculation"，意思是思考、思索、推断、推测的意思。该词的德文表达为"Spekulation"。（《马克思恩格斯选集》第 4 卷，人民出版社 2012 年版，第 264 页）

② 参见范明生《亚里士多德论快乐、思辨和幸福》，台湾《哲学杂志》第 21 期（1997 年 8 月出版）。

③ 参见符越《德国古典哲学形而上学方法论研究》，博士学位论文，辽宁大学，2019 年。

④ 参见江畅《西方德性思想史》古代卷，《江畅文集》第 5 卷，人民出版社 2022 年版，第 277—278 页。

第二章　政治哲学的立场、意向和方法

合方法，都只是认识具体事物的方法，不是考察事物自身内容（实即普遍必然性或普遍真理）的方法，不能用这种认识有限事物的方法来考察事物自身的"内容"。在他看来，只有那种既分析又综合的辩证方法才能解决形而上学的构建问题，所以"哲学的方法既是分析的又是综合的"①。他指出："一切科学的方法总是基于直接的事实，给予的材料，或权宜的假设。在这两种情形之下，都不能满足必然性的形式。所以，凡是志在弥补这种缺陷以达到真正必然性的知识的反思，就是思辨的思维，亦即真正的哲学思维。"② 他就是运用这种思辨的思维来构建他的思辨哲学体系的，即以事物自身（真正必然性）的逻辑规定为开端（正题），经过事物内容在经验中的展开环节（反题），最终在绝对理念中复归于自身（合题）。亚里士多德和黑格尔的这些论述告诉我们，哲学研究的基本方法是思辨方法，而不是科学方法。如果我们认为政治哲学属于哲学，那么它的基本方法就应当是思辨方法。

亚里士多德主要是运用思辨方法研究他的"第一哲学"（形而上学），黑格尔则运用思辨方法构建他的百科全书式思辨哲学体系（包括本体论、知识论和价值论），但他们都没有对思辨方法的含义作出明确的界定。笔者曾根据中西哲学史上哲学家构建哲学体系运用的思辨方法，从伦理学的角度将其概括为"反思、批判、构建的有机统一"，包括反思的方法、批判的方法、构建的方法。③ 这一概括对于哲学来说具有一般性的意义，是一切哲学研究包括政治哲学研究都应当遵循的方法。

人们总是生活在既定的社会现实之中，既定的价值体系之中，既定的历史文化之中，他们不能不接受现实给予他们的这一切。哲学研究首先要从新的方向、新的角度、新的位置对现实所给予的这一切进行再审视、再认识、再思考。这就是所谓的反思。反思是哲学研究的逻辑起点，真正的哲学研究就是从对人们习以为常的观念和信念进行反思开始的。

哲学反思不是欣赏性的，而是批判性的，其目的是发现问题。因此，反思的过程同时也就是批判的过程。批判是怀疑、重验和突破的统一。怀疑是批判的前提。所谓怀疑，就是在未经过严格的审查之前，以怀疑的态度对待

---

① ［德］黑格尔：《小逻辑》，贺麟译，商务印书馆1980年版，第424页。
② ［德］黑格尔：《小逻辑》，贺麟译，商务印书馆1980年版，第48页。
③ 参见江畅《理论伦理学》，湖北人民出版社2000年版，第7页。

原有的一切。重验是批判的关键。所谓重验，就是对于一切怀疑对象的合理性进行重新验证。突破是批判的目的。所谓突破，就是要在重新验证之后纠正所发现的问题，突破所发现的局限。哲学批判不是一种纯理论的批判，而是广义的批判，包括对已有理论的批判、对大众常识的批判和对社会现实的批判。批判的目的不是全盘否定，而是创新、超越，不断更新哲学的内容或构建新的哲学体系。

创新是一切科学研究和学术研究的初衷，也是哲学研究的初衷。一般来说，创新包括两个方面：一是从无到有，即对原来没有出现的问题进行新的研究，作出新的回答；二是突破原有的理论和观念，对原有的问题作出新解释，提供新答案，从而超越原有的理论和观念。创新是以反思和批判为前提和基础的，同时又是构建新理论的前提和基础。创新可以是某一领域或某一问题方面的创新，哲学意义上的创新最终指向改造旧的哲学体系、构建新的哲学体系，为人们提供新的世界观、价值观和人生观或更新人们这些方面的观念，确立本体论原则、知识论原则、价值论原则。创新的过程就是改造的过程，改造的过程就是构建的过程。哲学研究就是要在不断创新、不断改造的过程中不断构建哲学体系。

反思、批判和构建是哲学的灵魂，是哲学的根本精神。缺乏这种灵魂和精神，哲学就会丧失其生机和活力，哲学研究就可能会沦为原有理论、既定现实论证和辩护的御用工具。

政治哲学几乎是与哲学一同产生的，在轴心时代或古典时代，思想家都是运用思辨方法而不是运用科学方法研究政治。大多数古典思想家注意到，从现实政治事物（通常称为"政治现象"）去揭示其本质，必定会得出这样的结论：政治及其载体——国家的本质就是统治阶级运用以暴力机构为后盾的政治权力统治被统治阶级的工具。在他们看来，这种结论显然必定会导致对政治这种人为事物或社会现实的否定。事实上，历史上的无政府主义者就是因这样理解政治而走向了否定国家、否定政府存在的必要性的。轴心时代的思想家并没有停留在普通人都会基于经验得出的这种结论，他们一方面根据人的社会性肯定人必须生活在社会中，而社会需要凭借公共权力来治理；另一方面又力图弄清楚政治的真实本性。于是，他们从反思和批判现实政治及其本质入手，探讨政治所治理的社会和人的本性，进而探讨天地万物的本性或本体，然后又根据天地万物、人和社会的本性引申出政治的本性及其实

· 第二章 政治哲学的立场、意向和方法 ·

践要求。这种要求就是政治应有的规定性或应然本质。

大多数古典思想家的探讨得出了两个方面的共同基本结论。其一，人具有不同于万物物性的人性（主要体现为自为性和社群性），正是人性决定了人必须而且能够在社会（基本共同体或社群）中生存。而社会需要治理，这种对社会进行的自觉治理就是政治，因此政治和作为政治载体的国家是有必要性的。其二，社会的本性就在于通过政治治理不仅使社会成员生存下去，而且使他们生存得好且越来越好，政治的本性则在于通过运用公共权力进行社会治理来实现社会本性的要求，使全体社会成员在社会中获得幸福。诺齐克说："政治哲学的基本问题，即一个先于有关国家应如何组织之问题的问题，是任何国家是否应当存在的问题。"[①] 古典思想家的第一个结论解决了这样一个政治哲学的基本问题，并得到了后来思想家的普遍认同，所以在中西政治哲学史上未见有无政府主义思潮流行。但是，对于古典思想家的第二个结论，西方近代以来的思想家大多不认同。马基雅维里开启了西方近现代政治哲学，他和其他大多数思想家都基于人性本恶把政治看作这样一种国家治理方式，即通过社会契约获得公共权力的国家，运用法律惩治人由本性恶导致的行为恶，以维护社会基本秩序，保障社会成员通过实力竞争获得自己幸福的权利。对于这种政治哲学来说，政治只需保证社会成员享有的平等权利不受到侵害，至于他们能否享受和利用自己的权利、能否最终过上幸福生活，则不是政治的责任。这种政治哲学的实践引发了西方社会的诸多社会问题，最明显的是经济上的贫富悬殊、两极分化，政治上的财团统治、对外扩张。西方近现代政治哲学实践上的严重后果是其政治哲学理论上的偏差导致的，而导致理论上偏差的重要原因之一在于他们的政治哲学研究采取的基本方法是经验方法或科学方法，而不是思辨方法或哲学方法。

从西方近现代政治哲学奠基人马基雅维里开始，许多思想家丢掉哲学的思辨方法，采用科学的经验方法。古典思想家为了认识政治本性而去探讨社会本性、探讨人类本性，进而探讨万物本性和宇宙本体，然后从宇宙本体、万物本性引申出人类本性、社会本性，再引申出政治本性。从马基雅维里开始，西方近现代思想家，不再作如此深远的探究，只是根据自己的观察、体

---

① [美] 罗伯特·诺齐克：《无政府、国家与乌托邦》，何怀宏等译，中国社会科学出版社1991年版，第11页。

验以及一些文献记载和科学知识进行分析综合、归纳推理，得出了人们只要有可能就会为了自己的利益而作恶的结论。于是，他们就从人们作恶的普遍性推论出人性是自私的、贪婪的。马基雅维里认为，如果从经验事实出发，那么可以看出人性是恶的，而这种恶的体现就是自私和贪婪。他对此有很多论述，比如："关于人类，一般地可以这样说：他们是忘恩负义、容易变心的，是伪装者、冒牌货，是逃避危难、追逐利益的。当你对他们有好处的时候，他们是整个儿属于你的。"① 近现代西方思想家研究政治哲学大多采取这种方法。霍布斯的自然状态说可以说是马基雅维里性恶论的系统化，洛克和卢梭的自然状态说描绘的美好自然状态，最终也都因人性自私及其导致的彼此伤害而遭到了破坏。正是为了防范自私贪婪的本性导致的人与人之间的战争状态，所以需要国家运用通过社会成员彼此之间订立的契约获得的公共权力来维护社会秩序。因此，国家的本性就是运用公共权力防范社会成员作恶以维护社会秩序的暴力机构。用霍布斯的话说，国家就是威力无比的"利维坦"或"活的上帝"，其本性在于，"这就是一大群人相互订立信约、每人都对它的行为授权，以便使它能按其认为有利于大家的和平与共同防卫的方式运用全体的力量和手段的一个人格"②。国家是政治载体，国家的本性也就是政治的本性。如此一来，西方近代思想家就由把人性理解为恶的，从而引出政治的本性就是运用暴力作为后盾的政治权力来惩治社会成员由性恶必然导致的恶行的社会治理方式。

近代以来西方思想家用经验方法取代思辨方法导致了两个方面的消极后果。其一，政治哲学与政治科学（政治学）无法分辨，政治哲学沦为政治科学的附庸。从西方的情况看，无论是马基雅维里、洛克，还是罗尔斯、诺齐克，他们的政治哲学都不是真正意义的哲学，只不过是政治科学中的基础理论，缺乏对政治科学的反思、批判，与政治科学之间不存在张力关系。其二，资产阶级取得统治地位后，政治哲学成为社会意识形态的一个组成部分，其功能是为既定现实（包括政治、经济、文化等）论证、辩护、修正、诊疗、

---

① ［意］尼科洛·马基雅维里：《君主论》，潘汉典译，商务印书馆1985年版，第80页。

② ［英］霍布斯：《利维坦》，黎思复、黎廷弼译，杨昌裕校，商务印书馆1985年版，第132页。

完善，丧失了对现实政治的批判能力。例如，罗尔斯的公正理论就是对西方近代古典自由主义的完善，而古典自由主义实质上是为适应市场经济发展的需要产生的，为的是给当时遭到普遍非议的市场经济的合理性提供论证和辩护并使之完善。

政治哲学研究方法的科学化可以说是马尔库塞、阿伦特等人所批评的西方极权主义的重要体现，也是西方极权主义政治盛行的重要原因。"极权主义是指把整个社会囚禁在国家机器之中，对人的非政治生活的无孔不入的政治统治。"[①] 马尔库塞认为，资本主义社会成功地实现了对大众心理意识的操纵，使人们再也没有了否定和批判现实的想法，丧失了想象和实现与现状相反的生活形式的能力。人们内心批判向度的丧失，导致各个领域的一体化。在一定意义上可以说，西方近代以来的政治哲学既是这种极权主义的产物，又是它的重要体现。极权主义的奴役导致的社会否定和批判的丧失，固然是西方近现代政治哲学批判精神丧失的重要原因，但作为承载着对社会政治进行规导使命的政治哲学本身丧失其应有的批判性和规导性也负有重要责任。今天政治哲学要回归其应承担的使命和责任，必须改变至今仍在政治哲学研究领域非常流行的科学经验方法，在使思辨方法成为政治哲学的基本方法的同时，对政治科学和现实政治始终保持批判性的态度，不断推进政治复归其真实本性，体现政治本性的实践要求。

---

① ［美］乔万尼·萨托利：《民主新论》，冯克利、阎克文译，上海人民出版社2009年版，第220页。

第三章 政治哲学与哲学

政治哲学是哲学的一个分支，而且是一个特殊的分支。这不仅是因为政治哲学与完全意义上的哲学（有理论体系的哲学）一起诞生，也因为政治哲学是哲学中一个不可或缺的领域，没有政治哲学的哲学不是系统完整的哲学。政治哲学与哲学的关系相当复杂，需要我们集中讨论，这样才能正确理解政治哲学的性质，准确把握作为其研究对象的特殊性和意义。

第一节 政治哲学在哲学中的地位

在应用哲学蓬勃兴起的当代，谈到政治哲学，人们会感觉它如同经济哲学、科学哲学、文化哲学之类的学科一样属于应用哲学的一个分支或领域。然而，政治哲学并不是应用学科，如果要把它与作为哲学的主干部分（本体论、知识论、价值论）区别开来的话，可以把它与伦理学（道德哲学）、精神哲学、美学等几个分支学科一样称为哲学的专门学科。从哲学史上看，政治哲学和伦理学与哲学的主干部分的关系非常密切，在哲学体系中，政治哲学和伦理学就其研究的基本问题而言就内在于哲学，与作为哲学主体部分的本体论、知识论和价值论有着不可分割的血肉联系。因此，政治哲学原本就在哲学中具有特殊地位。

一般都承认，哲学是关于智慧的学问，通常被称为"智慧之学"，但哲学家进一步对哲学作界定时就会见仁见智。一种比较流行的观点认为，哲学是关于世界观的学问。这种看法比较表面、肤浅，没有将世界观与价值观、人生观联系起来，也就没有表达哲学的学科性质。至少就古典哲学家而言，哲学研究世界①或宇宙的初衷、旨归和目的是从根本上、总体上回答人类怎样生存的问题或人类怎样生存得更好的问题。对于他们来说，哲学不是单纯的世界观，而是世界观、人生观、价值观三者的有机统一。如果说哲学是世界观，那也是以人生观为旨归、以价值观为实质内涵的世界观。只不过这里所说的"人生"不仅仅指个人的生活，还包括人类的生存。

人类的生存表现为作为人类个体的个人的生命过程，这个生命过程并不就是通常所说的日常生活过程，而是包含由表及里的三个层次的生命体延绵开展的过程。这三个层次是人生、人格和人性，其中人性是人之根本，人格是人性的现实化，人生是人格的发挥。人性由进化、遗传以及后天环境影响和个人作为等多种因素综合作用最终形成，人格通过开发人性逐渐形成和完善，人生则是人格发挥的结果。哲学要从根本上、总体上研究人类生存的问题，就不能局限于人生这一个层次，而要进一步深入人格、人性的层次，尤其是要着重研究人性这个人的根本问题，并立足于对人性来研究人格和人生问题，从而形成对人的总体性认识。今天，已经有许多学科研究人类生存问题，哲学研究与其他学科研究之不同主要在于，它着眼于宇宙本体研究人性，同时又着眼于人性研究人格和人生。人性问题在哲学中占据着基础地位，可以说哲学是由以对人性的研究和回答为根本而构建起来的研究和回答人类生存问题的知识体系。

人性是人的潜在规定性，当它现实化后就成为人的现实规定性，即人格。人性是具体的，而不是抽象的，它因人生活的时代、基本共同体（当代的国家）以及人的经历不同而不同，存在着质和量的差异。但是，人性具有共同性或共享性，这种共同性就是一般人性，它隐藏并体现在具体人性之中。人性中的一般人性就是通常所说的人的本性或人类本性。人类本性是人类的根本规定性，也是使人性成为人性的根本规定性。一个人不具备人类本性，就不会有人性，也就不是真正意义上的人。这种一般人性不是独立存在的，而总是寓于特殊个体的具体人性之中，任何一个人的人性都是一般人性和具体人性的有机统一。关于人性，不同学科有不同的理解，同一学科的不同研究者也有不同看法。如果我们不是从人类现实状况（作为人性的体现）出发，

---

① 在日常语言中，"世界"一词的含义十分广泛，其最广义的使用与"宇宙"同义，但"世界"更侧重于表达以人类为中心的宇宙，有突出人类社会的意味。

从现实人生透过现象看人性（通常称为人的本质），而是着眼于宇宙万物的共同性和人类的特殊性考虑，通过反思和批判现实人生揭示人性，那么就会发现，人性的共同本性就是谋求生存得更好。

关于这一点，笔者曾在著述中作过多次论证。[①] 概括地说，人作为存在物要谋求存在，作为生物要谋求生存，作为动物要谋求生存得好，作为人类则要谋求生存得更好。因此，人性，涵盖了人类性、动物性、生物性和事物性，是所有这些潜在本质规定性的统一。动物性、生物性和事物性是人与动物、生物及其他事物不同层次的共享性，而谋求生存得更好则是人的独特性（区别于事物性、生物性和动物性的人类性），它内含且超越了动物性、生物性和事物性，是人类特有的人类性。人性是一个复杂的整体，隐含着人生的各种可能性，是人生复杂结构的深层结构，包括潜在的需要、潜在的能量、潜在的能力以及在开发潜在能力过程中积累成果和形成定势的潜在可能性。但是，从总体上看，人性具有主体性潜能，人因为具有主体性潜能而能够成为在现实生活中的主体。人性的主体性潜能体现为两个基本特性，即自为性和社群性或共同体性（通常也说"社会性"）。人性的自为性潜能包括能动性、主动性和创造性等关涉自身的潜在规定性。人性的自为性潜能现实化后，人就具有了自为性，就能够自谋生存，自谋生存得好和更好，追求自我实现和人生境界不断提升。人性的社群性潜能包括家庭性、学校性、职场性、社会性等关涉环境的规定性，随着人类社会日益复杂，人性的社群性潜能也在日益丰富。人性的社群性潜能现实化后，人就具有了社群性，人就能够在家庭、学校、职场、社会中生活，能够通过社群实现自为性，能够在社群中自主地实现本性，成就自我，实现自我，超越自我，从而获得自由。人性的自为性和社会性潜能密不可分，就其现实化而言，人只有在社群中并通过社群自为，而社群又是其成员在其中自为的结果。

哲学几乎同时在古代中国和古代希腊诞生，那时的哲学家就注意到了人性的这两个基本方面，并将其作为思考和探索的重点，于是就有了重点关注人性自为性潜能及其现实化的伦理学或道德哲学和重点关注人性社群

[①] 参见江畅《德性论》，人民出版社 2011 年版，第 111—116 页；《伦理学原理》，高等教育出版社 2022 年版，第 127—129 页；《人的自我实现——人性、人格与人生》，《求索》2019 年第 4 期。

性潜能及其现实化的政治哲学。从古希腊看，道德哲学和政治哲学的鼻祖是苏格拉底，经过柏拉图的发展，到亚里士多德那里，就有了两个学科的明确划分，即伦理学和政治学。在中国，道德哲学和政治哲学的开创者至少有四个人，包括法家奠基人管仲（管子）、道家创始人李耳（老子）、儒家创始人孔丘（孔子）和墨家创始人墨翟（墨子）。他们及其春秋时代的继承者各自构建了自家的伦理学体系和政治哲学体系，但没有"伦理学""政治哲学"之类的名义，而且这两个方面的研究及其成果也难以作出清晰的划分。在中西哲学创立时期，亚里士多德已经作出了伦理学与政治学的划分，从总体上看，哲学这两方面的研究同对世界本体的研究直接关联，可以说是其中的两个基本部分或主要领域。因此，要准确把握轴心时代政治哲学与哲学的关系，需要联系当时哲学家的哲学研究及其创立的哲学体系来考察。

　　古中国和古希腊哲学家（统称为"古典哲学家"）研究哲学的主要原因，是当时的社会战乱不已、民不聊生，他们出于强烈的社会责任感和大爱情怀寻求拯救生民于水火之道。于是，他们通过对现实社会和人们行为的反思与批判，同时传承和弘扬前人的思想文化，一方面构想某种能够避免人间苦难且能够使人们普遍过上好生活的理想社会及其实现路径，另一方面又探寻宇宙万物的本体来为这种理想社会方案奠定根基。

　　理想社会的落脚点是人，理想社会是由理想的人构成的，于是古典哲学家把人与宇宙万物贯通起来，把人性或灵魂与万物的本体统一起来。一方面，他们把人性视为宇宙万物本体的体现，为所构想的人性提供本体论依据；另一方面，他们又把所构想的人性尤其是人性的要求投射到宇宙万物，使宇宙万物的本体人化或理想化，从而将两者统一起来为价值论提供基础。较为典型的是苏格拉底和孟子。苏格拉底把所构想的灵魂（人性）对好生活追求（目的）中的"好"（或"善"）视为宇宙万物的本体，并根据宇宙万物追求的"好"的本体来设定对好（生活）的追求是灵魂使然。孟子亦如此，他把所构想的人性（心）之"诚"（其实质内涵是"仁义礼智"）视为宇宙万物之道的内涵，并根据这种道来设定人心的本性。

　　与其他动物不同，人必须生存在社群之中，这是不争的事实。古典哲学家不仅承认这一点，而且为人的社群性提供了种种论证。亚里士多德通过论证得出了"人天生就是一种政治动物"①的结论,荀子则断定"人有气、有生、有知,亦且有义"(《荀子·王制》)。既然人性决定了人必须生活在社群之中,而社群必须稳定有序,也就需要管理,对于没有血缘亲情关系维系的基本共同体(古希腊的"城邦",古中国的"王土"②)更是如此。这种基本共同体就是严格意义上的社会,其管理不同于其他共同体,用今天的话说就是"治理",即用政治来管理,政治因此出场。古典哲学家认同这种常识观念,他们关注的问题是社会的本性是什么。在他们看来,社会的本性由它存在的意义决定,其存在的意义又取决于它存在的目的,就是说,社会追求的目的决定其意义和本性。古典哲学家认为,正是社会的目的、意义和本性决定着其治理即政治的目的、意义和本性,政治就是要通过实现社会的目的来实现其意义和本性,从而实现自身的目的、意义和本性。

那么,社会的目的是什么呢?古典哲学家一般都认为社会的目的就是使作为其成员的个人的人性实现出来,其分歧在于是要复归到原初的人性还是要使原初的人性发扬光大。有些人认为,人性原本就是好的或善的,政治的目的或使命就是使所有社会成员恢复被现世或肉体(体现为情感和欲望)玷污的纯净而美好的人性。苏格拉底和柏拉图就是持这种观点,在他们看来,本性善的灵魂在人出世之前就已存在,但当它进入肉体后被肉体囚禁,从而无法发挥其善性。人生的目的是使灵魂的善性摆脱肉体的束缚得到发挥,这就是他们所理解的人的"德性"。政治的使命正是帮助所有社会成员都获得德性,具有德性就意味着过上了好生活,如此社会便达到了理想境界。老子、庄子与苏格拉底、柏拉图的观点大致相同,他们认为人禀受的本性与天地之道相通,原本是善的,只是受到现实的物质环境污染和人的情感欲望控制才发生了变异,人生的目的就是通过修身"返璞归真",而帮助所有人复归本性则是作为社会统治者的圣人的责任。还有一些古典哲学家则认为,人性所禀受的道或本体只是"善端"或"理性",政治的目的和使命是使所有的社会成员都通过修身让这些潜在的本性生长成熟。儒家是这种主张的典型代表,

---

① [古希腊]亚里士多德:《政治学》,载苗力田主编《亚里士多德全集》第九卷,中国人民大学出版社1994年版,第85页。

② 在春秋时代以前,中国先民没有明确的国家概念,那时的基本共同体通常被看作天下,也可以说王朝统治的地域,可用《诗经·小雅·北山》中的"王土"加以表达。

孟子对此作了充分的表达。他认为，人生来因禀受了道而具有仁义礼智的善端，这种善端需要呵护培育才能成为人的德性，人才能因此成为真正的人（君子以至于圣人）。在孔子看来，当所有社会成员都成为君子或圣人时，社会就达到了大同的理想状态，政治的根本使命就是要使大同社会得以实现。亚里士多德的观点与此类似，只不过他把理性视为人的本性，本性的实现就是德性，使自己获得德性是个人人生的目的和意义，使社会成员都成为德性之人则是社会的最终目的，也就是政治的根本使命。

以上所述大致上是古典哲学家构建其哲学体系的逻辑进路。从他们探索的结果可以看出，他们的哲学体系实际上包含着三个基本部分。一是探讨宇宙万物本体的本体论。这种本体论并不是与人类脱离的，而是与人类本性（人性）和社会本性紧密联系在一起的，或者说它包含了人类本体论和社会本体论。二是探讨如何使个人人性实现出来的道德哲学或伦理学。这种道德哲学不是研究人类道德现象（实然道德）的学问，而是以本体论为基础构建的关于人类的应然道德的学问。三是探讨如何运用政治使社会成员的人性普遍实现出来的政治哲学或政治学，这种政治哲学不是研究人类政治现象（实然政治）的学问，而是以本体论为基础构建的人类的应然政治的学问。由此可见，至少在最具典型意义上的古典哲学家那里，政治哲学和道德哲学是与本体论一体的，并且一同产生，只不过他们没有都像亚里士多德那样，对其哲学体系作形而上学（本体论）、伦理学和政治学的区分。值得注意的是，政治哲学同道德哲学一样，是古典哲学家哲学体系中的有机组成部分，不能缺失，也不能与之分离，否则它们的哲学体系就是不完整的，甚至是不可理解的。

从古典时代到今天，政治哲学在哲学体系中的地位发生了比较大的变化。西方中世纪，政治哲学在哲学体系中的地位因为神学家不关心世俗政治事物而弱化，如果说有政治哲学，其主要关注的也是神权政治。西方近代由于民族国家独立的需要，政治哲学因比道德哲学重要而更早地凸显出来，马基雅维里的哲学就主要是政治哲学。一直到今天，西方的政治哲学在哲学中的地位都比道德哲学重要。需要注意的是，西方近现代的政治哲学大多再也没有宇宙本体论基础，而作为其基础的自然状态、自然法、社会契约等理论即使算作社会本体论也不那么典型。这种社会本体论实质上不过是一种根据感觉经验的总结归纳建立的，其方法主要是经验的或科学的，而不是思辨的或哲学的。不过，政治哲学在整个哲学中的地位仍然是最重要的。过去有一种说法，认为西方哲学在近代发生了从重视本体论到重视知识论的转向，这种看法值得商榷，因为在西方近现代哲学中也许政治哲学才是最为重要的。

与西方不同，在中国秦朝开启的皇权专制主义时代，古典哲学中三大部分的地位没有发生变化，但哲学和政治哲学由先秦时期的多元化走向了一元化。在中国社会从传统到现代的转换过程中，一直到改革开放前，学术性的政治哲学淡出了哲学，20世纪上半叶虽有对西方政治哲学的译介，但没有中国自己的政治哲学学术研究。改革开放以来，学术性尤其是学科性政治哲学兴起并获得迅速发展，但长期在主流的哲学体系中没有什么地位。值得庆幸的是，2024年1月国务院学位委员会公布的研究生招生目录中第一次列入了政治哲学专业，并对其学科性质作了界定，政治哲学终于正式成为哲学第九个二级学科。可以肯定，政治哲学从此在中国获得了大发展的广阔空间。

经过两千多年的发展，哲学获得了巨大发展，且发生了深刻变化。一是哲学的主体部分由古代的包含知识论和价值论的本体论发展出了三个主干学科，即本体论、知识论和价值论；二是政治哲学、伦理学、精神哲学、美学成为哲学的专门学科；三是逻辑学、哲学史、元哲学等成为哲学的基础学科；四是产生了应用哲学，如经济哲学、科学哲学、文化哲学等。今天，哲学已经从最初的以本体论为基础的浑然一体的哲学体系发展成为包括基础学科、主干学科、专门学科和应用学科四大部分的学科体系和学科门类。① 从哲学的学科结构来看，政治哲学和伦理学一样因为研究的领域特殊和使命特殊在哲学中仍然占有重要地位，不能简单地将其划入现代意义的应用哲学，也不能简单地等同于美学等专门学科。

基于中西古今思想家关于政治哲学与哲学之间关系的共识，着眼于两个学科共同追求的人类普遍过上更好生活的目的，我们可以根据政治哲学在哲学中的地位，对哲学的本体论、知识论和价值论三个主干学科与伦理学和政治哲学两个专门学科作如下概括性界定。（1）本体论着眼于人类对好生活的向往和追求，根据整个宇宙（包括人类及其社会）的本体研究回答人类的本

---

① 参见江畅《伦理学原理》，高等教育出版社2022年版，第6页。

性及其要求，为知识论和价值论提供终极依据。（2）知识论着眼于人类已掌握的知识和对真理的追求，根据人性潜能研究人类认识和实践的能力及其限度，谋划人类好生活的各种可能性，为价值论选择和描绘人类好生活蓝图提供参考方案。（3）价值论着眼于宇宙万物之间的价值关系，根据人性的要求研究回答人类好生活的总体构建问题，尤其是人类好生活的真实意涵以及人类普遍过上好生活所需要的好人格、好家庭、好学校、好职场、好社会、好自然等各个方面的主客观条件。（4）伦理学根据人性自为性的要求，从人类个人的角度研究回答个人过上好生活所需要的主观条件，其核心是完善人格的形成、内涵、培育和发挥问题。（5）政治哲学根据人性社群性的要求，从人类基本共同体的角度研究回答社会成员普遍过上好生活所需要的家庭、学校、职场、社会、自然几个方面的客观条件问题，其核心是揭示所有这些客观条件的社会治理（政治）的本性并阐明其实践要求。（6）伦理学和政治哲学都基于对人性要求的认识研究回答人类尤其是基本共同体成员的人性要求实现的问题。人性包括自为性和社群性两个基本方面，伦理学着重研究自为性要求实现的问题，政治哲学着重研究社群性要求实现的问题，两者互摄、交叉，区别只在于研究的视角和侧重点不同。

第二节　政治哲学与价值论

在哲学整个学科体系中，政治哲学与作为主干学科之一的价值论关系最为直接和密切。但谈到政治哲学与价值论的关系，是就现代哲学尤其是20世纪以来的哲学而言的，因为价值论作为哲学的三个主干学科之一是从19世纪才开始出现、到20世纪逐渐得到承认。哲学在西方最早产生的时候只有单纯的本体论，到了苏格拉底和柏拉图那里，开始有了包含本体论、知识论和价值论方面的内容，但它们仍然是浑然一体的。亚里士多德对哲学学科的分疏作出了重要贡献，他将他老师那里浑然一体的哲学体系划分为形而上学（本体论）、伦理学、政治学和逻辑学。其中伦理学、政治学是研究价值问题的学科，逻辑学是研究知识（包括哲学知识）的学科，被视为工具。因此，在亚里士多德那里已经有了哲学的三个主干部分，但并没有明确的本体论、知识论和价值论的称谓。① 在中世纪，哲学成为神学的婢女，伦理学和政治学总体上看也成为神学体系的一部分。现代政治哲学是由马基雅维里开启的，培根创立了知识论（其中包含逻辑学），在17—18世纪伦理学成为真正哲学意义上的独立学科②，到了19世纪逻辑学又从知识论中独立出来。

从以上简要考察可以看出，从苏格拉底到现代政治哲学产生前，政治哲学和伦理学基本上就是哲学的价值学科，它们有时在哲学的主干部分之中（中世纪），有时又相对独立。因此，在相当长的历史时段，不存在价值论与政治哲学的关系，只存在政治哲学与伦理学的关系。到19世纪情况发生了重大变化。德国哲学家洛采（Rudolf Hermann Lotze，1817—1881）主张将价值作为哲学的主要对象，德国哲学家尼采主张哲学重估一切价值，奥地利哲学家迈农（Alexius Meinong，1853—1920）和艾伦菲尔斯（C. Ehrenfels，1850—1932）主张建立一般价值论，此后价值论就从传统的本体论中正式分离出来。此前，政治哲学与伦理学都已经存在，于是哲学中就出现了价值论与政治哲学和伦理学的关系问题。今天，价值论作为哲学的一个主干分支并未得到普遍承认，不少哲学家（主要是英国哲学家）仍然像19世纪那样把伦理学和政治哲学作为价值学科，而不承认价值论的相对独立地位。但把价值论作为哲学的主干学科越来越为哲学界所承认，因此我们需要专门讨论政治哲学与价值论的关系问题，尤其是要回答这样一个问题：为什么有了价值论学科还需要保留政治哲学以及伦理学专门学科，而不将它们归并到一起，或者将政治哲学和伦理学划入应用哲学？

价值论能够作为哲学的独立主干学科出现，洛采、尼采、迈农和艾伦菲尔斯等哲学家发挥了重要作用。洛采在19世纪哲学急剧衰落的情况下试图到价值领域中寻求哲学的出路。针对实证主义者想要建立一个不包含价值的实在世界，他力图将逻辑、伦理学和形而上学都归结为价值论，并认为概念的

---

① 亚里士多德把自己本体论方面的内容称为"第一哲学"，通常也被称为"形而上学"。"形而上学"（Metaphysics）这个词是在亚里士多德逝世200多年之后，其传人安德罗尼柯（逍遥学派吕克昂的第11任校长）在编纂他的著作时使用的名称，亚氏并未使用过。

② 在亚里士多德那里已经有了独立的伦理学学科，但他把它看作从属于政治学，而不是哲学。

真理性就在于它是否有意义，是否有价值，而价值则是意义的标准。洛采的这些观点给价值赋予了极其重要的意义，把价值概念提到了哲学的中心地位，并引出了一个价值哲学流派，即以文德尔班和李凯尔特（H. Richert，1863—1936）为主要代表的新康德主义弗赖堡学派，即价值哲学学派，洛采因而被称为"价值哲学的创始人"。尼采对欧洲文明深为不满，认为它的最大弊病就是颓废，这种颓废的精神通过基督教及其道德渗透到西方的一切价值之中，于是他提出"重新评估一切价值"。尼采的价值重估主张进一步扩大了价值一词的用法，突出了价值问题的重要性。布伦塔诺（F. Brentano，1837—1917）的价值客观主义立场及对价值伦理学的重视和研究使他成为现代价值伦理学的奠基者。在布伦塔诺的"意向性"理论影响下，胡塞尔建立了现象学，从现象学又引出了舍勒（Max Scheler，1874—1928）和哈特曼（Nicolai Hartmann，1882—1950）等人的以客观主义、直觉主义为基本特征的价值伦理学或现象学价值论。布伦塔诺的思想还直接影响了他的两个学生，即迈农和艾伦菲尔斯，前者的《价值论的心理学——伦理学探讨》（1894）和后者的《价值论体系》（1896）被看作建立一般价值论的最初尝试。[①] 以价值哲学取代哲学显然是不能为人们所普遍接受的，因此价值哲学在新康德主义之后就再无人主张了。一般价值论自20世纪初起在美国、20世纪80年代起在中国普遍流行，成为哲学研究的一个重领域。笔者就是西方一般价值论进入中国的最初推动者，但后来随着研究的深入，越来越感觉到需要建立作为哲学主干分支的价值论。

　　从以上简要考察可以看出，价值论兴起和发展与政治哲学和伦理学并无直接关系，但作为价值论研究对象的价值被视为渗透社会生活各个领域的社会事实。政治是社会生活的一个重要领域，其价值也是价值论关注的一个重要问题。培里在《价值的领域：人类文明的批判》（1954）一书中就把价值划分为道德、艺术、科学、宗教、经济、政治、法律和习俗或礼仪八大领域。由此看来，价值论研究的领域涵盖政治哲学研究的政治领域。但是，从价值论和政治哲学研究的实际情况看，政治哲学并不是价值论的一个从属学科，而是一个比价值论古老得多的相对独立的哲学学科，价值论产生后，政治哲

[①] 参见江畅《现代西方价值理论研究》，陕西师范大学出版社1992年版，第18—19页。

学家通常也不把价值论作为政治哲学的上位学科。一方面,价值论研究的价值问题包括但不限于研究政治领域,而政治哲学只研究政治领域的价值问题;另一方面,价值论只研究政治领域的价值问题,不研究政治领域的其他哲学问题,而政治哲学不仅研究政治价值问题(主要体现为社会的目的),还要研究政治的本性和意义、社会的治理结构和治理方式、政治权力的正当性等诸多深层次政治问题。就哲学所涵盖的无非是事实与价值两个基本方面而言,政治哲学研究的政治主要属于价值的领域,从这种意义上看,也可以说政治哲学属于价值学科。由此看来,政治哲学与价值论是一种交叉关系。

笔者根据中西哲学家对价值论的理解以及价值论在哲学中的地位,给价值论作了如下界定:价值论作为哲学的一个主干学科,它通过对自然和社会的价值现实和价值问题的反思和批判,构想价值的本性、本然本质,揭示人类认识和实现价值的规律,阐明价值世界的规定性及其对于人类的意义;在此基础上为理想社会尤其是其价值体系及其构建提供方案并为之作论证和辩护,回答人类生活中的重大价值问题,为人类过上好生活提供价值论原则。[1] 这一界定有四个方面的主要内涵,我们可以从这四个方面阐述价值论与政治哲学之间的交叉关系。

其一,价值论研究的对象是价值,政治哲学研究的对象则是作为价值物的政治。宇宙中,任何一个事物都与其他事物存在着价值关系,但人类非常特殊,在人类的价值关系中包含其他事物不具有的个体(包括个人和组织群体)与个体、个体与社会、社会与社会之间的价值关系,而且人类还存在特有的从价值认识到价值实现的社会价值过程,在这个过程中会发生各种各样的价值问题。价值论就是要研究所有这些价值现象和价值问题,尤其是人类的特殊价值关系。政治哲学以政治为研究对象,而政治是一种人为事物,即施特劳斯所说的"政治事物"[2],它可以成为政治价值的载体。人类创造政治事物原本是为了用它来为人类服务,或者说它是人类创造的一种承载政治价值的价值物。这种政治价值就在于政治是文明社会的社会成员普遍过上好生

---

[1] 参见江畅、左家辉《重新认识价值论的性质》,《华中师范大学学报》(人文社会科学版)2021年第5期。

[2] [美]列奥·施特劳斯:《什么是政治哲学》,李世祥等译,华夏出版社2019年版,第3页。

活的唯一方式或路径，所以亚里士多德说"人天生就是一种政治动物"①。然而，在人类文明史上，政治由于种种原因并未体现或实现其应有价值，发挥使基本共同体成员普遍过上好生活的作用，反而成了长期程度不同地伤害人类的工具。政治哲学的首要任务就是研究政治对于人类究竟有什么价值和意义，以及如何使之得到实现而防止它变质或异化。

其二，价值论要揭示价值的一般本性或应然本质，政治哲学则要揭示作为价值物的政治的本性或应然本质。价值论研究价值现象只是出发点，其目的是反思和批判价值现实，探讨价值的本性或应然本质。价值的本性是使事物具有价值性并成为价值物的那种根本性质。事物缺乏这种性质就不具有价值性，就不是价值物。政治哲学一方面要根据价值论关于价值本性的原理来认识和揭示政治价值的本性，研究政治价值本性与政治本性的关系；另一方面要根据这种关系研究如何使政治本性体现其价值本性、使政治体现其本性，也就是要研究政治的应然本质是什么及其怎样加以实现。

其三，价值论为理想社会尤其是其价值体系及其构建提供方案并为之作论证和辩护，政治哲学则为理想社会的政治体系及其构建提供方案并作论证和辩护。价值论研究自然和社会的价值现实，归根到底是为了人类，其使命在于通过对价值的本性、本然本质的构想和对人类认识和实现价值的规律的揭示，为理想社会尤其是其价值体系提供论证和辩护，这种论证和辩护以理想社会及其构建方案的构想为前提。政治哲学则是要基于政治本性的要求，以价值论提供的理想社会及其构建方案为依据，构想社会治理体系及其构建的方案，并为之作论证和辩护。社会治理体系是理想社会的核心部分，就这方面而言，政治哲学的内容是价值论着重关注的，当然价值论不只是关注理想社会的这个部分，还关注理想社会的其他部分。

其四，价值论着眼于理想社会及其价值体系构建参与人类生活中的重大现实问题研究并提供对策，政治哲学则更直接地肩负着研究解决重大现实问题的责任，其着眼点是社会治理，立足点是政治本性。当代人类出现了许多历史上未曾有过的全球性重大现实问题，这些问题不仅影响人类的福祉，甚至会对人类的生存产生威胁。作为哲学与现实最为接近的主干学科，价值论

---

① ［古希腊］亚里士多德：《政治学》，载苗力田主编《亚里士多德全集》第九卷，中国人民大学出版社1994年版，第85页。

也会参与这些问题的研究，从哲学价值论的角度为解释和解决这些问题提供方案。政治作为社会治理活动，必须研究解决这些重大问题。政治哲学作为研究政治的实践性哲学学科，研究解决重大现实问题更是责无旁贷。它主要是从政治本性的角度反思和检讨社会治理是否体现了政治本性，并在此基础上提出问题解决的政治哲学原则和相应对策。

从以上具体分析可以看出，政治哲学与价值论相交叉的部分，是政治哲学必须遵循价值论的基本理念、基本原理、基本原则的部分；不与价值论相交叉的部分，则是政治哲学在坚持价值论观念、原理和原则的前提下独立作为的空间。而且，政治哲学还以价值论尤其是本体论提供的人性论作为立论的依据，从人性论引申出共同体的政治本性，并研究其实现。它运用价值论研究的领域是作为基本共同体的社会，是社会的政治领域或社会治理领域，其使命主要是在根据价值论揭示政治本性的基础上提供如何将政治本性实现出来的方案。因此，从与价值论的关系角度看，政治哲学一方面需要直接接受价值论的指导和规范，另一方面需要基于价值论而作为，这种作为就是价值论的创造性运用。如果政治哲学家不认同已有的价值论或者认为根本没有价值论可运用，他们也可以自己创造，轴心时代的政治哲学家就是因为没有现成的价值论而自己创立了价值论。当然，一位哲学家如果局限于价值论，而不去深入研究政治领域的哲学问题，在这方面无所作为，他就不可能成为政治哲学家。

第三节 政治哲学与道德哲学（伦理学）[①]

前文已谈及，政治哲学是与道德哲学一起诞生的，而且与本体论是一个

[①] 道德哲学与伦理学在学界常常被混用，实际上两者之间是有区别的。哲学研究道德的分支学科称为道德哲学最恰当，而且就伦理学诞生之初而言，无论在中国还是在西方它都是研究道德的哲学。当时的道德包含以维护社会秩序为目的道德规范（伦理），但并不等于伦理（关于道德与伦理的关系，参见江畅《伦理学原理》，高等教育出版社2022年版，第22页）。只是日本学者在翻译英文"Ethics"时误用了"伦理学"一词，我国沿用了这一译法而一直以来流行使用"伦理学"而不使用"道德哲学"。

不可分割的整体。从成体系的哲学看，这两个学科又是同哲学主干学科本体论（包含知识论和价值论）一起诞生的。如果说哲学主干学科是哲学的理论学科，那么可以说政治哲学与道德哲学是哲学的实践学科。至少从古代哲学看，哲学家研究本体论、知识论、价值论几乎都指向政治问题和道德问题的解决，从这种意义上可以说是为政治哲学和道德哲学服务的。在古代，政治哲学和道德哲学是一对孪生兄弟，分别从对人性的自为性和社群性的揭示来研究回答人类怎样过上好生活的问题。但是后来本体论与政治哲学、伦理学之间的关系发生了错综复杂的变化，总体上看，政治哲学和道德哲学都朝着脱离本体论而各自独立的道路发展。今天，无论在中国还是在西方，这两个学科都是分设的，彼此之间没有了古代那种水乳交融、血肉不分的深度关联。两个学科分立发展无疑有利于它们作为独立学科的发展，但并不利于它们的初衷和使命的实现。在人类面临着许多新的重大挑战、国际社会不确定因素不断增长的当代，总结政治哲学与道德哲学关系的历史经验教训，重新给两个学科的关系及其与哲学主干学科的关系定位，十分必要且非常迫切。

在中国古代，哲学的主干学科与政治哲学、伦理学一直都是完全一体的。先秦道儒墨法四家都有自己的具有哲学意义的思想理论体系，从今天学科分化的角度看，其共同特点在于：从本体论看它们是本体论体系，从知识论看它们是知识论体系，从价值论看它们是价值论体系，从伦理学看它们是伦理学体系，而从政治哲学看它们是政治哲学体系。之所以如此，是因为它们不是由彼此分离的独立分支构成的体系，而是有机统一的不可分割的整体。所以我们很难从中切割出一块说它是政治哲学或伦理学，如果生硬地切割，它们就不是真正的政治哲学或伦理学。正如黑格尔所言，"譬如一只手，如果从身体上割下来，按照名称虽仍然可叫做手，但按照实质来说，已不是手了"[①]。因此，政治哲学和伦理学都是整个哲学的一个部分，它们在哲学中执行着不同的功能，彼此不可分割、不可替代。当儒家成为"独尊"之后，其他诸家的哲学体系被废黜，而儒家哲学体系的整体性没有被破坏，只不过其本体论被作过神学和理学的修正，而且更突出了政治哲学的地位。

西方古代的情形要比中国古代复杂得多，主要是发生过古希腊罗马哲学到中世纪神学的重大转变。就成体系的哲学而言，古希腊罗马哲学产生和发

[①] ［德］黑格尔：《小逻辑》，贺麟译，商务印书馆1980年版，第405页。

展主要有两条线索。一条线索是从苏格拉底、柏拉图到亚里士多德。苏格拉底创立了西方哲学史上的第一个哲学体系，其中包括以目的（善）为核心的本体论、伦理学和政治哲学。他述而不著，其哲学体系主要是柏拉图在其对话集中表述的，他创立的本体论就是为他的伦理学和政治哲学主张提供理论根基。一般来说，这三者之间是内在关联的有机整体，只是没有得到完整而明确的表达。柏拉图在苏格拉底的基础上创立了理念论哲学体系，其中的本体论、伦理学和政治哲学都完整而系统地以对话的形式在其著作中得到了表达，而且苏格拉底是对话的主角。这就很难对他们两人的哲学体系作出明确的划分，我们可以将其合称为"苏格拉底—柏拉图哲学"。这个哲学体系的中心问题就是人的好生活是什么、生活在社会中的人怎样才能过上好生活。解决这个问题的逻辑步骤是，从宇宙本体论证个人的好生活就是具有德性的生活，而个人的好生活只有在社会成为德性社会的条件才有可能。显然，从他们的逻辑可以看出，本体论、伦理学和政治哲学是一体的。亚里士多德与老师有所不同，他将本体论（形而上学）、伦理学、政治哲学（政治学）作了区分，虽然他的形而上学与伦理学、政治哲学的关系不那么密切，但后两者却是密不可分的。他明确说："如果某人要想在社会活动中有成功的行为，就必须有好的道德。可见，关于道德的讨论就似乎不仅是政治学的部分，而且还是它的起点。"[①] 他的逻辑推论是，人要在社会中很好地生存，就得行善，就得有德性、有道德，而在社会中生活是政治学研究的问题，因此关于道德的研究即伦理学属于政治学。另一条线索是斯多亚派创始人芝诺到持续几百年的罗马斯多亚派。以芝诺为代表的古希腊斯多亚派将赫拉克利特以"火"和"逻各斯"为本体的本体论改造为以"宇宙理性"为本体的本体论，并从"宇宙理性"引申出他们的伦理学和政治哲学。不过，该学派主要关注个人的德性完善，而且越往后发展越关心个人灵魂的安宁，政治哲学方面除了关注世界城邦问题外没有涉及多少其他问题。

　　基督教诞生为西方哲学从古希腊罗马向中世纪演进提供了过渡。基督教的《圣经》是一部宗教经典，包含着丰富的伦理学思想和政治哲学思想，也包含本体论思想，但将这些思想阐释出来并建立基督教神学体系的是以奥古

---

　　① ［古希腊］亚里士多德：《大伦理学》，载苗力田主编《亚里士多德全集》第八卷，中国人民大学出版社1994年版，第241页。

斯丁为主要代表的教父哲学家。从哲学的角度看，作为正统神学的奥古斯丁主义包括以上帝为本体的本体论，以神学德性（信仰、希望、爱）为核心内容的伦理学，以及以上帝之城和尘世之城的对立和斗争为主题的政治哲学。它们是浑然一体、不可分割的有机体系，类似于柏拉图的理念论。不过，他的政治哲学思想贬斥尘世之城而赞美上帝之城，他主张的上帝之城是一种理想社会，尽管人进入上帝之城（得救）最终取决于上帝的恩惠，但获得神学德性被他看作人得救唯一能够做的事情，伦理学与政治哲学也就密不可分。奥古斯丁神学的哲学基础是柏拉图哲学，而托马斯·阿奎那神学的哲学基础是亚里士多德哲学。不过阿奎那并没有像亚里士多德那样将他的神学体系划分为形而上学、伦理学和政治学，也不像奥古斯丁那样完全排斥世俗国家，而是主张建立教权高于王权的君主国家，并在强调永恒法、自然法的基础上肯定人类法的合法地位。因此，他的神学体系像奥古斯丁的一样是有机整体，政治哲学与伦理学、本体论不可分割。

与中国不同，西方有一个相当长的近代，西方近代政治哲学与伦理学的关系扑朔迷离，其原因也许如麦金太尔所说的，西方近代的思想有一个历史起源意义上的广阔多样性。它们有的来自亚里士多德、托马斯·阿奎那，有的来自马基雅维里、卢梭、马克思等。这种起源上多元主义的情形，"既可以很好地适用于交叉着不同观点的有条理的对话，也可适用于杂章碎片的不和谐的杂烩"①。归结起来，这种复杂情形主要体现在三个方面。

一是自然法学派将关于道德的研究与关于政治的研究关联起来，但没有什么本体论作为基础。最典型的是霍布斯，他所说的"自然法"其实就是道德法则，属于伦理学，而他的"社会契约论"和国家学说则属于政治哲学。其他自然法学派思想家基本上遵循霍布斯的致思路径。他们没有古代哲学那样的本体论，只有根据感觉经验构想的自然状态，但他们的思想体系是伦理学和政治哲学一体的。

二是康德把关于道德问题的研究与关于本体的研究关联起来，但他关于政治问题的研究与他的哲学体系无内在关联。康德批判哲学的主题是，通过物自身与现象的划分以及人类义务存在的事实论证人的自由确实存在，他关

---

① ［美］阿拉斯代尔·麦金太尔：《德性之后》，龚群、戴扬毅等译，中国社会科学出版社 2020 年版，第 12 页。

于人类义务及其根据——道德法则的讨论属于伦理学范畴,但他的批判哲学没有政治哲学的内容。他在《道德形而上学的奠基》中谈到过目的王国,但并没有展开论述。当然,如果将关于自由的论证看作政治哲学的,也算是有政治哲学,但他的自由只是道德的基础,并没有被看作政治的基础和追求。他关于永久和平和世界公民的研究属于政治哲学,与他的批判哲学并无内在的关联。

三是一大批哲学家把道德问题作为独立的主题进行研究,他们可能有政治哲学,但与伦理学缺乏内在关联,而且几乎都没有本体论基础。这方面的哲学家有情感主义者(如沙夫兹伯里、哈奇森、休谟、亚当·斯密)、利己主义者(孟德威尔、爱尔维修等)、功利主义者(边沁、约翰·密尔、西季威克等)、进化论伦理学家(赫胥黎等)。他们几乎都是以人性为根据来论证和阐述道德原则的,不过他们所理解的人性并不是古代哲学家的那种与宇宙相通的人性,而是根据经验或反省理解的人性,所以不具有本体论意义。他们中有些人有政治哲学,约翰·密尔就是自由主义政治哲学的主要代表人物,但其政治哲学大多与伦理学关联并不紧密。

进入20世纪后,随着学科的分化,从主流的情况看,中西方伦理学和政治哲学都成为相对独立的学科,彼此的关联性不大,而且几乎都没有本体论基础。在中国,20世纪上半叶伦理学受西方影响得到了初步发展,政治哲学只是译介了一些西方的著述,两者既没有关联,也没有本体论基础。中华人民共和国成立后,这两个学科一度消逝,伦理学在20世纪60年代初刚起步就停顿下来,一直到70年代末才得到恢复,政治哲学则一直到20世纪80年代末才开始兴起。两个学科都或多或少涉及对方的研究领域,但彼此之间仍然没有什么关联,如果说有本体论基础那也只有唯物史观。在西方,对于大多数哲学家来说,政治哲学与伦理学是相对独立的学科,他们从事其中的某一个学科的研究,但不关心它们的本体论基础。尤其值得注意的是,在20世纪上半叶兴盛的元伦理学只研究道德语言,不研究道德问题,与政治哲学没有任何联系。

20世纪伦理学与政治哲学的关系问题有三点值得注意。一是西方19世纪开始兴起的非理性主义哲学本体论与政治哲学、伦理学是一体的。在这一点上它们与古代哲学体系相类似,但强调理性不能认识本体,本体只能通过非理性的途径把握。二是在当代中西方也有一些研究者强调政治哲学与道德哲学的内在关联性。例如，威尔·金里卡就说："我所理解的政治哲学是一种道德论证，而道德论证又得诉求我们深思熟虑的确信。"① 亚当·斯威夫特更明确地说："政治哲学家询问国家是如何运作的，什么样的道德原则应该主导国家对待其公民的方式，国家应该建立什么样的社会秩序。正如这些'应该'所暗示的，政治哲学是道德哲学的分支，它对正当性感兴趣，对国家应该或者不应该做什么感兴趣。"② 孙晓春教授基本上赞成这种观点，提出："政治哲学是关于社会政治生活的伦理学。"③ 姚大志教授也主张政治哲学需要道德基础："政治哲学的论证是道德的，也就是说，它在证明中归根结底诉诸的是道德理由。"④ 三是在中国自中国共产党成立后，她在领导中国人民进行革命、建设和改革的过程中，不断进行道德和政治问题的实践探索和理论研究，其理论成果具有伦理学和政治哲学性质。只不过从学科的角度看，这种意义上的伦理学和政治哲学长期处于自发、自在状态，直到改革开放后才逐渐从自发、自在状态走向自觉、自为状态，但两个学科建设尚未形成良性互动的格局。

总体上看，在中西古今哲学史上，大多数思想家虽然客观上也在处理政治哲学与伦理学的关系，但较少甚至完全没有反思、批判和构建这种关系。正因如此，他们在认识和处理两者之间的关系、态度和方式上没有达成共识，其后果是没有让两者协同起来形成合力，为人类普遍过上好生活更有效地发挥作用。中西古今哲学家在政治哲学与伦理学关系上存在分歧的一个重要原因是，几千年来思想家由于科技不发达，不便进行学术交流，不了解外面世界的研究情况，他们各自在自己的有限空间内进行研究，最终形成了闭门造车的状况。在世界学术交流日益广泛且十分方便的时代背景下，中外哲学工作者应打破政治哲学与伦理学研究彼此隔离的局限，通过广泛的学术交流讨论形成对两者关系的共识，以使它们应有的效能得到充分的发挥。

---

① ［加］威尔·金里卡：《当代政治哲学》，刘莘译，上海译文出版社 2015 年版，第 8 页。
② ［美］亚当·斯威夫特：《政治哲学导论》，佘江涛译，江苏人民出版社 2008 年版，第 5 页。
③ 孙晓春：《政治哲学的使命及其当下意义》，《天津社会科学》2016 年第 6 期。
④ 姚大志：《什么是政治哲学》，《光明日报》2013 年 9 月 24 日第 11 版。

虽然中西古今哲学家对待和处理政治哲学与伦理学关系的方式各不相同，但其中也有一些共同点。首先，除元伦理学，思想家都把伦理学和政治哲学看作能够为人过上好生活提供规导的学问，认为它们对于人类具有重要价值。其次，思想家几乎都以人性为根据论证道德和政治存在的合理性和意义，伦理学和政治哲学在他们那里有人性论的基础。最后，思想家都承认伦理学和政治哲学各自有自己的对象、使命，两者不能互相取代。这些共同点正是中外哲学家形成对两者之间应有关系共识的基础。

政治哲学和伦理学的共同目的是根据人性的要求研究人类怎样过上好生活，但两者之间存在着几个方面的区别。其一，政治哲学以政治为研究对象，重点研究政治的本性及其实践要求；伦理学则以道德为研究对象，重点研究道德的本性及其实践要求。其二，政治哲学研究什么样的社会才是其成员过上好生活的好社会，社会成员普遍过上好生活需要什么样的主客观条件尤其是社会客观条件；伦理学研究什么样的人格才是个人过上好生活的好人格，社会成员个人过上好生活需要什么样的主客观条件尤其是个人主观条件。其三，政治哲学研究政治怎样发挥作用使社会成员普遍过上好生活，关注的主要问题是政治本性的人民性、政治目的的合理性、政治制度的合法性、政治治理的公正性、政治权力的正当性等；伦理学则研究道德怎样发挥作用使个人过上好生活，关注的主要问题是道德观念的正确性、情感和品质的善性以及行为的正当性等。

显然，两者之间的区别是相对的，它们都有可能全口径地涉及社会成员好生活的各个方面，只是研究的侧重点不同，在两者各自研究的侧重点之间有宽阔的界限模糊的区域。因此，许多涉及人类好生活的研究成果很难说是政治哲学的还是伦理学的。比如，我国学校进行的学生品德教育，就既可以说是政治哲学的问题也可以说是伦理学的问题。这也表明政治哲学与伦理学之间有着密不可分的错综复杂关系。

中 篇

理 论 篇

第四章　政治本性的人民性

政治的出现与人类文明社会的诞生相伴随，可以说是文明社会诞生的主要标志，社会因为有了政治才从原始社会进入文明社会。但是，从最早进入文明社会的几大文明古国的情况看，在进入文明社会后的两三千年里，政治似乎是自然而然的，人们缺乏对政治本身的自觉反思，因而那时虽然有政治活动和政治思考及其所形成的政治文化，但一直到轴心时代才提出了"政治是什么"的问题。这个问题由哲学家提出，要寻求这个问题的答案，就需要研究人类社会怎么会有政治、为什么要政治、要什么样的政治等问题。这些问题就是政治的本性问题，或者说，隐含着政治本性的问题。两千多年来，哲学家对于这一问题见仁见智，并未形成普遍共识。这就涉及一个新的问题：政治有没有某种共同的本性，这种共同本性是所有政治事物都应体现的本然本质或应然本质吗？或者说，有没有体现政治本性的政治真理，政治事物的存在只有体现了这种真理，其合理性才能得到论证和辩护？我们将这一问题归结为政治本性问题，并提出和论证这种本性就在于人民性。

第一节　政治本性及其实践要求

在汉语中，"政治"一词出自《尚书·毕命》："三后协心，同厎于道，道洽政治，泽润生民。"《周礼·地官·遂人》也有"掌其政治禁令"的说法。中国古代在更多的情况下是将"政"与"治"分开使用。"政"主要指国家的权力、制度、秩序和法令；"治"则主要指管理民众和教化民众，也指通过管理实现社会安定的状态等。英语中的 politics（政治）一词源自希腊语 πόλις（polis）。πόλις 最早是指雅典人在小山顶上修筑的供避难用的堡垒，在城邦制形成过程中，被赋予了包含土地、人民及其政治生活等"邦"或

"国"的含义,成为具有政治意义的城邦的代名词,后又衍生出政治、政治制度、政治家等词。因此,西文中的"政治"一词原指城邦中的公民参与统治、管理、斗争等各种公共生活行为的总和。从"政治"一词的中西方本来含义看,政治一般是指人类创造的一种复杂的社会事物。这里说的"事物"是指广义的事物,包括社会治理活动以及与之相关的社会治理机构、社会制度、法律、政策等政治性事物,其实质内涵是社会治理活动。

自古以来对政治这一复杂事物的理解可谓众说纷纭。前文将其归结为六种基本观点,这些观点分别看起来都各有道理,但是彼此之间并不能达成基本共识。其原因就在于它们各自都只看到了政治及其现实本质的某一个方面或某一个层次,而没有阐明政治的真实本性,或者对之有所触及但把握得不完整;即使看到了政治的本质,但这种本质只是政治的现实本质,而不是体现政治真实本性及其实践要求的应然本质。例如,孙中山将政治界定为管理众人之事,就是根据各种不同的政治活动概括的政治本质,这种本质是政治的现实本质,并没有体现政治的真正本性。那么,什么是政治的真实本性或政治本性呢?政治的本性要通过政治的定义来表达。在这里,我们给政治作如下定义:所谓政治,就是作为社会权力主体的全体社会成员(人民),为了社会中所有人的幸福而运用法律统治社会,并授权由其代表组成的社会治理机关,在法律范围内并依据法律行使公共权力治理社会的社会管理活动。从这一定义可以看出,政治的本性就在于人民性,即人民统治和治理社会,具体体现为作为社会主权者的人民,为了自身的幸福,运用法律统治社会,并授权其代表在法律范围内依据法律治理社会。这里说的政治本性包含以下几层主要意思。

第一,政治的终极目的是实现社会中所有人的幸福。政治的目的是一个系统,包括不同层次、不同维度,历史上的思想家往往因只注意到某一个方面而导致看法不尽一致。在政治的目的系统中,有一个终极的目的,它既是最后的目的,也是最高的目的,那就是让社会中所有人生活得越来越好。如前所述,政治是适应基本共同体(社会)关系复杂化构建社会和谐秩序的需要产生和持续存在的,构建这种秩序不仅是为了其成员不相互妨碍、相互伤害从而和平共处、友好相待,而且是为了使其成员过上幸福的生活。为此,政治要为其成员营造获得幸福创造机会、提供条件,给弱者提供基本生存保障。人类进入文明社会后,在社会生产不发达的情况下,经济上占统治地位的阶级利用其经济地位建立或夺取政治权力以维护和扩大自身的利益,政治的终极目的似乎成为实现统治阶级的利益。

历史诚然如此,但这并非政治真正的终极目的之所在。在社会生产或者说物质文明发达的社会条件下,当社会成员的主体意识觉醒并真正成为主体时,阶级就会消失,统治阶级和被统治阶级的划分不复存在,政治的终极目的就会回归到它的本来面目。事实上,早在轴心时代思想家就已经敏锐地觉察到政治的本来目的。柏拉图说:"在建立我们的城邦时,我们关注的目标不是使任何一群人特别幸福,而是尽可能使整个城邦幸福。"[①] 柏拉图这里讲的建立城邦的目的其实就是政治应有的终极目的。经过现代文明洗礼的马克思则进一步深刻揭示了政治的终极目的,那就是自由人联合体中"每一个个人的全面而自由的发展",而自由人联合体并不是指国家,而是指由全人类构成的基本共同体。马克思的这一论断不仅给"整个城邦幸福"的理想国或"天下为公"的大同社会赋予了具有现代时代特征的实质内涵,也是对历史上所有政治哲学所确立的终极政治目的的革命性变革和历史性跨越。

第二,人民是政治主体,也是政治权力主体(主权者),拥有社会的一切政治权力。人民在社会中具有至高无上的地位,社会的一切政治权力均属于人民。人民享有的政治权力是为全体社会成员共同所有的权力,它是公共权力,而不是私人权力。在社会存在阶级划分的情况下,"天下为家"(《礼记·礼运》),政治主体是以君王为代表的统治阶级,《诗经·小雅·北山》中的诗句"溥天之下,莫非王土;率土之滨,莫非王臣"再明白不过地描述了这种情况。但是,社会本来是属于全体社会成员的,社会成员应是社会的真正主体,也自然应是政治的真正主体。历史上的统治阶级利用经济上的统治地位攫取政治上的统治权力,又运用政治权力确立和维护自己的政治主体地位,剥夺了广大被统治阶级的社会主体地位,将其置于从属的甚至奴仆的地位。马克思根据生产资料的集中和劳动的社会化与资本主义生产关系不相容,宣称"剥夺者就要被剥夺了"[②],这个论断也适用于政治主体。

高度发达的现代文明已经给全体社会成员成为社会主体、政治主体提供

[①] [古希腊]柏拉图:《国家篇》,载《柏拉图全集》(增订版)中卷,王晓朝译,人民出版社2018年版,第115页。

[②] 《马克思恩格斯文集》第5卷,人民出版社2009年版,第874页。

了充分条件,全体社会成员也应该能够成为社会主人、政治主人。全体社会成员用今天中国的流行话语说,就是人民,"其含义有两个方面。一是它包含社会治理者在内的全体社会成员,而社会治理者不过是人民的代表,而不是统治者。这就克服了传统社会统治者与老百姓之间的对立。二是它不仅指公民个人,也指各种组织群体,但通常是指人民整体,具有共同体的含义,与民族的含义相通"①。就是说,作为政治主体的人民不仅指公民个人,也指家庭、企业、学校、政党、群团等各种组织群体,社会的最高权力属于所有这些政治主体构成的共同体,而不是属于任何一个阶级、阶层、组织群体,更不属于任何个人。既然政治的主体是人民,人民对社会的统治和治理实质上是人民自治、人民共治。不过,这里就出现了作为统治者的人民与作为被统治者的人民的关系问题,约翰·密尔对于这种关系提出了一种看法:"运用权力的'人民'与权力所加的人民并不永是同一的;而所说的'自治政府'亦非每人管治自己的政府,而是每人都被其余的人管治的政府。"② 就是说,每一个人民个体都必须接受人民整体的统治和治理。伴随着第四次工业革命走向纵深,以人工智能为代表的科技革新在全球范围掀起了生产方式、生活方式和治理方式变革的现代化进程,社会的智能治理已经提上了议事日程。在今天的智能时代,一方面必须充分运用人工智能技术推进政治治理的现代化,建立和完善智能治理的理论模型:智能—智治—智效的智能治理模式;另一方面,智能治理也必须以人民为中心,坚守人工智能服务于人的根本宗旨。③

人民是政治主体,但并不直接统治社会,而是通过法律统治社会。这里就出现了一个人民对法律服从的问题。卢梭将法律理解为"全体人民对全体人民作出规定",所规定的事物是公共的,而作出规定的意志是公意,全体人民既是制定法律的主权者,又是服从法律的臣民。④ 边沁曾经谈道:"在法治之下,好公民的座右铭是什么?一丝不苟地服从,自由地责难。"⑤ 卢梭和边

---

① 江畅、卢蔡:《坚持和发展人民至上》,《华中科技大学学报》(社会科学版)2022 年第 1 期。
② [英] 约翰·密尔:《论自由》,程崇华译,商务印书馆 1959 年版,第 4 页。
③ 参见孟天广《智能治理:通用人工智能时代的治理命题》,《学海》2023 年第 2 期。
④ 参见 [法] 卢梭《社会契约论》,何兆武译,商务印书馆 1980 年版,第 50 页。
⑤ [英] 边沁:《政府片论》,"序言",转引自 [美] 大卫·莱昂斯《伦理学与法治》,葛四友译,商务印书馆 2016 年版,第 220 页。

• 第四章 政治本性的人民性 •

沁都是讲,只要法律体现了全体人民的意志,人民个体就必须服从法律。在法律体现人民意志的前提下,服从法律是每一个社会成员的道德义务。但是,即使是体现人民意志的法律也是可错的,这时社会成员也有义务遵守不那么完美的法律。不过,"法律体系并不能自动地获得我们通过服从给予的那种尊重,它必须赢得那种尊重"①,就是说法律体系必须不断完善。

第三,社会实行法治,法律体现人民的意志,法律具有最高权威。② 人民统治和治理社会不是人民直接统治和治理,而是运用法律,法治是统治和治理社会的基本方式。人民在社会中具有至高无上的地位,体现人民意志的法律因而在社会治理中也具有至高无上地位。法律应当在社会中居于最高地位,对于这一点,柏拉图早在轴心时代针对雅典民主制的局限和问题就已明确提出。他说:"法律一旦被滥用或废除,共同体的毁灭也就不远了;如果法律是政府的主人,政府是法律的奴隶,那么整个世道会充满应许,众神对城邦的赐福就会到来,人们将享有各种幸福。"③ 此后,法律至上的观念在西方一直流行至今,成为一种普遍共识。早在1608年,英国大法官就针对英国国王詹姆士一世亲自进行司法审判的要求和威胁异常坚定地回答:"国王在万人之上,但是在上帝和法律之下。"④ 到了近代,卢梭则首次提出,"统治者是法律的臣仆,他的全部权力都建立在法律之上"⑤。潘恩也断定,真正的国王是法律而不是君主,"法律就是国王"⑥。马克思早年也曾说过"法官除了法律就没有别的上司"⑦,意指法律是至高无上的。这里说的"法律"应是充分体现人民意志的善法,其根据是作为生存智慧的道德,这种道德有利于且无害

---

① [美]大卫·莱昂斯:《伦理学与法治》,葛四友译,商务印书馆2016年版,第226页。
② "权威"(authority)和"权力"(power)含义有所不同,权威是得到认同的权力(参见任剑涛《政治权力的权威性:来源、生成与限制》,《天府新论》2016年第3期)。
③ [古希腊]柏拉图:《法篇》,载《柏拉图全集》(增订版)下卷,王晓朝译,人民出版社2018年版,第126页。
④ 刘念国:《国王在上帝和法律之下》,《文化月刊》2003年第4期。
⑤ [法]卢梭:《论政治经济学》,王运成译,商务印书馆1962年版,第9页。
⑥ Cf. "rule of law", in Wikipedia, the Free Encyclopedia, http://en.wikipedia.org/wiki/Rule_of_law.
⑦ 《马克思恩格斯全集》第1卷(上),人民出版社1995年版,第180—181页。

于全体社会成员更好地生存。实行法治就是要把人民的意志转变为法律,把人民的至上地位转变为法律的至上权力,让法律成为社会的真正统治者。

第四,社会治理机构代表全体人民在法律授权范围内并依据法律行使公共权力实施社会治理。人民共治社会不仅要运用法律统治,还要通过自己的代表即治理主体来治理社会。在君主至上的传统社会,社会的一切权力都属于君主。潘恩认为,把人们分成"国王"与"臣民"的差别是国王违反自然法人为造成的,"上帝制造了一个世界,而君王们从他手里把它抢了去"①。潘恩的这种观点虽不完全正确,但表达了传统社会君王控制着社会的一切权力的事实。政治的本性要求实行人民共治,但社会治理是一项极其复杂的工作,不可能由全体人民来担任,而只能由人民的代表来担任;社会的治理权力当然也不可能由全体人民来行使,而只能由其代表来行使。社会属于人民,社会的治理权力也属于人民,但需要交给人民自己选举出来的代表来行使。用孙中山的话说,人民拥有的治理权力是"政权"或"民权",即西方近代学者所说的"主权",交给人民代表行使的治理权力是"治权"或"政府权"。② 主权与治权分离实质上是在坚持主权在民的前提下将社会治理作为一项专业性很强的职业交给专业人士从事。从理论上看,治权是受托的权力,是受主权控制的权力。因此,主权与治权的分离不是治权脱离主权,而是有前提的分离,这个前提就是治权必须受到主权的有效控制,包括有效监督和制约。只有坚持这个前提,治权才不会游离在主权之外,成为法律之上统治人民的权力。对治权进行控制有很多途径或方式,但最重要的是要诉诸法律,社会治理机构必须在法律授权范围内行使治理权力,并且依据法律实施社会治理活动,其治理活动还要受到法律和人民的有效监督。治权通常被划分为立法权、司法权和行政权,不同治权之间还要在法律上建立相互制衡机制,只有这样才能防止治权滥用。这就是孟德斯鸠所说的:"为了防止滥用权力,必须通过事物的统筹协调,以权力制止权力。"③

---

① [美]潘恩:《林中居民的信札》,载《潘恩选集》,马清槐等译,商务印书馆1981年版,第87页。
② 参见孙中山《三民主义》,东方出版社2014年版,第171页。
③ [法]孟德斯鸠:《论法的精神》上卷,许明龙译,商务印书馆2009年版,第166页。

第四章　政治本性的人民性

政治的本性是政治的本然本质或应然本质，人类的一切政治活动就是要将政治本性体现出来，使之转化为现实政治的实然本质。从政治本性的基本内涵可以看出，政治本性包含实践要求，现实政治要体现其应然本质，就必须按照政治本性的实践要求行事。概括地说，政治本性的实践要求包括六个主要方面。一是人民至上。在目前人类国家化的条件下，"人民在作为当代基本共同体的国家中处于至高无上的地位，拥有一切国家权力，没有任何群体、组织、机构与人民处于同等地位，拥有相同权力，人民的社会地位是最高的、人民的国家权力是唯一的"①。二是法律统治。人民拥有的社会统治权和治理权凭借法律实现，法律因而在社会中具有最高权威，社会治理机构行使的一切权力必须由法律授予，必须依法行使，必须接受法律的监督。三是道德导向。道德是法律制定的基本依据，也是整个社会治理的导向机制。"法律是准绳，任何时候都必须遵循；道德是基石，任何时候都不可忽视。"② 四是清正廉洁。把社会治理者的权力关进制度的笼子，建立不敢腐、不能腐、不想腐一体化的常态机制，坚持无禁区、全覆盖、零容忍地持续开展反腐斗争。五是个人幸福。把全体社会成员个人过上美好生活作为社会治理的终极追求，为他们的幸福提供机会、平台和条件，努力实现"每一个个人的全面而自由的发展"③。为了实现全体社会成员个人幸福，必须消灭战争，减少犯罪，确保社会稳定、和谐、繁荣，增进社会公共利益，增加社会公共福利，促进社会沿着人类文明发展大道前行。六是社会公正。在为所有社会成员个人提供基本生活保障的前提下，建立公平竞争机制，最大限度地激发社会个体干事创业的热情和积极性，使全社会成员得其所应得，不断增强其成就感和获得感。政治本性的这六条实践要求就是政治的核心理念和基本原则，人类的一切政治活动都必须遵循这些原则。这些原则也是衡量任何一种政治好坏、优劣的一般标准。

---

① 江畅、卢蔡：《坚持和发展人民至上》，《华中科技大学学报》（社会科学版）2022 年第 1 期。
② 《习近平谈治国理政》第二卷，外文出版社 2017 年版，第 133 页。
③ 《马克思恩格斯文集》第 5 卷，人民出版社 2009 年版，第 683 页。

第二节　政治与国家的关系

人是社会性的物类，人类一诞生就生活在社会之中，这种社会就是今天相对于人类的各种共同体而言的基本共同体。"所谓'基本共同体'，是指一个人生活或活动于其中的各种共同体中的那种为其提供基本生存保障的共同体。"① 在人类历史上，不同时代不同区域的基本共同体不尽相同，大致上说，人类的基本共同体经历过原始人群、氏族公社、文明古国、现代国家四种基本形态，今天正在从国家走向世界。从人类历史发展看，政治并不是与人类诞生相伴随的，而是在人类基本共同体发展到氏族公社末期才以国家为特殊形式或形态开始出现，并一直存续到今天。

在漫长的原始人群阶段（距今约 300 万年至约 10 万年前）和氏族公社（约 10 万年至约 1 万年前），由于基本共同体的范围狭小，成员数量很少，且其社会秩序主要依赖血缘亲情维系，也就没有以公共权力作为凭借的政治。氏族公社末期（父系氏族公社时期），氏族范围扩大，成员数量增加，出现了由具有一定血缘关系的不同氏族组成的部落或部落联盟，不同部落之间为了扩大疆域或争夺资源经常发生战争。在战争中，胜利的部落成为统治阶级，失败的部落成为被统治阶级，于是基本共同体的范围就扩大了，形成了一种统治者与被统治者共同生存的非血缘性社会。这种社会已经不能凭借以前以血缘关系为基础的长者（家长或族长）的威信管理，而需要这样一个公共机关，即它不仅使正在开始的社会分裂为阶级的现象永久化，而且使有产者的权力及其对无产者的统治永久化。② 这个机关就是作为"公共机构"的国家，"国家无非是一个阶级镇压另一个阶级的机器"③，而此种镇压既包括政治压迫，也包括经济剥削。在国家出现的同时，社会的管理也就从以前的家族性管理转变为政治性管理（今天通常称为"治理"）。于是，政治就在国家"被发明出来"（恩格斯语）

---

① 江畅：《论道德、价值与文化》，载《江畅文集》第 11 卷，人民出版社 2022 年版，第 37 页。
② 参见《马克思恩格斯选集》第 4 卷，人民出版社 2012 年版，第 123 页。
③ 《马克思恩格斯选集》第 3 卷，人民出版社 2012 年版，第 55 页。

的同时也被发明出来了,并成为此后人类文明社会的治理方式。

从历史事实看,国家形态的政治从最初出现直到今天具有以下五个特点。其一,政治最初是为适应统治者统治被统治者的需要产生的。在基本共同体(社会)复杂化的情况下,社会成员有统治阶级(亲人),还有被统治阶级(生人)。社会矛盾的尖锐和社会事务的增加,需要有专门的社会治理者治理社会,政治就是为适应治理社会的需要产生的。其二,政治的主体是统治阶级。社会治理者是政治的主体,但政治主体不是全体社会成员,而是占人口少数的统治阶级。政治主体是国家的统治者,同时也是国家的治理者,主权者与治权者、统治与治理没有区别(通常称为"统治")。在通常情况下,统治阶级中最有经济实力的家族出任最高治理者(君王),但也有统治阶级内部其他家庭或被统治者篡夺王位的情形。其三,政治的主要目的是维护和扩大统治阶级的利益。统治阶级进行社会治理为的是维护和扩大自身的利益,防止被统治阶级的反抗。当然,为了维护和扩大统治阶级利益,统治阶级也可能适当兼顾被统治阶级的利益,通过促进经济发展来维护社会的稳定和秩序。其四,政治的手段是基于暴力机构的权力。统治阶级主要运用以暴力机构为后盾的政治权力("政权",近代以来通常称为"公共权力")进行统治,而不是单凭基于血缘关系的个人威望,对于不服从统治的一切行为,统治阶级会运用权力进行打压和惩罚。其五,政治的载体和范围是国家。政治的载体在中国称为"国家"或"王国"①,在古希腊罗马称为"城邦",今天在汉语中一般统称为"国家"。② 国家也是政治治理的范围或疆域,超出国家范围政治治理就会失效。总之,政治是在人类基本共同体日益复杂化的条件下,统治阶级为了实现自身利益和维护社会秩序,凭借以暴力机构为后盾的权力对社会实行统治的活动及其方式。在人类历史上,国家运用政治权力对社会进行统治是政治的最显著标志,但国家不过是政治的一种形态或载体,统治阶级是凭借国家的力量统治社会的。

---

① 《尚书·立政》中就已有了这两个概念:"继自今立政,其勿以憸人,其惟吉士,用励相我国家";"太史,司寇苏公,式敬尔由狱,以长我王国"。

② 需要注意的是,中国古代的"国家""王国"与古希腊罗马的"城邦"不同:前者没有明确的疆域边界,所以也称为"天下",即所谓"天子之国";后者则有明确的疆域边界,如古代希腊城邦最多时约有 200 个城邦,希腊半岛上的城邦是彼此接壤的。

· 政治哲学概论 ·

政治伴随着国家的出现而出现,一直到今天都是以国家为载体来实现其社会统治和治理功能。因此,国家在社会中的地位特别突出,它既是基本共同体的代表者,也是其统治者、治理者。政治则成为国家统治和治理社会的统治方式和治理方式。这种情况使人们包括思想家常常将政治与国家联系起来,视其为不可分割,甚至二而一的事物。韦伯就说:"我们打算只从一个政治团体——也就是今天的国家——的领导权或该领导权的影响力这个角度,来理解政治。"① 在他看来,国家之所以拥有"领导权"是因为它拥有特殊手段,那就是使用暴力,国家正是使用暴力来实施政治统治和社会治理的。"国家这样一个人类团体,它在一定疆域之内(成功地)宣布了对正当使用暴力的垄断权。请注意,'疆域'也是国家的特征之一。现在的特点是,其他机构或个人被授予使用暴力的权利,只限于国家允许的范围之内。国家被认为是暴力使用'权'的唯一来源。因此对我们来说,'政治'就是指争取分享权力或影响权力分配的努力,这或是发生在国家之间,或是发生在一国之内的团体之间。"② 马克思和恩格斯认为,政治的产生是与国家相伴随的。"随着城市的出现,必然要有行政机关、警察、赋税等等,一句话,必然要有公共机构,从而也就必然要有一般政治。"③ 人类的初始国家都是以城市作为都邑,这里说的"城市的出现"指的就是国家的出现。诚然,政治伴随国家出现而产生,而且到目前为止的政治都是统治阶级以国家的形式而实现,但这绝不意味着政治必然与国家相伴随,更不意味着国家的本质就是政治的真实本性。如果将两者完全等同起来或混同起来,这种理解会误导人类的政治实践。

首先,政治与国家之间是目的与手段的关系,政治是目的,国家是实现政治目的的手段。作为一个人为事物,政治最初是适应社会关系从单一的亲情关系转变为复杂的非亲情关系后治理社会的需要产生的。只不过政治的产生采取了在部落战争中胜利的部落统治失败的部落的方式,而这种方式借助的是作为"暴力机构"的国家这种形式。后来,政治又演化为在经济上占统治地位的阶级

---

① [德]马克斯·韦伯:《学术与政治》,冯克利译,生活·读书·新知三联书店1998年版,第55页。
② [德]马克斯·韦伯:《学术与政治》,冯克利译,生活·读书·新知三联书店1998年版,第55页。
③ 《马克思恩格斯文集》第1卷,人民出版社2009年版,第556页。

通过控制国家来进行政治统治和社会治理。这就是恩格斯所说的,"由于国家是从控制阶级对立的需要中产生的,由于它同时又是在这些阶级的冲突中产生的,所以,它照例是最强大的、在经济上占统治地位的阶级的国家,这个阶级借助于国家而在政治上也成为占统治地位的阶级,因而获得了镇压和剥削被压迫阶级的新手段"①。可见,国家是政治采取的第一种治理形式,其目的是实行政治统治和社会治理。因此可以说,对于政治统治和社会治理而言,政治是国家的目的,国家是实现政治目的的手段。从人类历史发展的角度看,政治采取国家这种治理形式具有必然性,但它是政治真实本性的异化或恶化,从一定意义上可以说,是人类进入文明社会不得不付出的代价。国家的存在缺乏道义上的正当性,其合理性得不到论证和辩护,所以恩格斯称之为"祸害"。他指出,任何国家,无论是君主国还是民主共和国,其本质都是一样的,都是一个阶级"镇压"另一个阶级的机器。所以,他告诫当时欧洲的无产阶级:"国家再好也不过是在争取阶级统治的斗争中获胜的无产阶级所继承下来的一个祸害;胜利了的无产阶级也将同公社(指'巴黎公社'——引者注)一样,不得不立即尽量除去这个祸害的最坏方面,直到在新的自由的社会条件下成长起来的一代有能力把这国家废物全部抛弃。"② 如果我们承认在政治与国家的关系中,政治是目的,国家是手段,而且这种手段是一个"祸害",那么,人类完全可以寻找其他对人类有益无害的手段来实现政治这一目的。

其次,政治本身又是手段,其目的是通过治理社会谋求全体社会成员普遍过上好生活。对于国家来说,政治是目的,而政治本身又是实行社会治理的形式,其目的是实现全体社会成员的幸福。亚里士多德说:"城邦是若干家庭和种族结合成的保障优良生活的共同体,以完美的、自足的生活为目标。"③ 又说:"城邦是若干家族和村落的共同体,追求完美的、自足的生活。我们说,这就是幸福而高尚的生活。"④ 他还强调:"所有人都应当是善良的

---

① 《马克思恩格斯选集》第4卷,人民出版社2012年版,第188页。
② 《马克思恩格斯选集》第3卷,人民出版社2012年版,第55页。
③ [古希腊]亚里士多德:《政治学》,载苗力田主编《亚里士多德全集》第九卷,中国人民大学出版社1994年版,第92页。
④ [古希腊]亚里士多德:《政治学》,载苗力田主编《亚里士多德全集》第九卷,中国人民大学出版社1994年版,第92页。

公民，这样才能使城邦臻于优良"①。社群主义者桑德尔对亚里士多德关于政治目的的思想作了这样的解读：政治的目的完全在于，使人们能够发展各自独特的人类能力和德性——能够慎议共同善，能够获得实际的判断，能够共享自治，能够关心作为整体的共同体的命运。马克思和恩格斯在继承古典哲学家思想的基础上，对政治的目的作出了更为科学而又明确的规定：一方面，他们强调全人类的彻底解放，把使人成为自己的社会生活的主人，从而成为自然界的主人，成为自己本身的主人——自由的人，称为"解放世界的事业"②；另一方面，他们强调"每一个个人的全面而自由的发展"③，建立"每个人的自由发展是一切人的自由发展的条件"④ 的自由人联合体。马克思和恩格斯的这些论述讲的就是政治的目的，虽然它最初需要通过无产阶级革命和无产阶级专政来实现，但无产阶级专政不过是从资本主义到共产主义的"必然的过渡阶段"⑤，未来社会的政治目的不是由国家，而是由自由人联合体的政府或社会治理机构来实现。马克思提出了这样的设想："政府的压迫力量和统治社会的权威就随着它的纯粹压迫性机构的废除而被摧毁，而政府应执行的合理职能，则不是由凌驾于社会之上的机构，而是由社会本身的承担责任的勤务员来执行。"⑥

最后，政治将会与人类相伴始终，而国家在人类消灭阶级之后就会消失。国家是人类进入文明社会后特定历史阶段政治采取的一种统治形式，因此它不是从来就有的。恩格斯在考察国家的起源时指出："国家并不是从来就有的。曾经有过不需要国家，而且根本不知国家和国家权力为何物的社会。在经济发展到一定阶段而必然使社会分裂为阶级时，国家就由于这种分裂而成为必要了。"⑦ 同时，国家是在社会分裂了统治阶级和被统治阶级之后为了"控制阶级斗争"而产生的，"控制阶级斗争"的实质内涵在于作为统治阶级

---

① ［古希腊］亚里士多德：《政治学》，载苗力田主编《亚里士多德全集》第九卷，中国人民大学出版社1994年版，第79页。

② 《马克思恩格斯选集》第3卷，人民出版社2012年版，第817页。

③ 《马克思恩格斯文集》第5卷，人民出版社2009年版，第683页。

④ 《马克思恩格斯选集》第2卷，人民出版社2012年版，第422页。

⑤ 《马克思恩格斯文集》第2卷，人民出版社2009年版，第166页。

⑥ 《马克思恩格斯文集》第3卷，人民出版社2009年版，第223页。

⑦ 《马克思恩格斯选集》第4卷，人民出版社2012年版，第190页。

的少数人剥削、压迫作为被统治阶级的大多数人。但是，当社会生产发展到了这些阶级的存在不仅不再必要，而且成为生产的障碍的时候，阶级就不可避免地要消失。"随着阶级的消失，国家也不可避免地要消失。在生产者自由平等的联合体的基础上按新方式来组织生产的社会，将把全部国家机器放到它应该去的地方，即放到古物陈列馆去，同纺车和青铜斧陈列在一起。"① 今天，中国倡导并大力推动人类命运共同体建设，人类命运共同体一旦真正成为基本共同体，或者说人类基本共同体最终从国家走向了世界，那么，作为"暴力机构"的国家就会灭亡，政治会采取完全不同于国家治理形式的新治理形式。不过，这种新形式必须克服国家这种使政治本性异化、恶化的形式，采取能够使政治本性复归、德化的新形式。

第三节 政治本性的社会本性基础及人类本性根基

政治是统治和治理社会的活动，它是文明社会人类基本共同体的存在方式，从一定意义上可以说，文明社会是以政治的方式存在的。但是，社会是政治的前提，没有社会就没有政治。政治本性就源自社会本性，而社会本性又源自人类本性，人类本性则是与万物相通的。社会本性是政治本性的直接基础，而人类本性是政治本性的深层根基。

文明社会有不同的形态，而且是不断变化的。西方人更多地将社会局限于城邦或国家，而古代中国人大多将"天下"视为社会，但社会的范围实际上还是王朝控制的疆域。不过，社会通常主要是指人类的基本生活共同体。这种意义上的社会是一个系统，社会系统如同天体系统、生态系统一样，有其本性或本然本质。② 在人类思想史上，关于社会本性有种种不同看法。孔子

---

① 《马克思恩格斯选集》第 4 卷，人民出版社 2012 年版，第 190 页。
② 需要注意的是，社会的本性与社会的本质是两个不同的概念。社会的本性是社会本然本质或应该具备的本质，当这种本性体现出来，它才是社会的实然本质。社会本性需要根据人性来揭示，而不能根据现实社会去抽象，根据现实社会抽象出来的不是社会本性，而是现实社会的实然本质，但这种实然本质不同于体现社会本性或应然本质的那种实然本质。

把所向往的"大同"社会描绘为"大道之行也,天下为公"(《礼记·礼运》),显然在他心目中社会本性是"为公"而不是"为家"的。柏拉图认为,正确地建立起来的城邦社会是全善的,其具体体现是,"它显然是智慧的、勇敢的、节制的和正义的"①,他的这种"理想国"就隐含着把统治者具有智慧德性、卫士具有勇敢德性、所有人尤其是平民具有节制德性以及三者达到和谐统一的公正德性视为社会的本性,理想社会就是要将其实现出来。马克思说:"社会是人同自然界的完成了的本质的统一,是自然界的真正复活,是人的实现了的自然主义和自然界的实现了的人道主义。"② 马克思这里是把人同自然界达到和谐一致视为社会(包括整个人类社会和不同的具体社会形态)的本性。社会是由天体系统演化、生态系统进化的产物,如果我们将作为系统的社会与天体系统、生态系统相比较,就会发现社会的本性具有超越天体系统的自在性、生态系统自生性的自为性。社会是人类出于满足生存发展享受的需要而自觉构建并通过治理调控的基本共同体,具有人为性、属人性和为人性。就是说,社会是生存在一定地理空间中的人自觉不自觉地构建的,属于构建它的人,其存在和发展是为了构建它的人更好地生存。自为性就是社会系统的本性,也是社会的本然本质或应然本质。这种应然本质现实化了或得到了体现所形成的社会,才是真正意义的社会。

但是,社会本性并非自人类一诞生就已获得的,而是在漫长的人类进化过程中逐渐获得的。从人类历史看,社会的本性大约在氏族公社才初步形成,而到了文明社会才最终形成。黑格尔把精神视为宇宙的本性,但其实它是人类个体和整体的本性,是后发性的高层次人性,即精神性。他认为,精神显示自己有三种不同的形式,实即三个不同的阶段。第一种显示方式是"自在存在着的精神或逻辑理念",这一阶段大致上相当于原始人群阶段;第二种显示方式是"在自身映现的、自为存在着的、有自我意识的、觉醒了的精神",这一阶段可视为氏族公社阶段;第三种显示方式是"达到绝对的自为存在,达到它的自在存在和它的自为的存在、它的概念和它的现实性的绝对统一"

---

① [古希腊]柏拉图:《国家篇》,载《柏拉图全集》(修订版)中卷,王晓朝译,人民出版社 2018 年版,第 124 页。

② 《马克思恩格斯文集》第 1 卷,人民出版社 2009 年版,第 187 页。

的精神，这一阶段则是从文明社会开始的。① 黑格尔用晦涩的思辨哲学语言表达了社会本性形成的事实，这就是社会的本性有一个从自在性到自为性的进化过程，同时也有一个从片面到全面的发展过程。但这个过程并不像黑格尔所说的那样已经终结，进入文明社会后社会的自为性虽然最终形成，但并不是从此固定不变的，由于人类处于不断进化之中，社会本性也许永远都不会有固定不变之日。

社会在本性上是人为的、属人的、为人的，这里的"人"存在着社会的个别人、少数人、多数人、所有人的问题。至少直到马克思和恩格斯生活的时代，文明社会一直被划分为阶级，不同阶级不仅存在着对立，甚至会发生尖锐的斗争。按照马克思、恩格斯的说法，"至今一切社会的历史都是阶级斗争的历史"②。在这种社会历史条件下，虽然社会的本性是自为的，但自为体现的不是所有人的意志，而是个别人、少数人的意志，充其量也只体现多数人的意志，而从未真正有过体现所有人的意志的社会自为。在中国传统社会，社会的自为是通过君王（封建时代的君主或专制时代的皇帝）的统治实现的，体现的是君王的意志，体现少数人的意志的情形也少见。西方社会的情形则较复杂，有过古希腊的民主制和古罗马的共和制、帝国制，后来又经历了罗马天主教会与世俗国王交错统治社会的情形，但可以肯定也未曾有过真正意义上的体现多数人更不用说所有人意志的社会自为。在古雅典民主制下，虽然可以说城邦的自为体现了所有自由民的意志，但奴隶、妇女、儿童都不属于自由民范畴，因而社会自为所体现的也是少数人的意志。古罗马则无论在共和时代还是在帝国时代从未有过社会自为体现多数人意志的情形。显然，历史上社会的所有这些情形都没有真正体现社会的本性。虽然这些情形是历史上的客观事实，其存在也许具有某种历史必然性，但并不是合理的。作为社会本性自为性的主体不是个别人、少数人，甚至也不是多数人，而是社会中的所有人，即全体社会成员（包括所有个人和组织群体）。社会在本性上是全体社会成员共建共治共享的生存共同体。

在人类思想史上，也有思想家为社会应为少数人所为的合理性提供论证。

---

① 参见［德］黑格尔《哲学全书·第三部分·精神哲学》，杨祖陶译，人民出版社2017年版，第23—25页。

② 《马克思恩格斯选集》第1卷，人民出版社2012年版，第400页。

例如，亚里士多德就说过："有些人天生即是自由的，有些人天生就是奴隶，对于后者来说，被奴役不仅有益而且是公正。"① 但是，亚里士多德的这种主张自古以来为大多数思想家所不接受甚至反对。就西方而言，早在亚里士多德的同时代，斯多亚派的创始人芝诺就提出建立"把所有人都看作是我们的同胞和公民"② 的"世界城邦"，近代的卢梭针对亚里士多德的主张明确指出："假如真有什么天然的奴隶的话，那只是因为已经先有违反了天然的奴隶。强力造出了最初的奴隶，他们的怯懦则使他们永远当奴隶。"③ 春秋战国时期，孔子的弟子子夏就明确提出"四海之内皆兄弟"（《论语·颜渊》），孟子也主张"亲亲而仁民，仁民而爱物"（《孟子·尽心上》），后来北宋的张载将孟子的这一思想表达为"民吾同胞，物吾与也"（《西铭》）。古今中外的这种所有人乃至万物平等的思想最终在 1948 年联合国大会上通过的《世界人权宣言》中得到了明确表达："人人生而自由，在尊严和权利上一律平等。"从此，人人在尊严和权利上一律平等成为全世界的普遍共识。人人在尊严和权利上平等，最重要的体现就是人人在社会中享有平等的权利，而这种权利的最重要体现就在于人人都是社会的主人，也就是人人都应成为社会的自为者。

联合国的"人人生而自由，在尊严和权利上一律平等"的宣告表达了人类的普遍愿望和要求，有着深刻的人性论基础，体现了人类本性的要求。关于人类本性或人的本性是什么的问题，思想史上虽见仁见智，但也有基本共识，我们将其概括为谋求生存得更好。"人性是由谋求生存得更好的各种潜在特性构成的统一整体。这个整体就是一个人的人性，而谋求存在、生存、生存得好、生存得更好则是人性的根本特性，是人性的一般内涵（或者说一般人性），也是人之所以为人的根本规定性。这种人性的根本特性、人的一般内涵还是抽象的，而不是现实的。我们可以把这种人性称作'人的本性'（human essential nature），即人本来如此的规定性。"④ 人类本性有两个基本特性：

---

① ［古希腊］亚里士多德：《政治学》，载苗力田主编《亚里士多德全集》第九卷，中国人民大学出版社 1994 年版，第 12 页。
② Plutarch, *On the Fortune of Alexander*, 329A–B.
③ ［法］卢梭：《社会契约论》，何兆武译，商务印书馆 1980 年版，第 11 页。
④ 江畅：《德性论》，载《江畅文集》第 4 卷，人民出版社 2022 年版，第 128 页。

一是自为性；二是社群性或社会性。前者主要是指人的自主性、能动性和创造性等，这种特性需要通过教育、修养和实践才能转变为现实；后者则是指人必须生活在社会中，必须在社会中"自为"，也就是马克思所说的"在其现实性上，它是一切社会关系的总和"①，这种特性需要经过社会化后获得的社会身份和角色才能得到体现。自为性和社群性合而言之就是主体性，从这种意义看，人的本性或本然本质在于主体性。所有人生来具有人类性潜能，而人类性潜能意味着潜在的主体性，这正是所有人生而自由、在尊严和权利上平等的根据，也是所有人都是社会的主体、主人的根据。人作为自为个体的主体性是人独特的本性，这种独特本性以自生个体（生物）的自生性和自在个体（非生物）的自在性为基础，是对这两种人类与生物、非生物共享的本性的超越。因此，人的主体性与宇宙万物有着内在的深刻联系，而这正是人的主体性的本体论根基。

所有人共同具有人类本性和主体性，并非人类一诞生就如此，更不是人类一诞生就意识到的。人类本性与社会本性相互作用、相互生成。人类本性如同社会本性一样，它经历了长达 300 多万多年的孕育过程（原始人群时代）、约十万年的初步形成过程（氏族公社时代），进入文明社会才最终形成。随着自我意识的发展，在人类本性最终形成的同时人类已经能够意识到自己的本性。与此同时，随着部落的快速发展，社会从以血缘为纽带的亲情社会走向了"分裂为不可调和的对立面"的非亲情社会。"为了使这些对立面，这些经济利益互相冲突的阶级，不致在无谓的斗争中把自己和社会消灭"②，自觉构建不同于血缘亲情共同体的基本共同体以调解或控制社会矛盾和冲突就成为必要。这种基本共同体（文明社会）已经不同于此前的原始社会，其形成不再是自然而然的，而是人为构建的，体现了构建者的目的。于是，由人组成的社会就具有了人类的共同本性——自为性和社群性或两者的统一，即主体性，社会的作为其本性的自为性也就最终形成。人类构建社会的目的是要使其成员过上好生活，要实现这一目的就需要协调社会的矛盾和冲突，增强社会整体福利，为其成员幸福创造条件，简言之，需要社会治理，需要有代表全体社会成员进行社会治理的专门机构。于是，政治就出现了，并由此

---

① 《马克思恩格斯选集》第 1 卷，人民出版社 2012 年版，第 135 页。
② 《马克思恩格斯选集》第 4 卷，人民出版社 2012 年版，第 187 页。

获得了它的本性。

由此可见，政治原本是社会治理机构为了社会的和谐和福祉代表全体社会成员对社会进行治理的活动。这就是政治的本性，它源自并体现社会的本性、人类的本性，以使其得以实现为目的。只不过政治本性在文明社会现实化为政治时采取了国家这种恩格斯称为"祸害"① 的形式。而这一方面使政治本性因此受到严重扭曲，导致现实政治偏离了社会本性和人类本性；另一方面使政治本性也因此而被遮蔽、被湮没，导致人们很难看清其真面目。

第四节 政治与道德

政治与道德的关系特别密切且十分特殊。在政治出现之前，道德就已经存在很久，至少在氏族公社出现（约 10 万年前）时已经有了基本形态。"大量的人类学资料指出，人类的道德状态首先始于图腾、禁忌，图腾、禁忌就是原始人类所能有的最早的道德法典。"② 图腾、禁忌之类的原始道德在氏族公社发挥着社会治理作用，可以说是人类社会的第一种社会治理形式。与道德相比较，政治则是人类进入文明社会时（距今约 1 万年前后）才开始出现的一种新的社会治理形式，后来成为主要的社会治理形式。这是因为政治是为适应社会从亲情社会走向非亲情社会后社会日益复杂化需要产生的，它以有专门的社会治理机构（国家）为前提，是社会治理机构治理社会的活动。在复杂化的文明社会，传统的道德已经不足以处理复杂的社会治理事务，而必须诉诸具有强制力的政治来控制社会，通过发挥其功能实现其目的。从最早进入文明社会的文明古国到今天全世界国家化的社会治理情形看，没有一个国家不是采取政治这种社会治理形式，这一点也表明政治取代道德成为社会治理主要方式具有历史必然性。

政治作为社会治理的主要形式出现后，各种不同社会形态也都没有完全放弃道德这种古老的社会治理形式，而是在主要诉诸政治的同时，尽可能地利用道德进行社会治理。虽然近代西方占主导地位的自由主义理论主张"对

---

① 《马克思恩格斯选集》第 3 卷，人民出版社 2012 年版，第 55 页。
② 张苓：《道德的起源》，博士学位论文，山东大学，2014 年。

于公民拥有的道德观和宗教观,国家应当持守中立"①,但西方近代以来道德在社会治理中仍然发挥着重要作用。一方面,西方近代以来以结果主义和道义论为主要代表的规范伦理学普遍流行,利己主义和功利主义道德观念成为社会普遍奉行的主导道德观念;另一方面,以推崇个人自由权利至上的自由主义核心价值观是西方近代以来社会意识形态的主导观念,而"核心价值观,其实就是一种德,既是个人的德,也是一种大德,就是国家的德、社会的德"②。进入文明社会后,道德对于社会治理所具有的作用和意义是不可否定的。如果一个社会的治理者忽视更不用说放弃道德,社会不仅不可能真正达到和谐状态,甚至还会出现许多问题。西方近代以来的社会治理者对道德的不重视就导致了许多严重的消极后果。美国伦理学家和政治哲学家迈克尔·斯托克尔认为,现代人普遍患上了一种被他称为"道德分裂症"(moral schizophrenia)的疾患,其极端症状是:一方面是一个人被驱动去做坏的、恶的、丑的、卑贱的事情;另一方面他想做的事情又使他感到厌恶、惊恐和沮丧。因此,他把我们的时代称为"一个把人们紧密地联系在一起而减轻他们各种不同事业间的摩擦的纽带越来越不再是温情的时代;一个商业关系取代家庭(或类似于家庭)关系的时代;一个生长着的个人主义的时代"③。

  政治与道德会同时存在或者说政治要诉诸道德的原因比较复杂。道德本身也是一种社会治理形式,并在长期的治理实践中积累了许多有益的观念、原则、规范乃至治理经验,政治需要从中汲取营养,而且政治还需要利用道德的影响力、感召力等道义力量赢得社会公众对政治和社会的认同和支持。更为重要的是,道德本性和政治本性是相通的,而且在实践要求方面具有互补性和相互促进的作用。政治的本性在于人民主体出于全体社会成员幸福美好和社会发展繁荣运用法律统治社会并授权其代表在法制范围内依据法律治理社会,它在实践上要求人民至上、法律统治、道德导向、清正廉洁、个人幸福、社会公正,这些实践要求既具有规范性又具有指导性。"道德是人类适

---

  ① [美]桑德尔:《民主的不满:美国在寻求一种公共哲学》,曾纪茂译,刘训练校,江苏人民出版社2012年版,第4页。
  ② 《习近平谈治国理政》第一卷,外文出版社2018年版,第168页。
  ③ Michael Stocker, "The Schizophrenia of Modern Ethical Theories", in Roger Crisp, Michael Slote (eds.), *Virtue Ethics*, Oxford University Press, 1997, p.77.

应谋求生存得更好本性的要求而形成和不断完善的，以个人人格完善和社会普遍幸福为终极追求，通过个人自觉和社会控制相互作用实现其功能，既具有规范性又具有导向性的价值体系。"① 道德的本性在于社会治理者诉诸个人自觉和社会控制相互作用实现个人格完善和社会普遍幸福目的的活动。显然，道德和政治的终极目的是一致的，只不过道德侧重个人人格完善，以个人普遍人格完善实现社会普遍幸福，而政治则侧重给社会成员提供幸福所需要的社会环境和条件，以社会普遍公平正义实现社会普遍幸福。两者的功能也是一致的，都既具有规范性又具有指导性，只是在现代社会道德更侧重指导性。两者在达到目的的手段上也基本一致，只不过道德侧重于个人自觉，而政治侧重于社会控制。道德和政治的实践要求更是完全一致的，如果说有差异的话，那也只在于政治更强调法律统治，道德更强调道德导向。因为道德更重视个人人格、个人自觉特别是自律和社会引导，再加上几百万年的道德基因和世代传承的风俗习惯的影响，所以道德对于人的生活来说无所不在，并且日用而不觉，而这是政治目前无法企及的。

总体上看，道德和政治都是人类的生存智慧，虽然政治主要是用权力治理社会的政治智慧，而道德则主要是用道义治理社会的道德智慧，它们是人类生存智慧的两个最重要的方面。正因为道德和政治都是人类的生存智慧，所以作为智慧之学的哲学一诞生就十分关注道德和政治问题。道德哲学和政治哲学几乎与哲学同时诞生，甚至可以说哲学就是为了研究解决人类道德和政治问题才诞生的。哲学诞生之后，它们又成为哲学的两个特别重要的专门学科一直延续至今。从中西哲学史看，主流观点认为道德是政治的基础，而且认为它们各自都具有不可替代的价值，两者是社会治理乃至社会生活不可或缺的。不过，也有极少数哲学家或哲学学派将两者对立起来，强调政治而贬抑道德。

在中国哲学史上，先秦儒家和道家都同等重视道德与政治，而且把道德看作政治的基础或根据。两家的共同特点是都通过探寻宇宙万物之"道"引申出"德"，再引申出"政"。《老子》中包含丰富的"圣人之治"的思想，这里的"圣人"就是道德智慧和政治智慧高度统一的君王。不过，老子和庄子没有怎样直接讨论政治与道德的关系。与他们不同，孔子有很多这方面的

---

① 江畅：《伦理学原理》，高等教育出版社2022年版，第21页。

直接论述，其典型表达是："道之以政，齐之以刑，民免而无耻。道之以德，齐之以礼，有耻且格。"（《论语·为政》）这里重德轻政的思想观点很明显，不过他没有完全否认政治的作用，因为这里的"礼"包括政治制度，甚至可以说是中国传统政治制度的主体部分。针对早期儒家认为天人地"三才"都各有其道（《周易·系辞下》）而导致"道"不统一的问题，孟子把"诚"作为天道的内涵，并用"诚"将天道与人道打通。"诚者，天之道也；思诚者，人之道也。"（《孟子·离娄上》）而他赋予"诚"的含义是"仁义礼智"，在人这里体现为性之"善端"。更为重要的是，孟子主张依从每个人的仁性来稳定政治及社会秩序，并对百姓进行人伦教化，引导他们自发向善，让百姓相互亲睦。①《大学》将孔孟的上述思想概括为"三纲领""八条目"，集中表达了先秦关于道德和政治关系的基本观点，即由修身进而齐家、治国、平天下。汉武帝实行"推明孔氏，抑黜百家"（《汉书·董仲舒传》）政策之后，汉儒改造先秦儒家思想构建的一套伦理纲常成为整个皇权专制时代的基本政治原则，并进入法律体系（"援礼入法"②），使中国传统社会政治具有鲜明的德化特色。

西方哲学的情况比中国哲学复杂得多，但把道德看作政治的基础仍然是主导观念。苏格拉底第一次"把哲学从天上带到了地上，带到了家庭中和市场上（带到了人们的日常生活中）"③，其实就是将道德（善）作为世界的本体，并由此引申人生的价值和幸福在于对灵魂之善（德性）的拥有。柏拉图在此基础上将"善"作为理念世界的最高理念，"善不是存在，而是在等级和力量上优于存在的东西"④。他将善理念作为他的理想国的最高追求，其具体体现就是由"哲人王"构建统治者具有智慧德性、护卫者具有勇敢德性、全体社会成员尤其是平民具有节制德性的公正社会，从而给全体社会成员带来普遍幸福。公正是智慧、勇敢、节制德性得以实现的一种总体性德性，他的

---

① 参见林书任《孟子的仁政思想及其实践前提》，博士学位论文，北京大学，2022年。
② 江畅：《中国传统价值观及其现代转换》，载《江畅文集》第9卷，人民出版社2022年版，第34页。
③ 转引自［德］黑格尔《哲学史讲演录》第3卷，贺麟、王太庆译，商务印书馆1960年版，第43页。
④ ［古希腊］柏拉图：《国家篇》，载《柏拉图全集》（增订版）中卷，人民出版社2018年版，第220页。

理想国是一种德性国家，其治理也主要依赖"哲人王"的哲学智慧。苏格拉底和柏拉图的上述思想不仅影响了亚里士多德，也对奥古斯丁和托马斯·阿奎那产生了深远影响。中世纪思想家虽然不怎么讨论道德与尘世政治的关系，但把信仰、希望、爱三种神学德性视为凡人死后进天堂的主要路径，"上帝要我们以信、望、爱敬拜他"①。显然，这意味着"上帝之城"或天堂也是德化的社会。

西方近代自然法学派虽然也肯定政治尤其是法律源自道德，但改变了西方传统的致思路径。他们不是通过探讨本体为道德提供基础进而为政治和法律提供根据，而是假定存在某种自然状态，从自然状态引申出自然法，进而论证国家或政府的必要性。有人认为自然状态是"每一个人对每个人的战争"②状态，于是人的理智便提出可以使人同意的方便易行的和平条件，这种"和平条件"就是自然法；有人认为因为"有一种为人人所应遵守的自然法对它起着支配作用"③，自然状态是一种自由、平等和负责的完美无缺状态。但是，自然法因为缺乏强制力量作后盾而丧失约束力，因此人们便订立契约建立国家或政府，以保护人们的自由和权利。用洛克的话说，"人们联合成为国家和置身于政府之下重大的和主要的目的，是保护他们的财产；在这方面，自然状态有着许多缺陷。"④ 自然法学派所说的自然法或者是"理性所发现的戒条或一般法则"⑤，或者就是理性本身，"理性，也就是自然法"⑥，实质上就是道德。西方现代社会的整个政治体系主要就是依据自然法理论建立起来的，其基础就是道德。

不过，在中西方历史上否定道德是政治尤其是法律的基础的思想观点也一直存在，其中最有影响的是中国古代的韩非、西方近代的马基雅维里和西

---

① ［古罗马］奥古斯丁：《论信望爱手册》，载［古罗马］奥古斯丁《论信望爱》，许一新译，生活·读书·新知三联书店2009年版，第28页。

② ［英］霍布斯：《利维坦》，黎思复、黎廷弼译，杨昌裕校，商务印书馆1985年版，第94页。

③ ［英］洛克：《政府论》下篇，叶启芳、瞿菊农译，商务印书馆1964年版，第4页。

④ ［英］洛克：《政府论》下篇，叶启芳、瞿菊农译，商务印书馆1964年版，第77页。

⑤ ［英］霍布斯：《利维坦》，黎思复、黎廷弼译，杨昌裕校，商务印书馆1985年版，第97页。

⑥ ［英］洛克：《政府论》下篇，叶启芳、瞿菊农译，商务印书馆1964年版，第4页。

方现代的分析法学派。

在国家治理上,韩非明确主张法治,反对德治。他说:"故明主之国,无书简之文,以法为教;无先王之语,以吏为师;无私剑之捍,以斩首为勇。是以境内之民,其言谈者必轨于法,动作者归之于功,为勇者尽之于军。"(《韩非子·五蠹》)韩非不仅否定道德与政治之间的内在联系,而且认为儒、墨两家宣扬的道德是虚伪的、有害的、行不通的,斥责"儒以文乱法,侠以武犯禁,而人主兼礼之,此所以乱也"(《韩非子·五蠹》)。

马基雅维里从人性恶出发,认为人不存在一种自然向善的本性,更不会择善而行,除非需要,人从来不会做什么好事,当他们有作恶的选择和自由而不会受到惩罚时,他们就会放纵于敌对和战争。[①] 因此,在由人组成的社会里只有凭借一种外在的权力才能维持正常的秩序,人们也只有生活在有一个强有力的政府统治的社会里,才会不受他人的侵犯,才有安全感。他还告诫君主,为了建立强有力的政治统治,不能受道德的束缚,在必要时可以抛弃道德,"必须是一头狐狸以便认识陷阱,同时又必须是一头狮子,以便使豺狼惊骇"[②]。马基雅维里的基本观点是,君主为了政治的目的可以不择手段。

分析法学派的先驱是19世纪的英国法学家奥斯丁(John Austin,1790—1859)。他认为,法律的存在是一回事,它的好坏则是另一回事,只要是实在的法律,人们就不能因为它是"恶法"而拒绝遵守或服从它。这即为后来大多数分析法学家所共同推崇的"恶法亦法"的观点。在奥地利法学家凯尔森(Hans Kelsen,1881—1973)看来,"法是一种手段,一个特种的社会手段,而不是一个目的"[③],法的这种手段性质正是法与道德、宗教之间的区别之所在。在否定法律与道德之间存在联系方面,英国法学家哈特(Herbert L. A. Hart,1907—1993)旗帜更鲜明,态度更坚决。他说:"无论从任何意义

[①] 参见[意]马基雅维里《罗马史论》第1编第37章,转引自周辅成主编《西方著名伦理学家评传》,上海人民出版社1987年版,第174—175页。

[②] [意]尼科洛·马基雅维里:《君主论》,潘汉典译,商务印书馆1985年版,第83—84页。

[③] [奥]汉斯·凯尔森:《法与国家的一般理论》,沈宗灵译,商务印书馆2013年版,第51页。

去看，法律都不必复制或满足道德的要求，尽管事实上它们经常这么做。"①他直到晚年在为其《法理学与哲学论文集》写的导言中还明确宣称："我不承认法律与道德之间可以存在许多必然的重要联系。"②

上述这些反对政治和法律源自道德，认为两者之间不具有内在一致性的观点，也许可以找到某种根据和辩护的理由，但它是违反常识道德的，在理论上也得不到论证，在实践上也十分有害。正如英国经济学家、诺贝尔经济学奖得主哈耶克在谈到法治时所指出的，法治所应关注的重点不是法律是什么的规则，而是法律应当是什么的规则，亦即一种"元法律原则"或一种政治理想。③ 这种元法律原则其实就是价值观，就是道德。

---

① ［英］H. L. A. 哈特：《法律的概念》，许家馨、李冠宜译，法律出版社2011年版，第166页。

② ［英］H. L. A. 哈特：《法理学与哲学论文集》，支振锋译，法律出版社2005年版，第7页。

③ ［英］弗里德利希·冯·哈耶克：《自由秩序原理》上，邓正来译，生活·读书·新知三联书店1997年版，第261页。

第五章　政治目的的合理性

人类创造政治是有目的的，社会治理者从事政治活动总是为了实现某种目的。人的一切意识活动都以目的为依据，目的贯穿意识活动过程的始终，作为人类重要活动的政治亦如此。"政治目的能够决定政治生活的性质、规定政治手段的选择、明确政治所要完成的根本任务与催生政治秩序"①，对于政治活动价值取向及其价值具有先导性、决定性意义。自古以来不同时代不同国家的政治目的大不相同，因此政治目的如同人类其他活动的目的一样，存在着合理与否的问题。作为"社会公共生活领域之基本政治主题及其价值意义的哲学探究"②，政治哲学不仅需要研究和回答政治目的的问题，而且要在此基础上研究什么样的政治目的才是合理的，并为之提供哲学论证。

第一节　政治目的与终极政治目的

有学者认为，"政治目的是人们所设计的并力求达到的政治生活的某种结果，它不仅使政治生活具有确定性和可预测性，标志着政治生活的质量，而且是动员所有政治力量、整合各种政治思想观念、协调一切政治主体的行为的前提性条件"③。一般来说，政治是有目的的社会治理活动，是政治主体通过社会治理者对社会实施的治理，其直接目的是使社会得到治理。"使社会得

---

① 彭定光：《论政治目的的道德定位》，《湖南师范大学社会科学学报》2006年第6期。
② 万俊人：《所谓政治哲学》，《中国社会科学评价》2022年第4期。
③ 彭定光：《论政治目的的道德定位》，《湖南师范大学社会科学学报》2006年第5期。

到治理"的含义十分丰富，随着社会日益复杂化，其含义更是纷纭杂呈，因此政治的目的不是单一的，而是多样的、复杂的。学界对政治目的有多种划分，如有学者将政治目的划分为常态下的政治目的和非常态下的政治目的。[1]这里我们从理论和现实相结合的角度把政治目的划分为以下一些类型：一般性目的（如"人民幸福"）和特殊性目的（"老有所养"）；抽象性目的（如"人人平等"）与具体性目的（如"性别平等"）；根本性目的（如"修身成人"）与派生性目的（如"少有所学"）、总体性政治目的（如"社会和谐"）与单一性政治目的（如"互助友爱"）。一般而言，政治的根本性目的和总体性目的是政治的一般性目的和抽象性目的，而政治的派生性目的和单一性目的都是特殊性目的、具体性目的，而政治的根本性目的和总体性目的可视为政治的终极目的或终极政治目的。

终极目的是就两种意义而言的。一是就根本意义而言。所有其他目的都是由终极目的派生，最后又都指向终极目的。它既是根基，又是依归。二是就总体意义而言。所有其他的目的都从属于终极目的，服从于它，服务于它。它既是全体，又是核心。[2] 终极政治目的是所有各不相同的政治目的背后发生作用的目的，它规定着所有其他政治目的的选择和确定，同时又是所有其他政治目的的最后指向和最高追求。因此，终极政治目的在全部政治活动中具有至关重要的地位和决定性的意义。作为研究政治本性及其实践要求的专门学科，政治哲学并不是要研究所有的政治目的，而是要研究政治的终极目的，尤其是要研究什么样的终极政治目的才体现了政治的本性及其实践要求。从人类文明史看，所有的政治都存在着终极政治目的，无论社会治理者是否意识到它或对外宣示它，它都是客观存在并对政治活动发挥着决定性的作用。但是，并不是任何终极政治目的都是合理的，而合理与否的根据就在于它是否体现了政治本性，反映了政治本性的实践要求。只有那种体现了政治本性及其实践要求的终极政治目的才是合理的，或者说才具有合理性。因此，是否体现政治本性及其实践要求的问题，就是终极政治目的是否合理的问题。

---

[1] 参见张毅、霍伟华《常态和非常态下的政治目的和政治手段》，《北京师范大学学报》（社会科学版）2014年第3期。

[2] 参见江畅《幸福与和谐》，载《江畅文集》第3卷，人民出版社2022年版，第117页。

第五章 政治目的的合理性

终极政治目的的合理性问题是政治哲学在政治目的上重点关注的问题,之所以如此,其理由可归结为以下三个方面。

首先,终极政治目的是政治的价值取向,其合理与否决定着社会的治乱。价值取向(value orientations)是指价值主体经过价值判断和选择所确定的根本价值追求,以及在处理各种价值关系和问题时所持的基本价值立场、所体现的价值态度。价值取向是作为价值主体的人类的一种特有的价值现象,其机制十分复杂。美国人类学家克拉克洪和斯特罗德贝克认为价值取向有五种基本类型,它们各自又包括三种情形:(1)对人类本性内部特征的概念(坏的、善恶混合的、可变的);(2)对人与自然及超自然关系的概念(人类服从自然、人与自然和谐相处、人统治自然);(3)对人类生命的时间的看法(以过去为中心、以现在为中心、以未来为中心);(4)对自我性质的看法(强调存在、强调顺其自然、强调行为);(5)对人际关系的看法(独处、合作、个人主义)。[①] 这是就价值取向的对象而言的。从价值取向的结构而言,大致上可以划分为根本价值取向、核心价值取向、总体价值取向。价值取向是价值主体的方向盘、风向标,对于任何一个价值主体都至关重要,事关其生死存亡。终极政治目的就是政治的价值取向,或者说是政治价值取向的决定性因素。终极政治目的就是政治主体的方向盘、风向标,终极政治目的不合理意味着政治价值取向不合理,必定会导致政治的乱象丛生。中西传统社会战乱不已是历史事实,而这种状况的根源就在于政治的终极目的不合理甚至根本错误。西方中世纪统治者把社会成员死后进天堂作为终极政治目的,这种错误的价值导向的后果就是整个中世纪几乎未曾有过和平时期,更不用谈社会成员的普遍幸福。不过,终极政治目的合理是社会治乱的必要条件,而非充分条件,在终极政治目的合理的前提下社会的治乱还取决于其他诸多因素。但可以肯定的是,终极政治目的不合理,社会不可能得到有效治理,最终只能在各种混乱中循环。

其次,终极政治目的是社会理想的核心内容,其合理与否决定着社会理想是否正确。进入文明社会后,社会治理者总会确定某种理想,作为社会发展的方向、追求的终极目标,也作为凝聚社会共识、增强社会认同、汇聚社

---

① Cf. Kluckhohn, F. R. & Strodtbeck, F. L., *Variations in Value Orientations*, Evanston IL: Row, Peterson, 1961.

会力量的精神标识。理想是人类特有的一种精神现象，是确立于人们观念之中的、有可能转化为奋斗目标的、有实现可能的构想或谋划，可划分为社会理想、道德理想、生活理想、职业理想等。几乎每一个人都有理想，有些人特别是思想家还会有社会理想，但一个社会的社会理想通常是由社会治理者确立的。关于社会理想，有学者将其界定为"人们对美好社会的设想和预见，其内容包括政治制度、经济制度、社会状况及整个社会结构等"①。这个界定抓住了社会理想的实质内容，即"对美好社会的设想和预见"。美好社会正是政治的终极目的之所在，终极政治目的就是政治主体所设想或预见的美好社会。但是，社会理想通常比较系统，可以是一个社会的理想蓝图，而终极政治目的则往往比较单一，主要规定社会一切追求的落脚点。马克思《资本论》中"以每一个个人的全面而自由的发展为基本原则的社会"②的说法表达了社会理想与终极政治目的的关系，"每一个个人的全面而自由的发展"就是社会的终极目的，也是政治的终极目的，它就是共产主义理想社会的核心内容。一般来说，终极政治目的合理，社会理想才可能正确；终极政治目的不合理，则不可能有正确的社会理想。在文明史上，至少在传统社会，政治主体是统治者而非全体社会成员，他们的终极政治目的总是自身的利益，尤其是家族或统治阶级统治的长治久安。这种终极政治目的决定了传统社会统治阶级所确立的社会理想不可能正确，即使看起来光鲜亮丽，但那也是虚幻的，如马克思所揭露的资本主义社会中发生的那样："自由！因为商品例如劳动力的买者和卖者，只取决于自己的自由意志。"③

最后，也是最重要的，终极政治目的是政治本性的根本实践要求，其合理与否事关政治本性从而社会本性能否实现。如前文所述，政治本性会体现为实践要求，其在现实政治生活中最重要的体现就是转化为终极政治目的。但从人类文明史看，政治本性并不是在任何时代都能转化为终极政治目的。这是因为政治的真实本性并不是显而易见的，通常需要思想家来揭示。如果不了解政治本性，社会治理者也就不可能将其转化为终极政治目的。这更有可能是因为，统治阶级意识到将政治本性的实践要求转化为终极政治目的会

---

① 徐光春主编：《马克思主义大辞典》，崇文书局2017年版，第83页。
② 《马克思恩格斯文集》第5卷，人民出版社2009年版，第683页。
③ 《马克思恩格斯文集》第5卷，人民出版社2009年版，第204页。

• 第五章　政治目的的合理性 •

损害统治者的利益，而有意不这样做。洛克早在 17 世纪就已经意识到政治本性所要求的终极政治目的："这些法律除了为人民谋福利这一最终目的之外，不应再有其他目的。"① 但是，一直到今天许多国家的政治还没有体现这一最终目的。终极政治目的只有体现政治的本性才是合理的，而政治的本性在于全体社会成员为了生活的幸福美好和社会的繁荣发展而授权社会治理机构治理社会的活动。显然，终极政治目的既不是少数人也不是大多数人的利益，而是全体社会成员的生活幸福及其所需要的社会发展繁荣。终极政治目的应是全体社会成员确立的，而且应是由全体社会成员通过自己的作为加以实现的，全体社会成员是终极政治目的的主体。终极政治目的的直接根据是政治本性，更深层的根据则是社会本性和人类本性，归根到底，终极政治目的根源于人谋求生存得更好本性的要求。一个人只有在社会中才能实现本性的要求，并且只有所有人的本性得到实现，他的本性才能得到实现。这就如同费希特所说的，"只有这样一种人才是自由的，这种人愿意使自己周围的一切都获得自由，而且通过某种影响，也真正使周围的一切都获得了自由，尽管这种影响的起因人们并不总是觉察到的"②。而要使所有人的本性得到实现就需要政治，需要社会治理，终极政治目的就是由此产生的。因此，终极政治目的合理与否取决于它是否体现了政治的本性，是否体现了社会本性，归根到底是否体现了人类本性。

终极政治目的合理与否是政治根本性、总体性价值有无和大小的根本前提和最终根据。终极政治目的本身存在着价值性的问题，合理的终极政治目的是有价值的，否则就没有价值或其价值不充分，但这只是一种思想理论的价值，而不是政治的价值。政治具有许多方面的价值，其中有一种是根本性的，那就是由终极政治目的的实现产生的价值。政治的根本性价值的有无和大小取决于终极价值目的是否合理和能否实现及实现的程度。终极政治目的合理是政治根本性价值的前提条件，只有终极政治目的合理，政治才会具有政治应具有的根本性价值，从而才会具有总体性价值。一种政治的终极目的不合理，该政治就无根本性价值，也就从总体上看不具有价值可言。例如，中

---

① ［英］洛克：《政府论》下篇，叶启芳、瞿菊农译，商务印书馆 1964 年版，第 90 页。
② ［德］费希特：《论学者的使命人的使命》，梁志学、沈真译，商务印书馆 1984 年版，第 21 页。

国皇权专制时代的政治因其终极政治目的不合理而不可能具有政治的根本性价值，如果说有某些价值，那也只是一些次要的价值。当然，政治的价值不仅取决于终极政治目的合理与否，也取决于合理的终极目的实现的程度，但终极政治目的是政治根本性、总体性价值的前提，而且政治价值的大小也取决于政治目的的合理程度。因此，合理的终极政治目的是衡量一种政治总体上是否有价值的终极根据。从人类文明史看，一些社会治理者并不明确宣示自己的终极政治目的，或者宣示的是一套而实行的是另一套，这就需要从社会治理的结果来衡量其政治价值。衡量政治价值有很多具体标准，但最终的根据只能是终极政治目的的合理性。而且用以衡量政治价值的标准本身需要根据合理的终极政治目的来确定，这样来确定的政治价值标准才可能是正确的。

第二节　人类对终极政治目的的实践和理论探索

如果我们承认终极政治目的存在合理不合理的问题，那么，什么样的终极政治目的是合理的？或者说，合理的终极政治目的是什么？这是政治哲学需要研究回答的问题。人类不同社会形态的政治实践隐含着终极政治目的，也可以说在人类历史客观上存在对什么是终极政治目的的实践回答。自轴心时代以来，思想家始终关注终极政治目的问题，并对这一问题作出了种种不同的理论回答。今天，政治哲学要研究回答合理的终极政治目的是什么的问题，需要对人类历史上实践和理论两个方面的回答进行反思、检视、比较和分析。

对社会进行自觉的治理是人类进入文明社会的主要标志和基本特征，人类一有了政治，其中就隐含着政治的终极目的。在轴心时代之前，人类尚未产生关于终极政治目的的理论，社会治理者只能根据传统、经验和自身的需要来确定终极政治目的，无相关的理论作为依据。轴心时代中西方思想家大多提出了终极政治目的的理论，社会治理者才开始从这些理论中选择自认为合适的理论作为依据。但是，社会治理者选择的理论也并不一定适合治理的需要，他们通常会对其进行必要的改造，所以最终确定的终极政治目的与思想家的主张总会存在着差异，甚至相去甚远。先秦儒家所确立的"天下平"

这一终极政治目的，就被董仲舒根据汉武帝的意图改造成了"天下大一统"①，即"六合同风，九州共贯也"(《汉书·王吉传》)。因此，对终极政治目的的实践回答是不同于其理论回答的，尽管两者之间存在着错综复杂的关联。

综览中西方古今不同社会形态，社会治理者确定的实际终极政治目的大致上可以划分为五种主要类型。

一是社会成员普遍幸福。古希腊的雅典在这方面很典型，从古希腊雅典最高执政官伯利克里在阵亡将士国葬典礼上的演说中可以看到这一点。演说洋溢着他作为最高执政官对执政取得的成就的自信，这些成就正是雅典人追求终极政治目的的结果。如他所说，雅典的"政权是在全体人民手中，而不是在少数人手中"；"每个人在法律上都是平等的"；"我们是自由的和宽恕的"；"我们遵守法律""因为这种法律深使我们心服"；"我们可享受各种娱乐"；"我们的家庭中，我们有华丽而风雅的设备，每天怡娱心目"；城邦"使全世界各地一切好的东西都充分地带给我们"，等等②。不过，伯利克里所说的"全体人民"仅指自由民，不包括奴隶、妇女、儿童，因而不过是统治阶级。当代中国则彻底克服了雅典的这种政治局限，真正将全体社会成员的幸福作为终极的政治目的。"中国共产党一经诞生，就把为中国人民谋幸福、为中华民族谋复兴确立为自己的初心使命。"③ 中国共产党的初心使命就是社会主义中国政治的终极目的。更为重要的是，中国人民幸福所指向的是社会成员个人的全面而自由发展。党的二十大报告明确提出，中国式现代化是物质文明和精神文明相协调的现代化，"促进物的全面丰富和人的全面发展"④。

---

① 董仲舒的"大一统"概念虽然来自《公羊传·隐公元年》，但两者之间有着根本区别，参见孙磊《〈春秋〉"大一统"与国家秩序建构——以西汉国家治理为中心》，《东南学术》2022年第6期。

② 《伯利克里对于雅典人所理想的社会生活的解释》，载周辅成编《西方伦理学名著选辑》上卷，商务印书馆1964年版，第38—46页。

③ 习近平：《在庆祝中国共产党成立100周年大会上的讲话》，《求是》2021年第14期。

④ 习近平：《高举中国特色社会主义伟大旗帜 为全面建设社会主义现代化国家而团结奋斗——在中国共产党第二十次全国代表大会上的报告》，人民出版社2022年版，第23页。

二是称霸世界。这几乎是西方文明社会所有社会形态的共同的终极政治目的。公元前4世纪亚历山大大帝就通过征服开创了地跨亚欧非三洲的帝国,版图东起葱岭与印度河平原,南至波斯湾并包括埃及,西到色雷斯和希腊,北抵黑海及阿姆河。① 英国就曾自称日不落帝国。维多利亚时代的大英帝国步入了全盛时期,1938年人口达4.58亿,约占世界总人口的四分之一,1922年通过第一次世界大战获得德国殖民地后,国土面积达到3367万平方公里,约为世界陆地总面积的24.75%,地球上的24个时区均有大英帝国的领土。这些国家都把对外侵略扩张、称霸世界作为终极政治目的,一旦称霸世界就拥有了全世界的资源。

三是王朝长治久安。把王朝的巩固和延续作为政治的终极目的是中国传统政治最突出的特点。这一终极政治目的的确立与中国的宗法制(实质上是以嫡长子继承制为核心的家长制)从原始社会延续到文明社会有着直接关系,中国传统社会延续约5000年的君王制最早就是由氏族家长演变而成的,而且宗法制并没有随着君王制占主导地位而退出历史舞台,相反在君王制背后发生着作用,这就构成了家国同构的文化传统。家国同构的政治主体是家族,而家族的家长就是君王(自封为天子)。君王制是与中国传统社会相伴始终的。"春秋以前,天下的专制权力以分封制为基础;春秋以后,郡县制逐步确立,天子的专制权力通过直接指挥非世袭的朝廷官僚实现,向统一的专制主义君主集权制过渡。"② 但是,宗法制君王专制始终面临着多重挑战:长子之外诸弟及叔侄等亲属对权力的觊觎;外戚的专权篡位;百姓的不满乃至反抗;边境少数民族以及后来西方列强的入侵,等等。在这种种挑战面前,王族和君王不得不将天下的长治久安作为政治的头等大事和终极目的。为此,君王不断加强集权,从秦始皇开始,"天下之事无大小皆决于上"(《史记·秦始皇本纪》),最终从"治民"走向了"制民"。"能制天下者,必克制其民者也。能胜强敌者,必先胜其民者也。故胜民之本在制民,若冶于金,陶于土也。"(《商君书·画策》)

四是死后进入天堂。"天堂地狱说"是基督教的基本教义,天堂就是《圣经》中所说的"新天新地",它是上帝对人类新的应许和赐福,所代表的是人

---

① 参见计秋枫《近代前期英国崛起的历史逻辑》,《中国社会科学》2013年第9期。
② 冯天瑜、何晓明、周积明:《中华文化史》,上海人民出版社1990年版,第212页。

与上帝永恒同在的状态、永恒相聚的状态,在那里人"与上帝面对面"①。基督教自 4 世纪末被罗马帝国定为国教之后,因拥有合法地位而获得了大规模的发展。公元 476 年西罗马帝国灭亡后,日耳曼人开始在废墟上安家,迅速将基督教纳入其信仰体系之下,此后基督教在欧洲占据了绝对的统治地位,并辐射影响到周围地区。基督教给自己确定的对欧洲社会进行治理的终极目的,是帮助人们进入天堂。当然,人是不可能死后进天堂的,但教会通过神秘仪式、网状结构、排除异己、反复灌输、简化理论、树立榜样等措施来使人们相信这一点,从而最终达到控制百姓的目的。

五是保护公民的自由和权利。近代以来,西方国家接受了自由主义理论,把社会成员个人(公民)充分享有自由和权利作为政治的终极追求,并且对世界产生了很大影响。在自由主义思想家看来,个人先于国家,追求不受任何限制和阻碍的自由是其自然权利;国家应该是保护个人自由权利的工具,国家存在的意义在于促进每一个社会成员的自由发展。因此,资本主义社会确立的"个人至上"理念,必然内含着个人自由权利至高无上的主张。洛克提出:"只有人民才能通过组成立法机关和指定由谁来行使立法权,选定国家的形式。"② 这就是说,个人的权利至高无上,立法权是人民的主权,制定法律要在公众的同意和委任下进行,也就保证了公众本身的自由。康德也提出:"人只有一种天赋的权利,即与生俱来的自由。自由是独立于别人的强制意志,而且根据普遍的法则,它能够和所有人的自由并存,它是每个人由于他的人性而具有的与生俱来的权利。"③ 自由主义思想家的思想中无不透露出一个主题:个人权利是前提,国家权力是结果。个人权利是先在的、自然的,个人权利限定了国家权力的范围,设定了国家权力的界限,在个人权利的范围内,国家权力是无效的;国家权力是后发的、约定的,国家权力因个人权利而存在,其意义就在于保护和扩大个人权利。

自轴心时代开始,思想家提出了多种终极政治目的的方案,这里列举几

---

① [英]阿利斯特·E. 麦格拉斯:《天堂简史:天堂概念与西方文化之探究》,高民贵、陈晓霞译,北京大学出版社 2006 年版,第 172 页。
② [英]洛克:《政府论》下卷,叶启芳、瞿菊农译,商务印书馆 2005 年版,第 89 页。
③ [德]康德:《法的形而上学原理:权利的科学》,沈叔平译,林荣远校,商务印书馆 1991 年版,第 50 页。

种有广泛影响的方案。(1)"天下大同"。孔子认为在远古尧舜治理的社会是"大道之行"的时代,这时的社会是"天下为公"的人性化、人道化、人情化社会。天下大同实际上是孔子托古提供的一种终极政治目的。不过,孔子之后的先秦儒家不怎样讲天下大同,而将其降格为"天下平"(《礼记·大学》),"天下平"成为后世儒家所主张的终极政治目的。"天下大同"的主张后为康有为、孙中山等思想家所赞同并获得丰富发展。(2)全体社会成员过上幸福生活。这种主张最早由柏拉图提出。他说:"在建立我们的城邦时,我们关注的目标并不是使任何一群人特别幸福,而是尽可能使整个城邦幸福。"① 不过,柏拉图所理解的幸福是具有德性或善,并非人生活的各方面都幸福,尤其不包括物质生活方面的幸福。"幸福的实现实际上必须等候善的到来,所以国家的建设者会以善和幸福的结合为目标。"② (3)进入上帝之城。奥古斯丁认为,尽管这个世界上有许许多多国家,但其实只有两种人类社会的秩序,按照《圣经》的说法可以正确地称之为两座城,一座城由按照肉体生活的人组成,即"属地之城",另一座城由按照灵性生活的人组成,即"上帝之城"。③ "两座城是被两种爱创造的:一种是属地之爱,从自爱一直延伸到轻视上帝;一种是属天之爱,从爱上帝一直延伸到轻视自我。"④ 当然,奥古斯丁并没有明确把引导人进入上帝之城视为世俗社会治理的终极目的,但视为基督教教会的终极目的。(4)保护公民的自由和权利。这是西方近代以来的自由主义思想家的共同主张。在洛克看来,人们之所以要进入政治社会并放弃自然法的执行权而把它交给政府,是因为与其他人联合组成一个共同体可以确保自己的和平和安全、公众的福利,以及防止共同体以外任何人的侵犯。所有这一切也正是政治社会和政府的目的之所在。概言之,"政府的目

---

① [古希腊]柏拉图:《国家篇》,载《柏拉图全集》(增订版)中卷,王晓朝译,人民出版社 2018 年版,第 115 页。

② [古希腊]柏拉图:《法篇》,载《柏拉图全集》(增订版)下卷,王晓朝译,人民出版社 2018 年版,第 150 页。

③ [古罗马]奥古斯丁:《上帝之城》上卷,王晓朝译,人民出版社 2006 年版,第 578—579 页。

④ [古罗马]奥古斯丁:《上帝之城》上卷,王晓朝译,人民出版社 2006 年版,第 631 页。

的是为人民谋福利"①。在政府的所有目的中，洛克强调保护个人财产。他说，"人们联合成为国家和置身于政府之下的重大的和主要的目的，是保护他们的财产"②。（5）个人的全面而自由发展。马克思和恩格斯认为，取代资产阶级旧社会的"将是这样一个联合体，在那里，每个个人的自由发展是一切人的自由发展的条件"③。后来马克思又强调这种联合体是"以每一个个人的全面而自由的发展为基本原则的社会形式"④。显然，这种社会如果需要政治的话，其终极目的就是促进其成员的全面而自由的发展。

以上所列方案，有些已经被历史否定，有些仍然在当代发生着作用。从实践追求方面看，王朝的长治久安、死后进入天堂已经退出历史舞台；称霸世界虽然还为个别国家所追求，但也几近强弩之末，为世界大多数国家所否定；个人充分享有自由和权利仍然是西方国家的政治追求；而社会成员普遍幸福作为终极政治目的则得到了以中国为代表的世界上大多数国家的认同，并至少在法制的层面得到肯定。从理论观点方面看，进入上帝之城的主张伴随着基督教政治地位的丧失已很少有思想家坚守；保护个人的自由和权利的主张已经成为西方的实践；天下大同、全体社会成员过上好生活、个人的全面而自由发展三种主张是相通的，只是强调的侧重点有所不同，而且在当代一些国家三者出现融合趋势，最终落脚到个人的全面而自由发展。无论从实践追求看还是从理论主张看，当代世界的终极政治目的主要有两种：一是个人享有充分的自由和权利；二是个人获得全面而自由的发展。显然，后者包含前者，因为个人不享有充分的自由和权利就不可能获得全面而自由的发展。所以，从比较的角度看，后者更具有合理性应是不言而喻的。

第三节 合理的政治目的及其根据

通过以上对终极政治目的实践和理论的种种方案的考察和比较，我们认

---

① ［英］洛克：《政府论》下篇，叶启芳、瞿菊农译，商务印书馆1964年版，第144页。
② ［英］洛克：《政府论》下篇，叶启芳、瞿菊农译，商务印书馆1964年版，第77页。
③ 《马克思恩格斯选集》第1卷，人民出版社2012年版，第422页。
④ 《马克思恩格斯文集》第5卷，人民出版社2009年版，第683页。

为,只有"每一个个人的全面而自由的发展"才是真正合理的终极政治目的。从政治哲学的角度看,这个命题可以转换为"社会中所有人的全面而自由的发展"。根据这一终极政治目的,政治的意义就在于追求或者说通过运用权力的力量使社会中所有人获得全面而自由的发展。

"社会中所有人的全面而自由的发展"作为终极政治目的,既意味着社会中所有人的潜能得到尽可能充分的开发和发挥,也意味着社会中所有人的生存需要、发展需要(特别是精神需要)和享受需要得到尽可能好的满足。对于这一终极目的,还需要作以下进一步的阐述,才能对其有更准确的把握。

其一,"社会中所有人"既不是指个别人、少数人,也不是指多数人,而是指社会中每一个个人。这是终极政治目的合理性的首要规定,只有符合这个规定的终极政治目的才是合理的。根据这一规定,一切以其中的部分人的利益为终极目的的社会都是不合理的,将其作为终极目的加以追求的政治也必定不合理。人类文明发展到今天,那些终极目的指向君王和少数统治阶级的政治已经被否弃,但在现实生活中仍然经常能听到政治为大多数或最大多数人服务的说法。这种说法是有问题的。一个社会的政治即便为最大多数人服务,那也存在在政治上谁对那些少数人负责的问题。更何况,这里说的"少数人"并非固定不变,因为每一个个人都有可能因为某种原因而进入"少数人"的范围。政治实践也表明,将社会中的个人划分为"多数人"和"少数人"是导致民主政治发生"多数人暴政"(托克维尔称之为"民主的专制"①)的重要原因之一。马克思提出自由人联合体要"以每一个个人的全面而自由的发展为基本原则",也许所针对的就是西方历史上和现实中发生过的多数人暴政问题。

需要注意的是,这里说的是"社会中所有人",而不是"全体社会成员"。从现代社会看,社会成员包括个人,也包括家庭、企业、社团等组织个体,但只有个人才是社会的终极实体和终极主体,他们才是社会治理的终极目的对象。中国传统社会过分重视家庭,并将在家尽孝与为国尽忠联系起来,忽视了个人在社会中的终极主体地位,才会在专制社会发生那么多愚忠、愚

---

① 刘海超:《托克维尔论"民主的专制"》,《古典学研究》2022年第2期。

孝、愚贞、愚节事件。① 妇女的命运尤其悲惨，必须终生"从人"："未嫁从父，既嫁从夫，夫死从子。故父者子之天也，夫者妻之天也。"（《仪礼·丧服》）。为了防止社会可能发生的这类异化问题，政治必须以社会中所有个人为终极服务对象，一方面要直接为社会中的每一个人更好地生存发展提供尽可能优越的条件，另一方面也要调动其他一切组织个体为实现这一终极政治目的服务，至少要采取有效措施防范它们对终极政治目的的实现产生消极和破坏作用。

其二，"全面而自由的发展"是既全面又自由的发展，这是合理终极政治目的在内涵上的规定。每一个人都全面发展是前提条件，它包括两个层次：一是每一个人的人性得到尽可能充分的开发，以获得完善人格，这需要通过充分而合适的教育实现；二是每一个人获得的完善人格都能够得到尽可能充分的发挥，这需要提供良好的社会条件。同时，每一个人都可以按照自由的意愿有重点地发展，以彰显自己发展的个性特色，而非千人一面，这样整个社会才会因个人多样化而和谐而美好。根据这种理解，一个全面而自由发展的人能通过努力奋斗逐步使其人性闪耀善和美的光辉，人格完善而高尚，个性获得健康而丰富的发展，生活充满乐趣、充满创意和充满魅力。由于人的全面发展不仅包含道德的完善，而且以道德完善为前提，因而为了凸显其道德的意义，可以将全面而自由发展的人理解为道德之人、自由之人和全面发展之人，是三者的有机统一。显然，人的全面而自由发展状态就是人的幸福，即美好生活状态。这里所说的"生活"是作为一个整体的生活，涵括家庭生活、职业生活、个性生活、网络生活等生活的各个方面。② 当然，由于种种原因，任何社会，即使是共产主义社会也不可能达到这种十全十美的理想境界，但政治可以以此为终极目的加以追求，通过不懈的努力使这一目的尽可能得到充分的实现。

其三，合理的终极政治目的的实现必须依靠作为政治主体的全体社会成员的共同奋斗，尤其需要社会治理主体的有效治理。在人类历史上，政治主

---

① 参见张锡勤《论宋元明清时代的愚忠、愚孝、愚贞、愚节》，《道德与文明》2006 年第 2 期。

② 参见江畅《论道德、价值与文化》，载《江畅文集》第 11 卷，人民出版社 2022 年版，第 498 页。

体主要是统治阶级，他们由于时代的局限以及自身利益的需要，而不可能把社会中所有人利益的实现作为社会治理的终极目的，即使他们中的一些人有心如此，也没有能力做到这一点。社会的政治主体原本是其社会成员，历史上统治阶级是凭借经济实力和军事实力获得政治主体地位的，在人类社会走向民主化的过程中，所有社会成员的政治主体地位正在逐渐得到恢复。在这种新的历史条件下，一方面社会中所有人全面而自由发展所需要的社会条件必须依赖全体社会成员的奋斗才能创造，任何统治阶级都不可能提供；另一方面在民主社会阶级的划分正在消失，全体社会成员成为主体和主人，也无所谓统治阶级可依赖。这就是《国际歌》里所唱的，"从来就没有什么救世主，也不靠神仙皇帝。要创造人类的幸福，全靠我们自己"。这里所说的"我们自己"在今天就是全体社会成员。全体社会成员包括社会中的所有个人、所有组织群体，以及社会治理主体（今天是国家或政府），即通常所说的"执政者"。所以，意大利著名政治思想家乔万尼·萨托利（Giovanni Sartori，1924—2017）称现代政治是"多头统治"。他说："'多头统治'站在'寡头统治'的对立面，因此多头统治一词本身只意味着寡头统治已被打败，它已转变为由各权力集团所组成的多元的、分散的和——充其量——开放的一团星云。"[1] 所有这些社会成员都是社会的政治主体，也是政治责任主体，都肩负着为社会中所有人全面而自由发展创造条件的责任。但是，在所有政治主体中，社会治理主体是一种特殊政治主体，它代表全体政治主体行使社会治理权力，是直接的政治责任主体。他们是专业政治家阶层，对于终极政治目的实现具有关键性的作用。在当代人类民主化进程中，一些国家采取了以政府为主导的多元治理主体的模式，但专业政治家的作用不可替代，不可轻视。在今天的中国，"一切为了人民，一切依靠人民"已经成为社会普遍共识和基本政治原则，而为了人民和依靠人民需要执政者来组织实施。这里涉及两方面的问题：一是如何确保执政者做到清正廉洁，执政为民，真正掌好用好全体社会成员赋予他们的社会治理权力；二是如何确保执政者能够激发全体社会成员（所有个人和所有组织）通过努力奋斗为社会中所有人全面而自由发展提供社会条件。这正是当代民主社会面临的最大难题，需要从理论和实践

---

[1] ［美］乔万尼·萨托利：《民主新论》，冯克利、阎克文译，上海人民出版社2009年版，第172页。

的结合上加以解决。

"每一个个人的全面而自由的发展"是马克思针对西方社会的政治保护个人自由和权利的虚幻性提出的,也是为了从根本上解决资本主义社会个人发展异化、扭曲的现实问题,从而使人类彻底获得解放和自由。马克思对资本主义社会人的异化进行了深刻批判,认为劳动所生产的对象(劳动的产品)已经成为一种异己的存在物、一种不依赖生产者的力量,它们同劳动对立。对象的占有竟如此表现为异化,以致工人生产的对象越多,他能够占有的对象就越少,而且越受自己的产品即资本的统治。如此一来,"工人对自己的劳动的产品的关系就是对一个异己的对象的关系"①。工人在劳动中耗费的力量越多,他亲手创造出来反对自身的、异己的对象世界的力量就越强大,他自身、他的内部世界就越贫乏,归他所有的东西就越少。与此同时,马克思对资产阶级所宣扬的自由、平等、所有权的虚伪性进行了深刻的揭露和无情的批判。在他看来,对于广大的工人来说,他们的自由具有双重意义:一方面,工人是自由人,能够把自己的劳动当作自己的商品来支配;另一方面,他没有别的商品可以出卖,自由得一无所有,没有任何实现自己的劳动力所必需的东西。② 马克思认为,要摒弃异化劳动和克服资产阶级宣扬的自由、平等、

所有权的虚伪性,"必须有现实的共产主义行动"③。在马克思和恩格斯看来,只有在共产主义社会形态里,才能实现"人的自由而全面的发展",人才能够获得真正意义上的彻底解放。"人的自由而全面的发展"不仅是马克思主义哲学的核心概念,更是一个实践的、历史的、唯物辩证的命题,是马克思全部思想的出发点和归宿。

"社会中所有人的全面而自由的发展"作为终极政治目的是人类本性的根本要求,这是其合理性的根本之所在。人类本性是由人的各种潜在本质规定性构成的统一整体,其实质内涵在于谋求生存得更好。人类本性包括潜在的需要、潜在的能量、潜在的能力以及作为潜在能力积累成果和形成定势的潜在可能性。④ 在这个整体结构中,潜在需要是最初的潜在目的,其核心就是谋

---

① 《马克思恩格斯文集》第1卷,人民出版社2009年版,第157页。
② 参见《马克思恩格斯文集》第5卷,人民出版社2009年版,第197页。
③ 《马克思恩格斯文集》第1卷,人民出版社2009年版,第232页。
④ 参见江畅《人的自我实现——人性、人格与人生》,《求索》2019年第4期。

求生存得更好，开发这种潜在的可能性，潜在需要就会使之转化为人产生现实需要的可能性。在这个过程中，它也有可能转化为人谋求生存得更好的现实的终极目的。不过，并不是每一个人在开发自己人性需要潜能时都会将其谋求生存得更好的需要转化为自己人生的终极目的，不少人会发生偏误。当人正常地将谋求生存得更好的需要转化为人生终极目的之后，就需要发挥其本性所具有的自为性加以追求以使之得以实现。但人性的自为性是与社群性联为一体的，它们是人类共同本性的两个基本方面，人只有在社会中通过为他者（他人、组织群体、基本共同体、人类）作出贡献才能充分实现自己的人性，实现全面而自由的发展。在这里，政治的意义就凸显出来，社会治理者只有将每一个社会成员的全面而自由发展作为终极政治目的，才会运用政治的力量为他们人性的尽可能充分实现提供所需要的社会条件。具体而言，这种社会条件主要包括五个方面：一是社会中所有人的潜能都能得到尽可能充分开发所需要的社会条件；二是社会中所有人开发出来的能力都能得到尽可能充分发挥所需要的社会条件；三是社会中所有人的生存需要都能得到尽可能充分满足所需要的社会条件；四是社会中所有人的发展需要都有得到满足的可能所需要的社会条件；五是社会中所有人都有安全感、获得感、公正感、认同感等美好感受所需要的社会条件。这五个方面的条件都有底线要求和理想状况。一般来说，社会中所有人要普遍获得全面而自由发展必须在所有这些方面都达到底线要求，而这些条件越是接近理想状况，越是有利于社会中所有人普遍获得全面而自由的发展。而且，这些社会条件是一个相互关联的完整系统，其中的基本要素缺一不可，否则人们的全面而自由的发展就可能是有局限的或者是受强制的。[1]

"社会中所有人的全面而自由的发展"作为终极政治目的的合理性还在于，它具有综合性和超越性。如前所述，在人类历史上作为实践追求和理论主张的几种终极政治目的中，今天还存在并有活力的其实只有四种，即"天下大同""社会成员的普遍幸福""保护公民的自由和权利"和"每一个个人的全面而自由的发展"。在这四种目的中，"天下大同"并不是天下一统，而是天下（基本共同体）的所有人普遍过上幸福生活。自古以来，对于幸福的

---

[1] 参见江畅《人民美好生活的内涵及实现条件》，《光明日报》2017年12月15日第11版，载《江畅文集》第11卷，人民出版社2022年版，第476—477页。

理解见仁见智，中国古代把幸福理解为"五福"，并且强调它是一个整体[1]；亚里士多德称"幸福就是合乎德性的现实活动"[2]；康德则认为"幸福是我们一切偏好的满足"[3]，如此等等。但所有这些对幸福的理解都有局限或偏误，只有马克思才真正揭示了幸福的正确内涵，这就是"每一个个人的自由而全面的发展"。马克思的这一论断不仅如前所述真正体现了人类本性的要求，而且也从历史上各种幸福观中吸取了养分。它明显包含了中国传统幸福观所强调的幸福的全面性，"全面发展"就是《礼记·祭统》中所说的"福者，备也"之中的"备"；"全面发展"无疑包含德性和人格方面的发展，而发展本身就是现实活动；个人全面而自由发展的前提是个人享有充分的自由和权利，否则个人就既无全面发展的权利，也不可能按照自己的自由意志发展。可以说，"每一个个人的全面而自由的发展"是马克思对人类历史上关于终极政治目的的理论和实践的综合性创新和创造性超越。

第四节 政治理想、政治目标与政治价值

无论在理论上还是在现实生活中，人们都不怎么谈论终极政治目的，而大多谈论政治理想。所谓政治理想，一般地说，就是对未来的美好社会的谋划或设计。它可能是粗略的，如孔子对他的"大同"社会只用了一段话加以描述；也可能是十分详尽的，如托马斯·莫尔为他的理想社会——"乌托邦"写了一本书。政治理想和社会理想常常交织在一起，政治理想是社会理想的核心内容。如果社会理想之中不包含政治理想，那么这种社会理想就纯粹是乌托邦，不具有任何实现的可能性。这是因为任何社会理想都需要通过社会治理来实现，而政治理想就是对如何实行社会治理的整体谋划。政治理念包

---

[1] "五福"："一曰寿，二曰富，三曰康宁，四曰攸好德，五曰考终命"（《尚书·洪范》）；《礼记·祭统》云："福者，备也；备者，百顺之名也。无所不顺者之谓备。"

[2] ［古希腊］亚里士多德：《尼各马科伦理学》，载苗力田主编《亚里士多德全集》第八卷，中国人民大学出版社1994年版，第16页。

[3] ［德］康德：《纯粹理性批判》（第2版），载李秋零主编《康德著作全集》第3卷，中国人民大学出版社2004年版，第514页。

含对理想社会整体图景的构想,但政治理想的内涵一般比社会理想丰富,其中常常包括对如何实现社会理想的内容。

政治理想中首要的是终极政治目标,终极政治目标则由终极政治目的而来,是终极政治目的的明确化、具体化甚至定量化。终极政治目的可以说就是政治理想的终极目标,两者实质上是一致的,并无明显区别。政治理想是对如何实现终极政治目的的谋划或设计,孔子的大同社会是一种政治理想,它就是对"大道之行也,天下为公"(《礼记·礼运》)这一终极政治目的实现景象的构想和描绘;马克思、恩格斯的共产主义社会则是对"每一个个人的全面而自由的发展"这一终极政治目的的系统谋划。一般来说,终极政治目的只有转化为政治理想才能从一种想象转变为政治蓝图,并进入政治实践环节。缺乏这一转化,终极政治目的就可能仅仅是一种主观愿望,即使直接将它作为政治目标,也很难真正实现,或者其实现的结果会因为缺乏对其作必要的谋划而产生许多问题。

终极政治目的转化为政治理想至少有四个方面的意义。一是这种转化其实是使政治宏愿转化为政治蓝图(总体图),有了这种总体图才可能进一步具体化为施工图,并进入施工环节。二是这种转化也可以检验终极政治目的实现的可能性。有许多人想象的终极政治目的是完全缺乏根据的,进行这种转化就可以发现其空想性。三是这种转化可以丰富完善终极政治目的。原初构想的终极政治目的可能有欠缺,一旦对它作实践的谋划,就会发现它的局限、缺陷和问题,也就可以对它进行修改完善。四是实现了这种转化之后,终极政治目的就转变成了政治理念,如此,社会就有了宣传教育它的依据,它也才有可能成为人们信仰和追求的对象,从而可以凝聚全社会实现终极政治目的的力量。因此,终极政治目的转化为政治理想是其实现的应有环节。当然,并非只要实现了这种转化,终极政治目的就一定能实现,但没有这种转化,终极政治目的就很难实现,即使实现了也会因为缺乏对政治理想的设计而不会完美。

政治理想所追求的是政治的终极目的,社会确立的终极政治目的通常是长久的,以之为终极目的的政治理想也因而是长远的或远大的。这里说的"长远"可能指三种情况。其一,政治理想需要经过一个漫长的历史过程才能实现,而一旦实现就达到了至善至美的境地。基督教的"新天新地"或"上帝之城"就是这样的理想。其二,政治理想很快就能够实现,但实现以后的过程是漫长的，而在这个过程中，社会虽然有进步，但不再有社会革命，不会有更高级的社会形态代替它。西方自由主义思想家的"理性王国"就是这种理想，他们相信人类一旦建立了理性王国，"从今以后，迷信、非正义、特权和压迫，必将为永恒的真理、永恒的正义、基于自然的平等和不可剥夺的人权所取代"[1]。其三，迈向终极政治目的是没有终点站的无限过程，可以不断接近，但不能尽善尽美地实现。马克思认为，无产阶级革命胜利后，人类就进入了共产主义社会，只不过这是"经过长久阵痛刚刚从资本主义社会产生出生来的共产主义社会第一阶段"[2]，即社会主义阶段。马克思、恩格斯把共产主义社会视为目前可预见的人类社会发展的最高阶段。从此，人类社会就进入了实现"每一个个人的全面而自由的发展"的过程，这是一个永无止境的过程，会不断朝着更美好的方向迈进。虽然作为一种社会形态它有其基本规定性（生产资料公有制、按劳分配或按需分配、自由人联合体等），但它不像基督教的天堂那样是一个终点站，所以马克思、恩格斯把共产主义视为一种运动。[3]

无论从初步实现看还是从最终实现看，政治理想的实现都是一个相当漫长的过程，不能一蹴而就，必须分阶段实施。分阶段实施就需要阶段目标，阶段目标通常不是单一目标，而是总体目标，它也是一种谋划和设计，只不过是一个阶段的政治实践方案。例如，党的二十大报告就明确提出了到二〇三五年中国发展的总体目标，包括经济实力、科技实力、综合国力大幅跃升等七个方面。[4] 这就是二〇五〇年全面建成社会主义现代化强国的政治目标中到二〇三五年要实现的政治目标，而全面建成社会主义现代化强国又是中国实现共产主义理想的漫长过程中一个大阶段的政治目标。到二〇五〇年全面建成社会主义现代化强国之后，还会根据社会发展的情况确定以后不同阶段的政治目标。既然把共产主义理想的实现视为一个无限的过程，那么在以后

---

[1] 《马克思恩格斯文集》第3卷，人民出版社2009年版，第524页。

[2] 《马克思恩格斯选集》第3卷，人民出版社2012年版，第364页。

[3] 参见赵荣锋《马克思恩格斯文本语境中共产主义话语的多重意蕴》，《湖北行政学院学报》2022年第6期。

[4] 参见习近平《高举中国特色社会主义伟大旗帜　为全面建设社会主义现代化国家而团结奋斗——在中国共产党第二十次全国代表大会上的报告》，人民出版社2022年版，第24页。

漫长的历史过程中还会确立很多不同的阶段政治目标。我们前面把对政治理想的谋划和设计视为总体图，把对政治理想的实现的谋划和设计比作工程图，而对不同大小阶段的目标的谋划和设计则可以说是不同大小阶段的施工图。一般来说，政治理想是紧紧围绕终极政治目的展开的宏观谋划和设计，而政治目标则比较具体、详细、可行，而且阶段越小、越和当前靠近，而且政治目标越具体、越详细，就越能和现实对接，越可操作。

终极政治目的存在合理性问题，作为其体现的政治理想和政治目标也都存在合理性问题。前文已经论证过，只有一种终极政治目的是合理的，即马克思所提出的社会中所有人的全面而自由的发展。其理由主要在于，只有这一终极政治目的才真正体现了人类本性（谋求生存得更好）的根本要求，而所有其他关于终极政治目的的设定要么不合理，要么有这样或那样的局限和问题。如果我们承认社会中所有人的全面而自由的发展是唯一合理的终极政治目的，那么它就可以成为判断政治理想和各种政治目标是否合理的主要根据。因为政治理想是以终极政治目的为根据谋划和设计的，是其展开和具体化，如果政治理想没有体现合理的终极政治目的，它就缺乏其合理性的前提，也就不可能是合理的；政治目标则是根据政治理想确定的，是实现政治理想的阶段性方案，如果政治目标没有体现合理的政治理想，它就缺乏其合理性的前提，也就不可能是合理的。但是，与终极政治目的的合理性仅以是否体现人类本性来判断不同，政治理想、政治目标的合理性的判断涉及的因素要复杂得多，而政治目标又要比政治理想复杂。

我们先来看看政治理想的合理性问题。政治理想是否合理，前提是看它是否能体现合理的终极政治目的，只有贯彻了合理的终极政治目的，它才可能合理。但这只是政治理想合理的前提或必要条件，而非充分条件，政治理想合理的充分条件是转变为现实的可能性。一种政治理想如果不具有实现的可能性，它就是梦想或幻想，而不是理想。在人类历史上，有许多思想家提出的政治理想可能在一定程度上体现了合理的终极政治目的，但由于缺乏转变为现实的可能性而流于空想。马克思主义产生前的空想共产主义者的政治理想之所以被称为"空想共产主义"，就是因为它们无实现的可能性。不过，政治理想不具有转变为现实的可能性有两种不同的情形。其一，它因违背人类本性或人类能力而永远不可能实现。老子的政治理想是"安平太"（《老子》三十五章)①，其实现条件之一是"绝智巧"②，而有智能而且智能不断进化的人类永远都不可能如此，因此老子的政治理想不具有实现的可能性，只能是梦想。其二，虽然政治理想提出的时代不具有实现的可能性，但社会发展到一定阶段后具备了实现的可能性，政治理想就能从梦想变成理想。这种情况相当多。孔子提出的天下"大同"，连他自己都认为没有实现的可能性，因为在他生活的时代天下已经由"天下为公"变成了"天下为家"，所以他的真正政治理想并不是"大同"而是"小康"。但是，两千多年后，随着全球一体化时代，天下大同具备了实现的条件，而且中国共产党把"为世界谋大同"③作为自己的使命，领导中国人民全力推进人类命运共同体建设。于是，孔子的梦想已经变成了今天中国人民的政治理想。显然，后一种情形的政治理想就具有了合理性。

  我们再来看看政治目标的合理性问题。合理的政治目标其前提条件是它必须体现合理的政治理想，就是说这种理想的终极政治目的是合理的，且这种终极政治目的具有实现的可能性。除此之外，合理的政治目标还必须具有可行性，这是它不同于合理的政治理想的一个规定性或充分条件。以上谈到的世界大同或天下大同，在孔子提出的时候不过是一个梦想，到马克思提出"解放全人类"④时，它就从一种梦想变成了理想。中国共产党成立之初就确立了这种理想，并首先致力于谋求中国人民的解放，当中国人民从站起来、富起来到强起来的时候，为世界谋大同就具备了可行性。于是，中国就提出了构建人类命运共同体的倡议，而且身体力行，采取诸多措施推动人类命运共同体构建，如稳步推进共建"一带一路"、弘扬全人类共同价值、提出三大全球性重要倡议（全球发展倡议、全球安全倡议、全球文明倡议）等。⑤这一切都表明当代中国已经把世界大同作为自己的政治目标之一，而这一目标

---

① 有研究者认为，老子的政治理想不是"小国寡民"，而是"安平太"（参见蒋瑜、黎千驹《老子的社会政治理想及治理策略试探》，《武陵学刊》2022 年第 5 期），笔者赞同这种观点。

② 老子曰："故以智治国，国之贼；不以智治国，国之福。"（《老子》第六十五章）

③ 《心怀四海忧天下 矢志不渝为人民——中国共产党人的"三为"情怀》，《人民日报》（海外版）2018 年 4 月 25 日。

④ 参见李志军《马克思人类解放理论的三重意蕴》，《前线》2018 年第 4 期。

⑤ 参见姚琨《坚定不移推动构建人类命运共同体》，《光明日报》2022 年 12 月 20 日。

因具备了合理性所需的必要条件和充分条件而是合理的。

当然，当代中国将世界大同作为政治目标是可行的，但从整个世界来看实现世界大同仍然困难重重。从国际共产主义运动史看，世界大同的理想形成之后，一直到东欧剧变、苏联解体之前，第一国际（1864—1876）、第二国际（1889—1914）、第三国际（1919—1943）先后解散，它们都没有实现世界大同的理想。① 即使在今天，除中国之外，世界各国赞同世界大同理想的只有共产党，而共产党的力量仍然比较弱小。当今在资本主义世界共产党虽有130多个，但只有大约700万党员，而且大多是势单力薄的小党。共产党如果不善于建立统一战线，联合斗争，只是单枪匹马、孤军奋战，很难推动这些国家将世界大同作为本国的政治理想并具体化为政治目标。②

合理的政治理想转化为合理的政治目标，或者说，政治目标要成为合理的，就可行性而言需要考虑以下四个要素。第一，政治目标要可行，必须把合理的政治理想同本国国情相结合。当代的世界大同理想其实就是共产主义理想，而共产主义理想是马克思、恩格斯构想的。在当代世界国家化的格局下，一个国家要将其作为政治目标，就必须把它同本国的文化传统相结合，使之植根于本国文化，同时也要把它同本国实际尤其是现实的经济、政治、文化制度相结合。第二，政治目标要可行，必须构建合理政治目标得以实现的政治条件。在当代社会条件下，政治目标要具有合理性，需要政治目的具有合理性、政治制度具有合法性、政治治理具有公正性、政治权力具有正当性这些政治条件与之配套。它们是相互生成的，所有这些政治条件需要在追求合理的政治目标实现的过程中才能得以生成。第三，政治目标要可行，还必须得到社会的普遍认同，并能够转化为公众信念。孟子曰："得天下有道，得其民，斯得天下矣。得其民有道，得其心，斯得民矣。得其心有道，所欲与之聚之，所恶勿施尔也。"（《孟子·离娄上》）政治目标的终极指向是社会中所有人都获得全面而自由的发展，这就是政治得天下之道。但这种"道"并不是每一个社会成员都知道、理解和认同的，因此需要通过宣传、教育、制度、政策等途径解决这一问题。只有当所有人都认同政治目标，并将其转

---

① 参见黄济福《国际共产主义运动的回顾与展望》，《中国国际共运史学会2014年年会暨学术研讨会论文集》。

② 参见高放《当今国际共运有哪些新特征》，《新湘评论》2016年第13期。

化为自己的信念时，政治目标才是真正可行的，也才能起到鼓舞人心、凝聚力量的作用。当然，政治目标要得人心，还需要全社会树立共同的政治理想，有了这种政治理想，人们更容易认同政治目标，并为之实现而共同奋斗。

合理的政治目标得以实现，政治就具有了价值。政治价值是政治哲学研究的重要内容之一，有的学者甚至认为政治价值就是政治哲学的研究对象。[①] 不过，政治价值并不是政治哲学研究的唯一对象，而只是属于政治哲学研究的对象范围。一般而言，政治具有价值，人类才创造了政治事物，这就如同人类创造了科学这种知识事物一样。但是，政治如同科学，也是一把"双刃剑"，好的政治造福人类，而坏的政治危害人类，因此只有好的政治才对人类有价值。当然，历史上的许多政治事物也有价值，但大多只对作为政治主体的统治阶级有价值，对于被统治阶级并没有价值，甚至还是剥削和压迫他们的工具。

这就提出了这样一个问题：什么样的政治才真正具有价值？或者说，如何判断和评价政治价值？一般而言，政治目标是否实现就是政治是否有价值的根据，实现了政治目标才具有价值，没有实现政治目标就不具有价值。当然，还可以根据政治目标确定更具体的价值标准。然而，如前文所言，政治目标自身也存在着合理性问题，其合理与否从根本上说取决于政治理想合理与否，进而取决于终极政治目的合理与否。我们已提出，合理的终极政治目的只能是社会中所有人获得全面而自由的发展。从这种意义上看，政治是否具有价值归根到底取决于它是否有利于社会中的所有人，而不是是否有利于社会中的一部分人或某个人。有利于社会中的一部分人或某个人的政治只是对这部分人或个人有价值，而这种价值并不是政治的真正价值，只有有利于社会中所有人的政治才真正具有价值。当然，这里说的"社会中所有人获得全面而自由发展"，是一种终极政治目的，而不是现实的政治目标，达到这一目的需要一个漫长的历史过程。但是，即使在目前的情况下，政治也要努力促进这一终极目的的实现，而不能阻碍更不能有害于它的实现，否则就不具有价值，甚至产生负面价值。

随着人类一体化的发展，人类的基本共同体正在从国家走向世界，所以

[①] 参见卫知唤《回归"政治"的规范研究：政治哲学的学科定位与基本价值》，《学海》2022年第6期。

到了世界成为人类基本共同体时，只有对整个人类或对于所有人类个体有利的政治才真正有价值。在目前人类社会国家化的情况下，任何一国的政治只有对本国所有人有利才具有价值。还必须加上一条要求，即对他国和整个世界无害。加上这条要求是有充分理据的，这就是如果每一个国家为了本国人的利益损害他国或整个世界，其结果，一方面，最终就会导致霍布斯所设想的"自然状态"，只不过不是"每一个人对每个人的战争"[1]状况，而是每一个国家对每个国家的战争状态；另一方面，最终会导致英国经济学家加勒特·哈丁（Garrett Hardin，1915—2003）所谓的"公地悲剧"，各国拼命地从人类"公地"中掠夺，而又不顾一切地向人类"公地"排放。这种状态对整个人类危害更大。基于上述理由，整个人类要实现永久和平和普遍幸福，就必须形成这样的共识和信念，即一切有害于他国和整个世界的政治都不具有价值，这是与政治的本性相违背的。

---

[1] [英]霍布斯：《利维坦》，黎思复、黎廷弼译，杨昌裕校，商务印书馆 1985 年版，第 94 页。

第六章 政治制度的合法性

政治制度是伴随政治的出现而出现的，在政治出现之前即使有社会制度也不会有政治制度。政治制度一旦产生就显示了它对于政治生活乃至社会生活的重要性，所以它在人类社会存在了几千年，至今还在不断地完善和发展。政治制度像政治本身一样也是一把"双刃剑"，好政治制度造就好社会，而坏政治制度则导致社会变坏。[①] 政治制度的好坏取决于它是否合法，这里所说的"合法"并非单指符合法律，而主要是指符合社会存在和发展的法则，用中国传统文化加以表达就是充分体现了"王道"。人类社会的政治制度有一个从不成文走向成文、从习俗走向法律的漫长过程，人类政治文明的发展不断推动其法律化。两者走向完全一致势在必行而且意义重大，可以终结文明社会政治一直所处的混乱状态。法律化是政治制度合法化的首要体现和坚实基础，在此基础上，政治制度的合法性主要体现在其制定和更新的合法性、其运用的合法性以及作为其具体化的政治政策的合法性几个基本方面。推动政治制度法律化进程，并将这一进程与政治制度制定、更新、运用和具体化的合法化统一起来，从而建成真正体现全体人类意志的法治社会，是当代人类政治文明建设面临的共同任务。

第一节 政治制度及其法律化的重要性

政治制度是制度的一种特殊类型，而制度是历史悠久又广泛存在的社会现象。《周易·节·彖》云："天地节而四时成。节以制度，不伤财，不害

[①] 韩东屏教授提出"制度决定国家兴衰存亡"，充分意识到了政治制度对于社会的极其重要的意义。（参见韩东屏《论制度决定国家兴衰存亡》，《阅江学刊》2020年第1期）

民。"孔颖达疏曰:"王者以制度为节,使用之有道,役之有时,则不伤财,不害民也。"这里的"制度"体现了它的本义,即用于节制、节度的规范,这是中国古代制度的原初含义。《荀子·王霸》中的"政令制度,所以接下之人百姓",王安石《取材》中的"必也习典礼,明制度"也都有了政治制度的含义。冯天瑜先生认为,中国古时分称"制"与"度","制"的含义为规定、裁断、限定(止),"度"含衡量之义,指度量及度量标准。"制"与"度"合成"制度",指判断标准,本义为人们必须遵循的尺度,引申为建制内的规范以及形成规范的过程,多见于先秦以来的典籍。据此,冯先生给制度作了一个一般的界定:"制度是人类构建的约束自身行为之规则,是在物质生产、精神生产过程中结成的习惯、法规、戒律的集合,其在历史进程中发挥结构性功能。"① 冯先生主要是根据中国传统文化给制度作的界定,自19世纪社会科学兴起以来,政治学、法学、经济学、管理学、社会学等许多学科的学者从不同的角度、不同层次给制度下过无以计数的定义。

最一般地说,制度是社会或组织群体出于某种价值取向,根据维护社会或群体秩序和发展的需要,有意识规定的约束社会或群体成员的规范。首先,制度主要是社会或组织群体有意识规定的。个人对自己的规定一般不是制度,个人不是规定制度的主体,像君王这样的特殊主体可以规定制度,但他不是以个人的身份,而是以社会统治者的身份作出的规定。制度一般都是自觉规定的,而不是自发形成的,因而它与习俗不完全相同,因为习俗通常是在一定社会范围内自发形成、相沿成习的。其次,制度的直接目的是对社会或群体成员的行为进行规范和引导,将他们的行为纳入制度规定者所期望的范围。虽然规定制度的主体很不相同,他们所规定的制度的内容也不相同,但有着共同的直接目的,这就是对社会或群体成员的行为进行规范或者进行引导,或者同时包含这两种目的,以使他们遵守或者不违反制度的规定,从而维护社会或群体的稳定和秩序。所以,道格拉斯·诺思说:"制度在社会中的主要作用,是通过建立一个人们互动的稳定(但不一定是有效的)结构来减少不确定性。"② 最

---

① 冯天瑜:《中国史学的制度文化考释传统》,《湖北大学学报》(哲学社会科学版) 2022年第6期。

② [美] 道格拉斯·诺思:《制度、制度变迁与经济绩效》,杭行译,格致出版社 2008年版,第7页。

后，制度实质上是价值规范或要求，其中隐含着规定者的价值观和某种价值意图，指向某种终极价值目标。制度的直接目的虽然是规范人们的行为，但隐含着更深层次的目的或终极目的：或者为了社会或群体的秩序和谐，或者为了使社会或群体中成员团结协作，或者为了使社会或群体实现某种理想或目标，如此等等。

随着人类文明的发展，社会和组织群体日益复杂化，制度也非常复杂多样，可以从不同角度将制度划分为不同种类。例如，从制度规定的范围看，有社会制度（如资本主义制度、社会主义制度）、家庭或家族制度（如宗法制度、宗祠制度）、企业制度、政党制度等；从制度约束力来看，有法律、法规、条例、条令等；从制度的表达方式看，有不成文制度（如禁忌、宗法制度）、成文制度（如法律）；从制度性质看，有规范性制度（如《中华人民共和国民法典》）、指导性制度（如《新时代公民道德建设实施纲要》），等等。每一类制度中又可以划分为更细的类型，如规范性制度可以划分为实质性制度（如刑法）和程序性制度（如刑事诉讼法）、强制性的制度（如法律）和非强制性的制度（如社团章程）等。我们现在关注的政治制度属于政治主体规定的政治制度，它属于社会制度，但在内涵和外延上都与之不同。在政治制度出现之前就存在社会制度。比如，中国传统社会宗法制度是一种社会制度，但它不是政治制度，只是被统治者利用的社会制度。不过，人类进入文明社会以来，社会制度主要是政治主体规定或认可的，政治主体规定或认可的社会制度就既属于社会制度，又属于政治制度。

制度并不是与人类一起诞生的，而是人类发展到出现了组织群体时才有可能诞生。如果我们把氏族公社视为人类最早的组织群体，那么制度最早只能是在氏族公社出现后才开始出现的。图腾制是人类文明的起点，也是人类制度的起点。人类文明的一些主要标志，如社会禁忌、宗教崇拜、宗法制度、农业和国家起源等，都是图腾制直接或间接导致的结果。[①] 图腾与信仰、禁忌直接相关，或者不如说是氏族为其成员规定的信仰和禁忌。与图腾制不同，习俗作为相沿成习的规范，也许在原始人群那里就已经有了，而图腾制作为

---

① 参见赵敦华《图腾制是人类文明的起点》，《云南大学学报》（社会科学版）2003年第6期。

氏族公社自己规定的约束本氏族成员的规范，具有制度的性质。① 图腾制可视为人类制度的原始形态。在原始社会末期，中国又形成了宗法制，这可视为中国制度的第二种主要形态。中国进入文明社会前夕还出现了禅让制，进入文明社会后，禅让制为世袭制所取代，世袭制从政治哲学的角度看是一种君主制形态。以世袭制为前提的君王制是中国传统社会的基本制度，属于政治制度。世袭制又与宗法制的嫡长子继承制有密切的关系，在某种意义上可以说中国传统社会的君王制是一种混合性的基本政治制度。在中国君王制出现的同时出现了礼制、法律，从此，中国传统社会的制度架构基本上确定。

与中国不同，西方原始社会的制度除了图腾制之外，未见有宗法制。由于西方古代社会各氏族部落始终处于迁移和战争之中，进入文明社会后，各氏族部落形成了种种不同的基本政治制度②，其典型形态就是柏拉图和亚里士多德所归纳的六种政体（政制），即君主制、贵族制、好的民主制（共和制）、坏的民主制（平民制）、寡头制、僭主制③。这六种政体是西方后来社会政治制度的基本架构，不过君主制在古罗马后期和中世纪占据主导地位。当然，除了这种基本制度之外，还有一些其他制度，如古希腊的奴隶制，以及古罗马的奴隶制度、行省制度、地方自治制度等。西方有一个很长的近代，西方国家经过长达六百年的一系列革命运动，最终普遍确立了民主制（属于"好民主制"或"共和制"），各国在此基础上建立了不尽相同的政治制度体系，包括种类繁多的宪法、法律以及其他政治制度。与此同时，随着社会民主化的推进，社会主体日益多元化，除了国家制定的适用于全社会的社会制度之外，各种组织群体都建立了自己的制度，如各种政党的制度等。受西方现代化的影响，西方世界的复杂制度格局扩散到了世界许多国家，包括中国，

---

① 有学者把习俗视为社会中最先出现的制度，而习俗在氏族社会就已开始形成。（参见韩东屏《制度的本质与开端》，《江汉论坛》2014 年第 9 期）这种看法还可以讨论，因为习俗在氏族社会出现之前就已经有了，而且通常是自发形成的，而图腾禁忌应是由氏族社会所作的规定，可视为原始的制度。

② 按照古代的记载，亚里士多德曾经编写过 158 个城邦的政制史（参见刘玮主编《西方政治哲学史》第一卷，中国人民大学出版社 2019 年版，第 163 页），这些城邦的政制是各不相同的。

③ ［古希腊］亚里士多德：《政治学》，载苗力田主编《亚里士多德全集》第九卷，中国人民大学出版社 1994 年版，第 87 页。

以至于今天世界各国的各种制度极其复杂多样，很难厘清头绪，从而精确地划分出类型。

人类社会的制度在演进的历史过程中，经历了几次重大的变革或质的飞跃：一是原始社会末期出现的社会制度向政治制度的转变，社会制度发生了政治化；二是文字出现后产生的从非成文制度向成文制度的跨越，制度从此可以流传下去供后人参考借鉴；三是轴心时代思想家诞生引起的制度从单纯以政治经验为根据向同时以思想理论为依据的转变，制度能够得到理论上的论证和辩护；四是近代开始社会主体多元化催生的制度从比较单一的社会政治制度（包括家族制度）向多元的组织群体制度的扩展，社会出现制度丰富多彩但政治制度起主导作用的局面；五是第二次世界大战后受西方影响出现的政治制度法律化的重大变化，政治实行法治成为世界的潮流。

从人类制度产生和演进的简要考察，我们可以得出两点基本结论。其一，政治制度迄今已经发展成为日益完整的社会制度体系，社会制度政治化。虽然制度在氏族公社时代就已经产生，但政治制度是在原始社会向文明社会转型时期才萌生的，其正式诞生的标志是在文明社会初期君主制、贵族制、民主制等社会基本政治制度在不同古代国家的确立。经过五千多年的历史演进，尤其是在人类走向现代化的进程中，政治制度日益复杂，各国的政治制度都已经成为完整的制度体系。例如，中国当代的政治制度就被明确划分为根本制度、基本制度、重要制度三种基本类型。其中根本制度是指在中国特色社会主义制度中起顶层决定性、全域覆盖性、全局指导性作用的制度；基本制度是指通过贯彻和体现国家政治生活、经济生活的基本原则，对国家经济社会发展等发挥重大影响的制度；重要制度是指由根本制度和基本制度派生而来的、国家治理各领域各方面各环节的具体的主体性制度，每一种类型的制度又包括多种具体的制度。[①] 而且，政治制度已经不是纯粹意义上或狭义上的政治制度，还包括经济制度、文化制度、社会制度、生态制度等各方面的制度。它是全景式的，而不是局部性的。显然，这种政治制度体系是覆盖整个社会生活的立体化社会制度，可谓"横向到边，纵向到底"，而不只是近代西方启蒙思想家设想的那样，政治制度只是社会制度的一个层面或方面。今天

---

① 参见齐卫平《中国特色社会主义制度体系：框架建构和结构层次——兼论根本制度、基本制度、重要制度的关系》，《思想理论教育》2020年第3期。

政治制度已经与社会制度体系融为一体，很难加以区分，可统称为"社会政治制度"①。

其二，伴随着政治正在加速从人治向法治转化，政治制度日益法律化。政治要从人治转向法治，这是近代启蒙思想家总结人类几千年历史形成的基本共识，他们还从自然法引申出人类法或人为法（法律），把法律作为社会统治和治理的唯一凭借和依据。对现代法治观念最早作出经典阐释的是19世纪英国法学家戴雪（Albert Venn Dicey，1835-—1922）。他在《英宪精义》（1885）一书中用大量的篇幅来论述现代"法治"（the rule of law）的三条基本原则：一是人民只受法律的治理，只受法律的制裁，排除了一切独裁、专断；二是在法律面前人人平等，所有的人包括一切官员皆受制于普通法律和普通法院；三是宪章不是个人权利的渊源，相反，它只是法院规定和执行个人权利所产生的效果。② 20世纪英国经济学家和政治思想家哈耶克则从自由主义的立场对"法治"作了最为有力、最有影响的阐述。他明确提出法治有三个基本属性：一是"由于法治意味着政府除非实施众所周知的规则以外不得对个人实施强制，所以它构成了对政府机关的一切权力的限制，这当然也包括对立法机构的权力的限制"③；二是法律应当是公知且确定的；三是任何法律应当平等适用于每一个人。他还直接用 the rule of law 代替原来亚里士多德主张的"最好的法律的统治"（the rule of the best laws），这一短语今天已经成为现代意义上的"法治"的英文标准表达。④ 差不多与哈耶克同时代的美国法学家富勒（Lon L. Fuller，1902—1978）对法治原则作了更为系统的阐述，他在《法律的道德性》（1964）一书中将法律系统要达到的八项形式要求作为法律的八种卓越品质，同时也是道德的八项要求或要件。⑤ 虽然戴雪、哈耶克、富勒等人的法治观点在当时以及后来都在学界引发了大量的争议，但政治只能

---

① 为了方便起见，本书中主要还是称"政治制度"。

② 参见何均平《英国法学家戴雪法治思想探析》，《武汉理工大学学报》（社会科学版）2017年第6期。

③ ［英］弗里德利希·冯·哈耶克：《自由秩序原理》上，邓正来译，生活·读书·新知三联书店1997年版，第260页。

④ 参见文兵《"法治"：译、名、实》，《外国哲学》第2辑，商务印书馆2022年版。

⑤ 参见江畅《西方德性思想史》现代卷（上），载《江畅文集》第7卷，人民出版社2022年版，第474—476页。

实行法治而不能实行人治已经成为当代人类的普遍共识和政治实践。实行法治就是用法律而不是一般意义的制度统治和治理。当然，无论是最先实行法治的西方国家还是尚处于从人治转向法治的非西方国家，自由裁量权在政治中所占的比重仍然相当大，完全用法律统治和治理社会还有很长的路要走。

政治制度的出现并运用政治制度治理社会对于社会的发展和人类文明进步具有极其重要的意义。政治制度的出现标志着人类社会开始由政治主体进行自觉治理，从此人类开始真正成为社会的主人，自己掌握着自己的命运。有学者认为，有效的制度安排将人们的活动激励到与社会目的相一致的方向，推动社会按既定目的平稳而持续地发展，日益兴盛；失灵的制度安排则将人们的活动诱逼到背离社会目的的方向，不仅不能推动社会按既定目的发展，反而致使社会陷入混乱与离散，逐渐走向衰败。所以，决定"国之所以废兴存亡者"，并不是孟子所说的"仁"与"不仁"或更大范围的道德与不道德，也不是制度之外的任何其他东西，而就是制度。① 这种看法一般而言是对的，但有两点需要补充。其一，政治制度好坏的根据不只在于它是否有效，更在于它是否体现政治的本性，即人民性。一种政治制度如果与政治的本性相背离，即使它有效也会给人民带来灾难，如中国的秦王朝的制度就是有效的，但却导致了民怨鼎沸。其二，即使是不好的政治制度对于社会发展也或多或少能起到推动作用。至少传统社会的政治制度几乎都是不合法的，因为它们没有体现作为政治本性的人民性。但依据这些有问题的制度进行治理，社会仍然获得了不同程度的发展。制度只是社会治乱兴衰的必要条件，而非充分条件，制度并不能决定一切。

几千年的政治制度发生作用的历史逻辑告诉我们三点。第一，人类社会有政治制度比没有政治制度更有利于社会进步，社会制度转化为政治制度社会才能得到有效治理。如果没有政治制度，人类可能还处于原始状态。在那种状态下，社会只有那些没有任何强制力的原始社会制度维护其自然进化，而不能运用政治制度的力量有效推动社会发展。世界上那些未进入文明社会的地区，就是因为没有出现政治，没有实现社会制度向政治制度的转化，一直到近现代才由外力推动进入文明社会。第二，政治制度必须体现政治的本性及其实践要求，把人民幸福作为政治追求的终极目的，这样的政治制度才

---

① 参见韩东屏《论制度决定国家兴衰存亡》，《阅江学刊》2020 年第 1 期。

能克服传统政治和政治制度的根本局限，才能得到人民的拥护和践履，如此，不仅可以维护社会的长治久安，而且可以不断增进社会福祉、推动社会进步。第三，政治制度要真正体现政治的本性及其实践要求，以人民幸福为终极目的，就必须推进政治制度法律化的进程。政治制度只有法律化，才能真正以法律制约权力，杜绝权力滥用，如此政治才能最终由人治转向法治。当然，政治制度的法律化并不是意味着将现有政治制度转换成法律，而是将作为主权者的人民的意志转换为法律，而这种法律就是政治制度。以往的一切政治制度乃至法律都必须经过重新审查视其是否体现人民意志确定其保留与否。因此，政治制度法律化的过程也就是人民意志法律化、人民主权法律化的过程。归根结底，政治制度法律化的过程其实就是人民统治转变为法律统治的过程。

第二节　政治制度制定和更新的合法依据

政治制度的制定和更新，在政治制度法律化的情况下，就是法律的制定和更新，在此我们对两者不加严格的区别，但仍在政治制度的名义下讨论其合法性问题。这里讨论政治制度的合法性，并不单纯是指政治制度的合法律性，而主要是指政治制度的合法则性。[1] 那么，什么是政治制度的合法则性，或者说，政治制度的合法则性在于什么呢？政治制度是政治的制度，或者说是一切政治活动（包括主权者的统治活动和治权者的治理活动）的规范，这种规范必须体现政治的本性及其实践要求。政治的本性及其实践要求就是政治的法则，这种法则就是政治制度合法与否的根据。符合政治本性及其实践要求，政治制度就是合法的，否则就是不合法的。合法的政治制度才可能是正确的，不合法的则肯定是不正确的，甚至是错误的。合法性是政治制度正确的终极根据或前提条件，并不是政治制度是否正确的唯一尺度，除了合法

---

[1]　在英语中，表达汉语中的"法则"和"规律"的是同一个词"law"。在汉语中，这两个词虽然都指事物之间必然、稳定和反复出现的关系，但前者侧重指社会事物之间的关系，后者侧重指自然事物之间的关系，且前者具有某种合目的性的意味，而后者没有这种意味。

性之外，政治制度正确与否还依赖其他的条件。这里我们首先讨论政治制度制定和更新的合法根据问题，下面再讨论政治制度运用的合法与否问题。导致政治制度更新的原因有很多，比如政治制度的内容陈旧、程序不完善等，政治哲学所关注的主要是政治制度更新的合法根据问题。

制定和更新政治制度的直接合法根据无疑是体现人民的意志。如果我们承认政治的主体是人民，那么政治主体用来统治和治理社会的制度就必须体现政治主体的意志。霍布斯认为，人类社会的法律（不同于自然法的民约法）只能由国家制定，是主权者意志的体现。他说："在所有国家中，不论主权者像君主国家中那样是一个人，还是像民主与贵族国家中那样是多数人组成的会议，都唯有主权者能充当立法者。"① 卢梭将法律理解为"全体人民对全体人民作出规定"的行为。全体人民既是制定法律的主权者，又是服从法律的臣民，所规定的事物是公共的，而作出规定的意志是公意。② 所以，他说"法律乃是公意的行为"③。马克思明确提出法律或政治制度必须充分体现人民意志。他曾经指出，"人民是否有权为自己制定新的国家制度？对这个问题的回答应该是绝对肯定的，因为国家制度一旦不再是人民意志的现实表现，它就变成了事实上的幻想"，"必须使国家制度的实际承担者——人民成为国家制度的原则"。④ 有研究认为，国家制度的确立与实行中充分表达"人民意志"即"绝大多数人"的意志，是马克思深刻批判与根本颠覆传统法哲学并在此基础上重建法哲学的基石。⑤ 法律必须体现主权者的意志，如果主权者是人民就必须体现人民的意志，这是近代以来思想家的普遍共识。黑格尔说："法律是被设定的东西，源出于人类。"⑥ 这里所说的"人类"就是一定社会的全体人民。如果我们肯定人民是主权者，政治制度和法律就必须体现人民

---

① ［英］霍布斯：《利维坦》，黎思复、黎廷弼译，杨昌裕校，商务印书馆 1985 年版，第 206 页。
② 参见 ［法］卢梭《社会契约论》，何兆武译，商务印书馆 1980 年版，第 50 页。
③ ［法］卢梭：《社会契约论》，何兆武译，商务印书馆 1980 年版，第 51 页。
④ 《马克思恩格斯全集》第 3 卷，人民出版社 2021 年版，第 73、72 页。
⑤ 参见牟成文《人民意志：马克思法哲学的思想特质》，《中国社会科学》2020 年第 3 期。
⑥ ［德］黑格尔：《法哲学原理》，范杨、张企泰译，商务印书馆 1961 年版，序言第 17 页。

的意志，只有体现人民意志的政治制度或法律才是合法的。

但是，也有思想家在肯定政治制度或法律不仅要体现主权者的意志，还要有某种更深层次的根据，政治制度必须体现这种根据的要求。对于这种根据是什么，不同的学者有不同的观点。格劳秀斯认为人类法是源于同意的责任，但它要从自然法（他称之为"自然权利"）中汲取力量，更为重要的是，自然法决定了人必须生活在公民社会里，并必须接受公正等德性原则的指导。而"自然权利乃是正确理性的命令，它依据行为是否与理性的本性相一致，而断定其为道德上的恶劣，或道德上的必要"[①]。霍布斯认为，民约法与自然法互相包容而范围相同，自然法就是公道、公正、感恩以及根据它们所产生的其他道德，在国家成立之后，自然法转变成人们必须服从的民约法。实行这种转变"只是要以一种方式限制个人的天赋自由，使他们不互相伤害而互相协助，并联合起来防御共同敌人"[②]，因此两者是互相一致、相互补充的，它们都指向人类和平安全地生存。洛克也赞同这一点，他引用胡克尔的话说，"人类法是指导人类行动的尺度，而这些尺度还有更高的法则来加以规范，这些更高的法则有二：上帝的法条和自然法。所以，人类法必须依照一般的自然法来制定，并且不违背圣经中的任何明文法，否则就制定得不好"[③]。在哈耶克看来，法治所应关注的重点不是法律是什么的规则，而是法律应当是什么的规则，亦即一种"元法律原则"或一种政治理想。[④] 他说，"法治的理想以人们对法之含义有着一种明确的界说为前提，而且并非立法机构所颁布的每一法规都是此一意义上的法"[⑤]。哈耶克所说的"元法律原则"其实指的就是"自然法"。自然法的本义是本性法，它其实就是人类本性的要求。就政治制度而言，这种要求就是体现人类本性的政治本性及其实践要求。

---

① Hugo Grotius, *The Rights of War and Peace*, New York & London: M. Walter Dunne, Publisher, 1901, p. 21.

② ［英］霍布斯：《利维坦》，黎思复、黎廷弼译，杨昌裕校，商务印书馆 1985 年版，第 208 页。

③ ［英］洛克：《政府论》下篇，叶启芳、瞿菊农译，商务印书馆 1964 年版，第 85 页。

④ 参见［英］弗里德利希·冯·哈耶克：《自由秩序原理》上，邓正来译，生活·读书·新知三联书店 1997 年版，第 261 页。

⑤ ［英］弗里德利希·冯·哈耶克：《自由秩序原理》上，邓正来译，生活·读书·新知三联书店 1997 年版，第 263 页。

前文已对政治本性及其实践要求作过阐述，概言之，政治的本性就在于人民性，体现为人民至上、法律统治、道德导向、清正廉洁、个人幸福和社会公正六项基本实践要求。合法的政治制度就是在一定社会条件下，政治主体以制度的形式将政治本性及其实践要求表达出来，为其实现提供制度的保障。这六项实践要求就是判断政治制度合法与否的终极标准，也是建立合法政治制度的终极根据和根本原则。当已经制定的合理政治制度出现问题时，政治主体需要根据这些原则对其进行更新，使之重新获得合法性。

第一，合法的政治制度必须贯彻和捍卫人民至上原则。人民至上是政治本性最重要的实践要求和根本原则，也是衡量政治制度合法与否的首要尺度。传统社会的政治制度之所以不合法，就是因为它们把统治阶级（通常以君主为代表）而不是全体人民置于社会和政治中的至上地位。西方近代以来的政治制度的合法性也因只将公民个人视为至高无上、忽视人民整体而受到质疑。鉴于君主至上和个人至上的局限及其导致的严重社会后果，人民至上的理念和原则不仅在理论上被提了出来，而且其合理性正在中国得到实践上的证明，中国共产党把人民至上作为中国共产党为什么能、中国特色社会主义为什么好的重要历史经验之一。[①] 因此，合理的政治制度必须将人民至上作为其制定和更新的核心理念和根本原则。要使政治制度合理，政治主体首先要坚持和贯彻人民至上原则，在此前提下还要运用制度的力量确保人民在社会中的主人地位、在政治中的主体地位和至高无上的统治地位，为政治共同体（今天是国家）的一切权力属于人民提供制度保障。

第二，合法的政治制度必须为人民运用法律进行统治提供制度保障。人民大致上是指一定基本共同体范围内的社会成员，包括个人和组织群体。当代大多数人类基本共同体的范围大、人口多、组织群体复杂，在这样的基本共同体中，人民几乎不可能直接对社会进行统治。当代人类正在走向世界共同体，一旦世界共同体建立，人民更无可能实行直接统治。正是鉴于这种情况以及历史上人民直接统治导致的消极后果，许多思想家深刻认识到人民统治必须通过法律统治实现，提出要将人民的统治转化为法律的统治，将人民

[①] 参见《中共中央关于党的百年奋斗重大成就和历史经验的决议》，中华人民共和国中央人民政府网，https://www.gov.cn/xinwen/2021-11/16/content_5651269.htm? eqid=b31125cc0000ca5500000004645b331b，2021年11月16日。

至上转化为法律至上。洛克就曾告诫人们："无论国家采取什么形式，统治者应该以正式公布的和被接受的法律，而不是以临时的命令和未定的决议来进行统治。"① 思想家的这些主张为人民统治合理而有效的实现指明了方向。当然，人民统治如何转化为法律统治面临着许多实践上的难题。一个直接的现实难题是，西方国家的立法机关和司法机关、行政机关一样，都属于治理主体的范畴，这就存在立法机关能否真正代表人民、站在人民立场立法的问题。不过，人民应通过法律进行统治已成为普遍共识，政治哲学需要研究解决这些实践上的难题。

第三，合法的政治制度必须为道德导向机制的建立和发挥作用作出制度安排。"道德是人类适应谋求生存得更好本性的要求而形成和不断完善的，以个人人格完善和社会普遍幸福为终极追求，通过个人自觉和社会控制相互作用实现其功能，既具有规范性又具有导向性的价值体系。其实质内涵在于，它是人类得以更好地生存的智慧，是人类特有的生存方式。"② 道德不仅是社会价值体系的母体，而且是社会的价值导向机制。近现代西方在政治制度设计的过程中，受自由主义者所持的国家应在道德问题上中立的观点影响，完全忽视了道德导向机制的制度安排，社会缺乏主导道德，导致西方社会物化和个人单向度化等问题。事实表明，政治制度必须为道德导向机制的建立和运行作出制度安排，而且这种道德必须是作为人类更好生存智慧的道德。因此，合法政治制度的制定和更新要以追求个人人格完善和社会普遍幸福的道德为基本依据，使政治统治和治理具有鲜明的道德导向，并要建立相应机制为之提供保障。

第四，合法的政治制度必须建立防治权力滥用、确保政治清正廉洁的权力控制体系。无论是社会统治权还是社会治理权都有可能被滥用，权力滥用的最终受害者是社会成员。因此，防止权力滥用、使政治保持清正廉洁就成为政治本性的实践要求之一，也可以说是政治本性实践要求的底线。合理的政治制度必须体现政治本性的这一实践要求，一方面要建立直接预防和惩治权力滥用的体制和机制，使一切权力都关进法律的笼子；另一方面要在整个政治制度的安排和设计上杜绝滥用权力的可能性，不让任何政治腐败行为有

---

① ［英］洛克：《政府论》下篇，叶启芳、瞿菊农译，商务印书馆1964年版，第87页。
② 江畅：《伦理学原理》，高等教育出版社2022年版，第21页。

机可乘。这后一方面的要求更为根本，在政治制度制定和更改的过程中更应该受到重视。比如，让人民统治转化为法律统治、实行主权与治权分离，就可以防止人民主权可能发生的滥用；建立治权分立和制衡机制，就可以防止治权发生滥用。人类的政治实践已经证明，权力越是集中、越是不受制约，腐败的可能性就越大。正是有感于历史的教训，英国思想家阿克顿强调"权力趋向腐败，绝对权力绝对腐败"[1]。如果不从这些根本的方面着手，只有单纯地依靠防治权力滥用的体制机制，权力滥用的行为就会防不胜防，以致整个政治制度失效，最终导致政治崩溃。

第五，合法的政治制度必须促进社会全面进步和增进全体人民幸福。社会进步是人类谋求生存得更好的本性的要求，也是人类本性得以实现的社会条件。因此，社会进步是人类文明发展的总趋势，是好社会的主要标志，也是人民幸福的前提条件。这里用"社会进步"，而不用"社会繁荣"来表达合理政治制度的追求，是因为繁荣的社会不一定是进步的社会，而进步的社会必定会使社会繁荣。"得道者昌，逆道者亡。"（《太公兵法》）人类文明发展的总趋势就是人类发展之大道，促进社会进步才会大道之行，大道之行，社会才会获得持久繁荣昌盛。今天美国社会高度繁荣，但并不意味着美国代表了人类社会进步的方向，因为美国的繁荣所依仗的霸权主义是与人类发展大道背道而驰的，因此可以断定，美国的社会繁荣终究会因与人类文明总趋势相背离而衰败。西方近代史上靠武力侵略掠夺发家的西班牙帝国、葡萄牙帝国、大英帝国都先后衰败，这就印证了中国古人所说的"恃德者昌，恃力者亡"（《史记·商君列传》）。我们可以断言，美帝国也注定不可能逃脱这种厄运。合理的政治制度要运用其规范的力量促进社会进步，确保自己国家不被侵略也不侵略他国，防止社会陷入混乱，维护社会的持久和平和健康发展。

谋求社会进步是为了实现全体人民的幸福，全体人民幸福才是政治制度的终极目的。孟子曰："得天下有道：得其民，斯得天下矣；得其民有道：得其心，斯得民矣；得其心有道：所欲与之聚之，所恶勿施，尔也。"（《孟子·离娄上》）孟子这里所讲的政治之道，就是得民心，而要得民心就要为民造福。用今天的话讲，政治之道就是要为人民普遍获得幸福营造良好的社会环

---

[1]　转引自许良英《也谈阿克顿的名言》，《炎黄春秋》2010 年第 7 期。

境，提供优越条件，增进公共福利。洛克强调，作为政治制度的法律"除了为人民谋福利这一最终目的之外，不应再有其他目的"①。合理的政治制度的根本使命就是为实施政治之道、实现终极政治目的提供保证，明确治理主体为人民谋幸福的责任，建立治理主体执政为民的激励机制。"正义是社会制度的首要价值，正像真理是思想体系的首要价值一样。"② 合理的政治制度在为实现终极政治目的提供保障方面必须坚持公正原则，一方面要给所有社会成员提供公平的竞争机会，另一方面又要给全体社会成员尤其是弱者提供基本生存保障，实现有差异的平等，使社会成员各得其所。

第六，合法的政治制度必须追求使社会个体得其所应得的社会公正。合法的政治制度不是所有社会成员享用等量社会资源的"大锅饭"制度，而是他们在社会物资和条件方面各得其所的制度。合法的政治制度一方面要使社会的所有物资和条件由全体社会成员共享，另一方面又要使他们享用的种类和份额因其贡献不同而有所差异。社会需要发展和进步，就要求社会成员始终保持开拓进取精神，积极主动地不断为社会创造物质财富和精神财富。因此，政治制度必须给正常成年人在有基本生活保障的前提下留下竞争空间，并形成公正的社会报偿机制。有了这种空间和报偿机制，人们就会为了获得更多更好的满足生存发展享受需要的物资和机会而奋斗，从而为社会繁荣和发展提供不竭的动力。如果一个社会让所有人获得相同的社会物资和条件，那么就会出现西方一些高福利国家已经出现的"福利病"。③ 合法的政治制度应是一方面能激励人们为社会作贡献，另一方面又能根据其贡献给予公平合理的应得，并能使两者实现良性循环的制度，应是在社会成员享用社会物资和机会方面实现普惠性与差异性有机统一的制度。

前面谈到政治制度要充分体现人民意志，这里又讲政治制度要充分体现政治本性及其实践要求，那么，对于政治制度制定和更新来说，两者之间是一种什么关系呢？政治制度要体现人民意志，主要是指要体现当代甚至当下

---

① ［英］洛克：《政府论》下篇，叶启芳、瞿菊农译，商务印书馆1964年版，第90页。
② ［美］约翰·罗尔斯：《正义论》，何怀宏等译，中国社会科学出版社1988年版，第1页。
③ 参见江畅《好生活如何可能：基于价值论的思考》，社会科学文献出版社2023年版，第232页。

的人民的意志,而政治制度要体现政治本性,则可以说是要体现一般意义上的人民意志。一般意义上的人民意志是人民意志的共性,它隐含在不同时代、不同时期的人民意志之中,也只能通过不同时代、不同时期具体的人民意志体现出来。比如,中国传统社会的人民意志不同于中国现代社会的人民意志,甚至中国特色社会主义新时代的人民意志也不同于改革开放前社会主义时期的人民意志,但不同时代、不同时期的人民意志有着共性的东西。这种共性就是人类本性和社会本性之所在,它是政治本性所要体现的实质内涵。政治实现其本性,就是实现这种共性的人民意志。但这种共性的人民意志体现在不同时代、不同时期,在当代,政治必须实现当代甚至当下人民的共同意志。由此看来,人民意志与政治本性实质上是一致的,只不过人民意志更体现人民的当下诉求,而政治本性则体现人民的长远利益。一种合法的政治制度必须兼顾两者,兼顾当下人民意志可以使政治制度满足现实需要,为当下人民过上幸福生活提供保障,而兼顾政治本性则可以使政治制度具有稳定性和长久性,从而实现政治的长治久安。

第三节　政治制度运用的合法性

制定和更新政治制度是为了运用政治制度,也就是运用制度来规导全体社会成员,包括用制度进行规导的政治主体(包括人民主体和治理主体)。所以,政治制度的合法性问题既包括政治制度制定和更新的合法性问题,也包括政治制度运用的合法性问题。政治制度运用是否合法的前提是制定和更新的政治制度是否合法,但政治制度本身合法并不能保证其运用合法。政治制度运用的合法性问题比政治制度制定和更新复杂得多,也更引起人们关注。政治制度运用的主体是政治主体,亦即政治权力主体,他们运用政治制度对全体社会成员进行规导,政治制度运用的合法性因而就是政治主体对政治制度的运用合法与否的问题。人民个体也有可能运用政治制度来捍卫自己的权利或伸张正义,但这通常只是个别的、零散的,因而并不是权力运用的主体,他们对政治制度的运用对社会的影响一般也不大,而且其合法性容易判定。因此,政治制度运用的合法性问题其实就是政治主体运用政治制度的合法性。政治主体运用政治制度合法与否,事关重大,即使政治制度本身合法,他们运用政治制度合法与否仍然直接关系到政治本性和终极政治目的能否实现。

如果政治主体对政治制度的运用像运用工程施工图施工那样，只需严格按照施工图的要求实施就能完成工程建设，那么只要政治制度合法，其运用也就会合法，不存在合法性问题。然而，政治制度总会存在着解释的空间，而且政治制度适用的对象是多样且复杂的社会成员。社会成员有个人与组织群体的区别，个人有男女老少、不同身体状况、不同职业、不同需求等方面的无数区别，组织群体还有家庭、企业、政党、社团等的区别。这就在客观上要求给治理主体在运用制度的过程中留有自由裁量权（discretionary power），否则社会就不能正常运行。一般地说，自由裁量权是指权力主体对自己所拥有的权力在法律授权范围内进行自由处理的权力。自由裁量权的存在是为了连接抽象的法律和具体的事实，更有效地实现政治制度的要求和效能。哈耶克在谈到行政机构的自由裁量权时说："任何人都不会否认这样一个事实，即政府为了有效地运用它所拥有的手段或资源，就必须行使大量的自由裁量权。"①"的确，行政机构在法治下行事，也常常不得不行使自由裁量权，正如法官在解释法律时要行使自由裁量权一般。"② 在政治制度运用的过程中，需要重视和解决好政治主体的自由裁量权问题。这个问题得不到合理的解决，社会成员的权利就得不到充分的保障，合法的政治制度和法治就会落空。哈耶克认为，对政治主体的自由裁量权施以法律限制，是现代社会中一个至关重要的问题。如果这个问题处理不当，"每个人的自由都迟早会丧失"③。在国家干预主义盛行的当代，能否在法律上严格限制自由裁量权，不仅关系到政府是有限政府还是无限政府的问题，而且直接关系到国家能否真正法治化、能否实现法律之下治理的重大问题。自由裁量权不纳入法律的范围，不受到法律的有效限制，法治社会就可能名存实亡。自由裁量权不受限制或限制的范围和力度很小，这正是实行法律之上治理的国家的实质性特征。

---

① ［英］弗里德利希·冯·哈耶克：《自由秩序原理》上，邓正来译，生活·读书·新知三联书店1997年版，第271页。

② ［英］弗里德利希·冯·哈耶克：《自由秩序原理》上，邓正来译，生活·读书·新知三联书店1997年版，第271页。

③ 参见［英］弗里德利希·冯·哈耶克《自由秩序原理》上，邓正来译，生活·读书·新知三联书店1997年版，第269页。

第六章 政治制度的合法性

政治制度的直接功能之一就是规范政治权力的运用。人们通常将政治权力理解为治权，政治制度对政治权力的规范似乎只是对治权的规范，这是一种误解。如前文所言，政治权力可划分为主权和治权，既然如此，政治制度对政治权力的规范就包括对这两种权力的规范。对两种权力的规范主要是对两种权力主体的规范，而最重要的就是对拥有自由裁量权的主体进行规范，将其限定在一定范围和一定程度。这种范围和限度就是政治制度对拥有自由裁量权的主体的授权。政治制度运用过程中的一切自由裁量权，都存在着合法不合法的问题，而合法与否的根据在于自由裁量权是否得到了政治制度或法律的授权。一种自由裁量权得到了法律的授权，并且其运用没有超过合法限度，它就是合法的，否则就是不合法的。法律授权、不超过合法限度，这是自由裁量权的合法根据，但在授权范围内的自由裁量权仍然存在合法性问题。

一般而言，主权和治权都存在自由裁量权的问题。当人民统治没有转化为法律统治的情况下，作为政治主体的全体人民享有最高的绝对权力，自由裁量权也是无限的。但是，如果人民统治转化为法律统治，全体人民就因其统治权力转化为法律权力而不再拥有自由裁量权。如果说他们还有自由裁量权的话，那也局限于法律需不需要更新或修订以及如何更新的问题。显然，这种权力不是严格意义的自由裁量权。但是，掌握治权的治理机构拥有很大的自由裁量权，主要体现为行政自由裁量权和司法自由裁量权。需要注意的是，自由裁量权不仅仅为治理机构所拥有，治理机构的工作人员，特别是基层工作人员（迈克尔·李普斯基称之为"街头官僚"[1]）也掌握着相当大的自由裁量权。行政自由裁量权是政治权力主体赋予行政机关在法律法规规定的幅度、范围内有一定选择余地的处置权力，涵盖行政许可、行政处罚等多个方面。司法自由裁量权是指法官或审判机关在事实认定正确的基础上，根据自己的认识、经验、态度、价值观以及对法律规范的理解而选择司法行为和对案件作出裁判的权力。此外，自由裁量权还包括法律解释权。例如，法官就不能完全依靠制定法（成文法）和宪法解决疑难案件，其原因有许多方面，如立法机构的有限性、词意的模糊性和矛盾性、尖锐问题难以解决、法

---

[1] ［美］迈克尔·李普斯基（Michael Lipsky）：《街头官僚：公共服务中的个人困境》，韩志明、颜昌武译，中国人民大学出版社2024年版，第XIX页。

律的妥协性、作为手段的法律含有限制性因素等①，因此法官就需要对法律作出解释，从而拥有法律解释权。不过，法律解释权通常并不划入自由裁量权，自由裁量权重在"裁量"，即自行决定。

对于行政自由裁量权，学者有不同的解释。例如，美国第七巡回上诉法院法官、芝加哥大学高级讲师赫里·布莱克认为，自由裁量权是指在相应条件下按照一定的职权并以最为恰当的方式做出行为的权力②；王珉灿教授认为，在法律中并没有具体规定的情况下，行政机关在处理相关案例时就可以按照自己的主观标准并选取最为恰当的方式，而这种措施就是自由裁量的行政举措③。一般而言，行政自由裁量权主要表示的是行政机关在处理相关法律文件没有授权的具体事项时，可以根据自己的主观判断，并结合实际状况行使相应的权力。行政自由裁量权在应用的过程中，主要有三个特点：一是其行政主体是行政机关，这类行政机关有较大的公共权力；二是其应用要确保符合法律，同时也要在一定的法律范围内进行；三是其要综合考虑，合理分析。④ 随着社会生活日益复杂化，行政管理范围内的事务也随之增多且日益复杂。现代政府的行政权范围不断扩大，不仅涉及经济、文化领域，还涉及医疗、教育、就业、民生等方面。在面对复杂事件又无具体法律依据和前例时，行政机关在法律范围内行使自由裁量权，能够快速、公正、公平地作出反应，可以弥补法律体系的不足，满足现代行政对效率的要求。因此，行政自由裁量权的存在具有合理性。但是，在法律概念不明确、行政自由裁量权过于宽泛、监督机制不够健全的情况下，行政自由裁量权容易被滥用，如处罚不公平、拖延履行职责、侵犯公民私人生活等。行政自由裁量权被不合理使用，就会违背法律意志，损害行政相对人的合法权益，违背公平正义，从而对人民、社会、政府形象造成严重危害，因此需要对行政自由裁量权进行合理

---

① 参见［美］弗兰克·伊斯特布鲁克、邱小航《法律解释与司法权力》，《法律方法》2022年第2期。

② Cf. Hery Campbell Blak, *M. A. Black's Law Dictionary*, St. Paul, Minn: West Publishing Co., 1979, p. 419.

③ 参见王珉灿《行政法概要》，法律出版社1969年版，第4页。

④ 参见陶彦均《法治政府建设中行政自由裁量权的控制探析》，《学理论》2021年第10期。

控制。

对行政自由裁量权进行合理控制问题从根本上说就是要解决其合法性问题。对此，哈耶克提出了两种值得高度重视的措施。一是给行政自由裁量权划界，它不能涉足公民私人生活领域，不能侵犯个体的合法权利。他特别重申说："在法治之下，私人公民及其财产并不是政府行政的对象，也不是政府为了实现其目的而应加以运用的手段。因此，只是在行政干涉公民私域的时候，自由裁量权的问题才与我们的讨论相关。法治原则实际上意味着，行政机构在这方面不得享有任何自由裁量权。"① 二是建立一个独立的法院来对行政机关行使自由裁量权实行监管。在他看来，自由裁量权是一种能够而且必须受到控制的权力，而控制的方式便是由一个独立的法院对行政机构经由这种自由裁量权而形成的决定的实质内容进行审查。② 这一措施实际上就是对自由裁量权进行司法控制。是否设立独立的法院不是主要的问题，关键是要有司法机关监管。在监管的过程中，重点是对相应内容进行核实，看其是否符合法律的要求，对于不符合法律要求行使的行政自由裁量权要给予及时纠正并追究相关责任人责任。除哈耶克提出的两条措施之外，解决行政自由裁量权不合法问题，最重要的是要有立法依据，因此要高度重视立法控制。法律是一切合法行政行为的根本，立法控制是通过制定相应的法律从根本上解决行政自由裁量权过量的相关问题。立法机关对于行政机关管辖内的事务要尽可能地予以立法，对于法律法规无法作出具体、明确的规定，需要权力行使机关依据具体情况作出判断的，要在法律中尽可能成文化、明确化，将范围缩小到最小，避免用词模糊，产生歧义。③ 这是从源头控制行政权力滥用，使行政自由裁量权能够在一个相对稳定的环境中行使的根本举措。

司法自由裁量权没有行政自由裁量权那么复杂，其涉及范围也没有行政自由裁量权那么大，但也存在合法性的问题。同行政自由裁量权一样，司法

---

① ［英］弗里德利希·冯·哈耶克：《自由秩序原理》上，邓正来译，生活·读书·新知三联书店1997年版，第271页。

② 参见［英］弗里德利希·冯·哈耶克《自由秩序原理》上，邓正来译，生活·读书·新知三联书店1997年版，第271页。

③ 参见陶彦均《法治政府建设中行政自由裁量权的控制探析》，《学理论》2021年第31期。

自由裁量权也是法律适用过程中的一种客观现象。由于法律规则对社会生活调整的局限性，法律的统治不可避免地蕴含了自由裁量权的存在。对司法自由裁量权有种种不同理解，有人将其理解为"决策者在缺乏法律条款的情况下自己对案件作出的判决"，有人将其理解为在一系列彼此平等的法律解释结果中作选择时行使的判断。[1] 一般而言，所谓司法自由裁量权就是司法人员（法院及法官、检察院及检察官）在处理具体的司法案件的过程中，拥有在法律规定的合理范围内，根据自己对法律的理解自由地去选择如何认定案件的事实、如何运用证据、如何运用法律去处理一个案件的权限。有研究者认为，司法的自由裁量权与法律的不确定性有关，如果法律是不确定的，其结果具有多元性，那么司法人员就有自由裁量权来裁决案件。关于为什么法律会存在不确定的问题存在不同回答：一是认为法律结果的多元性是因为有多种法律材料来解释法律[2]；二是认为法律多元性主要是因为自然语言本身具有不确定性，自然语言本身是含糊且不确定的，法律也就具有不确定性[3]；三是认为在一个典型的理性法律体系中存在解释规范汇编，而该汇编包含了多条解释指令和裁决规则，所以存在自由裁量权[4]。从法律的不确定性解释司法自由裁量权虽然有道理，但并不全面。实际上，司法自由裁量权的存在与立法的不完备、法律实施需要发挥人的主观能动性、法律存在很大的灵活性或者说是有一定的弹性幅度和空间都有关。司法自由裁量权像行政自由裁量权一样，在实际的运用过程中存在着很大的危险性。例如，它会导致法官造法问题，引起与分权理论的冲突；使得人们认为法官在适用法律上随心所欲，从而会削弱对法律至上的信仰并置司法机关于危险之地，等等。这些危险性的存在将会在很大程度上限制和阻碍司法自由裁量权的正确行使，因此必须确定司法自由裁量权的合法根据并据此处理好所涉及的一些基本关系。司法自由裁

---

[1] 参见［瑞典］塞巴斯蒂安·雷耶·莫里纳《司法自由裁量权——系统不确定性的结果》，张海斌、金慧婷译，《厦门大学法律评论》总第 33 期（2022 年）。

[2] Cf. Karl LIewellyn, "Remarks on the Theory of Appellate Decision and the Rules or Canons about How Statutes Are to Be Construed", *Vanderbilt L Rev.*, Vol. 3, No. 3, 1950, p. 395.

[3] Cf. Timothy Endicott, "Law Is Necessarily Vague", *Legal Theory*, 7 (2021), pp. 379-385.

[4] 参见［瑞典］塞巴斯蒂安·雷耶·莫里纳《司法自由裁量权——系统不确定性的结果》，张海斌、金慧婷译，《厦门大学法律评论》总第 33 期（2022 年）。

量权的合法根据同样是法律本身，一切司法自由权的行使都要在法律的范围内并依据法律行使，一旦超出法律的限制，司法自由裁量权就失去了合法性。在此基础上，司法自由裁量权的行使还要处理好四种关系，做到四个"统一"：一是自由裁量与程序规范有机统一；二是合法与合理有机统一；三是自由裁量与统一裁判有机统一；四是法律效果与社会效果有机统一。①

　　自由裁量权是政治制度运用合法性中最突出的问题，而政治制度运用合法性的最大问题则是对政治主体自身的规导问题。政治制度规导的对象是全体社会成员，当全体社会成员是政治主体时，政治制度是一种对自身的规定，法律就是"全体人民对全体人民作出规定"的行为，即全体人民既是立法者又是守法者。全体人民既是制定法律的主权者，又是服从法律的臣民，所规定的事物是公共的，而作出规定的意志是公意。② 合理的政治制度包括对政治主体的规导，这对于政治主体来说就是自我规导。能够真正起到这种规导作用的其实不是卢梭所说的公意，而是公意所凝聚的法律。但是，能够对全体人民起到自己规导作用的法律不能只是当下公意（人民意志）的结晶，还必须体现政治的本性，指向政治的终极目的，即全体人民幸福。此外，还需要立法家对法律的专业制定和更新。在这样三种因素共同作用下形成的法律，才能成为真正对政治主体起到自我规导作用的法律。有了这样的法律，作为全体人民代表的治理机构运用政治制度的合法性就有了评判的依据，其自由裁量权也因此就可以限定在合法的限度之内。

第四节　公共政策与政治制度的关系及其合法性

　　政策是与政治制度（包括法律）密切相关的一种社会控制机制。"政策是国家、政党或者其他社会政治集团为了实现一定历史时期的路线和任务而制定的国家机关或者政党组织的行动依据和准则。"③ 政策的主体通常是多元

---

① 参见王璟贤《司法的自由裁量权》，《人民法治》2016 年第 8 期。
② 参见［法］卢梭《社会契约论》，何兆武译，商务印书馆 1980 年版，第 50 页。
③ 江畅、周海春、徐瑾等：《当代中国主流价值文化及其构建》，科学出版社 2017 年版，第 337 页。

的，包括作为治理主体的政府（从中央政府到地方政府）及其部门、政治性组织（如政党）、社团等；从国际的角度看，还包括国际组织，如世界贸易组织、奥组委会等。这里讨论的主要是作为社会治理主体的政府的政策，为了区别起见，我们将这类政策称为公共政策。公共政策的制定者是治理主体，政策实施所凭借的力量是政治权力。今天，世界上各国的公共政策种类有很大的不同。根据我国政府职能及其政策所涉及的领域划分，公共政策可以分为政治政策、经济政策、文化政策、社会政策、生态政策等。公共政策的主体是政府，而不是立法机关，因而它不属于政治制度的范畴，但与政治制度有着密切的关系，是政府运用政治制度的主要方式。因此，讨论政治制度的合法性需要讨论政策与政治制度的关系以及政策的合法性问题。

在现代社会，政治制度（包括法律）、政策和道德是社会治理或国家治理的三种主要手段，或者说控制机制。在信奉自由主义的西方国家，道德并不被看作社会控制机制，但政策仍然发挥着重要作用。这就是说，无论是西方国家还是非西方国家，政策都是社会治理的主要手段之一。不少现代国家是法治国家，那为什么在法治之外还要有公共政策呢？这是由社会生活的复杂性和变动性决定的。社会生活复杂而又多变，它需要法律来确保社会生活的基本秩序以及这种秩序的可持续性，同时又需要政策来应对社会生活复杂而又变动的情况，处理生活中出现的各种影响人们正常生活和社会秩序的问题，从而减少社会矛盾、冲突和震荡，使社会保持和谐状态。法律是人们行为的最基本规则，因其具有强制性而能保证这些基本规则得到有效实行，其必要性是不言而喻的。但是，法律只规定人们行为的"底线"，而且比较稳定、僵硬，不能用来处理在法制范围内的那些特殊的、具体的和变化的问题。公共政策的意义正在于它可以相对灵活地处理这些具体问题。①

在现代法治社会，政府所制定的政策必须在法制的范围内，不能违背法制，而且政策的制定也需要依据法定的程序。只有这样，社会才是法治社会。然而，人类社会并不总是法治社会，直至今天也并不是所有国家都是法治国家。当代世界各国都有法律，也都有政策，不过两者在不同国家中的地位很不相同。在法制健全的法治国家，政策是完全在法制范围内制定和实施的，

---

① 参见江畅《中国传统价值观及其现代转换》，载《江畅文集》第9卷，人民出版社2022年版，第696页。

而在其他一些国家，情形则不完全相同。有的国家的政策不完全受法制的约束，当二者不一致甚至相冲突时，政策可能成为社会治理的主要依据。有的国家的政策完全不受法制的约束，政策在国家生活中具有最高的权威，制定和实施政策甚至可以置法制于不顾。在一些法制不健全的国家，社会生活的一些方面甚至根本没有法制可以用来约束政策的制定和实施。所有这样的国家都不是完全意义上的法治国家，这样的国家在今日世界可能还占有相当大的比重。从政治哲学的角度看，公共政策是法制的具体化，也可以说是对法制的重要补充，在法制不健全的国家，公共政策的地位和作用更为显著。关于政策对于政党和国家工作的重要性，毛泽东同志作过很多阐述，他甚至认为政党的任何活动都是实行政策。"政策是革命政党一切实际行动的出发点，并且表现于行动的过程和归宿。一个革命政党的任何行动都是实行政策。不是实行正确的政策，就是实行错误的政策；不是自觉地，就是盲目地实行某种政策。"① 所以，政策对于政党来说性命攸关。他强调："政策和策略是党的生命，各级领导同志务必充分注意，万万不可粗心大意。"②

公共政策作为政府治理社会的主要手段，像政治制度一样存在着合法性问题。那么，政府根据什么制定政策、实施政策和检验政策才是合法的？或者简单地，政策的合法性何在？一般而言，公共政策的根据与政治制度不同，政治制度主要根据政治本性和人民意志制定，而公共政策的主要根据是政治制度和现实需要。公共政策的合法性需要从这两个方面进行考察。

任何公共政策都是根据一定时期内社会治理的现实需要制定的，这种现实需要是政策制定和实施的事实根据或现实根据。这种需要通常不是长久的，而是一定时期内的。当现实需要变化了，就应修改或更新公共政策，以适应变化了的需要，因此政策具有时效性。例如，我国为了全面建成小康社会从2015年11月开始采取了一系列脱贫攻坚政策，其中的一些特殊政策到2021年中国共产党成立一百周年时因脱贫攻坚的任务基本完成就完成了它们的使命。实际上，公共政策不仅有时效性，而且还有很强的针对性，它总是针对特定的区域、特定的对象、特定的目标等。以上所说的脱贫攻坚政策，就限定于我国贫困地区的贫困人口，而且其目标主要是农村贫困人口不愁吃、不

---

① 《毛泽东选集》第4卷，人民出版社1991年版，第1286页。
② 《毛泽东选集》第4卷，人民出版社1991年版，第1298页。

愁穿，农村贫困人口的义务教育、基本医疗、住房安全有保障，即所谓"两不愁三保障"①。所有这一切都表明，公共政策有很强的时效性和针对性，正因如此，公共政策制定的程序没有立法那么严格。

公共政策是适应社会治理的现实需要制定的，具有时效性、针对性，但也存在着合理性问题。其合理性包括有效性和公正性，其中公正性是社会公众最为关注的，对其公正性作判断的根据主要是政策的实施效果。公共政策公正性的前提是作为其合法性根据的政治制度，其公正性也在相当程度上取决于公共政策本身。公共政策的制定与立法有所不同，其程序没有立法那么严格，而且针对性、时效性较强，因此公共政策的制定更容易发生不公正的问题。政策从制定到落实要经历一个复杂的过程，通过政策的细化或再规划，才能实现其目标。这样，就会形成中央统一性和地方多样性的格局，因而公共政策往往具有层次性。同时，任何一项重大的公共政策还具有多属性的特征，它同时承载着经济、政治、社会、文化和生态等多项任务，其目标实现取决于多部门的合作与配套政策的供给。② 由此看来，公正政策即便是公正的，在其落实过程中也有发生误差的可能。加尔通（Johan Galtung）将社会决策结构分成核心层、中心层和边缘层。核心层是对政策决策起决定性作用的掌握决策权的人，中心层主要包括有一定政策影响力的媒体以及企业界、学术界等社会精英，边缘层则是指数量庞大但离政策制定的核心和中心较远的普通大众，他们对政策的影响力比较小。③ 这种政策制定模式表明，由于公众参与不够、公益诉求复杂等因素，很难使政策制定做到公正。不过，公共政策公正性问题的解决最终还是取决于它的合法性问题的解决。

公共政策公正性的前提在于合法性。公共政策的合法性与政治制度的合法性不同，后者的根据是政治本性及其实践要求，前者的根据是政治制度。一般来说，一个社会只有政治制度合法，公共政策才会合法，政治制度不合

---

① 《中共中央 国务院关于打赢脱贫攻坚战的决定》，中华人民共和国中央人民政府网，https://www.gov.cn/zhengce/2015-12/07/content_5020963.htm，2015年12月7日。

② 参见贺东航、孔繁斌《公共政策执行的中国经验》，《中国社会科学》2011年第5期。

③ 参见 Johan Galtung, "Foreign Policy Opinion as a Function of Social Position", *Peace Research Society* (International), Vol. 2, 1965, pp. 206-231。

法，公共政策就不会合法，也就无公正可言。不过，实际情况比较复杂。一是政治制度总体上不合法，但一些政策具有一定的合理性。《礼记·王制》记载："五十养于乡，六十养于国，七十养于学，达于诸侯。八十拜君命，一坐再至，瞽亦如之。九十使人受。"中国传统社会政治制度总体上是不合法的，但这种敬老政策显然是公正合理的。二是政治制度不健全，缺乏与公共政策相关的政治制度，在这种情况下制定的某些政策也有可能是公正的。前文谈到的中国打赢的脱贫攻坚战，在最初制定这一政策时中国缺乏这方面的制度，但这一政策深得人心，而且创造了脱贫的世界奇迹，为全球减贫事业作出了重大贡献。这一政策因从总体上解决了中国最大的社会不公问题而是公正合理的。三是一些合理的政策可能转化为政治制度。在党中央作出脱贫攻坚重大决策时，脱贫攻坚只是一项重大政策，但在开展脱贫攻坚战的过程中中国逐渐建立以脱贫攻坚的责任体系、政策体系、投入体系、动员体系、监督体系和考核体系为主要内容的制度体系，这一制度体系为最终打赢脱贫攻坚战提供了制度保障。[①] 这是公共政策转化为政治制度的一个典型事例。

虽然存在着以上复杂的情形，但这些情形并不能否定合法性作为公共政策前提的意义。就第一种情形而言，在一个社会的政治制度总体上不合理的情况下，即使制定了公正的公共政策，这样的公共政策也只能是局部的，而且因缺乏政治制度的支持而很难持久。第二种情形则有两种可能。其一，如果一个社会的政治制度是合法的，但在某方面或某些方面有制度缺失，现实治理过程中制定出台某种公正的政策就可以弥补制度方面的缺失，这种政策最后有可能转化为制度，从而使制度得到完善。其二，一个社会的政治制度是不合法的，而且在某方面有制度缺失，这时制定出台这方面的政策即使是公正的，也会因与整个制度相冲突而难以实施，即使实施也难以有效以至于最后不得不放弃或不了了之。第三种情形其实就是第二种情形中的第一种可能，在这种可能的情形下，制定出台的政策实际上是制度完善的先声或尝试，其公正性得到证实，该政策就可以获得合法性，并转化为制度。

公共政策的合法性问题虽然其情形比较复杂，且因其是隐含的而往往被制定政策者忽视，但它特别重要，是制定政策以及实施政策过程中至关重要

[①] 参见张占斌《中国特色脱贫攻坚制度体系：历史逻辑、实践特征和贡献影响》，《理论视野》2021 年第 7 期。

的问题。公正政策的合法性在于政治制度的合法性。在政治制度合法的情况下，任何政策都必须在政治制度的框架内依据政治制度来制定，这样的政策才可能是合法的。但是，政策不是消极的，而是积极的。政治治理之所以在制度之外还需要政策，就是因为制度要通过政策来体现和实施，因为只有政策才能将合理的制度优势转化为治理效能，而且政策还可以释放制度红利。制度优势转化为治理效能的可能性及其程度高低，主要取决于公共政策的制定及其实施。中国特色的民生保障制度体系就通过一系列民生政策转化为人民群众的获得感、幸福感、安全感极大提升的巨大治理效能。① 合法制度的优势也需要通过政策来释放。"一国两制"就具有巨大的制度红利，这种红利是通过我国一系列的相关政策释放出来的。有研究者称，香港、澳门回归祖国是"一国两制"1.0 版，内地与港澳更紧密的经贸安排是"一国两制"2.0版，粤港澳大湾区建设是"一国两制"3.0 版。② 这里说的 1.0 版、2.0 版、3.0 版就是我国出台的与"一国两制"相应的政策，"一国两制"制度红利就是通过这样一些重大政策释放出来的。从这种意义上看，公共政策的合法性不仅仅在于它在政治制度框架内依据政治制度制定和实施，而且在于通过有效性来体现，即它能将合法制度的优势转化为治理效能并释放合法制度红利。

今天，从全球来看，政治制度不合法的情况普遍存在，对于这种情况，人民主体和治理主体面临的最紧要任务不是制定出台政策，而是要更新或重建政治制度，使政治制度回归政治本性及其实践要求。在一时无法更新政治制度的情况下，政策制定者可以着眼于全体人民幸福来制定某项具体政策。前文已经指出，公共政策的合法性在于所根据的政治制度的合法性，而政治制度的合法性的根据在于政治本性及其实践要求。因此，公共政策的合法性的终极根据在于政治本性即人民性及其实践要求，尤其是追求人民幸福的要求。有了这种终极根据，制定政策者制定政策时就有了定海神针，制定某项具体政策就可以着眼于政策的预期效果是否有利于全体人民幸福。根据这一终极根据，任何一项政策只有对一部分人有利而对所有其他人无害甚至有益，

---

① 参见姜晓萍《制度优势转化为民生治理效能的中国经验》，《国家治理》2022 年第 19 期。

② 参见刘金山《新时代"一国两制"制度红利与粤港澳大湾区建设》，《统一战线学研究》2019 年第 3 期。

它才是合法的，也才是真正公正的。如果一项政策对一部分人（即使是大部分人）有利而对另一部分人（即使是小部分人）有害，它就是不合法、不公正的。当然，在某些时候和某些情况下，政府可能为了全体人民的整体利益而不得不出台某项会损害部分人甚至全体人民的政策。但对于这样的政策，政府需要给予部分受害者适当补偿，或者得到全体人民的理解和支持。如此制定出台政策，政策才会获得合法性和公正性，也才会得民心。

第七章　政治活动的公正性

政治的本性及其实践要求要由政治主体的政治活动来实现，政治主体就是政治活动主体，政治活动是政治活动主体作为的过程。政治主体划分为政治统治主体和政治治理主体，政治活动也相应包括政治统治活动和政治治理活动。政治活动的终极目的是实现全体人民的幸福，而其现实价值要求是实现政治公正。政治公正是社会公正的决定性因素，也是社会公正的充分必要条件，有政治公正才有社会公正、就有社会公正。政治公正是政治活动公正的结果，政治活动公正包括政治统治活动公正和政治治理活动公正，而政治活动公正取决于政治活动主体公正。政治活动主体公正是政治主体政治智慧的集中体现，但人民主体和治理主体的政治智慧不是自发形成的，而是通过教育培养形成的，也需要通过政治的作为来凝聚。

第一节　政治活动主体的作为及其意义

政治是一种人为事物，列奥·施特劳斯称之为"政治事物"①。但它并不是或不完全是实体事物，而是涵盖政治权力、政治权利、政治斗争、政治统治、政治管理、政治参与、政治心理、政治思想、政治革命、政治改革、政治民主，以及作为政治实体和主体的国家、政党、政治社团等诸多事物。② 所有这一切政治事物都是政治活动的结果，所以政治实质上是政治活动，是人类有意识、有目的的特有主体性活动。政治活动是政治主体的活动，政治主

---

① ［美］列奥·施特劳斯：《什么是政治哲学》，李世祥等译，华夏出版社 2019 年版，第 3 页。
② 参见王浦劬等《政治学基础》，北京大学出版社 2018 年版。

体在政治活动中呈现其身份并发挥其作用，因而政治主体就是政治活动主体①，是政治作为的主体。

政治主体因其在政治活动中的地位和作用不同可划分为统治主体和治理主体。前者统治社会，后者由前者授权治理社会。在传统社会，政治主体和政治活动主体都是统治阶级，而且一般政治主体没有统治主体和治理主体之分。在现代民主社会，政治主体正在由过去的一元化走向多元化，包括个人、组织群体、国家、作为整体的人民等，一般划分为统治主体和治理主体两大类。这种走向是政治本性及其实践要求的体现，是人类政治文明演进的重大进步。按照政治本性及其实践要求，人民运用法律统治社会，并授权由其代表组成的社会治理机关，在法律范围内并依据法律行使公共权力治理社会。统治主体是全体人民，包括个人和组织群体，因而是多元的，可以称为人民主体或人民；治理主体则是单一的，即社会治理者，人们通常称其为"政府"。因此，政治活动主体包括统治主体（人民）和治理主体（政府）。两类政治主体活动都要有所作为，它们因肩负着不同的使命而应有的作为彼此不同。

从政治哲学的角度看，人民（包括人民整体和人民个体）政治活动所应有的作为有许多方面，如选举自己的代表组建立法机关、参与法律制定和更新、资政建言、对政府（立法机关、司法机关、执行机关）进行监督，但最主要的作为是将自己的意志转化为法律，将自己的统治转化为法律的统治。无论从理论上看还是从实践上看，这都是一个重大的政治难题，理论上并没有形成得到普遍认同的主张，实践上虽然一些国家在进行探索，但尚未有成功的先例。从目前的实践看，实现这种转变的主要方式是民主政治的代议制，即人民选举自己的代表组成立法机关制定法律，由立法机关构建的行政机关实施社会行政管理，而由立法机关构建的司法机关实施法律，这三种机关实际上行使着统治和治理社会的权力。这样一种西方近代启蒙思想家设计的人民统治架构在今天世界上普遍流行，它看起来很完善，但从理论上看存在着四个问题：一是人民能否以及怎样才能选出真正表达自己意志的代表；二是人民代表能否以及怎样才能真正表达选民的意志；三是人民代表能否以及怎

---

① 本书中"政治主体"与"政治活动主体"不作严格区分，为了叙述方便，一般使用"政治主体"。

样有效约束执行机关执行法律以及发挥应有的职能;四是人民能否以及怎样有效约束自己的代表。近代以来的实践也表明,这些问题解决不好,人民民主或人民统治就会落空。

解决这四个问题的关键在于,确立并有效维护人民与人民代表之间委托与受托的关系。作为社会统治者的人民是委托人,人民代表是受托人,受托人组成社会的权力机关(今天广义的政府),权力机关制定和实施法律,并监督法律的实施。权力机关并不是立法机关,但可兼有立法的职能。法律体系中的宪法要明确规定人民与其代表之间的委托与受托关系,以及立法机关与司法机关、立法机关及司法机关与行政机关的关系,并制定相应的实体法和程序法,尤其是制定人民与人民代表之间关系的法律实施细则。立法机关制定的一切法律都必须广泛吸纳人民参与并充分听取社会各方的意见,使法律真正体现人民的意志。今天,尤其要适应现代社会组织群体多元化的新情况,让组织群体(主要是政党、社团和企业)积极参与法律的制定和更新,充分发挥它们汇集人民意志、表达人民愿望的作用,让它们成为社会的骨干成员。法律一旦制定出来,就要运用法律统治全社会,包括人民自己及其代表。如此,社会的一切政治关系就都法律化了,人民统治就转化为了法律统治。

需要注意的是,这里说的"权力机关"不同于立法机关,而是融立法权、行政权和司法权为一体的权力机关,只不过立法机关属于权力机关内设机关,而行政机关和司法机关则是由权力机关授权并监督的外设机关。中国的人民代表大会就是这样的权力机关。《中华人民共和国宪法》第二条规定:"中华人民共和国的一切权力属于人民。人民行使国家权力的机关是全国人民代表大会和地方各级人民代表大会。人民依照法律规定,通过各种途径和形式,管理国家事务,管理经济和文化事业,管理社会事务。"[1] 这一条规定明确了人民与人民代表的关系以及人民政治参与的权利,明确了人民代表大会是人民行使国家权力的机关。与中国不同,美国的作为人民代表的国会只是立法机关,而不是国家权力机关。美国宪法规定"本宪法所授予的全部立法权均属于由参议院和众议院组成的合众国国会",而行政权属于总统、司法权属于最高法院以及由国会随时下令设立的低级法院。美国宪法给国会规定了十四

---

[1] 《中华人民共和国宪法》,中华人民共和国中央人民政府网,https://www.gov.cn/xinwen/2018-03/22/content_5276319.htm,2018年3月22日。

· 第七章　政治活动的公正性 ·

项权力,但规定"制定为执行以上各项权力和依据本宪法授予合众国政府或政府中任何机关或官员的其他一切权力所必要的和恰当的法律"①。从美国宪法的规定看,美国事实上没有完全意义上的权力机关,它的"三权"是完全分设的,并且产生的途径不同,各自的权力由宪法规定。所以,美国缺乏统一的权力机关来行使对社会的统治和治理,而且法律也不是至上的,因为总统虽然要宣誓竭尽全力恪守、维护和捍卫合众国宪法,但可以否决国会通过的法律。

政府的政治活动也就是治理主体的社会治理活动,但"政府"一词既可以在狭义上使用,也可以在广义上使用。前者指行政机关,中国日常生活中讲的"政府"是指"国家各级行政机关",不包括立法机关和司法机关。中国国务院总理在每年全国人民代表大会上所作的报告被称为《政府工作报告》,这里的"政府"指的就是国家行政机关。后者指整个治理主体掌握治权的权力机关,涵盖立法机关、行政机关、司法机关,它与国家没有实质性的区别。② 中西方都使用政府概念,但彼此之间存在着很大的区别。

在中国传统社会,统治主体与治理主体之间没有作出严格的区分,政府不过是皇帝处理日常事务的官僚机构。在汉语中,"政",政治、政务、政权;"府",官署之通称。"政府"的本义原指掌握政权、负责为政之道(政策)、处理行政事务的百官之汇集处,即政事堂。唐宋时期,专指宰相的总办公处。据史料记载,唐朝时,朝廷设三省六部制。"三省"分别指中书省、门下省、尚书省,是南北朝至唐代的三个最高中央政务机构。"三省"之长,依次为中书令、侍中(门下)、尚书令,均为宰相级官职,共议国事。具体分工是:中书省负责决策,门下省负责审议,尚书省负责执行。"六部"分别指吏、户、礼、兵、刑、工六个主要部门(亦称"六行"),它们各自的最高长官为尚书,统称"六官"。三省的尚书令和六部的尚书以及尚书下属的百官办公会集之处即政事堂,在此商讨政事,布置政务,修订或颁布政策。宋代司马光的

---

① 《美利坚合众国宪法》,百度百科,https://baike.baidu.com/item/%E7%BE%8E%E5%88%A9%E5%9D%9A%E5%90%88%E4%BC%97%E5%9B%BD%E5%AE%AA%E6%B3%95/3455012?fr=ge_ala。

② 将国家与政府不加区别地使用,最典型的是洛克,他的政治哲学代表作被称为《政府论》,他所讲的"政府"与"国家"大致同义。

《资治通鉴》云:"李林甫宰相领吏部尚书,日在政府。"宋代史学家胡三省所撰之《资治通鉴广注》注曰:"'政府'即政事堂。"此为"政府"一词的出处,可见其本义是官署名,即百官会集办公的地方,再由官署名演变为专指国家行政机关。按行政范围和职权大小,又细分为中央、省市、县区、乡镇等各级政府。① 显然,这种意义的"政府"充其量不过是狭义的政府。从整个传统社会来看,无论是封建专制时代还是皇权专制时代,真正的政府是作为社会统治者的王朝。它既掌握主权又掌握治权,控制着国家的一切权力,所有权力部门都不过是王朝的执行机构。

西方传统社会的政府情形很复杂。在古希腊时代有很多不同的政体或政制,比较典型的是雅典民主制。这种政制实行三权分立,公民大会掌握立法权,陪审法庭掌握司法权,五百人会议掌握行政权,它们相对独立、互相制约,它们一起可视为广义的政府。古罗马共和国时期,政权制度的结构有三个层次:元老院是最高权力和决策机构,总揽行政、立法、外交、军事、财政、司法等大权,并设有保民官、财政官、监察官、司法官等;公民大会选举高级官吏,决定是否对外宣战,表决执政官提交的一切议案,但大会通过的所有议案须经元老院最后批准方能生效;执政官掌管最高军事和民政权力,有点类似今天的行政机构。罗马帝国前期实行普林斯制(Principatus,元首制),其基本特点是公民大会、执政官、保民官、元老院等共和时代的国家机构名义上继续存在,但元首可以援引共和时代的政治制度为依据而拥有各项权力。到了罗马帝国后期,皇帝强化个人专制权力,建立起了更强有力的独裁军事统治,政治制度由普林斯制转向多米那特制(Dominatus,君主制)。最高统治者自诩其权力起源于神,其命令具有法律效力,对臣民拥有生杀予夺之权,而且采用古代东方君主的宫廷朝仪。欧洲中世纪实行封建君主制,先后出现过三种主要形式:封建割据君主制(9—13世纪),国王只是形式上的一国君主,实际上只是一个大领主,其统治权仅限于自己的领地;等级(议会)君主制(13—15世纪),国王设立等级代表机关,由高级骑士、世俗贵族、富裕市民三个等级选派代表组成,它是国王的咨询机关;君主专制制(16—17世纪中叶),国王依靠掌握的军队和税收取消各封建领主的一切权

---

① 参见张永元《"政府"语义的演变》,《新语文学习》(教师版)2009年第2期;王敬松《中国的"政府"一词溯源》,《国学》2013年第7期。

力，控制国家全部权力，建立起中央集权的君主专制制这种政府形式。这种专制制与中国皇权专制制类似，具有绝对主义的特点，国家机器操控在君主一人之手。① 近代西方国家根据自由主义理论普遍建立了立法权、行政权和司法权"三权分立"的政府，这种政府大致上与国家同义。洛克最早提出立法权、执行权（行政权）和对外权三权分立的思想，并且反复强调立法权是国家的最高权力，其余一切权力都是而且必须处于从属地位。他说："在一切场合，只要政府存在，立法权是最高的权力，因为谁能够对另一个人制定法律就必须是在他之上。"② 不过，他所说的对外权实际上也是执行权，所以他所说的分权不是三权分立而是两权分立。后来孟德斯鸠将洛克的对外权修改为司法权，从而最终完成了"三权分立"理论的构建。

"三权分立"肯定主权在民，主张法治和以权力制约权力，相对于中西方传统社会的绝对主义王权统治是一个巨大的进步，但也存在无法克服的问题。按照"三权分立"架构，虽然立法权被视为最高权力，但不可能建立真正代表人民行使公共权力的治权机关，立法权、行政权和司法权不仅是分立的，而且不是一个统一的治权整体。如此，不统一的治权无法对主权负责，人民统治实际上被架空，特别是当人民代表的选举被金钱、资本绑架的时候，人民统治就名存实亡，更谈不上人民统治转化为法律统治，倒是资本统治取代人民统治并转化为了法律统治。克服西方"三权分立"的问题需要重构整个政府的治权结构。为此，笔者提出以下初步构想：政府治权结构的中心或中枢是类似于中国的人民代表大会的最高权力机关，它由人民选举的代表组成，代表人民行使公共权力，为人民服务，对人民负责，接受人民监督。它直接负责立法，同时负责设立行政机关和司法机关对社会进行治理，它们都是从属于最高权力机关治理权力机关，对其负责，接受其监督。因此，社会的政治结构有三个层次：人民是社会的统治者，最高权力机关代表人民进行统治，行政机关和司法机关代表由最高权力机关授权进行社会治理。最高权力机关和行政机关、司法机关构成广义的政府，行政机关为狭义的政府。

---

① 参见徐爽《权力关系中的法治秩序——对西欧中世纪政治结构的分析》，《现代法学》2001年第2期。

② ［英］洛克：《政府论》下篇，叶启芳、瞿菊农译，商务印书馆1964年版，第94—95页。

在人民统治转化为法律统治的条件下，法律在一切权力之上，在社会中具有最高的权威，政府的一切活动都必须在法律的范围内并依据法律进行。但是，在整个社会结构中，法律对于政府像对于个体一样，只是其活动或行为的底线，是一切权力运行的准则而非蓝图，在法律的底线之上，政府具有广阔的作为空间，而且必须有所作为、有大作为。人类之所以要政治就是要通过政府的活动和作为改变人类的自然状态，一方面运用法律的武器防止人们为了生存得更好可能产生的相互妨碍和相互伤害，以及一些人可能对他者（他人、组织群体、基本共同体、人类）进行的侵犯，保护个体的自由和权利，从而维护社会的稳定和谐，使人民和睦相处；另一方面运用政治的力量引导人们为增进共同幸福而努力奋斗，通过为他者作贡献获得自己的人生价值和自己幸福所需要的客观条件，从而增进社会的共同福利，使人民自我实现和生活幸福。如果没有拥有公共权力的政府，人类只会处于人对人是狼的战争状态。洛克虽然把自然状态看作一种自由、平等和负责的完美无缺的状态，但也强调不能没有拥有公共权力的政府。"不存在具有权力的共同裁判者的情况使人们都处于自然状态；不基于权利以强力加诸别人，不论有无共同裁判者，都造成一种战争状态。"①

在追求有为的治理过程中，政府活动的公正性问题即治理公正问题就会凸显出来。治理公正和法律公正是政治公正的两个基本方面。一般来说，在法治社会，法律公正是政府治理公正的前提，没有法律的公正，政府不可能做到真正的公正。但是，政府即使严格在法律范围内并依据法律进行社会治理也仍然有巨大的作为空间（尤其是自由裁量权），因此政府的活动仍然存在着公正性问题。不仅如此，在现代社会，法律是政府制定的，法律是否公正也与政府有直接关系。公正是政府作为的另一个价值向度，就是说，政府不仅要积极有为，而且其作为还必须公正。政府作为公正是政治公正的重要体现，甚至可以说，政治公正需要通过政府作为公正来加以实现。一个政府积极有为而其作为不公正，就会产生政治不公、社会不公，从而导致整个社会的冲突和混乱。因此，政府作为或活动的公正是政治公正从而也是社会公正的决定性、关键性因素。无政府活动的公正，就无政治公正，亦无社会公正可言。

---

① ［英］洛克：《政府论》下篇，叶启芳、瞿菊农译，商务印书馆1964年版，第13页。

第二节　公正、社会公正与政治公正

公正是一个十分古老的观念，"公正像自由、平等一样，也是人类历来向往和追求的美好理想"①。但思想家们对"公正"提出了各不相同的解释，正如美国法哲学家博登海默所说："正义有一张普洛透斯似的脸，变幻无常，随时可呈不同的形状并具有极不相同的面貌。当我们仔细查看这张脸并试图解开隐藏其表面背后的秘密时，我们往往会深感迷惑。"② 尽管如此，到今天人们还是逐渐形成了关于公正的某种共识。这种共识体现为对公正的最一般定义，即所谓公正，就是使相关者得其所应得，或者说，使相关者各得其所。这个定义看起来简单，内涵却十分丰富：首先，公正的主体是具有某种分配、立规、裁定、评价和奖惩等权力的人或机构；其次，公正所涉及的内容是与人们的利益相关的东西，或者说就是利益（包括机会和资源）；再次，公正是一种价值要求或价值原则，其基本含义是公平合理或公平③；最后，公正要求公正主体对于那些恶意破坏公平的邪恶行为给予处罚，正是在这种意义上，人们将公正理解为公平正义。公正的公平要求具体体现为使相关者得其所应得或各得其所。使相关者得其所应得，就是公正的实质，也是公正的根本尺度。④

公正体现在社会及其成员生活的各个方面，但人们普遍关心的是社会公正。"公正是构建和谐社会的基础和根本保证。没有社会公正，就不会有和谐社会。"⑤ 早在古代，思想家就高度重视社会公正问题，孔子明确表达过"不

---

① 江畅：《幸福与和谐》，载《江畅文集》第 3 卷，人民出版社 2022 年版，第 271 页。
② ［美］E. 博登海默：《法理学：法律哲学与法律方法》，邓正来译，中国政法大学出版社 2004 年版，第 261 页。
③ 在汉语中，"公平合理"通常连用，实际上"合理"比"公平"含义更宽泛，它是哲学价值论的基本概念。从哲学价值论看，公平是合理的一种要求或体现，它更准确地表达了公正的实质内涵。
④ 参见江畅《教育考试公正论》，载《江畅文集》第 10 卷，人民出版社 2022 年版，第 26—28 页。
⑤ 江畅：《幸福与和谐》，载《江畅文集》第 3 卷，人民出版社 2022 年版，第 271 页。

患寡而患不均"(《论语·季氏》)的担忧。与传统社会的成员相比,现代人愈益离不开社会公正。在现代社会条件下,平等及社会归属感成为每一个个体人的必需,成为其安身立命的必要条件。同样,按照自己的意愿而不是别人的意志去自主地、自由地、"合意"地生存和发展也是现代人的普遍需求。现代人平等、社会归属感以及自由生存和发展的普遍需求,只有通过国家对社会公正的维护和促进方能得到。现代人面临的社会矛盾纠纷不但数量庞大,种类繁多,成因复杂,而且演化速度较快。这一切表明,现代社会也只有基于社会公正,社会矛盾纠纷方能得以有效化解或缓解。①

"所谓社会公正,是指给每个人所应得,亦即社会成员应当'得其所应得'。"② 这里的"应得"(deserve)是社会公正的核心概念,而且主要是就利益或资源分配而言的,不涉及负担的分配。何为应得?应得就是接受分配者得到自己应该得到的被分配价值物的份额。各分配接受者应得的份额不是分配者随意确定的,通常总是有某种依据,即使没有相应的明确规定,分配者也有某种分配的合理理由,"应得"就是一般意义的依据或理由。在现实生活中,判断"应得"的依据主要是各种法律、法规、制度、政策等主要社会规范,也包括良心、德性、道德情感和道德规范等道德要求。但是,在价值多元化和社会急剧变化的今天,我们还需要从理论上对"应得"究竟意指什么作出回答,以作为解决现实分配公正问题的依据。

从社会公正的角度看,"应得"有两个方面的问题:一是公正主体对已有价值物进行分配面临的"应得"问题;二是公正主体给应该得到价值物者分配价值物的"应得"问题。前一方面的"应得"是报偿性应得,后一方面的"应得"是奖励性应得。奖励性应得也是一种分配,不过是过去关于分配及其公正的研究重视不够的一种分配。关于第一方面的"应得"需要考虑的因素主要有历史文化的惯例、接受分配者对被分配价值物的贡献和人道主义的要求;关于第二方面的"应得"需要考虑的因素只有一个,那就是接受分配者对社会的贡献,包括物质方面的贡献和精神方面的贡献。"应得"原则要求"依据人们在社会竞争中的'表现'进行分配,表现越优者,其分

---

① 参见吴忠民《现代人何以愈益离不开社会》,《社会科学》2018年第10期。
② 吴忠民:《普惠性公正与差异性公正的平衡发展逻辑》,《中国社会科学》2017年第9期。

配份额越大"①。在社会分配中,"应得"是根本分配原则,主导着各行各业的资源分配。

社会公正包括的内容十分丰富。概括地说,主要有以下几个方面。一是品行公正。社会公正主体普遍树立公正观念,形成公正德性,他们对待所有社会成员能够一视同仁。"没有行事不公正的人,也就没有人受不公正待遇。没有行事公正的人,也就没有人受公正待遇。"② 二是机会公正。"机会平等是社会公正的一项重要理念和准则,是公正的底线。"③ 社会在现有条件下给其成员最大可能地提供机会,疏通社会竞争和淘汰渠道,不让机会被少数人垄断,不让机会受到不正常的堵塞,保证人人都有机会,人人都能抓住机会,保证社会流动渠道畅通。三是规则公正。每一个领域都有相应的规则,没有规则的真空,也没有规则的冲突,形成规则的正常完善更新机制,使规则始终不落后于社会现实。社会尤其要通过制度确认社会公正,为社会营造和保持一个有利于每个人各尽所能、各尽其才的环境,从而使每个人不同的才能得到最有效、最充分的发挥,最终实现每个个人的全面而自由的发展。④ 四是结果公正。结果公正并不是绝对平等,而是有差异的平等。社会在分配、立规、裁定、评价和奖惩等各个方面都追求有差异平等的结果,将这种结果保持在可控制范围内,防止社会无限度地分化,建立和完善社会公正支持体系,不断增强社会成员的社会公正感。结果公正需要程序公正提供保证,因此社会要以程序公正促结果公正。公正作为一个价值理念和原则,隐含着实践要求,社会公正的这四个基本方面也就是其价值要求。对于人民统治的民主社会来说,这四个方面的公正都不可缺乏、不可忽视,需要相互配套、相互促进。

社会公正通常是一个结果,这种结果在文明社会是由政治公正产生的。有政治公正才有社会公正,政治不公正绝无社会公正可言。正因为政治公正对于社会公正具有决定性的意义,所以中西思想家历来十分重视政治公正。

---

① 李石:《"应得原则"与社会公正》,《北京大学学报》(哲学社会科学版)2019年第2期。

② [古希腊]亚里士多德:《尼各马科伦理学》,载苗力田主编《亚里士多德全集》第八卷,中国人民大学出版社1994年版,第113页。

③ 刘强:《实践机会平等理念推进社会公正进展》,《科学社会主义》2008年第4期。

④ 参见霍秀媚《制度公正与民主政治》,《探求》2003年第2期。

就中国而言,早在春秋战国时期思想家就高度重视政治公正。① 孔子讲的"政者,正也"(《论语·颜渊》),指的就是从政者必须公正。荀子认为,"上者"为"下之仪""下之本","上公正,则下易直矣"(《荀子·正论》)。在中国传统文化中,公正常常与无私相关联,强调从政者要公私分明、公正无私。例如,《白虎通德论》卷一释"公"这一爵名时说"公者通公正无私之意也",《孔子家语》在评价孔子的弟子澹台灭明时也说"然其为人公正无私,以取与去就以诺为名"。柏拉图把政治公正作为立国的原则:"正义就是我们在建立城邦时说的必须在整个城邦建立起来的东西——要么是正义,要么是正义的某种形式。"② 亚里士多德认为,"政治上的善即是公正,也就是全体公民的共同利益"③。他强调,首先,统治者需要公正,统治者公正,就会实行法治,就不会成为暴君。"公正是为政的准绳,因为实施公正可以确定是非曲直,而这就是一个政治共同体秩序的基础。"④ 其次,公民也需要公正,公民公正,就会更优秀、更高尚。"公正即是共同生活中的德性,凡具备这种德性,其他的所有德性就会随之而来。"⑤ 罗尔斯则将政治公正看作社会制度的最重要价值:"正义是社会制度的首要价值,正像真理是思想体系的首要价值一样。"⑥ 万俊人教授对罗尔斯的这一论断作了这样的解读:"罗尔斯将正义视为社会制度'第一美德'的真正本义在于:作为建构社会基本秩序和规范社会公共行为的制度体系,社会制度所应追求和可能达到的最高目标,首先且最终是社会制度安排本身的公平正义。"⑦ 中西思想家对政治公

---

① 参见冯兵《我国古代的"公正"观念》,《中国纪检监察报》2016 年 4 月 11 日。
② [古希腊]柏拉图:《国家篇》,载《柏拉图全集》(增订版)中卷,王晓朝译,人民出版社 2018 年版,第 131 页。
③ [古希腊]亚里士多德:《政治学》,载苗力田主编《亚里士多德全集》第九卷,中国人民大学出版社 1994 年版,第 98 页。
④ [古希腊]亚里士多德:《政治学》,载苗力田主编《亚里士多德全集》第九卷,中国人民大学出版社 1994 年版,第 7 页。
⑤ [古希腊]亚里士多德:《政治学》,载苗力田主编《亚里士多德全集》第九卷,中国人民大学出版社 1994 年版,第 100 页。
⑥ [美]约翰·罗尔斯:《正义论》,何怀宏等译,中国社会科学出版社 1988 年版,第 1 页。
⑦ 万俊人:《论正义之为社会制度的第一美德》,《哲学研究》2009 年第 2 期。

正的重视给我们的重要启示在于，要建立公正的社会，就必须追求政治公正。

"政治公正是人类不懈追求的政治理想"①，但在存在着统治阶级与被统治阶级对立的传统社会不可有真正的政治公正，如果存在的话，那也是"强权就是正义"。当然，历史上也有过局部的或小范围的政治公正，例如，中国历史上就有包拯秉公执法之类的事例。但这样的事例不过是沙漠里的绿洲，完全不能改变政治总体上极端不公正的格局，也正因罕见，他们才被人们千古传颂。政治公正只有在全体人民成为社会主人、政治主体的民主社会中才会存在。

那么，在民主社会为什么还需要政治公正呢？这是因为在这样的社会自由和平等对于全体社会成员的普遍幸福是必需的，但要使每一个人都自由平等，就会出现这样两个问题：一是一些人的自由可能妨碍或伤害其他人的自由，这样就可能出现一些人自由而另一些人不自由；二是每一个人都有平等地成为社会角色的权利，但人们天资、作为、条件等方面的不平等必然导致享有这种权利的不平等，这样就会出现形式上平等而事实上不平等。这两个问题不能得到妥善解决，社会同样会陷入不公。政治公正就是要着眼于全体人民的普遍幸福，对人们的自由作出适当的限定，对人们由享有平等权利所引起事实上的不平等作适当的调整，并以一定的制约机制使这种限定和调整得以有效施行，从而保证全体人民的自由和平等权利在总体上得到最大限度的实现，使每一个公民得其所应得，不得其所不应得。其重要意义在于，通过公正的政治活动保证每一个公民都能自由地追求幸福，防止自由成为一部分人的特权；保证每一个公民平等地享有权利和履行义务，防止权利与义务的不匹配；调整由自由和平等引起的事实上的社会不平等，防止社会发生严重的两极分化；惩治妨碍和伤害他人自由和平等的行为，即伸张正义，防止社会秩序遭到破坏。②

由以上可见，所谓政治公正，是指在人民民主的社会条件下，政治主体通过政治活动使每一社会成员得其所应得，其自由和平等权利在总体上得到最大限度的实现。西方近现代思想家通常从权利出发界定政治公正，认为对

---

① 霍秀媚：《制度公正与民主政治》，《探求》2003 年第 2 期。
② 参见江畅《幸福与和谐》，载《江畅文集》第 3 卷，人民出版社 2022 年版，第 274—275 页。

权利的侵犯就是典型的政治不公,公正就是要尊重权利,而当权利遭到侵犯时应予以补偿。于是,"公正即各人得其应得"这一传统的原则就被解释为"公正即各人享有各自的权利"。他们强调的个人权利主要包括自由和平等两个方面。① 因此,政治公正对于社会政治生活、对于政治本性及其实践要求的实现具有极其重要的意义。政治公正居于政治生活的"元价值"地位,可以统摄诸如自由与平等、民主与法治、竞争与协商、个人与集体、权利与权力等政治生态诸因素的价值取向,可以平衡和规约相互歧向或冲突的价值和目的之间的错综复杂的关系,并为之提供价值依归,以阐明具体政治实践和理想政治构建的价值目标和应然性标准,为政治生活的正当性提供价值判断和实践遵循,从而催生公共精神,调适社会冲突,规导人们的思想和行动,更好地促进政治实践的健康发展。②

政治公正是一种综合性的价值要求,它不仅包含对自由和平等的要求,而且包含对自由和平等可能导致的社会问题给予适当解决的要求。作为一种综合性的价值要求,政治公正包含以下几条相互联系、不可或缺的基本原则。(1) 普遍自由原则,即每一个公民都应该是自由的,除非妨碍或伤害了他人的自由。这条原则反对在任何时候、任何情况下把人划分为主人和奴隶。(2) 人人平等原则,即每一个公民在承担社会角色以及享有角色权利和履行角色义务方面都应该是平等的。这条原则反对在任何时候、任何情况下把某些角色作为某些人的特权,否定只享有权利不履行义务的特殊公民的合法性。(3) 所得限制原则,即在同一社会内部,一个人不应该拥有过多的资源,以至于剩下的部分不够分配给所有其他的人或家庭使他们能维持在生存的基础线上。这条原则防止社会财富个人垄断。(4) 最低保障原则,即在同一社会内部,没有人拥有的比他足够达到正常生活所需要的还少。这条原则防止社会出现无法生存的穷人。(5) 侵害补偿原则,即任何一个公民,只要他有意侵犯了他人的权利,他就必须对被伤害人或社会作出必要的补偿。这五条原则是实现政治公正必须同时遵循的基本原则,其中任何一条原则都是必要的。作为公正社会的基本原则,它们也是衡量一个社会或国家公正与否、是好是坏的

---

① 参见霍秀媚《制度公正与民主政治》,《探求》2003 年第 2 期。
② 参见王岩、陈绍辉《政治正义的中国境界》,《中国社会科学》2019 年第 3 期。

基本标准。① 一个社会要成为公正的，其政治就必须始终坚持和贯彻这五条原则。这种坚持和贯彻的过程也就是政治公正实现的过程。

第三节　政治活动公正的含义及要求

社会公正取决于政治公正，政治公正则是政治活动的结果，政治活动公正才会有政治公正，而且必定会有政治公正，政治活动不公正绝无政治公正可言。政治活动公正是政治公正的必要条件，也是社会公正的充分条件。政治活动公正如同政治公正一样，其大前提在于社会是全体人民真正当家作主的民主社会，否则即便有个别决策和个别政治家的政治活动公正，也不可能有整个社会政治活动的公正。鉴于这种情况，我们这里只讨论民主社会的政治活动公正，不考虑非民主社会中偶发的政治活动公正。

所谓政治活动公正，是指在真正的民主社会，作为政治主体的人民和政府，根据政治本性及其实践要求，以政治公正原则为依据从事一切政治活动，并产生政治公正的结果。关于这一界定有几点需要加以阐述。

第一，公正的政治活动的主体必须是全体人民和作为其代表的政府。一定基本共同体的政治活动主体就是它的政治主体。在民主社会，政治主体包括主权主体即全体人民和治权主体即政府，它们同时也是政治活动的主体。全体人民包括个人和组织群体，指的主要是由全体社会个体构成的共同体。② 他们的政治活动可能是不同层次的，如中央、地方和基层；也可能是不同方面的，如选举活动、参政议政活动、监督政府活动等。政府也包括从中央政府到基层政府，立法、行政、司法及其相关部门。一切不属于人民和政府的其他政治主体不属于公正的政治活动主体的范畴，无论其政治活动是否公正，如试图对基本共同体产生政治影响的境外政治势力就不是其公正的政治活动主体。

第二，公正的政治活动是以政治的本性及其实践要求为根据的政治活动。公正的政治活动必须体现政治的人民性本性，以谋求社会中所有个人的幸福

---

① 参见江畅《理论伦理学》，湖北人民出版社 2000 年版，第 293—294 页。
② 参见江畅、卢蔡《坚持和发展人民至上》，《华中科技大学学报》（社会科学版）2022 年第 1 期。

为终极目的。体现政治的人民性本性是政治活动应始终坚持的根本政治立场，只有坚持这一根本政治立场的政治活动才是公正的，否则不仅是不公正的，而且是根本错误的。所以，习近平同志从中国共产党作为执政党的角度强调："人民立场是中国共产党的根本政治立场，是马克思主义政党区别于其他政党的显著标志。"① 公正的政治活动还必须充分体现政治本性的实践要求，以人民至上、法律统治、道德导向、清正廉洁、人民幸福、社会公正为活动的核心理念和基本原则，努力使之得到实现。当然，在追求这些实践要求实现的过程中，政治活动主体还必须考虑历史文化传统和现实社会条件，使政治活动既具有终极追求又切实可行、稳步推进。

第三，公正的政治活动必须以政治公正原则为基本遵循。政治活动的直接目标是实现当下的政治公正，从而实现社会公正。因此，政治活动必须始终坚持和贯彻政治公正原则。罗尔斯提出了著名的两个公正原则："第一个原则：每个人对与所有人所拥有的最广泛平等的基本自由体系相容的类似自由体系都应有一种平等的权利。""第二个原则：社会和经济的不平等应这样安排，使它们：（1）在与正义的储存原则（它在要求某一代为后代的福利储存的可能数量方面提出了一个上限——引者注）一致的情况下，适合于最少受惠者的最大利益；并且（2）依系于在机会公平平等的条件下职务和地位向所有人开放。"② 这两条原则虽然已得到普遍公认，但不够全面。笔者提出的普遍自由、人人平等、所得限制、最低保障和侵害补偿五项基本原则，不仅是作为政治本性实践要求的社会公正的直接体现，而且是整个政治本性得以实现的保障条件，需要加以坚持和贯彻。只有坚持这五项基本原则的政治活动才是公正的，才能够体现政治本性的实践要求，违反其中任何一条都是不公正且有害的。

第四，政治活动公正既包括活动结果公正也包括活动过程公正。政治活动追求的是其结果的公正，这就是政治公正。政治公正是政治活动公正的直接目的，实现了这一目的政治活动才能算得上是公正的。但政治活动公正要求实践政治公正目的的活动过程（包括程序）也必须公正，必须在道义上是

---

① 习近平：《在庆祝中国共产党成立95周年大会上的讲话》，《求是》2021年第8期。
② ［美］约翰·罗尔斯：《正义论》，何怀宏等译，中国社会科学出版社1988年版，第292页。

正当的，就是说符合道德要求。如果政治活动过程不公正、不正当、不道德，即使其结果公正也不是真正的公正。任何为了公正目的而不择手段的政治活动都是不公正的。马基雅维里主张，为了建立强有力的政治统治，君主可以不受道德的束缚，在必要时可以抛弃道德。① 但是，如此建立的政治统治，无论多么强有力、多么有利于国家统一，都不具有公正性。

一个社会的政治活动极其复杂，包括不同层次、不同方面，政治活动追求和实现公正的情形因而就十分复杂。有学者根据美国政治学家大卫·伊斯顿提出的"政治体系"理论中蕴含的分析政治行为及其社会基础的方法，以及更侧重于结构—功能分析的美国政治学家阿尔蒙德、鲍威尔等人提出的新政治体系的运作模型，将政治活动公正划分为五个方面。（1）政治录用公正，即政治体系通过特定方式选用人员在政治结构中担当各种角色的公正。（2）政治输入公正，其核心问题是利益表达公正，即利益集团或个人提出某种利益要求的公正。（3）政治转换过程公正，包括利益综合公正和政策制定公正。利益综合公正是指在这些利益综合的过程中各个利益综合主体的相互关系、政治环境、政治资源等方面的公正。政策制定公正是指权威性政策的制定过程、执行和裁决的公正。（4）政治输出公正，即政治体系内部当局所履行的决策和行为的公正，狭义上特指政府作为的公正。政治输出公正可进一步划分为四个方面：一是提取性公正，即政治体系从国内国际环境中提取资源的公正，也就是政治体系提取国内税收、服役以及从国际环境中提取原料、商品、外援、索赔等其他资源的公正；二是分配性公正，即政治体系向国内国际环境分配金钱、商品、服务、机会、荣誉、地位等的公正；三是管制性公正，即政治体系在国内国际环境对人类行为进行管制（如惩处犯罪、强制履行责任和义务、准许开展各项活动、统一规定度量衡、反垄断、保护环境等）的公正；四是象征性公正，即政治体系为增强自身在其他方面的作为能力而输出的象征作为的公正。（5）政治反馈公正，即有关政治系统内源自输出的相关信息向当局回归的机制及结果的公正。② 这五类政治活动公正，隐含着政治公正五个方面的基本

---

① 参见江畅《西方德性思想史》近代卷，载《江畅文集》第 6 卷，人民出版社 2022 年版，第 95 页。

② 参见段志超《政治公正的系统分析与和谐社会建设》，《学习与探索》2009 年第 4 期。

要求，其分类是有根据的，而且比较详尽、周全，但不便于人们理解和掌握。如果我们从政治主体活动的基本领域的角度来考虑，政治活动的公正可以归结为统治活动公正、立法活动公正、行政活动公正和司法活动公正，其中第一类政治活动公正的主体是人民，后三类政治活动公正的主体是政府。我们可以从这四个大的方面来考虑政治活动公正的基本类型和相应要求。

人类已经找到了实现统治活动公正的形式，这就是民主和法治，即人民用法律统治。民主和法治就是统治活动公正的基本要求。以人民统治为实质内涵的民主制是古希腊雅典城邦的发明，但作为民主产儿的苏格拉底、柏拉图和亚里士多德师徒三人都不怎么看好民主制或民主政体，他们还将民主政体划分为好的民主政体或共和政体和坏的民主政体或平民政体，划分的根据就在于是否实行法治。在亚里士多德看来，平民政体因为法律失效而根本就不成其为一个政体，"因为在法律失去其权威的地方，政体也就不复存在了"[1]。近代西方启蒙思想家吸取古雅典民主的教训，将直接民主改变为间接民主，强调法律是社会最高权威，实现了民主与法治的统一，并且在西方被付诸政治实践。但是，西方的代议制民主制又暴露出许多问题，而根本问题就在于资本家与无产者之间的对立，以至于马克思戏称它们是"两种极不相同的商品占有者"：前者是"货币、生产资料和生活资料的所有者"；后者是"自由劳动者，自己劳动力的出卖者，也就是劳动的出卖者"[2]。显然，虽然这样的劳动出卖者和资本家一样也是公民，但他们的经济状况决定了他们没有能力享受公民权利，于是，他们的权利汇聚成为资本家的政治统治权力。这就是说，西方资本主义社会克服了雅典民主的缺陷，实现了民主与法治的统一，但占人口绝大多数的无产者并没有成为社会的统治者，他们的意志也没有可能充分转化为法律，社会真正的统治者是资本家，而最高权威是体现资本家意志的法律。按亚里士多德的说法，真正意义的公民，"就是参与法庭审判和行政统治的人，除此之外没有任何其他要求"[3]。亚里士多德这里讲的

---

[1] ［古希腊］亚里士多德：《政治学》，载苗力田主编《亚里士多德全集》第八卷，中国人民大学出版社1994年版，第130页。

[2] 《马克思恩格斯文集》第5卷，人民出版社2009年版，第821页。

[3] ［古希腊］亚里士多德：《政治学》，载苗力田主编《亚里士多德全集》第九卷，中国人民大学出版社1994年版，第74页。

是直接民主的要求，现代社会不可能做到，但如果大多数公民不能成为统治者，人民统治就成了空话。今天，要真正实现统治活动的公正，就必须克服西方国家民主存在的形式上人民统治而实质上资本统治的问题，让人民真正成为社会的主人，并将人民统治转化为法律统治。

这种转化需要通过立法活动来加以实现，这就提出了立法活动的公正问题。前文已指出，立法活动的主体不可能是全体人民，只能是立法机关，因此立法活动公正的主体是立法机关。党的二十大报告要求"推进科学立法、民主立法、依法立法、统筹立改废释纂，增强立法系统性、整体性、协同性、时效性"[1]，这为今天中国的立法活动公正提供了基本遵循。立法活动公正才会有立法公正，立法活动及其结果如果不公正，法律就不仅仅是有问题的法律，更是恶法。立法活动公正涉及两个方面的问题：一是法律与统治主体的关系问题；二是法律与统治对象的关系问题。社会统治主体与统治对象看起来在外延上完全相同，但其实质内涵和外延都不相同。作为统治主体的人民指的是人民整体，是由各类人民个体组成的基本共同体，而作为统治对象的人民指的是人民个体，包括单个个人和各类组织群体。从与统治主体关系的角度看，立法活动的公正性主要要求通过各种途径使法律真正体现统治主体的共同意志。例如，我国过去采取的一种重要的民主形式是社会主义协商民主，近年来又推出了全过程社会主义民主的新形式，这种新形式被看作社会主义民主政治的本质属性。[2] 这些形式都是中国特色社会主义民主政治的特有形式，旨在充分体现作为政治主体的人民的意志，增进全体人民的福祉。从与统治对象的关系角度看，立法活动的公正性主要要求所制定和实施的法律能够为人民个体所遵守，能够转化为人民个体的真诚信仰。对此，亚里士多德有过经典论述："我们应该注意到邦国虽有良法，要是人民不能全都遵循，仍然不能实现法治。法治应包含两重意义：已成立的法律获得普遍的服从，

---

[1] 习近平：《高举中国特色社会主义伟大旗帜　为全面建设社会主义现代化国家而团结奋斗——在中国共产党第二十次全国代表大会上的报告》，人民出版社2022年版，第41页。

[2] 参见梅荣政《坚持和发展全过程人民民主》，《中国社会科学报》2023年3月21日，第1版。

而大家所服从的法律又应该本身是制定得良好的法律。"① 亚里士多德在这里告诉我们,要让全民守法,所制定的法律必须是公正的良法。

在所有政治活动中,行政活动公正最为复杂,且因与社会公众利益直接相关而被普遍关切。"与私人企业以赢利为基本目标不同,公共管理的最高价值准则不是效率,而是公正。"② 行政活动公正的主体是政府的行政机关,而行政机关发生不公正问题的风险最大。其原因有三:一是行政机关十分庞大,工作人员多,也就更有可能发生滥用权力的问题;二是负责人以外的工作人员都是选聘的,他们绝大多数并不是人民代表,他们不存在对选民负责的问题,他们从事行政活动不过是职业而已;三是他们掌握着广泛的权力,尤其是政策的制定权和实施权,而且拥有相当大的自由裁量权,容易受到外在力量的腐蚀而滥用权力。行政活动的公正有两个方面的基本要求。其一,必须依法行政,在法律授权范围内并依据法律行使权力,推进法治政府建设。③ 行政机关是法律执行机关,必须忠实履行法律赋予的职责,在法律范围内依法行使权力,这是行政活动公正的基本要求。违背这一要求的一切行政活动都是不公正的,都属于滥用权力。其二,必须为民造福,在法律允许的范围内运用权力的力量增进公共利益。这一要求并不是法律的规范要求,而是行政机关的职责要求。它可能是以法律或制度的形式明确规定的,也可能没有明确规定,而且弹性极大,行政机关可以积极有为、开拓进取,也可以维持现状、得过且过,还可以消极懈怠、尸位素餐。在这几种情形中,只有不断谋求发展的行政活动才是公正的,其他行政活动都是不公正的。谋求发展也存在着公正性的问题。从发展的角度来看,行政公正有四个不同方面的要求。一是要求发展本身具有公正性,要对发展的方向和重点给予正确定位,防止错误的发展、迷失方向的发展;二是要求保证发展方式选择和实施的科学性,其战略和策略切实可行,用最好的方法取得最好的效果,使社会资源得到最大限度的利用;三是要求在一个共同的运行体系内形成社会合作,能够形成发展的整体效应;四是要求发展的成果能够为人民群众所共享,形成强弱适

---

① [古希腊]亚里士多德:《政治学》,吴寿彭译,商务印书馆1965年版,第199页。
② 高国希:《制度公正与政府责任》,《文史哲》2008年第6期。
③ 参见肖捷《扎实推进依法行政》,《人民日报》2022年11月17日,第6版。

当平衡的机制,在效率与补偿相结合的原则下确保发展的目标不会偏离。[1]

司法活动公正追求的是司法公正,司法公正与社会个体的关系最为直接,事关公众的切身利益,所以说"公正司法是维护社会公平正义的最后一道防线"[2]。司法公正包括实体公正和程序公正两个方面。司法实体公正是司法公平正义在裁判结果意义上的体现,对社会公众关于司法公平正义的感受具有更强烈的冲击力与影响力。程序公正是司法公平正义在审理过程中的体现,对人民群众司法公平正义的感受所造成的影响更具持续性。司法程序公正像司法实质公正一样重要且与之相互作用、相辅相成。没有司法程序公正制约与保障的司法实质公正,往往容易沦为被操控的工具,甚至制造出不公正的不良后果;而缺乏司法实质公正追求的司法程序公正,也无法实质性地保障社会公正秩序。[3] 但是,司法程序所依赖的一系列制度规范离不开法官的具体实施和具体司法活动。在司法权力运行从程序启动到作出裁判的整个过程中,司法人员行为的公正至关重要,司法人员的行为公正是让人民群众得以"感受"司法的实体公正和程序公正的重要桥梁与必要媒介。司法是人和制度的有机结合,即使有最明晰的规则、最透明的程序、最精巧的法庭技术,司法人员仍是最关键的因素。因此,司法活动公正的要求实质上就是对司法人员行为公正的要求。这些要求包括法律信仰的自觉尊崇、职业素养的自觉修炼、职业形象的自觉维护等。当然,也还需要通过制度建设强化对司法人员的外部监督和制约。[4]

第四节 政治智慧与政治活动公正

政治活动公正取决于政治活动主体的公正,而政治活动主体虽然是指整

---

[1] 参见彭劲松《发展与公正》,《哲学与中国》2017年秋季号。

[2] 习近平:《高举中国特色社会主义伟大旗帜 为全面建设社会主义现代化国家而团结奋斗——在中国共产党第二十次全国代表大会上的报告》,人民出版社2022年版,第42页。

[3] 参见孙辙、张奠《司法的实体公正、程序公正及法官的行为公正》,《法律适用》2022年第3期。

[4] 参见孙辙、张奠《行为公正:司法公正的"第三种样态"》,《学海》2020年第6期。

体性主体，即作为整体的人民和作为整体的政府，但人民是由个人组成的，政府也是由工作人员个人组成的。因此，政治活动最终都是由个人所从事的活动汇集而成，政治活动的公正也就最终取决于从事政治活动的个人。可以这么说，从事政治活动的个人越公正，政治活动就越公正。公正对于个人来说，不只是一种原则，而且是一种德性品质。只有当从事政治活动的人具备了公正德性，他才会使公正办事成为无意识动机，而不是外在的约束。因此，要提高政治活动公正的程度，从而提高政治公正和社会公正的程度，必须从提高从事政治活动的个人的公正德性水平着手。公正在苏格拉底和柏拉图那里，乃至在整个古代希腊，都被看作德性的总体，在一定意义上是德性的代名词，即所谓"公正是一切德性的总汇"①。一个人具备了公正德性就意味着具备了所有的德性，他就是德性之人。当然，从事政治活动的个人尤其是政府工作人员要真正做到公正或使政治活动的结果公正，还要求综合素质高、专业能力强。从事政治活动的个人的公正德性、综合素质、专业能力的有机统一就是个人的政治智慧，而所有从事政治活动的个人的智慧凝聚到一起就构成了政治主体的政治智慧。政治主体的政治智慧是政治活动公正乃至政治公正的充分必要条件，可以说政治活动公正就是政治智慧的体现。政治活动过程和结果要公正，政治活动主体必须具有政治智慧。

"智慧是自古代以来一直作为运用过好生活所需要的知识来歌颂的理想。'智慧'超出简单地知道/理解什么事物是可供选择的，而提供在它们之间进行辨别的能力，选择其中最好的。"② 智慧是人特有的一种复杂机能，是人的灵性的集中体现，是理智的优化和德化所达到的最佳状态。"智慧是适应人更好生存需要形成的，观念正确、知识丰富、能力卓越和品质优良在经验基础上实现有机协调的，注重整体观照、恪守推己及人、践行中庸之道、既入世又出世、明智审慎并重、使所有活动恰当合理的综合统一机能和活动调控机制。"③ 人的智慧只有一种，但作为一种综合机能会体现在人生活的方方面面，因此可以从不同角度对智慧进行划分，政治智慧属于从社会生活角度划

---

① ［古希腊］亚里士多德：《尼各马科伦理学》，载苗力田主编《亚里士多德全集》第八卷，中国人民大学出版社1994年版，第96页。
② "Wisdom", in *Wikipedia, the Free Encyclopedia*, http://en.wikipedia.org/wiki/Wisdom.
③ 江畅：《德性论》，载《江畅文集》第4卷，人民出版社2022年版，第315页。

分的一种类型,它是人的智慧在政治生活领域中的运用和体现。从以上智慧的定义来看,政治智慧就是政治主体在对政治的人民性本性及其实践要求有深刻理解的基础上,具有正确的政治观念、丰富的政治知识、卓越的政治能力和优良的政治德性,在政治实践上既明智又审慎,能做到恰如其分、公平合理。这里说的政治主体可能是一个人(君主)、统治阶级、全体人民或政府。政治智慧大致上可以划分为认识智慧和实践智慧,对政治的人民性本性及其实践要求具有真理性知识可以说是认识政治智慧,而政治判断明智和政治选择审慎是实践政治智慧。政治上观念正确、知识丰富、能力卓越和品质优良可以说是政治智慧的基础,但它们需要在政治经验中融为一体。

政治要实现公正,需要政治活动公正,而政治活动要做到公正,则需要政治主体具有智慧。这一点在中国最早是老子和孔子发现并论述的,在西方则是柏拉图、亚里士多德师徒二人最早提出并加以论证的。通常认为,孔子的社会理想是"大同",其实并非如此。"大同"只是孔子的向往,他认为在"天下为家"的社会条件下实现不了,他真正的社会理想是"小康",其范本就是西周:"周监于二代,郁郁乎文哉!吾从周。"(《论语·八佾》)他关于小康社会有很多论述,后来儒家将其概括为"天下平"。"天下平"就是天下太平,即社会安定和谐,而天下平的基础是政治公正。《吕氏春秋·贵公》云:"昔先圣王之治天下也,必先公,公则天下平矣。平得于公。"这里说的"平",就是社会安定和谐;"公"则是指政治公正。《大学》则根据圣王之治的经验概括出"天下平"的路径:"身修而后家齐,家齐而后国治,国治而后天下平。"这是儒家给人们指出的如何成为圣王的"内圣外王"之道。在先秦儒家看来,圣王就是圣人之王,圣王之治实际上就是圣人之治。从《易传》中的有关论述看,孔子和儒家所描述的圣人(圣王)之圣主要体现在他们德才兼备,具有政治智慧。在儒家看来,圣王具有三个特点:一是目光敏锐,能顺应天地人之道;二是智慧超凡,创制八卦以昭示吉凶;三是德性高尚,顺应天道以德养民。① 道家的政治理想与儒家不尽相同,但也认为要实现天下平,君王必须是具有智慧的圣王。老子眼中的圣王或圣人以无为实现有为,"以百姓心为心"(《老子》四十九章),顺从自然,朴实无华,富有智慧,品

---

① 参见江畅《中国传统价值观及其现代转换》,载《江畅文集》第 9 卷,人民出版社 2022 年版,第 102—103 页。

质高尚。① 虽然儒家和道家对圣王和圣王之治的理解不尽相同，但他们都强调具有政治智慧的圣王的政治活动对于天下公、天下平的决定性意义。

与老子、孔子重视圣王、圣王之治不同，柏拉图推崇"哲人王"、哲王之治。柏拉图的理想国有三个特征：一是追求整个城邦的最大幸福；二是具备基于智慧、勇敢、节制德性的公正的德性；三是由"哲人王"统治。他的逻辑思路是，城邦的最大幸福是社会的终极目的，最大幸福体现为社会具有公正德性，而社会的公正德性在于哲人王的政治活动。他认为，正确地建立起来的城邦"显然是智慧的、勇敢的、节制的和正义的"②，其智慧的最重要体现就是少数统治者富有智慧；而它被称为勇敢的是因为保卫城邦、为城邦打仗的人是勇敢的；它具有节制德性则体现为国家或所有公民的天性优秀部分统治天性低劣部分。社会中的这三部分各自具备自己的德性，整个社会就具有了公正的德性，具体体现为他们各守本位、各司其职。"挣工钱的人、辅助者和护卫者在城邦里各自做他自己的工作，是正义的。"③ 但这种公正的格局不是自然形成的，而是具有哲学智慧的人即"哲人王"实行统治的结果。"哲人王"因有哲学智慧而会认识终极实在并获得绝对真理，即能掌握最高的理念即善理念，并按照善的原则进行国家管理，革除陈规陋习，追求国家的最高德性和德性总体即公正的实现，从而使整个社会达到所有成员在承担最适合其天性的职务的前提下各守本位、各司其职、各得其所的和谐状态。"一位或者多位真正的哲学家掌握城邦的权力，他们藐视现今的荣耀，认为它们是奴性的、无价值的，他们重视正义和由正义而来的光荣，把正义看得高于一切，不可或缺，他们通过维护正义重整和管理他们的城邦。"④

上述古典时代思想家心目中的政治主体基本上都是君王，推崇的是圣王之治或哲王之治，这是有历史局限性的。几千年的文明史已一再证明，实行

---

① 参见江畅《中国传统价值观及其现代转换》，载《江畅文集》第9卷，人民出版社2022年版，第104—105页。

② [古希腊]柏拉图：《国家篇》，载《柏拉图全集》（增订版）中卷，王晓朝译，人民出版社2018年版，第124页。

③ [古希腊]柏拉图：《国家篇》，载《柏拉图全集》（增订版）中卷，王晓朝译，人民出版社2018年版，第133页。

④ [古希腊]柏拉图：《国家篇》，载《柏拉图全集》（增订版）中卷，王晓朝译，人民出版社2018年版，第253页。

• 第七章　政治活动的公正性 •

君主政制，无论君主是圣人还是哲人，即使他们的政治活动是智慧的、公正的，都不可能使社会真正成为公正的社会。而且，中西传统社会似乎也从未见有真正的圣王或哲王，从这个意义上看，古典思想家的圣王之治或哲王之治不过是空想。但是，值得高度重视的是，他们主张政治主体必须具有智慧，既要有高尚的德性，又要有卓越的才能，深刻揭示了政治活动的真谛。社会政治主体可以由君王转变为全体人民，但政治主体必须具有智慧，其政治活动必须运用和体现智慧，这却是不可改变的。即使全体人民成为政治主体，如果人民主体和治理主体没有智慧，其政治活动绝无可能成为公正的，也不可能由此产生政治公正和社会公正。

在人民成为政治主体的情况下，政治主体具有智慧既包括全体人民有智慧，也包括作为人民代表的治理主体即政府有智慧，其中治理主体的智慧对于整个社会的政治活动的意义更重要、更关键。全体人民的智慧主要体现在两个方面。一是选举代表有智慧。选举代表有智慧不仅在于全体社会成员整体智慧水平高，而且在于在选举的过程中运用智慧，如此他们才能产生智慧水平高的代表。二是参政议政有智慧。在规模普遍宏大的现代社会，不可能实行直接民主，不可能让全体人民直接制定法律和参与决策。即使全体人民直接参政，他们也必须具有智慧才能使政治活动公正。与人民主体不同，政府直接从事社会治理，包括立法、行政和司法等各个方面和全过程的政治活动。他们具有智慧，才能制定公正的法律，作出公正的决策，才能在立法、行政和司法的具体活动中公正无私，实现政治公正和社会公正。无论是人民主体还是治理主体，构成它们的个人的智慧无疑是根本性的，但政治主体的智慧、政治主体活动的智慧并不等于他们各自智慧的总和，而是他们的智慧的汇聚整合。这种汇聚整合起来的智慧才会产生整体大于个体之和的效应。无论是人民主体的智慧还是治理主体的智慧都应是这种汇聚整合的智慧，这种智慧而非单个人个别的智慧才是完整意义上的政治智慧。

君主统治只需要他一人具有智慧就能运用于其政治活动，但在政治主体多元的情况下，就存在如何将所有从事政治活动的个人以及组织群体的政治智慧汇聚整合到一起的问题。那么，由谁来发挥这种汇聚整合作用呢？在亚里士多德看来，汇聚整合民智的人只能是统治者，而统治者要做到这一点，他自己不仅最应该是善良之人，而且还必须具有智慧尤其是实践智慧（明智）。"贤明的统治者就是善良和明智之人，而且一位政治家必须是明智的。"① 他认为，不管在哪种政体之下，统治者的职责都是管理，要管理好就必须具有实践智慧，即明智，对被统治者来说则不需要这种德性。"统治者独特的德性是明智；因为其他诸种德性似乎都必然为统治者和被统治者所共有。被统治者的德性当然不是明智，而不过是真实的意见；因为被统治者就同制笛的人一样，统治者则是吹笛或用笛的人。"② 按照亚里士多德的逻辑，如果所有社会成员都是统治者，那么他们都应该具备实践智慧德性。在传统社会，没有也不可能有社会中的所有人（包括社会中所有人和组织群体）都成为统治者的先例，统治者即使有实践智慧，充其量也只是汇聚整合了少数统治者的智慧，甚至只是君王个人的智慧，不可能汇聚整合社会中所有人的智慧。但在全体人民成为统治者的真正民主社会，所有社会成员都应具备实践智慧，由政府来履行汇聚整合民智的职责。政府一方面可以利用立法机构在汇聚整合民意的同时汇聚整合民智，将其凝聚于法律；另一方面可以通过行政机关和司法机关汇聚整合民智并将其落实到社会治理的政治活动中去。

在汇聚整合民智方面，近代兴起的政党发挥了重要作用，今天许多西方国家的民主政治实质上是政党政治，政党成为社会中的重要政治主体。政党政治是从传统专制社会走向民主社会过程中出现的一种特殊政治现象，只有在一个国家的范围内出现了多种不同的利益集团时才可能出现代表其利益的政治代表——政党。因此，政党政治的出现与社会利益主体多元化直接相关，政党不过是一定的利益集团在政治上的代表，而政党政治是党派利益与全民利益兼顾的多党竞争政治。政党政治对于打破集权制政治、建立分权制政治，对于国家的全民化具有重要的意义。政党政治的最大问题是政治常常会成为少数大的利益集团的政治，这些利益集团为政党执政提供支持，政党执政时就不能不考虑其所代表的利益集团的特殊利益，因此它们不可能完全代表全民利益，也不可能集中全社会智慧。针对西方政党政治存在的弊端，中国创立了一种中国共产党领导的多党合作和政治协商制度。"说它是新型政党制度，新就新在它是马克思主义政党理论同中国实际相结合的产物，能够真实、

---

① ［古希腊］亚里士多德：《政治学》，载苗力田主编《亚里士多德全集》第九卷，中国人民大学出版社1994年版，第80页。

② ［古希腊］亚里士多德：《政治学》，载苗力田主编《亚里士多德全集》第九卷，中国人民大学出版社1994年版，第82页。

广泛、持久代表和实现最广大人民根本利益、全国各族各界根本利益,有效避免了旧式政党制度代表少数人、少数利益集团的弊端;新就新在它把各个政党和无党派人士紧密团结起来、为着共同目标而奋斗,有效避免了一党缺乏监督或者多党轮流坐庄、恶性竞争的弊端;新就新在它通过制度化、程序化、规范化的安排集中各种意见和建议,推动决策科学化民主化,有效避免了旧式政党制度囿于党派利益、阶级利益、区域和集团利益决策施政导致社会撕裂的弊端。"[①] 从根本上说,这种新型政党制度之"新"在于其核心——中国共产党是中国工人阶级的先锋队,同时是中国人民和中华民族的先锋队。它不仅能够代表中国最广大人民的根本利益,而且能够集中全体人民的政治智慧,引导全体中国人民追求真正政治本性所指向的终极目的即"以每一个个人的全面而自由的发展为基本原则"的共产主义社会的实现。

[①] 齐惠:《新型政党制度"新"在何处?》,《学习时报》2022 年 7 月 20 日。

第八章 政治权力的正当性

作为社会管理方式，政治与氏族管理方式以及其他社会管理方式最明显的不同是它凭借具有强制性的政治权力进行整个社会的管理（administration）。正因如此，政治管理通常就被称为"治理"（governance）。政治权力是政治的决定性、关键性要素。政治权力强制的对象是全体人民（包括所有个人和所有组织群体），全体人民要服从社会治理机构凭借权力实行的管理，就存在着政治何以有权力强制成员、权力本性是什么、权力怎样产生和怎样行使才是正当的、具有强制力的政治权力与作为政治主体个人的权利之间的关系应当怎样、全体人民拥有的最高社会权力如何通过法律来体现和通过社会治理机构来行使等事关政治权力的基本问题。政治权力的强制性来自其正当性，因此上述这些问题可归结为政治权力的正当性问题。政治权力的正当性是政治哲学需要研究回答的根本性问题。

第一节 政治权力的概念及其本性

在人类历史上，权力（power）是一种十分古老的社会事物，当社会需要管理者进行管理时权力就产生了，因此权力至少可追溯到氏族公社的产生。进入文明社会后，人们赋予了权力种种含义，形成了不同的权力观念或概念。[1] 但是，政治权力作为一种社会事物和思想观念是伴随着人类进入文明社会才出现的，而对政治权力进行理论探讨并形成概念则到轴心时代才开始。政治权力是政治之所以为政治的决定性、关键性因素，政治作为社会管理的一种方式凭借政治权力而生成，因此，没有政治权力也就无所谓政治，更无

---

[1] 参见王浦劬等《政治学基础》，北京大学出版社2018年版，第79页。

所谓到目前为止的文明社会的政治载体——国家。

关于政治权力是什么的问题，有种种不同的理解。在我国，《马克思主义大辞典》把"政治权力"称为"政权"，并对政权作了这样的解释：政权亦称"国家政权""国家权力"，"即统治阶级凭借国家机器对被统治阶级实行政治统治的权力，通常由军队、警察、监狱、法庭等暴力机关保证其实施。有时也指体现国家权力、行使国家职能的相关机关的总称。它是阶级斗争的产物和工具，具有强制性和普遍的约束性"。[1] 在这种观点看来，国家政权是社会政治结构即政治上层建筑的核心和主体，是国家政治体系运行的基本设置。国家政权把整个政治结构结合起来，成为控制社会的强大机构，并且通过这个机构来控制和管理全部社会生活。国家政权在不同领域表现为不同形式。在阶级社会里，政治集中代表一个阶级的根本利益。因此，政权掌握在哪个阶级手中，执行哪一个阶级的路线、方针、政策，是区分不同上层建筑的一个重要标志。这种对政治权力的解释全面而准确，在我国理论界和学术界得到了普遍认同。然而，这种解释的问题在于，它是对政治权力这一现实事物或现象的概括总结，所反映的是政治权力的现实本质，而没有反映它的本然本质，没有揭示它的本性。如果我们不把政治理解为"以经济为基础的上层建筑，是经济的集中表现，是以国家权力为核心展开的各种社会活动和社会关系的总和"[2]，而像本书这样，把它理解为社会主权者凭借政治权力、运用法律、通过其代表治理社会的社会管理活动，那么，我们对政治权力及其本性就会有不同的理解。

在恩格斯看来，政治权力就是公共权力。[3] 他在分析国家产生时认为国家与旧的氏族组织（它们都是社会管理机构）有两点不同。一是国家按地区来划分它的国民，改变了氏族成员被束缚在一定地区的格局。地区依然，但不同氏族的人们已经是流动的了。二是公共权力的设立。"构成这种权力的，不仅有武装的人，而且还有物质的附属物，如监狱和各种强制设施，这些东西

---

[1] 徐光春主编：《马克思主义大辞典》，崇文书局2017年版，第165页。

[2] 《政治：政府、政党等治理国家的行为》，百度百科，https://baike.baidu.com/item/%E6%94%BF%E6%B2%BB/169778? fr=ge_ala。

[3] 参见《马克思恩格斯选集》第4卷，人民出版社2012年版，第187页。

是以前的氏族社会所没有的。"① 那么，为什么需要这种公共权力呢？恩格斯认为，人类进入文明社会时，社会陷入了不可解决的自我矛盾，分裂为不可调和的对立面而又无力摆脱这种局面。为了使这些对立面、这些经济利益互相冲突的阶级不致在无谓的斗争中把自己和社会消灭，就需要有一种表面上凌驾于社会之上的力量。于是，公共权力就产生了。不过，在那时以及后来的文明社会里，这种公共权力采取了国家这种形式，而国家被经济上占统治地位的阶级掌握。恩格斯的考察分析告诉我们，公共权力是人类从氏族社会（他也称之为"野蛮时代"）走向文明社会（他也称之为"文明时代"）的必然产物。这时社会范围突破了有血缘关系的氏族，包括没有血缘关系的其他氏族，而且它们彼此之间有利益冲突，需要公共权力来调和利益冲突，对社会进行治理。这一点是人民普遍认可的，就是说，社会各方都同意设立公共权力来治理社会。至于谁最后掌握了这种公共权力，用这种权力干什么，则是后续的问题。当然，按恩格斯的观点，后来是那些经济占统治地位的阶级掌握了公共权力，成为统治阶级，并因要用公共权力剥削压迫被统治阶级而又采用了各种强制设施。公共权力就转变成了国家，即"从社会中产生但又自居于社会之上并且日益同社会相异化的力量"②。

从恩格斯的论述我们大致可得出三点结论。其一，政治权力原本是公共权力，后来因为成为国家的统治权力而被称为"国家权力"或"国家政治权力"（"政权"）。今天来看，政治权力在历史上有两种基本形态，即原初的公共权力和后来的国家权力。国家权力可以视为公共权力的异化形式，但仍然属于政治权力的范畴。其二，公共权力的主体原本不是某一个阶级或个人，而是全体人民，后来统治阶级因独掌了公共权力而成为公共权力真正的主体。不过，这时的公共权力已异化为国家权力，严格来说，统治阶级掌握的不是公共权力，而是国家权力。其三，当公共权力主体由全体人民转变为统治阶级、公共权力转变为国家权力或政治权力时，为了使被统治阶级服从，必须有军队、监狱等各种强制设施作为后盾。如果阶级对立消失，公共权力就会复归于全体人民，国家的这些后盾大多也就会成为多余的。黑格尔说："暴力和暴政可能是实定法的一个要素，但这种情况对实定法说来不过是偶然的，

---

① 《马克思恩格斯选集》第 4 卷，人民出版社 2012 年版，第 187 页。
② 《马克思恩格斯选集》第 4 卷，人民出版社 2012 年版，第 187 页。

与它的本质无关。"① 国家的强制设施对公共权力来说也是如此。

当然，恩格斯这里所说的公共权力是原始社会末期或文明社会初期最原初的公共权力，在后来几千年的文明社会，公共权力虽然被异化为国家权力，在传统社会完全被统治阶级利用来实现自己的利益，但随着人类文明的进步，公共权力无论在内容上还是在形式上都获得了发展。尤其是近代以来，一些国家逐渐走上了民主化道路，在国家内部出现了国家权力回归公共权力，或者说政治权力同时兼具两种权力性质的新态势，而且适应现代生活的要求，公共权力获得了更为丰富的现代内涵和实现形式。比较重要的有五个方面。一是在不少国家至少名义上肯定全体人民是社会的主体、主人，国家的统治者被认定为全体人民，而不是统治阶级。掌握国家权力的统治阶级或其政党也公开宣称自己是人民或公民的代表，执政是为了增进全体人民的利益和福祉，而且他们实际上也注意兼顾全体人民的利益，不再赤裸裸地利用国家权力巧取豪夺。二是将公共权力转换为法律权力，特别是在那些实行现代法制的国家，法律是国家的最高权威，法律是国王。虽然这些国家的法律可能体现的只是统治者的意志，而不是全体人民的意志，但用法律统治社会为公共权力的实现找到了一个最好的方式。历史事实已经证明，不用法律治国，即使公共权力掌握在全体人民手中也是危险的。② 三是将公共权力划分为主权和治权，主权属于全体人民（人民主体），治权属于社会治理机构（治理主体），后者是前者的代表，代表前者行使社会治理权，受前者制约。四是将治权分立，通常划分为立法权、司法权和行政权，孟德斯鸠的为了防止滥用权力必须"以权力制止权力"③的主张得到了全世界的认同，已经成为普遍共识。五是公共权力不得侵犯个人权利。在孟德斯鸠看来，所有拥有权力的人，都倾向于滥用权力，而且不用到极限决不罢休。他特别重视以权力制

---

① ［德］黑格尔：《法哲学原理》，范扬、张企泰译，商务印书馆1961年版，第5页。
② 苏格拉底之死就是一个典型的事例，他是雅典民主制的产儿，也是它的牺牲品。没有法律，权力就受不到应有的制约。英国历史学家阿克顿勋爵认为，多数人具有的不受制约的权力，是苏格拉底被判处死刑的原因。"全体人民的统治，即人数最多、势力最大的阶层的统治，有着和纯粹的君主制一样邪恶的本性，因而基于近乎相同的理由，需要自我制约的保障制度。"（牟治伟：《从苏格拉底之死说起》，《人民法院报》2019年11月22日）
③ ［法］孟德斯鸠：《论法的精神》上卷，许明龙译，商务印书馆2009年版，第166页。

约权力主要也是为了建立一种保护公民政治自由权利的政治体制,这种体制"不强迫任何人去做法律不强制他做的事,也不强迫任何人不去做法律允许他做的事"①。

从以上对政治权力产生和发展的考察不难发现,经过几千年人类文明社会的发展,政治权力作为概念已经形成。就其真实本性或本然本质而言,我们可以给政治权力作这样一个基本界定:所谓政治权力,就是某一特定社会的全体成员(全体人民)为了自身的福祉所建立并拥有,运用法律对社会实行统治,授予社会治理主体代表自己行使共同拥有的公共权力。政治权力的本性在于,它是全体人民共同拥有的统治和治理社会的公共权力。关于政治的这个界定,还可以从政治权力本性的角度作以下进一步阐述。

第一,政治权力的主体就是政治的主体,真正的政治主体是全体人民,而不只是社会治理者,更不只是统治阶级或君主。无论从政治权力的最初起源来看,从政治的终极目的的实现来看,还是从其异化为国家权力导致的灾难性后果看,政治权力的主体都只能是全体人民,包括社会中所有个人和组织群体。如前所述,政治权力源自人类社会在从原始社会走向文明社会过程中管理日益复杂化的社会的需要,这时如果不建立公共权力,社会及其成员就无法生存下去。正是在这种历史条件下,社会中的所有成员都赞同或默认建立具有强制性的公共权力。政治权力归根到底是实现终极政治目的的手段,如果政治权力不掌握在全体人民手中,它就不可能用于实现政治的终极目的。人类文明史也表明,政治权力掌握在统治阶级或君主手中的结果,充其量只能实现统治阶级或君主的利益,而不可能实现全体人民的利益。而且,由于统治阶级对被统治阶级的剥削压迫会遭到后者的强烈反抗,统治阶级的利益也最终不可能得到长久的、充分的实现,起义、政变等始终与统治阶级的统治相伴随。正是针对人类社会的历史教训,美国《独立宣言》宣称,人们建立政府原本是为了保障包括生命权、自由权和追求幸福的权利,而"政府之正当权力,是经被治理者的同意而产生的"②。

---

① [法]孟德斯鸠:《论法的精神》上卷,许明龙译,商务印书馆 2009 年版,第 166 页。

② 《独立宣言》,百度百科,https://baike.baidu.com/item/%E7%8B%AC%E7%AB%8B%E5%AE%A3%E8%A8%80/53146?fr=ge_ala。

第二，政治权力是实现终极政治目的的手段，而不是目的本身，真正的终极政治目的是为全体人民谋幸福。前文已谈及，在中国古代，孔子就已经意识到社会精英应当"修己以敬""修己以安人""修己以安姓"(《论语·宪问》)，柏拉图强调建立城邦的目标"是尽可能使整个城邦幸福"①。近代美国政治思想家潘恩则针对掌握政治权力而不为公众谋利益的政府指出："任何一个政府，如果不按共和国的原则办事，或者换句话说，不以公众的利益作为其独一无二的目的，都不是好政府。"② 当代中国领导人提出"权为民所用、情为民所系、利为民所谋"③；"要守住权力关，始终保持对权力的敬畏感，坚持公正用权、依法用权、为民用权、廉洁用权"④。所有这些古今重要论述所强调的都是权力本身不是目的，而是手段，造福社会、造福人民才是政治权力的终极目的。

第三，政治权力本应是全体人民共同建立的，也应是共同拥有的，而不应为任何阶级、政党、家族或个人等所单独建立或拥有。在中国历史上，孔子就已经意识到这一点，他所憧憬的大道之行的时代就是"天下为公"(《礼记·礼运》)的社会。明清之际的黄宗羲将这一思想表达为"古者以天下为主，君为客，凡君之所毕世而经营者，为天下也"(《明夷待访录·原君》)。孙中山受西方近代启蒙思想的影响，将"天下为公"解释为"国家是人民所共有，政治是人民所共管，利益是人民所共享"⑤。在当代中国，"江山就是人民，人民就是江山"已经成为中国人民的共同信念。在西方，自柏拉图时代起就存在着君主政体好还是民主政体好的争论。有一种比较流行的观点认为，假如能保证有一个好的专制君主，君主专制政体就会是最好的政体。约翰·密尔坚决反对这种观点，认为它是一种极端的也是有害的误解。好的专制政治完全是一种虚假的理想，它甚至比坏的专制政治更有害，因为它更加

---

① [古希腊]柏拉图：《国家篇》，载《柏拉图全集》(增订版)中卷，王晓朝译，人民出版社 2018 年版，第 115 页。

② [美]潘恩：《人权论》，载《潘恩选集》，马清槐等译，商务印书馆 1981 年版，第 245 页。

③ 竹立家：《权为民所用，情为民所系，利为民所谋》，《人民论坛》2009 年第 1 期。

④ 《习近平在中央党校（国家行政学院）中青年干部培训班开幕式上发表重要讲话》，新华网，2022 年 3 月 1 日。

⑤ 孙中山：《三民主义》，东方出版社 2014 年版，第 222 页。

· 政治哲学概论 ·

松懈和消磨人民的思想、感情和精力。① 针对君主专制政体，密尔提出，"理想上最好的政府形式就是主权或作为最后手段的最高支配权力属于社会整个集体的那种政府；每个公民不仅对该最终的主权的行使有发言权，而且，至少是有时，被要求实际上参加政府，亲自担任某种地方的或一般的公共职务"②。因此，他旗帜鲜明地反对君主专制政体，主张民主代议制政体。以上中西古今的论述不同，但都肯定政治权力的真正主体是人民，只有人民才是当之无愧的主权者。

第四，政治权力主体应运用法律统治社会，而不是直接统治社会。全体人民享有社会的最高权力，是社会的主人、政治的主体，他们才是社会的真正统治者。但是，他们并不直接统治社会，而是将自己的意志转变为法律，用法律统治社会。因此，法律才是国家的最高统治者。早在 18 世纪，潘恩就已经注意到政治的这种特殊本性，他提出："在专制政府中国王便是法律，同样地，在自由国家中法律便应该成为国王，而且不应该有其他的情况。"③ 人类一进入文明社会，法律就已经出现。《左传·昭公六年》就有"夏有乱政，而作禹刑"的记载，这表明我国的第一个文明朝代就有了《禹刑》。但是，在中国传统社会，法律始终都是统治者治理国家的手段，他们实行法治，但只是以法律为手段进行统治（rule by law）。近代以来在民主化运动的推动下，法治由传统的以法律为手段进行统治转变为实行法律的统治（rule of law），而法律的主体是全体人民，所体现的是他们的意志，法律就成了人民实现统治的形式。这种转变才真正体现了政治权力本性的要求，是人类找到的实现人民统治社会的最佳形式。

第五，社会统治主体（全体人民）应授权给自己的代表（政府）在法律范围内，依据法律进行社会治理。作为社会统治者的全体人民，拥有一切政治权力，但应将社会治理权授予自己的代表行使，而不是自己直接行使。现代许多国家实行的"代议制"民主政治基本上体现了政治权力的这种本性要求。约翰·密尔认为"能够充分满足社会所有要求的唯一政府是全体人民参

---

① 参见［英］J. S. 密尔《代议制政府》，汪瑄译，商务印书馆 1982 年版，第 40 页。
② ［英］J. S. 密尔：《代议制政府》，汪瑄译，商务印书馆 1982 年版，第 40 页。
③ ［美］潘恩：《常识》，载《潘恩选集》，马清槐等译，商务印书馆 1981 年版，第 36 页。

加的政府"①,但他也注意到,在面积大和人口多的国家,所有的人都亲自参加公共事务管理是不可能的,因此"一个完善政府的理想类型一定是代议制政府了"②。代议制实质上就是由人民选举出来的代表行使社会治理权力,但他们必须在法律授权范围内,依据法律治理社会,对于他们来说,"法定职责必须为、法无授权不可为"③。代议制面临的最大难题是政府掌握的权力可能不受控制而被滥用,导致对公民权利的伤害,所以思想家们提出了种种解决这一问题的办法。洛克认为,行使越权的、任何人没有权利行使的权力就是"暴政"④,人民有权反抗这种暴政;孟德斯鸠提出,为了防止滥用权力,必须"以权力制止权力"⑤;约翰·密尔则主张全体人民对其代表行使最后的控制权,"他们就是支配政府一切行动的主人。不需要由宪法本身给他们以这种控制权"⑥。今天的社会主义中国努力在实践上解决这一问题。"权为民所赋,权为民所用","把权力关进制度的笼子里","让权力在阳光下运行"已成为中国的普遍共识和实践遵循,中国正在努力从理论和实践相结合上寻求破解代议制民主政治的难题的密钥。

第二节 政治权力正当性的根据和理由

从前面对政治权力概念及其本性的分析可以看出,在现代社会,政治权力既是人民主体统治社会的权力(主权),又是治理主体治理社会的权力(治权),这两种权力都是政治权力,都涉及权力主体对于权力对象的控制(统治或治理)。那么,这就提出了主权者何以有权力控制政治对象、治权者何以有权力控制社会治理对象的问题。这就是政治权力正当性的理由问题,而这个

---

① [英]约翰·密尔:《代议制政府》,汪瑄译,商务印书馆1982年版,第52页。
② [英]约翰·密尔:《代议制政府》,汪瑄译,商务印书馆1982年版,第52页。
③ 《中共中央关于全面推进依法治国若干重大问题的决定》,中国共产党新闻网,http://cpc.people.com.cn/n/2014/1028/c64387-25926125.html?&from=androidqq,2014年10月28日。
④ [英]洛克:《政府论》下篇,叶启芳、瞿菊农译,商务印书馆1964年版,第127页。
⑤ [法]孟德斯鸠:《论法的精神》上卷,许明龙译,商务印书馆2009年版,第166页。
⑥ [英]约翰·密尔:《代议制政府》,汪瑄译,商务印书馆1982年版,第65页。

问题又涉及更深层次的问题，即政治主体何以拥有主权、社会治理主体何以拥有治权的权力正当性根据。治权者拥有治权是因为他们是主权者的代表，其运用权力治理社会是得到法律授权并依据法律进行的。因此，如果实际情形确实如此，他们拥有的治权并运用治权进行社会治理的根据和理由就是自明的，无须我们进一步讨论。但是，主权者拥有主权的根据、他们运用主权统治社会的理由并不是自明的，需要阐明，而且从人类历史看，对这个问题无论是理论上还是实践上都存在着重大的分歧，甚至对立，因而也需要对这个问题加以澄清，以求形成共识。因此，我们讨论政治权力正当性的根据和理由问题，主要是就统治权力而言的。

政治权力的正当性取决于其根据和理由的正当性，因此政治权力的根据和理由正当与否事关重大，只有理由和根据正当，人民主体拥有的主权和运用主权统治社会才能够为被统治对象或人民所普遍认同乃至支持。否则，主权就无法维持下去，即使能够维持，也必须借助强制力（暴力），但即便如此，拥有主权的政治主体也不可能长治久安，相反，坐在统治者的高位上就如同坐在火山口，随时都有可能因火山爆发而毁灭。中国近代史上袁世凯称帝的闹剧，典型地说明了没有正当理由攫取的统治权，其结局终归是悲剧。① 我们提出社会的政治权力应由全体人民建立和拥有、全体人民应运用法律统治社会，也必须提供正当根据和正当理由。唯有如此，全体人民建立和拥有主权、运用主权进行统治的正当性才能得到论证和辩护，才能得到全体人民的认同和支持。近代以来，主权应由全体人民建立和拥有、应通过法律来实行统治，逐渐得到了许多国家的认可，但尚未成为世界各国的普遍共识。更值得注意的是，一些国家虽然认可了这一点，但并未真正贯彻落实，使之转化为制度和文化；还有不少国家名义上甚至法律上肯定这一点，其实却是虚幻的，主权仍然掌握在少数富人手中。有研究认为，号称最民主国家的美国，其民主离民众的诉求越来越远，其本质就是金钱民主。美国追踪竞选资金的网站"公开的秘密"分析，过半的竞选资金来自富豪及其企业的大额捐款。美国民间组织"共同事业"的戴尔·艾斯曼早就明言，"这些巨额捐赠……背后都存在今后需要政客兑现的附加条件"②。因此，从政治哲学的角度为人民

---

① 参见刘耀《袁世凯称帝的心理悲剧》，《南方论刊》2015年第9期。
② 郭言：《党争不断暴露美式民主虚伪》，《经济日报》2022年11月21日。

• 第八章　政治权力的正当性 •

拥有主权、主权通过法律实现提供合理性论证仍然是十分必要的。这是使之转化为政治实践和社会现实的前提。

首先看看人民建立和拥有政治权力的正当性根据问题。自人类进入社会后，社会的政治权力一直为一定的政治主体所建立和拥有，而且为了使其政治权力得到全社会认同，掌权者一直通过各种途径为掌握的权力作论证或辩护。在中西文明史上，论证和辩护的方式主要有以下四种。

第一种是上天授权。中国传统社会的统治者历来都将自己掌握的政治权力看作上天授予的，以此证明自己政治权力的正当性。在秦代以前的封建专制时代，君王就自诩"天子"，即"上天之子"。《尚书·洪范》中就有"天子作民父母，以为天下王"的说法，《礼记·曲记》对天子作了"君天下曰天子"的解释，后来《白虎通·爵篇》对此又作了进一步的阐明："爵所以称天子者何？王者父天母地，为天之子也。"这些表述都是表达君王的权力来自上天。在皇权专制时代，政治权力天授的最典型表达是皇帝在颁布诏书时打着"奉天承运"的旗号。"奉天承运"的意思是指皇帝受命于天，以此表明自己做皇帝的"正当性"，他下的诏书是遵从天意。有考察研究认为，最早使用"奉天承运皇帝诏曰"八个字作为圣旨开头语是从明太祖朱元璋开始的，这八个字的断句应为"奉天承运皇帝，诏曰"[1]。"奉天承运皇帝"的表达虽然出现在明代，但皇权专制时代的皇帝一直都以自己受命于天来为自己的政治权力作论证。

第二种是公民授权。这是一种通过将政治权力视为来自作为社会成员的公民来论证政治权力的正当性的方式。古希腊雅典和古罗马采取这种论证方式，近代以来西方国家也这样做，但情形有很大的不同。在古代雅典城邦实行的民主制度下，所有的社会成员即自由民或公民（本邦的成年男子）都是城邦的主人，城邦的政治权力主要是他们凭借武力和经济实力自己建立起来并掌控的。当时虽然也有执政官之类的官职，但他们只有治理权，而无统治权。古罗马经历过王政时期、共和时期和帝国时期的历史演进，自共和国时期开始，政治权力的形成和掌控与古雅典相似，但复杂得多。其政治有点类似现代的代议制民主，但实际的权力掌控在执政官或皇帝手中。在共和国时期，权力主体是罗马公民，权力客体是全体人民，而全体人民包括罗马公民

---

[1] 参见刘绍义《"奉天承运皇帝诏曰"的来历》，《国学》2013 年第 9 期。

和非公民；到了罗马帝国时期，权力主体演化为元首+元老+罗马公民，权力客体还是全体人民；公元284年戴克里实行的政治改革使政治结构又发生了很大变化。① 由此可以看出，罗马的政治权力还是来自公民的共建。在西方近代，多位启蒙思想家提出了社会契约论，他们以自己构想的"自然状态"需要治理引申出建立政治权力的必要性，进而采用订立契约的方式为政治权力的产生和维持的正当性提供论证。社会契约论随即就成了西方国家建立政治权力的依据，也成为启蒙思想家为政治权力的正当性辩护的根据。按照这种理论与实践，政治权力源自公民的自然权利，是公民为了保障造物主赋予他们若干不可剥夺的权利，才建立政府，而"政府之正当权力，是经被治理者的同意而产生的"②。显然，根据公民授权的政治权力正当性论证，政治权力实际上是公民建立的，然后交给政府（有执政官、元老院、皇帝、议会、总统等种种不同形式）行使。

第三种是上帝授权。基督教统治欧洲中世纪的一千多年间，欧洲的世俗政治权力其实还存在，只不过在彼此之间以及与基督教教会之间不断进行着争斗和战争。总体上看，基督教教会势力强大，世俗政治权力不得不屈从于其淫威之下，日耳曼人原本凭借武力获取的政治权力，教会却说他们的权力是上帝授予的，借此来对世俗国家实行控制。托马斯·阿奎那认为，上帝的统治只能属于既是人又是神的君主，即属于耶稣基督。耶稣基督的政治权力是一种必然永远不会终止的政治权力，而且他正是由于拥有这种权力才不仅被称为神父，还被称为君主。所有基督的信徒既然是基督教徒，就都成了神父和君王，这种神父和君王身份就是从耶稣基督产生的。这个王国的统治职务不是交给现实世界的统治者，而是交托给神父，是委托给祭司长、彼得的继承者以及教皇、罗马教皇。基督教世界的一切世俗国家的君王都应当受他们的支配，就像受耶稣基督本人的支配一样。③

---

① 参见韩海莲《从古罗马的政权权力分配看其政治民主程度》，《科学大众》（科学教育）2014年第7期。

② 《独立宣言》，百度百科，https：//baike.baidu.com/item/%E7%8B%AC%E7%AB%8B%E5%AE%A3%E8%A8%80/53146?fr=ge_ala。

③ 参见江畅《西方德性思想史》古代卷，载《江畅文集》第5卷，人民出版社2022年版，第685页。

第四种是人民授权。今天的中国把政治权力看作人民通过革命建立的，并且属于全体人民，政治权力的正当性源自政治权力是人民建立的，它属于人民、为了人民。《中华人民共和国宪法》宣称，中国共产党领导中国各族人民建立了中华人民共和国，从此中国人民掌握了国家的权力，成为国家的主人，并且明确规定"中华人民共和国的一切权力属于人民"①。这里所说的"人民"不同于前面所说的"公民"，它不仅指作为社会成员的个体（包括个人、家庭、企业、政党、社团等），而且指由全社会所有成员构成的整体。这种论证的主要理论根据是马克思主义的群众史观，群众史观认为人民群众是社会物质财富和精神财富的创造者，是社会发展和变革的决定力量，其典型表达就是"人民，只有人民，才是创造世界历史的动力"②。正因如此，人民群众应该成为社会的主体、主人，应该共同参与社会建设和社会治理，应该共同享有共同治理的成果，尤其是应该拥有对社会的统治权，使社会按照自己的意志进行治理。

在以上四种论证中，前三种都难以成立或有问题。上天授权的论证因科学证明并不存在中国传统社会所谓的"上天"而不能成立。上帝授权的论证随着基督教在西方世界乃至整个人类世界退出政治历史舞台，今天已经既无人主张也没有现实的事例。公民授权在西方国家以及部分非西方国家仍然是其政治权力正当性辩护的理由，但这种论证最大的问题在于，单个的公民无法真正建立主权，宣称他们拥有主权实际上是虚幻的。无论从理论上看还是从实践上看，公民一旦通过契约建立起主权，主权实际上便转化成了治权，他们代表的立法权其实仍然是治权的一部分。西方自由主义思想家都把立法权视为三权分立的治权之中的一种，在西方国家政治现实中拥有立法权的议会也是治权之一，只不过它真正掌握着国家的治权。至于上帝授权说，那只是基督教神学家为教会攫取世俗政权编撰的一种无法得到证实的说法。

与前三种论证不同，人民授权的论证则是具有正当根据的论证。这种论证是对上天和上帝授权的直接否定，同时又吸收到公民授权的合理因素，最重要的是主张主权与治权加以区分、运用法律进行统治、治权分立并相互制

---

① 《中华人民共和国宪法》，中华人民共和国中央人民政府网，https://www.gov.cn/guoqing/2018-03/22/content_5276318.htm，2018年3月22日。

② 《毛泽东选集》第3卷，人民出版社1991年版，第1031页。

约等。但是，它与公民授权存在着根本区别。首先，这种论证认为，政治权力来自作为整体的人民，而且其中还包括所有的组织群体（包括不同民族），或者说，政治权力来自全体人民生活于其中的基本共同体。人民是社会物质财富和精神财富的创造者，是社会发展和变革的决定力量，社会乃至整个世界都应属于人民。因此，政治权力应由人民建立，也应由他们拥有，整个社会应由他们统治，社会治理应体现他们的意志。他们是统治者也是被统治者，是政治主体也是政治对象或客体，所以他们的统治实际上是他们的自治。更为重要的是，政治权力因为是人民建立并拥有的，它就会把自身的现实利益（政治目标）和长远利益（政治理想）的实现作为政治权力的追求，这样就能体现政治的终极目的，即社会中所有人获得全面而自由的发展。如此，这种政治权力就不再因其主体是单个公民而对于全体人民是虚幻的，而因其主体是一个人民整体（基本共同体）和社会个体而对于全体人民是实在的。其正当性就在于它来自全体人民、为全体人民所拥有、用于实现终极政治目的即社会中所有人获得全面而自由的发展。

其次，看看人民运用法律实行统治的正当理由问题。如前文所言，人民统治并不是人民直接实行统治，而是运用法律进行统治，其实质在于法律统治，属于法治。关于法治，有研究者认为人类社会历史中存在过三种法治。一是以法治国的法治，这是指统治者用法律来统治，法律是统治者手中的统治工具，统治权力的根据是统治者。二是依法治国的法治，指法律统治着国家，统治者根据法律获得其统治权力，并且依照法律进行统治，统治权力来源于法律。但是，依法治国的法治有两种：一种是以权力为本位，权力意味的是支配和强制；另一种是以权利为本位，权利意味的是自主和自由。于是就有了第三种法治，即以权利为本位而赋予、尊重和维护着权利的法律来统治，由这样的法律成为国家的统治者。[①] 这种观点一般来说是对的，但它没有对政治权力作主权与治权的划分，它主要是根据治权者的意义理解统治者。第一意义的法治主体通常是主权者与治权者统一或同一的；第二、三种法治的主体则实际上是治权主体。现在我们要关注的是主权主体如何实行法律统治的问题，如果主权主体是人民，那么问题就是人民如何将自己的统治转变为法

---

① 参见崔宜明《论第三种法治》，《华东师范大学学报》（哲学社会科学版）2006年第1期。

律统治的问题。

牛津大学教授恩迪科特（Timothy A. O. Endicott）对法治持十分悲观的态度，认为法治不可能实现，其理由是"法治只是一种理想，它从未被哪个社会完全实现过"①。他提供的理由是法治的首要条件是政府官员遵守法律，但官员们可能并不这般行事，而在大型社会中，情况或许还要糟糕。由于官员们都程度不一地背离法律，社会就难以实现法治这一目标，也许压根就没有哪个社会曾非常逼近过这一目标，因为人们并不总是遵守规则。虽然恩迪科特提供支持其观点的理由难以成立，因为在任何社会都会有政府官员不遵守法律的问题，但他提出的法治不可能的观点则反映了人类历史的事实。从中西文明史看，政治主体不直接统治而运用法律统治的社会并不多见。

早在古希腊时代，柏拉图就已提出实行法律统治。他说："人们为自己制定法律，并且以此规范自己的生活，这是至关重要的；否则的话，他们与最野蛮的野兽无异。"② 亚里士多德进一步提出"由最优秀的人来统治比由最良好的法律来统治是否对城邦或国家更为有利"③。在他看来，"统治者并不比被统治者具有更正当的权利，所以应该由大家轮流统治和被统治"④，而要作这样的制度安排就需要诉诸法律。柏拉图和亚里士多德的这些观点在很大程度上是总结古代雅典直接民主制导致苏格拉底之死悲剧的教训提出来的。罗马人在共和国的前三个世纪里就形成了法律至上的观念，为防止公权力对私权利的干涉而划清了国家和社会的界限，也完成了政治体制的法治化过程，在随后的几个世纪里又形成了完整的私法体系，从而创造了辉煌的罗马法成就。在古希腊罗马的很长一段时间内，法律是宗教上的习俗，而不是理性的规定，后来发生了多次民主变革，民众大会取得了制定法律的权力，法律表现为民众大会的决议，民众的投票就可以创立法律。这种公众的决议并不是宪法意义上的理性的法律，所以在古希腊罗马并不存在法律的统治，而只有

---

① ［英］T·A·O·恩迪科特：《论法治的不可能性》，《比较法研究》2004 年第 3 期。
② ［古希腊］柏拉图：《法篇》，载《柏拉图全集》（增订版）下卷，王晓朝译，人民出版社 2018 年版，第 278 页。
③ ［古希腊］亚里士多德：《政治学》，载苗力田主编《亚里士多德全集》第九卷，中国人民大学出版社 1994 年版，第 108 页。
④ ［古希腊］亚里士多德：《政治学》，载苗力田主编《亚里士多德全集》第九卷，中国人民大学出版社 1994 年版，第 112 页。

公众决议的统治。① 西方近代以来实行了用法律实行统治的民主制度，但如前所述，由于没有形成以人民整体为政治主体的法律主体，人民既不能实行直接统治，也不能实行法律统治，统治社会的法律是作为立法机构的议会制定的，往往体现的是在经济上占统治地位阶级的利益。所以，西方近代以来的法治并不是主权意义上的统治，而是治权意义上的治理。

但是，历史上没有真正的法治，并不意味着恩迪科特所说法治完全不可能，实际上，几千年的文明史就是人类不断探索实现真正法治的历史。洛克第一次明确提出了用人民通过自己的代表（立法机构）制定的法律实行统治。他说："它们（指立法机关——引者）应该以正式公布的既定的法律来进行统治，这些法律不论贫富、不论权贵和庄稼人都一视同仁，并不因特殊情况而有出入。"② 到今天，国家应该由全体人民统治，人民应该通过法律来统治，而法律由人民代表组成的立法机关制定和更新，越来越成为普遍共识，这就是人类法治的重大进步。

从政治哲学的角度看，即使人民是政治主体，社会实行人民统治，人民也必须通过由立法机构制定的体现政治本性和人民意志的法律实行社会统治。首先，法律是理性的象征。政治要实现其终极目的，政治权力必须做到不偏不倚，不带感情色彩和主观偏好。无论是单个的人，还是作为整体的人民，在一些情况下都有可能受到情感和欲望的左右而作出错误的决策。法律则是理性的产物，它不仅体现全体人民的意志，还必须有理论根据，由立法家制定，因而法律是没有感情的，天生具备"公正性质"，法律条款的明确规定不会因为时间、空间、对象的不同而有所差异。而且，法律本身就能很好地约束人的感情，限制人的欲望。法治能彰显理性的光辉，是实现善治的最佳选择。其次，法律是集体智慧的结晶。真正的法律不是一人制定的，而应是充分体现全体人民的意志并经过法定的程序由立法机构制定出来的，应凝聚全体人民的智慧。法治意味着全体人民之治，全体人民的智慧和力量可以使他们理性地议事并作出合理的规定。总之，体现人民意志的法治比起任何范围的直接决策来得更理智。最后，法律是制约权力的利剑。权力是稀缺性资源，且具有扩张性和排他性的特征，再加上人的欲望的膨胀性和理性的有限性，

---

① 参见杨莹《论古希腊罗马没有"宪政"》，《南京大学法律评论》（2018年春季卷）。
② ［英］洛克：《政府论》下篇，叶启芳、瞿菊农译，商务印书馆1964年版，第89页。

不受约束的权力往往导致独断、偏执和腐化。正如法国启蒙思想家孟德斯鸠所言，"所有拥有权力的人，都倾向于滥用权力，而且不用到极限绝不罢休"①。历史事实证明，不只是个人可能滥用权力，人民也有可能滥用权力。正因如此，柏拉图将民主制区分为好的民主制和坏的民主制，亚里士多德则将民主制区分为共和制（好的）和平民制（坏的），他们作出这种区分的共同根据就在于城邦是否实行法律统治。②

第三节 政治权力与个体权利

任何政治权力都具有以强制性为基础的规范和指导的力量，政治权力规范和指导的对象主要是社会的个体，包括个人和组织群体。政治学和政治哲学过去大多关注个人或公民的权利，近一些年来开始有学者研究集体权利③问题。的确，政治权力规导的对象不只是个人，也包括各种组织群体（家庭、企业、政党、社团等），这种规导关涉他们的权利。所有社会个体的权利也可以称为公众的权利或人民的权利。即使政治权力的主体是人民，也存在着作为权力主体的人民与作为权力对象或客体的人民的关系问题。政治权力体现的是人民整体的意志，但所面对的却是人民个体，其功能主要就在于对人民个体进行规导，此外也包括对政治权力自身的制约。政治权力对个体的规导是以尊重和保护个体权利为前提和目的的，个体权利可以说就是政治权力的边界或阈限。这就需要讨论政治权力与个体权利的关系问题，包括个体权利是什么、为什么政治权力要尊重和保护个体、政治权力如何规导才不至于伤害个体权利、个体权利与个体义务的关系以及个体义务与基本共同体义务的关系怎样等问题。

"权利"一词在中国古代早已有之。《荀子》曰："接之于声色、权利、愤怒、患险而观其能无离守也"（《君道》）；"是故权利不能倾也，群众不能移也，天下不能荡也"（《劝学》）。桓宽的《盐铁论·杂论篇》云："观乎公

---

① ［法］孟德斯鸠：《论法的精神》上卷，许明龙译，商务印书馆2009年版，第166页。
② 参见汪燕《亚里士多德法治思想解读》，《法制与社会》2018年第3期（上）。
③ 参见鲍墨尔根《集体权利概念辨析》，博士学位论文，吉林大学，2022年。

卿、文学贤良之论，或尚仁义，或务权利。"这里的"权利"是消极的或贬义的，大体上与"仁义"相对，指权力和利益。中国古代法律语言里没有像英文中"权利""义务"那样的词汇。19世纪中期，当美国学者丁韪良（W. A. P. Martin）和他的中国助手们把亨利·惠顿（Henry Wheaton）的《万国律例》（*Elements of International Law*）翻译成中文时，他们选择了"权利"这个古词来对译英文"rights"，并说服朝廷接受它。从此以后，"权利"在中国逐渐成了一个褒义的，至少是中性的词，并且被广泛使用。① 在传统上，权利一直主要是指人的权利，即通常所说的"人权"，黑格尔还曾经明确说过"动物没有权利"②，但从20世纪70年代开始，一些西方学者开始讨论动物的权利问题。到今天，问题已经不是动物有没有权利的问题，而是动物为什么有权利、有什么样的权利、与人的权利有什么样的区别这样的问题。③ 不过，我们这里只讨论人的权利问题，不涉及动物的权利。

对于究竟什么是权利，思想史上有许多不同的解释，大致上可以归纳为从自由和利益两个角度界定权利。西方近代以来有不少思想家把权利理解为自由或把自由看作权利的本质。黑格尔认为，"个人只有成为良好国家的公民，才能获得自己的权利"④，而且权利应该和义务统一起来。"通过伦理性的东西，一个人负有多少义务，就享有多少权利；他享有多少权利，也就负有多少义务。"⑤ 在他那里，权利的基础是精神，它们的确定地位和出发点是意志。意志是自由的，所以意志既是权利的实质又是权利的目标，而权利体系则是已成现实的自由王国。"权利并非是多数人或所有人的意志之和，它渊源于意志内在的必然性，是普遍意志的客观化。"⑥ 也有许多思想家从现实利益的角度解释权利。德国法学家耶林（Rudolph von Jhering，1818—1892）认

---

① 参见夏勇《权利哲学的基本问题》，《法学研究》2004年第3期。
② [德] 黑格尔：《法哲学原理》，范扬、张企泰译，商务印书馆1961年版，第64页。
③ 参见李剑《动物为何拥有权利？——兼论强、弱两种动物权利论》，《哲学动态》2020年第11期。
④ [德] 黑格尔：《法哲学原理》，范扬、张企泰译，商务印书馆1961年版，第172页。
⑤ [德] 黑格尔：《法哲学原理》，范扬、张企泰译，商务印书馆1961年版，第172—173页。
⑥ 曲波、齐向东：《黑格尔权利观浅析》，《山东大学学报》（哲学社会科学版）2003年第5期。

为，不是所有的利益都是权利，只有为法律所承认和保障的利益才是权利。功利主义者用社会功利规定全部的权利和义务，并由此派生所有的道德标准，权利的实质被看作普遍的功利。国内也有学者持这种观点，如断定"权利是道德与法律认定的正当利益"①。上述观点都有一定的局限，要全面、正确地理解权利概念，关键在于把握权利的要素，给权利下定义需要考虑这些要素。

　　有研究者认为构成权利的要素有五个方面。（1）利益（interest）。确定权利是为了保护某种利益，权利通常是为道德和法律所认可或保护的利益。利益可能是个人的，也可能是群体的、社会的；可能是物质的，也可能是精神的；可能是权利主体自己的，也可能是与权利主体相关的他人的。（2）诉求（claim）。一种利益若无人提出对它的诉求或主张，就不可能成为权利，而利益主体之所以表达这种利益诉求，往往是因为它可能受到侵犯或随时处在受侵犯的威胁中。（3）资格（entitlement）。提出利益要求要有所凭据，即要有资格提出诉求，在现代社会主要包括法律资格和道德资格。西方启蒙思想家主张人生而自由，就是肯定人有要求自由这种权利的资格。（4）力量（power）。这是从权利主体能力的意义上讲的，权利主体必须具备享有和实现其利益、诉求或资格的实际能力或可能性。（5）自由（freedom）。自由是指权利主体可以按个人意志去行使或放弃该项权利，不受外来的干预或胁迫。自由是权利的构成要素，也是权利的本质属性，还是权利的内容（如言论自由、人身自由）。这些权利内容通常称为"自由权利"（liberty），它是一种权利，而不属于权利的要素。五个要素中的任何一个要素都是权利本性的一个方面，它们共同构成权利的应然本质。根据权利的本性或构成要素，我们可以对权利作如下界定：所谓权利，就是为道德、法律或习俗所认定为正当的利益、诉求、资格、力量或自由。②

　　权利现象十分复杂，可以从主体、内容、范围以及与义务的关系等不同角度对它作出多种分类。从主体来看，权利可以划分为个人权利、组织群体权利、人类权利与公民权利等，而个人权利还可以从性别、年龄、健康等作出进一步的区分，组织群体还可以区分为家庭权利、企业权利、政党权利等。

---

① 定国：《权利是道德与法律认定的正当利益》，《深圳特区报》2016年8月30日，第C03版。

② 参见夏勇《权利哲学的基本问题》，《法学研究》2004年第3期。

从内容来看，权利可以划分为经济权利、政治权利、法律权利、道德权利、社会权利、文化权利、人类权利，这些权利还可以细分，如法律权利可以划分为宪法性权利与非宪法性权利、公法权利与私法权利等。从范围来看，权利可以划分为私人权利与公共权利。从与义务的关系来看，权利可分为与义务相对的权利与无义务相对的权利，社会规定的权利通常是与义务相对应的（如法定权利），而非社会规定的权利不一定有义务与之对应（如人权）。此外，权利还可以划分为应有权利、法有权利和实有权利，基本权利与派生权利，行动权利与接受权利，积极权利与消极权利，有选择的权利与无选择的权利，等等。权利分类都只是相对的，不同的权利理论有着不尽相同的划分。

个体权利存在着正当性问题，其根据在于它得到作为社会的控制机制的道德和法律的认定，得到道德和法律认定的就是正当的。得到道德（包括习俗）认可的权利就是道德权利（或德定权利）①，得到法律认定的权利就是法定权利，但两者之间存在着密切关系。法定权利通常可以看作道德权利在法律上的体现。一个人对自己的生命、尊严、人格应该享有不被专制侵犯的权利，这首先是一种道德要求，然后才由法律规定，借助国家的强制力来加以支持和保护。法定权利通过国家意志来表现，但不能仅仅视为统治者的任意安排，其根据是道德权利。在不同的历史阶段，道德体系不同，法律权利的配置也不同。不过，道德权利与法定权利之间也存在着差别，有些权利是道德的，而非法定的，法律一般只规定人们的最基本的权利；有些权利是法定的，而非道德的，法律规定的许多财产方面的权利是非道德的；有些权利则既是道德的，又是法定的，如中国规定的首要基本人权——生存权和发展权。法定权利由于是由国家法律规定的，因而也可以通过立法来改变或取消，道德权利则不仅不可能为国家权力和立法所取消，而且还是确证或批判国家权力和法定权利的根据。两者的区别还体现在效力上。"甲对乙享有一项法定权

---

① 需要注意的是，有两种意义的道德权利：一是个体享有的道德权利；二是道德认可的个人享有的权利。传统道德一般不讲个人享有道德权利，但20世纪以来，不少学者认为道德不能只规定人们应履行的义务，也应肯定人们应享有的道德权利（参见时统君《道德权利研究三十年》，《理论界》2011年第6期）。其实，法律权利也有同样的情况，但通常将法律认定的权利称为"法定权利"，将人们享有的法律权利称为"法律权利"，这样就将两者区别开来了。我们可以考虑参照法律权利的这种处理办法，将道德规定的权利称为"德定权利"。

利",这意味着乙对甲负有一项可以依靠法庭来履行的义务,甲对乙享有一项由实在法所确认的要求权。"甲对乙享有一项道德权利",虽然也意味着乙对甲负有某种义务,但这种义务不是必然具有法律效力的义务。例如,在道德上甲有权要求乙讲真话,乙对甲负有讲真话的义务,但除了法律规定的特殊场合(如订立契约),甲无权借助国家强制力迫使乙讲真话。① 虽然德定权利与法定权利存在以上区别,但在现实生活中,只要得到两者之一认定的权利就是正当的。

得到道德和法律认定的权利,也就是道德和法律要尊重和保护的个体权利。这种权利是神圣不可侵犯的。洛克在提出个人财产权的不可侵犯性时对为什么必须如此的原因进行了分析。他认为,在社会中享有财产权的人们,对于那些根据社会的法律是属于他们的财产,就享有这样一种权利,即未经他们本人的同意,任何人无权从他们那里夺去他们的财产或其中的任何一部分,否则他们就不享有财产权。即使在必要时设立的专制权力,也并非因为它是绝对的所以就是专断的,它仍然受着为什么在某些场合需要绝对权力的理由的限制,并必须以达到这些目的为限,不能借此机会侵犯个人的财产权。所以,他指出:"如果以为任何国家的最高权力或立法权能够为所欲为,任意处分人民的产业或随意取走其任何部分,这是错误的想法。"② 洛克的这种观点并不仅仅适用个人的财产权,而且适用所有个体的权利。

那么,道德和法律为什么要保护个体权利?这就涉及权利的根据或基础问题。对这个问题最有影响的回答是自然权利(natural rights)理论。在汉语里,"natural rights"又被译为"天赋权利""天赋人权""天然权利"或"天权"。③ 自然权利理论认为,每个人在作为人的意义上享有某些权利,这些权利与生俱来、不可转让、不可剥夺,其根据不是现实社会里的道德、法律,而是所谓自然法或本性法(natural law)④ 和自然状态。自然法理论源自古希

---

① 参见夏勇《权利哲学的基本问题》,《法学研究》2004 年第 3 期。
② [英]洛克:《政府论》下篇,叶启芳、瞿菊农译,商务印书馆 1964 年版,第 87—88 页。
③ 关于该词的译法,参见夏勇《人权概念起源——权利的历史哲学》,中国政法大学出版社 2000 年版,第 32、167—169、262 页。
④ 关于该词的译法,参见江畅《西方德性思想史》古代卷,载《江畅文集》第 5 卷,人民出版社 2022 年版,第 116 页。

腊罗马，在近代启蒙思想家那里获得了比较完整的理论形式，自然状态学说则是启蒙思想家关于进入社会前的人类状态的想象。按照自然权利理论，自然法来自人的本性，普遍适用，永恒不变，它给人赋予自然权利（或本性权利），这种权利在自然状态中得到充分体现。自然权利出自人的本性，是本性的权利，自然法是道德和法律的根据，道德和法律的意义就在于防止自然状态对自然权利的伤害，保护自然法赋予人的本性权利。这样一种理论从一开始就注定会受到质疑和挑战，因为作为其根据的自然法理论和自然状态学说都是启蒙思想家的假设，并没有在理论上得到有说服力的论证。

其实，个体权利的根据不在于自然状态或自然法，而在于个体存在的价值。每一个人来到世界上就意味着他将对他者（他人、组织群体、基本共同体和人类）作出贡献，而这既是由个人存在的意义决定的，又是由人类本性决定的。一方面，每一个人来到世界上就成了社会的一员，而且还要繁衍后代，这就为人类社会的存在作出了贡献。另一方面，人类谋求生存得更好的本性具有自为性和社群性两种特性，自为性决定了人成人之后可以自己解决自己生存得更好的问题，而这又只能通过为他者创造价值来实现，也就是他必须为他者作出贡献，才能使自己生存得更好。如果没有每一个人的这种贡献，社会就无法存在，人类就会像其他动物一样没有社会。正因为每一个人的存在是社会存在的前提，所以他就拥有他生活得更好所需要的各种权利，这些权利都具有正当性。其中生存权和发展权等基本人类权利一出生就必须拥有，否则人就无法生存下去，从这种意义上看，基本人类权利因与生命诞生相伴随而可以说是天赋的。由人存在及其价值所赋予人的权利具有正当性，但这种正当性需要得到道德和法律的认定，才最终确认为正当的。而且，个人生存、发展和享受所需要的各种权利都有可能受到他者的伤害，所以需要道德和法律这两种社会控制机制提供保护。社会的组织群体作为社会个体，也有基于其存在和发展需要产生的权利，其正当性也在于它们的存在和发展对于他者（个人、组织群体、基本共同体和人类）具有价值，可以从不同方面对他者作出贡献，从而促进整个社会的发展。但组织群体权利的正当性也要得到道德和法律的认定，才最终确认为正当的，其正当权利同样可能受到他者的伤害，因此也需要道德和法律加以保护。

道德和法律作为社会控制机制是以政治权力作为后盾发挥功能和作用的，因此，道德和法律对社会个体权利的认定和保护其实是政治权力的认定和保护，而道德和法律是政治权力认定和保护的两种基本形式。不过，除了法律、道德，还有其他认定和保护个人权利的形式或途径，如各种政治措施。但值得注意的是，一个社会越是通过道德和法律认定和保护权利，社会的法治化程度越高。同时，政治权力归根到底来自社会成员，在传统社会它来自占统治地位的阶级或家族，而在现代社会它则来自社会个体所共同建立、共同拥有并对自己进行统治的国家。政治权力实行统治和进行治理的对象是社会个体，社会个体则通过履行义务的途径使政治权力生效，而政治权力生效后又反过来认定和保护个体权利。个体履行义务可以说是其享受权利的代价，只不过两者之间并非完全对应。由此看来，政治权力与个体权利的关系不是对立的，而是紧密相关的。可以说个体义务是政治权力的基础，而政治权力是个体权利的保障。

认同和保护个体权利是政治权力的基本功能，但并不是它的全部功能。亚当·斯密认为，政府应尽的义务只有三条。"第一，保护社会，使其不受其他独立社会的扰害侵犯。第二，尽其所能，保护社会上各个人，使其不受社会上任何其他个人的虐待压迫，即设立严正的司法机关。第三，建设并维持一定的公共土木事业及一定的公共设施。"[1] 这是自由主义思想家所主张的"守夜人"式的政府或十分有限的政治权力。在人民真正作为主体、主人的社会，政治权力，尤其是行使社会治理权力的政府，其义务或功能和作用并不限于这三项，还包括更多方面，如规划社会发展、增进公共利益、解决社会问题、协调利益冲突、提供社会保障等。所有这些方面不是为了缩小或限制个体的权利，而是为了扩大和发展个体权利，使个体权利得到更充分的实现。当然，认定和保护个体权利是政治权力的基本功能，也是社会稳定和发展的基石，这一点是在任何情况下都是不能忽视的。

第四节　政治权力的滥用与防治

人类社会一开始出现政治，就存在政治权力滥用的问题，政治权力滥用

---

[1] ［英］亚当·斯密：《国富论》下，郭大力、王亚南译，译林出版社 2011 年版，第 240 页。

是人类历史上政治的最大痼疾，给社会带来的只有伤害甚至灾难。因此，政治权力滥用的问题早在政治出现时就已经被人们注意到。《尚书·泰誓中》就有"天视自我民视，天听自我民听"，"人无于水监，当于民监"（《尚书·酒诰》）的记载，这是当时的统治者将民心民意视为观察政治得失、社会治乱的标准。进入轴心时代，如何防治政治权力滥用的问题成为思想家关注的重点之一。古希腊的柏拉图已经意识到"法律一旦被滥用或废除，共同体的毁灭也就不远了"，所以强调要用"法律支配着权力"，使"权力成为法律的驯服的奴仆"。① 中国先秦儒家不怎么重视法律，但主张以天制君、以道制君、以民本制君。② 如孔子曰"唯天为大，唯尧则之"（《论语·泰伯》），意思是尧能实现天下大治，是他根据天道行事；孟子云"顺天者存，逆天者亡"（《孟子·离娄上》），也是强调统治者要顺天道而行，否则就会走向覆灭。西方近代启蒙思想家更是痛感权力滥用的危害，以至于几乎异口同声地呼吁"权力必须制约"。他们或者强调"以权力制止权力"③；或者告诫人们"只有当一个政府受到有效的限制时，它才是合法的"④。

对于政治权力滥用，历史上有许多探讨，思想家从不同方面、不同层次研究和回答了政治权力滥用的界定、原因、危害和预防等问题。从政治哲学的角度看，政治权力滥用主要是指政治主体或社会治理主体使用手中掌握的权力时没有受到法律的制约而超过了正当界限，导致伤害个体权利或损害自身和社会利益的社会后果的政治行为。这一界定有几个要件。

其一，滥用政治权力的主体是社会的统治主体和治理主体，在这两种主体同一的情况下，就是政治主体。在传统专制社会，君王及其代表的统治阶级通常既是统治主体也是治理主体，而在现代社会这两类主体有所分离。政治权力滥用指的是统治主体和治理主体（包括政治机构，也包括其中的个人）

---

① ［古希腊］柏拉图：《法篇》，载《柏拉图全集》第3卷，王晓朝译，人民出版社2003年版，第475页。

② 参见成云雷《中国古代政治文化中的君权制约传统及其启示》，《廉政文化研究》2014年第6期。

③ ［法］孟德斯鸠：《论法的精神》上卷，许明龙译，商务印书馆2009年版，第166页。

④ ［英］约翰·埃默里克·爱德华·达尔伯格-阿克顿：《自由与权力》，侯建、范亚峰译，译林出版社2011年版，第295页。

滥用手中掌握的统治权力或治理权力。这种权力可能是法律赋予的，也可能是通过强力获取的。

其二，政治权力滥用的原因在于统治主体或治理主体的权力没有受到法律的制约而超越了正当界限。这里说的"没有受到法律的制约"可能有几种情形。一是社会完全没有法律。在欧洲中世纪早期的世俗国家只有记载各部族习惯的蛮族法典，没有严格意义上的法律，一直到12世纪才出现罗马法复兴的迹象。① 二是有法律，但没有规制统治主体或治理主体的法律。中国传统社会的法律（刑法）几乎都是对付老百姓的，而不适用统治者，即所谓"礼不下庶人，刑不上大夫"（《礼记·曲礼上》）②。至于最高统治者——君王，法律则完全不适用，相反他们的圣旨甚至所说的话倒是具有法律的效力。三是有法律而不受法律约束，肆意妄为。这种情况在现代社会普遍存在。作为治理主体的官员违法情况在世界各国普遍存在，在中国市场经济最初兴起的二三十年官员腐败问题还特别严重。问题在于，不只是官员个人违法，社会治理机关违法的情况也常常发生。有报道称，2003年，全国共查处土地违法案件16.8万件，属于地方政府行为的占80%。③ 权力是否滥用不能单纯以是否违法来加以衡量，而应以是否超过权力使用的正当限度来判断，这种正当限度就在于权力的使用是否对终极政治目的的实现有害，有害就是不正当的。因此，政治权力是否滥用的终极根据是道义性，而不仅仅是法律。

其三，政治权力滥用导致了有害的社会后果。政治权力滥用导致的有害的社会后果有很多方面，而最直接的是侵犯了社会个体的权利。无论是哪一种滥用政治权力的行为，都会对社会个体产生伤害，只不过有些是直接的、显性的、短期的，有些是间接的、隐性的、长远的。比如，权力直接伤害了个人，也就会伤害到他的家庭，可能还会伤害他的职场。以往的思想家注意

---

① 参见敏振海《中世纪西欧的罗马法复兴运动及其影响》，《湖北警官学院学报》2012年第11期。

② 丁四新教授对这句话提出新释，认为从用意看，贾谊、司马迁认为"刑不上大夫"的主张是为了"励节"，以保持士大夫阶层的人格尊严；而郑玄、张逸则将其理解为"《刑书》不上大夫"，且与"励节"说不相冲突（参见丁四新《"礼不下庶人，刑不上大夫"问题检讨与新论》，《江汉学术》2020年第4期）。但是，即使这样解释也表明当时人们认为刑法不应该用于官员。

③ 参见《违法用地政府行为占八成》，《公民导刊》2004年第4期。

的主要是权力对公民个人的伤害,在现代市场经济条件下,权力对企业的伤害也特别大。政府出台一个政策,可能导致一大批企业亏损、破产,出台的政策不一定都是权力滥用,但滥用的权力不在少数。对个体权利的侵犯会产生许多消极后果,比如个体对政府心有怨恨从而与政府离心离德,大面积地伤害个体还会引发群体事件等。现实生活中有许多滥用权力的行为并没有对某个个体权利造成直接伤害,官员腐败、暴政恶治、胡乱作为、渎职失职、懒政怠政庸政等行为就是如此,但这些行为会给社会从而给广大人民带来损害,其损害的范围更大、程度更深。无论是对个体造成的伤害,还是对社会、对人民造成的损害,最终都会给治理主体乃至政治主体造成伤害。可以说,中国传统社会的朝代改换除了外敌入侵,几乎都与政治权力滥用有一定甚至直接的关系。

西方近代一些启蒙思想家认为,将政治权力交给公民就能够从根本上解决传统社会普遍存在的权力滥用问题。尤其是洛克考虑得十分简单,他以为通过契约授权的政府,只要它滥用权力,人民就可以推翻它。他说:"统治者无论有怎样正当的资格,如果不以法律而以他的意志为准则,如果他的命令和行动不以保护他的人民的财产而以满足他的野心、私愤、贪欲和任何其他不正当的情欲为目的,那就是暴政。"① 在他看来,对于暴政,人民有时可以反抗,使权力重归社会。然而,实际的情形并非如此。西方近代国家的"暴政"时有发生,但未见有权力重归社会。事实证明,即使主权在民,政治权力仍然有可能被滥用,法国大革命期间雅各宾派"多数的暴政",给个人自由乃至生存带来的严重伤害就是典型的事例。② 在民主制度下发生暴政的情形绝不只是法国大革命这种特殊时期。在古希腊雅典民主制下,公民大会就经常发生权力滥用问题,正因如此,柏拉图和亚里士多德都对民主政体作了区分,认为坏的民主制或平民制就是权力没有法律约束的制度,其突出问题在于多数的暴政。

"多数的暴政"的概念是托克维尔基于"多数"在民主政治中的作用提出的。托克维尔认为,民主政府的本质在于多数对政府的统治是绝对的,因为在民主制度下,在选举中获胜,多数选民选举政治人物,所以,只有多数

---

① [英]洛克:《政府论》下篇,叶启芳、瞿菊农译,商务印书馆1964年版,第127页。
② 参见楚梦《罗伯斯庇尔与法国大革命》,《同舟共进》2016年第5期。

一方的选民的意愿才可能通过。这种多数决定一切的权力具有无限的权威，不仅控制了立法、行政、司法等公共领域的事务，甚至还控制着社会舆论和人们的思想。因此，多数具有压倒一切争议的权力。他说："任何一个权威被授以决定一切的权利和能力时，不管人们把这个权威称做人民还是国王，或者称做民主政府还是贵族政府，或者这个权威是在君主国行使还是在共和国行使，我都要说：这是给暴政播下种子。"而借助于多数的无限权威实行统治的政府，必然会侵害少数人的利益和自由。托克维尔曾经这样说，"民主国家的另一个非常自然，而又非常危险的本能，就是使人轻视和不太考虑个人的权利"①。有人甚至说，简单的多数原则就是51%的专政。②

事实表明，即使全体人民是政治主体、统治者、主权者，也存在着可能滥用权力的问题，而且这种滥用由于人民是政治主体而很难纠正，因此需要研究如何在政治权力建立和配置的过程中就建立防止滥用权力的制约机制问题。对此思想家和政治家已经提供了很多研究成果和实践经验，虽然它们不一定是着眼于人民作为政治主体研究提供的，但对于我们今天研究回答这一问题仍富有借鉴和启示意义。从政治哲学的角度看，并结合已有研究成果和实践经验，防止人民主权滥用需要遵循以下六条原则，并要使之成为长效机制从而得到贯彻落实。

第一，使主权法律化，将人民统治转化为法律统治。无论从政治本性看，还是从人类的政治经验看，全体人民必须成为政治的主体、社会的主人、自己的统治者。为了防止政治主体（作为统治者的人民整体）可能对自身（作为被统治者的人民个体）由于种种原因可能发生的伤害，必须将政治主体的主权法律化，一方面运用法律确保其政治地位，另一方面运用法律统治社会和治理社会。关于这一点前文已多有论及，这里不再赘述。

第二，确保治权在法律授权的范围内依法进行社会治理。治权是人民代表行使的治理社会的权力，属于政治权力的一种特殊权力。治权涉及社会个体的方方面面，而且可以对个体生杀予夺，因此这种权力必须受到限制，这种限制就是体现全体人民意志的法律。治权是在主权之下代表主权行使社会

---

① ［法］阿列克西·德·托克维尔：《论美国的民主》上卷，董果良译，译林出版社2019年版，第289页。
② 参见胡曦嘉《解读"多数的暴政"》，《学理论》2010年第32期。

治理的权力,它必须在体现主权者意志的法律的授权范围之内运行而不可僭越,而且必须依据法律进行社会治理。治权有可能践踏主权,违反法律,即滥用权力,因此一方面要建立有效防范的法律,另一方面要有有效惩治的法律,使之不敢滥用权力、不能滥用权力,最终达到不想滥用权力的目的。正因如此,当代中国把确保治权在法律授权的范围内依法进行社会治理作为法治国家建设的重要内容,党的二十大报告强调"必须更好发挥法治固根本、稳预期、利长远的保障作用,在法治轨道上全面建设社会主义现代化国家","坚持依法治国、依法执政、依法行政共同推进,坚持法治国家、法治政府、法治社会一体建设,全面推进科学立法、严格执法、公正司法、全民守法,全面推进国家各方面工作法治化"。①

第三,实行权力分立,以权力制约权力。权力分立并不只是几种治权的分立,也包括主权与治权之间的分立。近代以来人类已经大致上形成了主权与治权分立的格局,并得到了普遍认同。例如,美国宪法就将权力分立和权力制衡作为两项基本原则,美国的治权也形成了国会、行政部门、联邦法院的权力相互分离且又相互重叠的格局。② 权力分立与权力制衡制度的建立是人类政治的重大进步,但仍然存在人民主权虚化问题,其突出体现在于人民的意志没有真正转换为统治国家的法律,而且法律不能有效约束治权。因此,实行权力分立首先要解决主权与治权合理地分立并使主权有效制约治权的问题。治权的分立自洛克最初提出、孟德斯鸠进一步完善以来,得到了世界的普遍认同并被广泛采用。治权分立面临的最大问题是作为治权的立法权与主权法律化的关系问题,其实质在于立法者制定法律时如何真正体现人民的意志。

第四,将个人权利置于至上地位,把人民至上落实到个人权利至上。人民是统治者,也是被统治者,但作为统治者的人民是整体的人民,而作为被统治者的人民是个体的人民,前者是强大的,后者是脆弱的,而且强大的整体人民统治的目的和意义从根本上说是人民的权利得到实现。这就要求作为

---

① 习近平:《高举中国特色社会主义伟大旗帜 为全面建设社会主义现代化国家而团结奋斗——在中国共产党第二十次全国代表大会上的报告》,人民出版社 2022 年版,第 40 页。

② 参见荆赛红、姜路远《美国法律制度的形成与发展》,《商》2014 年第 25 期。

统治者的人民将作为被统治者的个人的权利置于统治和治理的至上地位。关于这一点，英国法学家威廉·布莱克斯通（Sir William Blackstone，1723—1780）认为，得到良好治理的共同体，法律会更关注公众的和平，关心公民的生命，不会泰然地用死刑来遏制犯罪。基于这种观点，他提出了法学思想史上的一个被称为"布莱克斯通公式"或"布莱克斯通比率"（Blackstone's Ratio）的命题，即"十个有罪的人逃跑比一个无辜的人遭殃要好"。这个命题虽然是一个法学命题，但它体现了布莱克斯通对个人权利的尊重和保护。他说："所有罪犯的推定证据应该被谨慎地承认，因为法律认为，十个有罪的人逃跑比一个无辜的人遭殃要好。"① 他强调，只有法律而不是议会或一般的人民才是"每个人的生活、自由和财产等的至高无上的仲裁者"。在他看来，一个国家要有独立于立法权和行政权的司法权，正是这种司法权的独立存在才能为公众的自由提供主要的保护手段，除非司法在某种程度上与立法权和行政权分离，否则这种公众自由在任何国家都不会保持长久。特别是如果它与立法权结合在一起，那么，他们的决定只由他们自己的意见而不由任何基本的法律原则所控制，这样臣民的生命、自由和财产也就落在了专断的法官之手。"布莱克斯通公式"给我们最重要的启示在于，在社会生活中，在一切社会治理活动中，没有比作为社会终极个体的正当权利更为重要的东西，政治权力要以保护个人权利为社会统治和社会治理的底线，这一底线在任何情况下都不能被践踏。

第五，健全权力运行的制约和监督体系，让权力在阳光下运行。让权力在阳光下运行就是要确保政府按照法定权限和程序行使权力，强化权力制约，合理分解和配置权力，不同性质的权力由不同部门、单位、个人行使，形成合理的权力结构和运行机制。要强化权力公开，推行各级政府及其工作部门权力清单制度，依法公开权力运行流程。政治权力尤其是治理权力是需要监督的，否则随时都可能被滥用，因此要建立全方位、立体化的权力监督机制。最重要的是要运用法律监督权力，有完善的法律监督体系，权力滥用的可能性就很小。在信息化社会条件下，舆论监督权力的作用日益凸显，舆论监督已成为监督权力滥用的利器。公众监督权力具有广泛性、全方位性，在这方

---

① 转引自江畅《西方德性思想史》近代卷，《江畅文集》第 6 卷，人民出版社 2022 年版，第 443 页。

面也要鼓励公众参与。"公众参与就是更广泛意义上的公众主动地建议、讨论或者通过法律规定的机制进行选举,从而真正介入到决策作出和实施的整个过程中,实现资源公平、合理配置和有效管理的一套机制。它对社会公权力的制约与增益作用不可忽视。"① 上述几种监督要有机结合起来,形成完整严密的权力监督网络。增强权力制约和监督效果,还必须保证权力监督机关的相对独立性和权威性。

第六,强化政治主体自我监督与自我革命。政治主体尤其是治理主体可以自我监督,这种监督更专业、更有针对性和时效性。政府机构的自我监督也是权力监督的重要方式,它主要是治权自身对自己的约束,这种监督更具体、更方便。我国党和国家机关内部都设有监察机构,这些监察机构取得的良好效果表明,这种监督是有效的,今天尤其要加强监察监督和审计监督。② 党的二十大报告提出中国共产党要不断自我革命,这是一种更为彻底的自我监督方式。"党找到了自我革命这一跳出治乱兴衰历史周期率的第二个答案,自我净化、自我完善、自我革新、自我提高能力显著增强,管党治党宽松软状况得到根本扭转,风清气正的党内政治生态不断形成和发展,确保党永远不变质、不变色、不变味。"③ 这应该说是政治权力监督的创举,可以从另一个侧面有效地防止全社会性的政治权力滥用。

---

① 胡肖华、聂辛东:《论社会公权力制约的新元素:公众参与引入的动因、机理、优势与进路》,《行政法论丛》第18辑(2015年)。

② 参见李睿《监察监督与审计监督制约机制的构建——基于构建权威高效的权力监督体系视角》,《商业会计》2022年第10期。

③ 习近平:《高举中国特色社会主义伟大旗帜 为全面建设社会主义现代化国家而团结奋斗——在中国共产党第二十次全国代表大会上的报告》,人民出版社2022年版,第14页。

下 篇

历 史 篇

第九章 中国政治哲学

中国政治哲学诞生于春秋战国时期，但在中国传统社会，政治哲学并没有像西方那样成为相对独立的学科，相关思想主要包含在"经史子集"之中。直至20世纪80年代，它才开始作为哲学的一个相对独立的专门学科出现，2024年1月首次被列入我国研究生招生专业目录，正式成为哲学学科的第九个二级学科。中国政治哲学最初是由谁开创的？国内学界似乎没有谈论这个问题。从有系统的哲学体系看，当推老子（前571—前501）、孔子（前551—前497）和墨子（前476或前480—前390或前420）。与西方不同，中国政治哲学在诞生时期是一种所谓的"诸子百家"格局，除了老子创立的道家、孔子创立的儒家、墨子创立的墨家，还有以管仲为先驱的法家，以及其他诸子创立的学派。然而，自汉武帝"推明孔氏，抑黜百家"（《汉书·董仲舒传》）开始，除了外来的中国化佛教政治哲学，传统社会基本上没有儒家以外的政治哲学，中国的政治哲学基本上只有儒家内部的学派分殊。在从传统社会向现代社会转换的初期，中国政治哲学曾出现过短暂的类似于春秋战国时期的百家争鸣的局面，但没有多少原创性的思想，学界流行和讨论的主要还是外来思想或传统思想。马克思主义传入后，出现了把马克思主义同中国具体实际相结合、同中华优秀传统文化相结合的中国现代政治哲学形态，但这一形态也一直到20世纪80年代才显现出来。总体上看，中国政治哲学虽然没有西方那样多元复杂，但其中包含了十分丰富、极其深刻的思想理论。在两千多年的历史发展过程中形成的政治哲学，对中国政治生活和社会发展以及文化传统产生了深远影响，其中有精华也有糟粕，需要挖掘整理，值得批判地继承。

第一节　外延意义上的中国政治哲学

中国政治哲学纵向上涵盖夏商西周"三代"、春秋战国时期、皇权专制统治时期、现当代不同时期的政治哲学,横向上包括理论形态的政治哲学(现代体现在政治学、法学、社会学、教育学等学科中的政治哲学思想也可划入其中)、隐含在"经史子集"以及其他载体(如政治实践、现当代政治家的讲话等)中的非理论形态的政治哲学、不同层次的政治哲学等不同形态的政治哲学。所有这些形态的政治哲学各不相同,各具价值和特色,彼此之间有矛盾和冲突,也有一些相同或相通的内容和精神,都程度不同地具有中国文化和哲学的性质和特色。它们都属于中国政治哲学的范畴,这种意义上的政治哲学是广义的中国政治哲学,其中有许多有价值的资源可以不断挖掘。然而,我们今天所主要关注的不是这些形态各异的政治哲学,而是这样的政治哲学——它们在中国和世界历史上具有一定影响,在今天仍然具有学术价值或现实价值,而且继承了中国文化传统,富有中国历史和文化个性和特色,可视为狭义的中国政治哲学。这种中国政治哲学是对于今天政治哲学和政治学研究、对于当代政治实践和政治生活最具价值而又尚未得到应有的挖掘、整理和阐释的政治哲学,需要我们给予重点关注。

对这种狭义的中国政治哲学,我们可以进一步作出外延上的界定:中国政治哲学是指在中国不同历史时期产生的各种政治哲学中,那些具有中国历史背景和文化根基,对当时和后世产生过一定学术影响和现实影响,至今仍然具有思想价值和启示意义的不同层次的理论政治哲学。这里所说的"中国",指源自"三皇五帝"时代以至于夏商西周时代文化传统的中华民族,包括统一的中国国家(如秦汉、隋唐、元明清等朝代),也包括春秋战国时代的不同诸侯国,以及历史上分裂时期的三国、南北朝、十六国、五代十国等。中国政治哲学指的就是中华民族历史上自春秋战国时期以来近三千年思想家关于政治的哲学理论。对于这一外延界定,需要作以下阐述。

第一,中国政治哲学主要是指理论形态的政治哲学,那些散见于各种载体中的政治哲学思想、观点、看法均不属于严格意义的中国政治哲学。今天人们所说的政治哲学通常是指政治哲学思想,其成果是不一定得到确证的政治哲学知识。但政治哲学思想可能是指政治哲学理论，也可能是指政治哲学观点、看法。政治哲学观点和看法都可以说是政治哲学思想，但并不一定是政治哲学理论，或者说不是真正意义上的政治哲学。例如，《诗经》中的"溥天之下，莫非王土，率土之滨，莫非王臣"（《小雅·北山》）诗句，就是一个政治哲学命题，认为普天之下都是君王的土地和管辖范围，而在这片土地上生活的人民都是君王的臣民。诸如此类的政治哲学观点、看法不属于中国政治哲学理论，不是狭义的政治哲学。从历史文献看，中国传统政治哲学思想主要包含在以下四类的文献中：一是部分子部文献，这些诸子的著述直接表达了他们的政治哲学理论和思想；二是部分史部文献，这些记载历史上政治家活动的文献中包含了他们的政治哲学思想；三是儒家经典的注疏，其中包含了阐发性的零散政治哲学观点；四是集部以及那些不属于春秋战国"十家的子部文献"，其中隐含一些政治哲学元素。在这四类文献中，只有第一类才具有政治哲学理论形态，因而属于狭义的中国政治哲学。

狭义的中国政治哲学主要是指中国思想家以政治为对象进行思考和探求形成的具有理论形态的政治哲学，如《老子》、《论语》、《墨子》、《韩非子》、董仲舒的《春秋繁露》、康有为的《大同书》、孙中山的《三民主义》，以及当代张志伟等主编的《中国政治哲学史》等。这里所说的"思想家"是广义的，主要是指中国历史上的诸子（如老子、孔子等）、政治思想家（如商鞅、王安石等）、学者（王夫之、黄宗羲、新儒家等）。中国传统社会没有典型意义的哲学家，更没有典型意义的政治哲学家，所以我们把提供政治哲学理论的人统称为思想家。中国现代社会虽然有了典型意义的哲学研究者，但提供政治哲学思想的并非只有他们，还有政治家、政治学家以及法学家等。不过，理论形态的中国政治哲学往往会从非理论形态的政治哲学的文献（如《周易》《诗经》《史记》等）中吸取营养，这样的重要历史文献也就会进入中国政治哲学史研究的视野。比如，研究中国政治哲学的起源时要研究《易经》《诗经》中的政治哲学思想，研究秦汉时期政治哲学时要研究《白虎通义》中的政治哲学思想。这样一些文献中的政治哲学观点、看法是政治哲学理论的重要源泉和灵感，可以成为政治哲学理论的元素。

第二，中国政治哲学的主体部分是基本理论（原理），20世纪80年代以来，元理论和应用理论获得快速发展，它们都属于中国政治哲学的范围。如同西方政治哲学一样，中国政治哲学从诞生开始，很长时间关注的主要是政治哲学的基本问题，只不过这些问题具有中国特色，如理想人格与理想社会及其关系、身家国天下的关系、王道与霸道等。在传统社会，对于这些问题的回答形成了法家、道家、儒家、墨家、佛家的政治哲学理论，在儒家成为"独尊"之学后又产生了汉儒、宋儒、明儒等不同形态。鸦片战争之后，受西学的影响，无政府主义、自由主义、列宁主义（布尔什维克主义）、马克思主义（科学社会主义）、新儒学等是中国有代表性的政治哲学理论。中国共产党信奉的马克思主义最终成为新中国占主导地位的思想理论或指导思想，科学社会主义可以说是马克思主义政治哲学的主体部分，而历史唯物主义则是其理论基础。李佃来教授指出："历史唯物主义与政治哲学并不是互为他者乃至相互对立的，而是内在会通在一起的。"[1] 这种看法是正确的，不过从马克思主义体系本身来看，马克思主义政治哲学是以历史唯物主义为理论基础的。中国共产党成立以后，对马克思主义政治哲学的实践探索和理论研究从未间断过，而且在其中国化、时代化的过程中不断深化和扩展。由此看来，从春秋战国时代到改革开放前，我国的政治哲学延绵不断，只是其本体论从宇宙意义的道德论转向了社会意义的唯物史观。

改革开放以后，中国的政治哲学发生了巨大的变化：一是马克思主义基本原理进一步中国化和时代化，不仅同中国具体实际相结合，也同中华优秀传统文化相结合，马克思主义政治哲学已成为一个相对独立的研究领域，属于中国政治哲学基本理论方面的研究；二是受西方政治哲学的影响和启示，对政治哲学性质和中西马政治哲学史的研究兴起，出现了中国政治哲学的元理论，而且方兴未艾；三是为了应对当代中国和世界出现的诸多重大社会问题，将政治哲学观念、原理和方法应用于这些问题的研究，出现了应用政治哲学理论，如法律哲学、管理哲学、军事哲学等，这是当前中国政治哲学研究备受关注的领域。这些变化表明，当代中国政治哲学一方面在中国历史上第一次公开打出了"政治哲学"的旗号，另一方面已形成了比较完善的政治哲学研究元理论、基本理论（原理）和应用理论的结构体系。在这方面，中国与西方具有明显的趋同走向。

第三，对中国历史上乃至世界历史上已经产生和可能产生学术影响和现实

---

[1] 李佃来：《论历史唯物主义与政治哲学的内在会通》，《中国人民大学学报》2015年第1期。

· 第九章　中国政治哲学 ·

意义的中国政治哲学是我们主要关注的中国政治哲学。在近三千年来的中国历史上，产生过不少政治哲学理论成果，但它们不一定受到人们的重视。历史上产生的不少政治哲学理论成果湮没在历史长河之中，只有那些有学术影响和现实影响的理论才流传下来并将流传下去。政治哲学没有可能也没有必要关注所有政治哲学理论，只需重点关注那些在历史上有学术影响和现实意义的政治哲学理论。这里所说的"学术影响"并不限于对当时和后来的政治哲学的影响，也包括对其他学科的影响，尤其是对与政治相关的学科的影响。孟子的"亲亲仁民爱物"学说到了张载那里发展成为"民胞物与"学说，董仲舒建立的"三纲五常"学说成了宋明理学的核心内容和实质蕴涵，这些都是政治哲学学术影响的事例。这里所说的"现实意义"主要是指政治哲学对国家构建和运行、对社会政治生活所具有的规范和指导作用。孔子的"大同"和"小康"社会理想两千多年来一直都对中国社会发生着影响，当代中国把全面建成小康社会作为奋斗目标、中国共产党把为世界谋大同作为三大使命之一就是强有力的证明。有些政治哲学理论既有学术影响又有现实影响，如老子的《道德经》就是如此。早在1788年，当时的西方传教士将该书翻译成拉丁文，作为礼物献给伦敦皇家学会。迄今为止，《道德经》的翻译语种已经超过了50种，《道德经》的再版热成为21世纪以来一个重要的文化现象，仅2010年至2017年，就新增了136个版本，涉及语种16种。《道德经》是迄今为止世界传播范围最广的中国图书之一。[①] 历史上还有一些因为特殊原因而湮没的文献，它们对学术和社会都没有发生多大影响，但仍然具有重要的学术价值和现实意义。汉代一些被称为"古文经"的文献一被发现就受到了广泛重视，今天考古发掘出的一些失传的历史文献也引起学界高度关注，其原因就是这些文献具有多方面的价值。政治哲学的学术影响和现实意义归根到底取决于政治哲学本身的价值，因此一切有价值的中国政治哲学理论都终将受到重视。

第二节　内涵意义上的中国政治哲学

中国政治哲学涵盖的范围虽然在空间上没有西方那样广泛，但在时间上

[①] 参见何明星《〈道德经〉：影响世界的中国智慧》，《人民论坛》2018年第20期。

更长，历史更悠久，因此要对中国政治哲学在内涵上作出界定无疑是一件十分困难的事情，需要以对中国的相关历史文献和社会现实状况及其相互关系进行深入研究并形成完整的研究成果为前提。为了便于从总体上把握中国政治哲学，笔者在这里根据自己对中国古今文献资料和社会现实的粗浅了解，从内涵上对中国政治哲学作一个初步的界定，供学界同仁讨论和批评。在笔者看来，中国政治哲学是以身、家、国、天下一体为研究对象，以天下平、国治、家和、民乐的社会理想及其实现为核心主题，以道与德、理想人格与理想社会、等级尊卑与众生平等、身家国天下关系、王道与霸道、尚民爱民与人民至上、内圣外王与人民民主以及德治、礼治与法治等问题为关注重点，运用经验体悟、理智直觉和思辨构想一体的方法探求社会治理之道的哲学理论。对于这个内涵界定，我们可以从以下四个方面展开论述。

第一，中国政治哲学以身、家、国、天下及其相互关系为主要研究对象。与西方政治哲学以国家为面向不同，中国政治哲学以社会为面向。中国是以一个家族（部落或部落联盟）战胜其他家族成为统治者而进入文明社会的，胜利的家族占据的范围就是它的地盘，被视为它的天下。这个天下是没有固定边界的，统治者只要有意愿和可能随时都会去扩大地盘，占领地盘外的土地、财富和人口。在夏商两代，人们似乎既没有国家的概念，也没有天下的概念。西周实行分封制，诸侯的封地被视为国，而所有的国构成天下，周朝统治者（天子）则是所谓"天下共主"。这时仍然没有现代意义的国家概念，但已经有了明确的天下概念，即周朝统治的地盘。统治者所关心的也不是国家问题，而是天下（世界）的问题。正如赵汀阳教授所指出的："与西方的政治思路完全不同，中国政治不是从国家问题开始的，而是从世界问题开始的。"[①]"天下"一词最早出现于《尚书·大禹谟》，"奄有四海，为天下君"。这表明夏代中国人就有了朦胧的天下观念。对于春秋战国时期的思想家而言，他们考虑问题的视域就是天下，而不是他们所在的诸侯国。但是，中国以血缘亲情为纽带的宗法制社会背景和文化传统，使他们同时意识到，天下是由国构成的，而国是由家构成的，天下和国都以家为本位。于是，他们将天下与国、家作为一个有机体来考虑社会治理问题，一方面着眼于天下考虑国和

---

① 赵汀阳：《坏世界研究：作为第一哲学的政治哲学》，中国人民大学出版社2009年版，第76页。

家的问题，另一方面又立足于家来解决国和天下的问题，而解决问题的根本被认为是统治者个人的人格（成为圣人）。先秦儒家设计的社会治理路线图"修身、齐家、治国、平天下"就是这种考虑的典型表达。伴随着儒家政治哲学上升为统治思想，这一治理路径尽管在政治实践中没有得到充分贯彻，但得到了普遍认同。这种身家国天下一体、着眼于天下治理家国并立足于修身以"齐家治国平天下"的政治哲学观念成为传统，并对现代政治哲学有着深远的影响。现代中国政治哲学致力于研究和回答政治如何为人民谋幸福、为民族谋复兴、为世界谋大同的问题，就是这一传统政治哲学观念的现代转换。

第二，中国政治哲学以天下太平、国家兴盛、家庭和睦、民众喜乐（幸福）的社会理想及其实现提供哲学论证为核心主题。追求家齐、国治、天下平是十分古老的中国传统观念。《尚书·尧典》云："克明俊德，以亲九族。九族既睦，平章百姓。百姓昭明，协和万邦。"这是讲尧帝通过推行大德，由家族和睦实现社会和睦，由社会和睦再协调万邦诸侯，所形成的和谐一体的地缘关系和天下秩序。春秋战国时期的思想家继承和弘扬这种传统观念，明确将家齐、国治、天下平作为社会理想，同时又将民乐（相对于统治者而言的"民心"）作为这种社会理想的落脚点。这就是孟子依据古训"民之所欲，天必从之"（《尚书·泰誓上》）所提出的统治者必须"与民同乐"的主张。"乐民之乐者，民亦乐其乐；忧民之忧者，民亦忧其忧。乐以天下，忧以天下，然而不王者，未之有也。"（《孟子·梁惠王下》）至此，中国传统哲学政治便完成了家庭和睦、国家兴盛、天下太平、民众喜乐四位一体完整社会理想的构建。从此，研究和回答如何实现这种理想蓝图便成为传统社会历代思想家政治哲学的核心主题。传统政治哲学追求民乐、家齐、国治、天下平的社会理想，现代政治哲学将传统的这种价值追求转换为现代意义上的为人民谋幸福、为民族谋复兴、为世界谋大同。虽然两者对社会价值目标的表述有所不同，但其实质内涵是相通的。改革开放以来，当代中国政治哲学根据马克思、恩格斯的社会理想和现代社会的时代精神，把实现社会主义现代化和中华民族伟大复兴的中国梦作为现阶段的价值目标，其主要内涵是国家富强、民族振兴和人民幸福，而人民幸福的实质内涵就是马克思作为共产主义实质内涵的"每一个个人的全面而自由的发展"[1]。同时，中国梦也是维护

---

[1] 《马克思恩格斯文集》第5卷，人民出版社2009年版，第683页。

世界和平、促进世界发展、加强世界合作、倡导世界共赢的世界梦，它追求造福中国人民，也追求造福世界人民，内蕴世界大同的伟大梦想。研究和回答这个当代中国的伟大梦想及其实现的问题，正是当前中国政治哲学的最重要主题和最崇高使命。

第三，中国政治哲学重点关注和探索道与德、理想人格与理想社会、等级尊卑与众生平等、身家国天下关系、王道与霸道、尚民爱民与人民至上、内圣外王与人民民主以及德治、礼治与法治等问题。西方政治哲学以国家为主要研究对象，正是这种研究取向决定了理想国家、政府形式及治理方式、国家权力、公民德性和权利等与国家相关的问题成为西方政治哲学家始终关注的主要问题。① 与西方不同，中国政治哲学以家、国、天下、民众一体为研究对象，以社会和谐为研究取向，关注的问题并不仅仅局限于国家，而是广泛涉及社会的各个方面。中国思想家将研究的重点放在如何实现社会理想上，主要研究回答社会及其治理的根基、政治追求的理想、社会成员的身份地位、社会的基本结构、社会治理之道、社会治理者与社会成员的关系，以及社会治理的治理方式等主要问题。中国政治哲学研究回答的问题涉及五个基本政治哲学理论问题：一是社会的价值取向，涉及社会追求道德还是功利、富国还是富民、整体和谐还是个人自由等问题；二是社会优劣的标准，涉及如何判断社会治乱、国家兴衰、民众苦乐、官员廉腐、民心向背等问题；三是社会治理方式，涉及社会治理是重有为还是重无为、重王道还是重霸道、重德治还是重法治、重义还是重利、重德教还是重刑赏、重教化还是重修身等问题；四是官民应有的关系，主要涉及以民为本还是以官为本、以民为天还是以王为天、王权至上还是人民至上、为民作主还是人民自主等问题；五是官员权力制约问题，主要涉及社会治理应重自我修身还是重制度防范、重廉洁自律还是重法律制约、重奖励激励还是重惩治威慑等问题。对于这些问题的研究，中国政治哲学和政治学并无明显的界限，事实上中国历史上不少政治哲学家，同时也是政治学家，有的还同时是政治家，即使在今天两者之间的界限也不十分分明。如果说有所区别的话，政治哲学家更重视从哲学方面考虑有关问题的合理性、正当性和合法性，并提出一般性的原则，而不研究具体的实务。

---

① 参见江畅《西方政治哲学重点关注的八大问题》，《理论月刊》2022 年第 8 期。

第四，中国政治哲学尤其是传统政治哲学注重运用经验体悟、理智直觉和思辨构想一体的方法探求社会治理之道。这种方法是以经验体悟为基础，以理智直觉为路径，以思辨构想为目的的中国哲学特有的方法。张岱年先生将中国哲学致知的方法概括为六种：一是"验行"，即以实际活动或实际应用为依据，这是墨子以及清代颜习斋的方法；二是"体道"，即直接体会宇宙根本之道，老子、庄子常常使用这种方法；三是"析物"，即对于外物加以观察辨析，这是惠施、公孙龙以及后期墨家的方法，清代戴震也采取这种方法；四是"体物或穷理"，即对物进行体察以获得对于宇宙的根本原理，直觉与思辨并重，荀子、《易传》，以及后来的邵雍、张载、二程、朱熹等人的方法属于此类；五是"尽心"，即反省内求以发明本心，孟子以及陆九渊、王阳明推崇此方法；六是"两一或辩证"，即注重事物两方面的对立统一，这是一种思想家运用较多而论述较少的方法，只有《易传》和庄子对此方法有较详细的论述。张岱年先生认为，体道与尽心都是直觉的方法，不过一个向外一个向内；体物或穷理则是直觉与理智合用的方法；验行是实验的方法；两一则与哲学中的辩证法有类似之点。① 所有这些方法大多也是中国传统思想家研究政治哲学的方法，他们正是运用这种方法基于对宇宙本体的构想来构想社会本体，基于社会本体谋划社会理想及其实现。与苏格拉底之前西方并无社会理想不同，中国在先秦思想家产生之前就已经有了比较完整的社会理想观念，天下平、国治、家和、民乐并不是先秦思想家的发明，而是他们凭借经验体悟和理智直觉从现实中认知，然后运用思辨构想概括提炼出来的。至于实现社会理想的社会治理之道，则是思想家运用哲学思辨方法通过反思批判社会现实揭示的。

马克思主义传入中国后，唯物史观逐渐成为中国政治哲学研究的根本方法论，中国现代政治哲学在运用这种方法论的过程中不断促进其丰富和发展。"人们首先必须吃、喝、住、穿，然后才能从事政治、科学、艺术、宗教等等；所以，直接的物质的生活资料的生产，从而一个民族或一个时代的一定的经济发展阶段，便构成基础，人们的国家设施、法的观点、艺术以至宗教观念，就是在这个基础上发展起来的，因而，也必须由这个基础来解释，而

---

① 参见张岱年《中国哲学大纲》，中国社会科学出版社1982年版，第528—529页。

不是像过去那样做得相反。"① 唯物史观这一基本原理和基本方法成为20世纪初以来的中国政治哲学理论及其实践的指导思想和基本遵循。从陈独秀、李大钊、毛泽东等中国共产党的创始人到中华人民共和国成立后的历代中共领导人都从理论与实践相结合上运用唯物史观观察、研究、解决中国政治问题，在使唯物史观中国化时代化的过程中，揭示了共产党的执政规律、社会主义的建设规律，实现了对人类社会发展规律认识的新飞跃，这些都是唯物史观中国化时代化的最新成果。政治哲学在中国成为相对独立的学科以后，唯物史观又成了当代中国政治哲学研究的学术立场、理论依据和方法指南。"马克思政治哲学的决定性根基不是观念世界之任何一部或全部，而是社会—历史的现实"②，这是许多当代中国政治哲学学者的共识。以唯物史观为方法论是中国政治哲学历史进程中的重大变革，我们也应看到，唯物史观在中国化时代化的过程中，注重同中国传统政治哲学方法相结合，形成了唯物史观中国化的理论和方法形态。

第三节 中国政治哲学的总体特征

中国政治哲学诞生于以发达的传统农耕文明著称的广袤的华夏大地，拥有数千年中华文化传统作为其思想观念的滋养。它由一大批献身于"为天地立心，为生民立命，为往圣继绝学"的古圣先贤所原创，之后又有一代又一代追求立德、立言、立功"三不朽"的仁人志士不断革故鼎新，创造性地推进其丰富发展。经过近三千年的发展，中国政治哲学形成了具有独特性和原创性的理论特质和显著特点。

第一，历史演进的一贯性。产生于西方历史文化土壤中的政治哲学，因西方社会演进发生过从古希腊罗马社会到中世纪社会，再到现代社会的巨大变化而呈现断裂性。就政治哲学而言，中世纪从根本上不同于古希腊罗马，而西方现代更是完全不同于中世纪。虽然后来的政治哲学在对以前政治哲学

---

① 《马克思恩格斯选集》第3卷，人民出版社2012年版，第1002页。
② 吴晓明：《论马克思政治哲学的唯物史观基础》，《马克思主义与现实》2020年第1期。

否定的过程中吸取了一些有价值的元素，尤其是现代西方政治哲学从古希腊罗马政治哲学中吸取了丰富的滋养，但这也改变不了几个时代的政治哲学在性质上完全不同的历史事实。与西方不同，中国政治哲学的演进具有不间断性，后一历史时段的政治哲学是对以前历史时段政治哲学的继承、批判和发展，有中华文化的基因和血脉贯穿其中，整个中国政治哲学从深层次上看可被视为一个完整的思想观念体系。先秦时期的政治哲学虽然百花齐放，但它们都源自春秋时代以前的文化传统。正如司马谈在《论六家要旨》中所指出的："《易大传》：'天下一致而百虑，同归而殊涂。'夫阴阳、儒、墨、名、法、道德，此务为治者也。"儒家政治哲学在皇权专制时代占据统治地位，也并非像西方中世纪政治哲学对待古希腊罗马政治哲学那样从根本上给予否定，倒可以说是从先秦诸家中脱颖而出。马克思主义政治哲学最终取代儒家政治哲学成为中国占据主导地位的政治哲学以后，虽然曾有过对儒家政治哲学全盘否定的过激做法，但在深层次上依然是对接的。党的十八大以来，中国当代政治哲学更是自觉地对传统政治哲学进行创造性转化和创新性发展。今天，马克思主义政治哲学正在全面地致力于同中华优秀传统政治哲学相结合。从这方面来看，西方政治哲学因西方历史文化演进的断裂性[1]而呈现历史演进的断裂性，基督教神学政治哲学与古希腊罗马政治哲学之间、近现代西方哲学与基督教神学政治哲学之间在实质内涵上存在着根本性的区别；中国政治哲学的历史演进则一以贯之，始终以宇宙、天下、国、家、身及其关系问题为中心展开和沿革，具有内在的历史逻辑。

第二，理论根基的深厚性。政治哲学作为哲学的特殊领域，是有其理论根基的，这就是本体论。中国政治哲学从诞生时起就有深厚的本体论根基。无论是儒家、道家，还是其他诸家，其政治哲学都是基于远古以来形成的道观念或道德观念提出的，其中儒道两家更是在此基础上建立了道与德一体的道德论本体论，以作为政治哲学的基础。儒家政治哲学占据主导地位后，其本体论发生了一些变化，尤其是宋明理学家建立了以"天理"为核心的天理论本体论，但这种本体论实质上是与先秦儒家的道德本体论一脉相承的宇宙本体论。马克思主义政治哲学在现代中国占据主导地位之后，其直接的理论

---

[1] 参见江畅《西方德性思想史》古代卷，载《江畅文集》第 5 卷，人民出版社 2022 年版，第 31 页。

根据是历史唯物主义。历史唯物主义是作为宇宙本体论的唯物主义在社会历史领域的应用，是一种社会本体论。尤其是在中国政治哲学现代化过程的早期，许多思想家在民族生存危机日益深重的紧要关头仍然致力于构建本体论，以为他们提出的政治哲学主张提供论证和辩护，如康有为的"元气—仁说"、谭嗣同的"以太—仁—心力说"、严复的"气一元论"、章太炎的"以太阿屯说"、熊十力的"体用不二"本体论、冯友兰的"新理学"本体论等。总之，探寻本体论作为政治哲学的根基，这是中国政治哲学不同于西方的一贯做法和重要特征。正因如此，中国的政治哲学才具有历史的贯通性和理论的深刻性。

第三，思想旨趣的道德性。中国的政治哲学历来都是道德性政治哲学，伦理学具有明显的政治性，政治哲学则具有鲜明的道德性。孔子所说的"为政以德，譬如北辰，居其所而众星共之"，"道之以政，齐之以刑，民免而无耻；道之以德，齐之以礼，有耻且格"（《论语·为政》）等表述，典型地表达了中国政治哲学强调政治与道德之间的紧密关系，当代中国把以德治国作为治国方略之一也体现了中国政治哲学对德治的强烈诉求。在中国历史上几乎没有任何政治哲学理论反对道德对于政治的极端重要性，即使历来被认为是非道德主义者的韩非其实也仅仅是反对腐儒的道德，并非完全否定道德的价值。[①] 他肯定道德的论述很多，如"安术有七，危道有六。安术……七曰有信而无诈"（《韩非子·安危》），"明主之道，必明于公私之分"（《韩非子·饰邪》），"修身洁白而行公行正，居官无私，人臣之公义也"（《韩非子·饰邪》）等，只不过他认为道德仅可用作治国的辅助，不能作为治国的原则。

第四，理想追求的崇高性。中西方政治哲学都把构想理想社会并为之提供论证作为自己的重要使命，但中国政治哲学所构建的理想社会与西方有几点明显的不同。一是社会理想尽善尽美。传统社会儒家政治哲学所构想的"大同"社会、当代中国政治哲学所推崇的共产主义社会，都被设想为尽善尽美的社会，孔子所描绘的"小康"社会虽不完善但被看作完美社会的衰退形态，而当代中国追求的"小康"社会则是向完美社会的过渡。西方政治哲学所构想的"理想国"或"理性王国"等理想社会则都不是尽善尽美的，基督教政治哲学构想的"天堂"虽然尽善尽美，但它并不是世俗的理想社会。二

---

① 参见魏倩《韩非并非"非道德主义者"辨析》，《文教资料》2016年第9期。

是社会理想与人格理想相贯通。古希腊罗马政治哲学也谈到公民德性对于理想社会的意义，但两者之间没有必然联系。基督教政治哲学肯定个人神学德性对于进天堂的意义，但个人德性并不是进天堂的充分条件，一切最终都取决于上帝的恩惠。现代西方政治哲学除了20世纪下半叶出现的社群主义和德性伦理学注意到社会共同体需要公民具有德性外，其他的政治哲学几乎都不谈个人德性，更不谈理想人格。与西方不同，中国政治哲学尤其是儒家政治哲学把个人人格与社会理想紧密关联起来，认为一个人只有达到人格完善才能齐家治国平天下，所有人都达到人格完善就能实现天下大同的理想。三是把修身作为实现社会理想的根本。《大学》中的"三纲领""八条目"典型地表达了修身对于治国安邦的重要性。今天中国共产党强调党员党性的先进性，追求马克思、恩格斯所主张的"每一个个人的全面而自由的发展"，都是把修身作为治国安邦的根本。因此，对于中国政治哲学来说，修身不仅是个人完善之本，也是天下安泰之本，研究修身是政治哲学的题中应有之义。

第五，学术观点的归宗性。中国文化历来讲道统①，讲认祖归宗，中国政治哲学亦如此。中国政治哲学虽然诞生时就多门多派，即所谓"诸子百家"，但它们都生存在华夏大地，沐浴着三皇五帝沿袭下来的悠久文化传统。因此，中国古代的不同学派像一个大家庭的兄弟，他们都把自己看作文化传统的真正传人并努力证明这一点。值得注意的是，这种"百花齐放"的格局只有在社会四分五裂或社会转型时期才会出现，而在中国历史上这种时期比较少。从春秋战国以后的传统社会历史看，一旦社会统一，在政治力量的作用下，政治哲学百花齐放的局面就会结束，一切不能认祖归宗的政治哲学学说都得不到承认而被排挤或被打压。在这样的社会统一时期，中国政治哲学主体体现为多样性而非多元性，其重要原因在于那些与主导政治哲学相左的政治哲学不能归宗。学术观点所要归的"宗"，指的是"正宗"或"正统"。从中国历史看，正宗包括两个方面：一是道统之正宗或学术之正宗；二是政治之正宗。道统之正宗在先秦是三皇五帝以降以"道"为核心的传统，在儒家成为官方意识形态之后是儒家思想，在中华人民共和国成立之后则是马克思主义；

---

① "道统"是唐朝哲学家韩愈提出并论证的一个概念，原指儒家的先王之教（仁义道德）在各个历史时期薪火相传的统绪，后来成为中国传统文化辨别思想观点正统与否的重要根据。

政治之正宗则是国家所确立的社会意识形态，主要是其中的思想理论，包括政治哲学。从中国历史看，在社会统一稳定时期，学术之正宗与政治之正宗是重合的，一切不能进入学术之正宗的政治哲学也不能进入政治之正宗，反之亦然。无论是传统社会还是现代社会，两种正宗都具有中国文化传统的共同渊源，今天中国强调把马克思主义基本原理同中华优秀传统文化相结合，就是要将马克思主义植根于中国文化传统。西方政治哲学只有中世纪才有真正意义上的道统之正宗，而且是与政治之正宗同一的，其他时期基本上不存在这两种"正宗"。显然，中国政治哲学与西方不同，春秋战国以降，这两种"正宗"在中国一直存在，只不过其内容有所更新。

第四节 中国政治哲学的主要贡献

理论形态的中国政治哲学在诞生后的两千多年经过了一个从"百花齐放"到"万马齐喑"再到"守正创新"的曲折演进过程，在今天达到了前所未有的繁荣。虽然中国历史上有些思想家创立的政治哲学学说对于社会发展产生过负面作用或消极影响，但他们的研究都是出于民族兴旺、天下太平和民众安乐的善良愿望，而且他们的学说中或多或少包含有益的内容，即便是失误也可以为后人提供教训。中国思想家在政治哲学研究方面所作的努力不仅给民族和人类留下了宝贵的财富，也反映了他们为人类幸福苦心孤诣地追求政治真理的精神，记录了人类不断追求政治进步和完善的心路历程。中国政治哲学成就巨大，内容丰富而深刻，对中国政治发展、民族兴旺和世界和平作出了重要贡献。这里主要从对人类文明发展、人类命运共同体构建、为人类重大政治问题的解决提供中国智慧以及为人类政治清明提供中国经验四个方面粗略阐述中国政治哲学的贡献。

第一，构想并追求世界大同的理想社会，为人类政治文明发展指明了方向。人类进入文明社会的重要标志之一，就是作为基本共同体的社会不再自发地谋求生存，而是开始自觉地为社会运行和发展确定某种共同目标，并运用政治权力调动一切力量追求共同目标的实现。但是，在轴心时代以前，社会的共同目标主要是由统治者出于自身利益或统治需要确立的，缺乏充分的理论论证，通常狭隘而短视。这也是那段历史长期政局不稳、改朝换代频繁的重要原因之一。我国周朝存在 790 年,就有三分之二的时间处于诸侯争雄、天下大乱的局面。不过,也正是这种前所未有的乱局催生了前所未有的思想家(诸子百家)问世,他们面对生民的苦难,在反思和批判文明历史、总结历朝历代经验教训的基础上,力图构想一种不仅能使民众脱离苦海而且能使民众永享太平和喜乐的理想社会。诸子百家中多家都有自己对理想社会的构想,其中儒家创始人孔子构想的大同社会最具生命力和影响力。在中国历史上,孙中山第一次明确将大同社会作为政治追求的目标,称"真正的民生主义,就是孔子所希望之大同世界"①;习近平主席代表中国共产党向世界宣告:"我们所做的一切都是为人民谋幸福,为民族谋复兴,为世界谋大同。"②

大同社会是在《礼记·礼运》中借孔子之口首次明确表达的一种天下为公的美好社会图景。"大同社会作为理想社会的代名词,体现了中国人对人类社会未来发展的美好愿望和基本设计。天下意识是大同社会的世界观基础,忠恕之道是大同社会的方法论依据,天下为公是大同社会的价值目标。"③ 大同理想社会一经提出就成了中国社会发展的不懈追求,虽然其间经过了漫长的皇权专制统治时期,但这种理想始终埋藏在中国人心中。在皇权专制统治摇摇欲坠的清朝末期,中国资产阶级改良派代表人物康有为就构想了一个"人皆独立,即人得自由,人得平等"④ 的"太平之世"。差不多同时,中国资产阶级革命先行者孙中山将"天下为公"的大同社会理想具体化为以"民有、民治、民享"为基本内涵的"三民主义"⑤,并毕生致力于这一理想社会的构建。中国共产党成立后给中国传统的大同社会理想注入了马克思、恩格斯的共产主义社会理想的现代内涵,形成了中国化的共产主义理想,并且领导中国人民为之奋斗,使之开始在中国变成现实。大同理想社会之所以被世代中国人渴望和追求,根本原因在于这种理想社会是最适合人类生存的社会。人是社会性动物,只能在社会中生存。但历史事实表明,作为人类基本共同

---

① 孙中山:《三民主义》,东方出版社 2014 年版,第 222 页。
② 《习近平会见联合国秘书长古特雷斯》,《人民日报》2018 年 4 月 9 日,第 1 版。
③ 郭清香:《大同社会理想与人类命运共同体构建》,《道德与文明》2019 年第 6 期。
④ 康有为:《大同书》,载《康有为全集》第 7 集,姜义华、张荣华编校,中国人民大学出版社 2007 年版,第 77 页。
⑤ 参见孙中山《三民主义》,东方出版社 2014 年版,第 222 页。

体的社会是一把"双刃剑",好社会是人间天堂,坏社会则是人间地狱。大同社会就是中华文化意义上的好社会。

大同社会作为好社会,其"好"有诸多体现,尤其重要的有以下几个方面。其一,它是天下,而不是国家。大同社会就是大同世界,意味着天下大同、"天下(太)平"(《礼记·大学》),在这个世界里不会有国家之间的战争与侵略。其二,它是公天下,而不是家天下。用今天的话说,公天下就是全体社会成员"共建共治共享"的社会①,没有统治阶级和被统治阶级的划分。其三,它是"大道之行"的人间正道。大同社会顺应天道自然规律,遵循人类社会发展规律,体现人类的本性要求和价值诉求,是合目的性与规律性的统一。作为"大道之行"的人间正道,它是古圣先贤对"王道荡荡""王道正直"(《尚书·洪范》)的向往,饱含着中华文化"从容中道"(《礼记·中庸》)的精神。其四,它是各尽其能、各得其所的公正社会。在这里,"老有所终,壮有所用,幼有所长,鳏寡孤独废疾者,皆有所养"(《礼记·礼运》)。其五,它是真情友爱的美好家园。大同社会是"老吾老,以及人之老;幼吾幼,以及人之幼"(《孟子·梁惠王上》)的社会。简言之,大同社会是人性化、人道化、人情化的人间天堂。在中外历史上,不少思想家提出过不同的理想社会,如柏拉图的"理想国"、斯多亚派的"世界城邦"、基督教的"新天新地"、西方自由主义者的"理性王国"等。② 这些理想社会方案各有针对性和特色,但中国"天下为公"的大同社会和马克思、恩格斯"以每一个个人的全面而自由的发展为基本原则"③的共产主义社会真正体现了人类本性的要求,能为人类本性的实现提供社会条件。古今两个时代,中德两个国度的思想家对理想社会的构想不谋而合,也充分表明了这种理想的真理性。虽然"大同"社会理想尚未得到人类的普遍认同,但这种理想本身的真理性、合理性,以及中国提出的构建人类命运共同体倡议在世界上得到越来越多的响应,表明"世界大同"是人间"王道",反映了人类文明发展的必然趋势。

第二,阐明和构建身家国天下一体的关系,为人类命运共同体构建提供

---

① 参见《习近平谈治国理政》第四卷,外文出版社2022年版,第338页。
② 参见江畅《西方政治哲学重点关注的八大问题》,《理论月刊》2022年第8期。
③ 《马克思恩格斯文集》第5卷,人民出版社2009年版,第683页。

了中国模式。人类社会（基本共同体）的最初形态是家庭，原始人群是家庭的原始形态，氏族社会已经有了比较完全意义上的家庭以及家庭的扩大形态家族（部落）。① 世界上一些地区部落之间的战争和融合催生了几大文明古国，市场经济的兴起和发展促进了西方现代国家的形成，而西方殖民主义者的海外扩张，尤其是西方市场经济向全世界的渗透，则促进了世界国家化。今天，国家已经成为人类的基本共同体，全人类都生活在不同国家之中。市场经济和现代科技带来的经济全球化、交往全球化和信息全球化，已经将居住在不同国度的人类联系成为一个整体，国家化和现代文明暴露的全球性问题已然不再可能仅由一个国家或各个国家自行解决，人类的命运被更紧密地联系在一起。面对这样的历史发展态势，中国率先提出构建人类命运共同体的政治主张，这一主张顺应了人类共同体正在迈向其最终形态——世界共同体（天下）的历史发展总趋势。如此，家、国、天下将会成为人类社会或世界共同体的未来基本架构。当代中国能够率先提出构建人类命运共同体的主张，与中国政治哲学一以贯之地主张身家国天下一体、追求世界大同的优良传统有着深刻的内在关系。

身家国天下一体的理论主张虽然是春秋战国时期由儒家首次提出和阐述的，但还有更深厚的文化传统根基。中国进入文明社会以前是以马克思所说的"亚细亚的"生产方式②为基础的亚细亚社会形态，国家主权与土地所有权合一的土地国有制、手工劳动为基础的小农经济、自给自足的自然经济、全面干涉的政府职能与君主专制的国家制度等是其基本特征。③ 这种社会形态一直延续到文明社会，其变化主要体现在部落战争中取胜的部落成为统治者，以及被统治的部落又试图通过战争夺取统治权。由于时代局限，统治者以为自己统治的地域就是世界、天下，于是就有了"溥天之下，莫非王土；率土之滨，莫非王臣"（《诗经·小雅·北山》）的观念。最高统治者宣称自己是

---

① 按照恩格斯的观点，原始社会的蒙昧时代和野蛮时代（大致相当于原始人群时代和氏族公社时代）已经有了与之相适应或并行的群婚制、对偶婚制两种婚姻家庭形式（参见《马克思恩格斯选集》第 4 卷，人民出版社 2012 年版，第 29、85—86 页）。

② 参见《马克思恩格斯选集》第 2 卷，人民出版社 2012 年版，第 3 页。

③ 参见于金富、郑锦阳《马克思亚细亚生产方式理论探析》，《河南大学学报》（社会科学版）2022 年第 5 期。

上天之子，受上天之命治理天下、护佑生民，即所谓"天子作民父母，以为天下王"（《尚书·洪范》）；"王者父天母地，为天之子也"（《白虎通义》卷一）。于是，人们就把统治者所在地视为天下的中央，而把其他辖地称为地方，统治以外的地区则被视为胡地或夷地。中华民族的"天下"拥有特定的土地，也就是天赐的自然地理空间，先秦时期称为"九州""四海"等；拥有相对稳定的居民——"五方之民"或"夏夷之民"；拥有源自《易经》以"天人合一"为最高追求的华夏文化；大部分时期拥有正统、合法的政权——中央王朝；具有管理"天下"的"天下观"和"大一统"思想；具有统治"天下"的具体政策——"五服制"和"修其教，不易其俗，齐其政，不易其宜"（《礼记·王制》）原则之下的诸多管理政策。因此，"天下"空间覆盖的既是一个地域共同体，也是一个政治共同体和文化共同体，与辛亥革命后终结王朝国家的历史并开启民族国家①的构建形成了一种演化关系。② 在夏商西周时期，人们心目中并无国家概念，春秋时期诸侯称霸、自立为王，国家的社会地位凸显，而这时周王名义上还是"天下共主"，国家属于天下之国家。先秦儒家继承这种文化传统，明确提出"齐家、治国、平天下"的社会治理模式，形成了身家国天下一体的思想体系。中华人民共和国成立后，传承并创新了传统的"家国天下"兼治的社会治理模式，在实行依法治国和以德治国的同时，注意家庭家教家风建设并推动人类命运共同体构建。

家庭、国家、世界是人类从分离的原始人群走向更大共同体的三大步骤，是人类形成更大创造力量、扩展更大活动空间、过上更丰富的物质和文化生活的历史过程。"家庭是人类自身再生产的基地，也是最基本的社会单元，因而也是社会稳定发展的基石，即所谓'家和国兴'。"③ 国家的建立并不是要

---

① 赵轶峰认为，"国族国家"（nation state）是达到高度文化、制度、利益认同的国民组成的拥有主权地位的社会共同体，也是现代国际体系中普遍承认的唯一主权主体。这个概念长期被许多文献书写为"民族国家"，然以"国族国家"更得本意，且有助于理解 nation 与 ethnic group（族群）的关系（参见赵轶峰《王朝、天下、政权、文明——中国古代国家形态问题的若干概念》，《中国史研究动态》2022 年第 5 期）。

② 参见都永浩《"天下"内涵及与近现代中华民族的关系》，《中国边疆史地研究》2022 年第 4 期。

③ 江畅：《好生活如何可能——基于价值论的思考》，社会科学文献出版社 2023 年版，第 129 页。

消灭家庭，而是要保护家庭，使家庭和睦，从而使个人幸福。从当代的情况看，人类命运共同体构建不会，也不可能消灭国家，相反要根据国家发展的方向以及构建人类命运共同体的内在要求，规约和塑造好的国家和好的国际关系。① 国家将来也许会成为世界共同体中的民族，这种民族有点类似孙中山所说的"国族"②。因此，人类的社会治理不能只考虑个人，也不能只考虑国家，而必须着眼于个人普遍幸福，考虑家庭、国家和世界的建设。中国政治哲学历来重视身家国天下一体建设，这种四位一体的社会结构为当代世界共同体建设提供了中国智慧和中国经验。

第三，研究和回答政治活动的一系列深层次问题，为当代中国和人类社会现实政治问题的解决提供了理念和原则。政治学作为一种社会科学，是客观地研究比较具体的政治现象、政治过程和政治问题，因而具有很强的实证性和经验性，对其研究对象采取一种不含有研究者任何主观偏好的客观态度；而政治哲学的核心问题是政治的合理性、合法性、正当性问题，因而它对政治问题的研究必然包含价值判断和价值要求，其基本使命是要为政治活动提供根本理念和基本原则，以对政治活动进行规导，使之不偏离或不违背政治的本性或应然本质。③ 两千多年来，中国政治哲学家提供了诸多重要的核心政治理念和基本政治原则，由于中国政治哲学具有深厚的本体论根基，而且从身家国天下的广阔视域研究政治，所提供的理念和原则能够从更深层次上解决问题，因而更具有普适性。这些核心理念和基本原则是政治治理活动不可违背的，一旦违背，就会导致黄炎培先生所说的"政息人亡"。这里仅根据构建人类命运共同体的需要列举其中最重要的四个核心政治理念，它们也是最重要的四条基本政治原则。

其一，天下为公。"天下为公"作为政治原则是孔子针对"天下为家"的现实明确提出的一种构想，他认为只有天下是公天下时，才会出现天下大同的美好社会格局。古代人所理解的"公"指的是"天下非一人之天下也，天下之天下也"（《吕氏春秋·贵公》），即天下是所有天下人的天下，而非

---

① 参见杜志章、田秀华《人类命运共同体构建中的国家角色与方位》，《西北师大学报》（社会科学版）2022年第5期。
② 参见孙中山《三民主义》，东方出版社2014年版，第4页。
③ 参见张红妹《政治哲学与政治学辨析》，《理论与现代化》2011年第1期。

君王一人的天下。在孔子看来，如果天下为家，即使像夏禹、商汤、周文王那样的杰出贤王也只能把社会治理成为小康社会，而不可能达到天下大同。明末清初之际三大思想家在皇权专制主义走向衰败、资本主义开始萌生的时代背景下进一步阐述了"天下为公"的实质内涵和价值要求。黄宗羲提出"天下为主君为客"（《明夷待访录·原君》），顾炎武倡言"以天下之权寄之天下之人"（《日知录·守令》），王夫之主张"不以一人疑天下，不以天下私一人"（《黄书·宰制》）等，其目的就是要求君主鞠躬尽瘁，做天下人的公仆，承担天下兴亡的重任，真正做到立君为民、立君为公。从政治哲学的角度看，"天下为公"既是一种理论主张，也是一种价值诉求，其基本含义是天下属于人民，人民是天下的主体、主人，天下由人民共建、共治、共享。"江山就是人民，人民就是江山"[①] 是"天下为公"的当代表达。

其二，天下太平。"天下太平"出自《吕氏春秋·大乐》："天下太平，万物安宁。"意思是音乐产生于天地和谐、阴阳和谐。儒家将天下太平即"天下平"作为人类社会的一种理想状态，认为政治的使命就是要通过"齐家、治国、平天下"达到"家齐、国治、天下平"，最终实现天下大同。众所周知，"天下平"是儒家政治哲学的政治追求，其实源自道家的道教也高度重视天下太平，其主要经典就取名为《太平经》。该书明确提出"自然"的核心价值理念，并主张遵循"大顺之道"的自然无为方式，去追求"天下太平"的理想之世。[②] 基于儒家的政治地位，天下太平后来成了中国政治哲学的基本原则，也是中国政治哲学用来衡量政治成功与否的基本标准。传统社会的统治者也追求天下太平，但其终极目的是追求家天下的长治久安，因而从未真正实现过天下太平的理想状态。中华人民共和国成立之后，实现共产主义被确定为社会理想，社会主义现代化和中华民族伟大复兴被确定为奋斗目标，而天下太平、国泰民安仍然是理想社会的基础。

其三，人民至上。"人民至上"的概念虽然是中国进入中国特色社会主义新时代才被明确提出来，但其思想渊源非常久远，可追溯到《尚书》中"民惟邦本，本固邦宁"（《尚书·五子之歌》），"天视自我民视，天听自我民

[①] 《习近平谈治国理政》第四卷，外文出版社2022年版，第63页。
[②] 参见彭永捷主编《中国政治哲学史》第二卷，中国人民大学出版社2019年版，第141页。

听"(《尚书·泰誓中》)的观念。这种观念后来被概括为"以民为天"[①] 的原则,并被孟子归结为"以民为本"。其实这两个原则并不相同,也许孟子意识到"天下为家"的王朝不可能以民为天,所以打了一个折扣,将其降低为以民为本的要求,但其含义包含在以民为天的原则之中。在后来的中国传统社会,有的统治者也认同以民为本原则,有的统治者还程度不同地做到了这一点,但未见有统治者真正达到以民为天的高度,更没有建立相应的政治制度。正是针对历代君王把整个国家和天下都视为己有,清初思想家黄宗羲明确指出,"古者以天下为主,君为客","今也以君为主,天下为客",而且往往"视天下为莫大之产业,传之子孙,受享无穷"。(《明夷待访录·原君》)中国共产党在领导中国人民进行革命、建设和改革的过程中,将古老的"以民为天"和"以民为本"的政治原则转换为"人民至上",并加以践行。事实证明,只有坚持人民至上,才能真正实现天下太平、国泰民安的基本政治目标并追求世界永久和平、人类普遍幸福的崇高理想。

其四,德法兼治。在中国政治哲学史上,儒家主张德治和礼治,法家则主张实行单纯的法治,否定德治。总体上看,中国传统社会实行的是人治,但在人治的背景下强调以德为基础的礼治,并辅之以法治,可以说是"礼主刑(法)辅"。孔子认为,"道之以政,齐之以刑,民免而无耻;道之以德,齐之以礼,有耻且格"(《论语·为政》);司马光说得更明白,"国家之治乱本于礼"(《司马光奏议》卷七《谨习疏》)。也有部分儒家学者肯定法治的必要性,如荀子针对当时的礼法、王霸之争提出"隆礼、尊贤而王,重法、爱民而霸"(《荀子·天论》),董仲舒"为人君者,其法取象于天"(《春秋繁露·天地之行》)的断定也隐含了法存在的必要性。不过,他们都把礼作为治之本,荀子就断定"礼义之谓治,非礼义之谓乱也"(《荀子·不苟》),董仲舒说得更清楚,"使德之厚于刑也,如阳之多于阴也"(《春秋繁露·阴阳义》),于是就有了儒家主张"德主刑辅"的说法。不过,中国传统社会的法,不仅限于刑法,而且使礼制规范和伦理纲常刑法化,借助刑法的力量

---

① 《史记·郦生陆贾列传》中写道:"王者以民人为天,而民人以食为天。"唐代司马贞作《史记》的"索隐"时注明此话出自管子。他断定管子曾说过"王者以民为天,民以食为天,能知天之天者,斯可矣"的话。《汉书·郦食其传》也有"王者以民为天"的记载。可见,"以民为天"观念在中国源远流长,并且得到了相当普遍的认同。

来维护礼制，即后来所说的"以礼入法"或"援礼入法"，导致中国古代始终处在有法律而无法治的人治阶段。① 传统社会的"人治"是君王治理，中华人民共和国成立之后，"中国人民掌握了国家的权力，成为国家的主人"（《中华人民共和国宪法》），传统的君王至上转变成为人民至上，过去的君王专制治理转变成为人民民主治理。在"国家的一切权力属于人民、人民当家作主"的治理前提之下，国家确立了依法治国和以德治国的两大治国方略，形成了德法兼治的现代社会治理模式。这种模式不仅从根本上克服了传统人治的弊端和消极后果，而且可以克服西方国家片面强调法治导致的种种社会问题。中国的实践证明，以人民至上为前提的德法兼治模式是政治哲学不可动摇的基本原则。

第四，高度重视廉洁自律和廉政建设研究，为人类政治清明提供了中国经验和智慧。就政治治理而言，无论是人治还是法治抑或德法兼治，治理权力或政治权力总是由个人掌握的，因此就会存在利用政治权力牟取私利的问题。事实也表明，人类自从有了政治活动以后，腐败问题就成了一直挥之不去的政治阴霾。而且权力越是集中、越是不受制约，腐败的可能性就越大，这就是英国思想家阿克顿所说的"权力趋向腐败，绝对权力绝对腐败"②。中国传统社会是王权制社会，秦代之前是封建专制社会，秦代开始是皇权专制社会，由于政治权力高度集中，贪污腐败、滥用权力的问题屡禁不止，而且上行下效，常呈愈演愈烈之势。因此，反腐防腐是中国传统政治的艰巨任务，也是君王和学者极为关注的问题，一些君王还采取了各种反腐防腐的措施，积累了丰富的理论和经验。不过，传统社会的专制主义本身是政治腐败产生的土壤，不可能彻底清除腐败现象，建立清明政治。"分析几千年的传统社会、文化，人治主宰一切，而法治却难觅其踪，这是导致腐败滋生、多发、层出不穷的根源。"③ 在社会主义社会，由于传统政治文化的消极影响、掌权者私欲膨胀、市场经济的利益最大化原则的浸染，现代社会腐败问题依然存

---

① 参见赵世超《中国古代引礼入法的得与失》，《陕西师范大学学报》（哲学社会科学版）2011年第1期。
② 转引自许良英《也谈阿克顿的名言》，《炎黄春秋》2010年第7期。
③ 上官春晓：《历史遗风与时代之弊——传统文化视域下的腐败问题浅析》，《理论观察》2016年第5期。

在，有些时候还相当严重，对政治治理和社会风气产生了极大的破坏作用。因此，官员腐败问题是当代中国政治学和政治哲学高度重视的重大社会问题。政治哲学与政治学不同的特点在于，政治哲学主要是从政治本性的角度阐明廉洁自律和防腐机制问题的重要性，并提出从根本上、源头上治理腐败的原则和对策。在可预见的范围内，人类还不可能彻底铲除腐败这颗政治毒瘤，因此中国政治哲学廉政建设方面的理论成果可以为其他国家反腐防腐提供重要的经验和有益的启示。

先秦儒家充分认识到君主昏庸残暴、官吏贪污腐化的极大危害，根据政治的本性和应然本质对官员提出了政治上清正廉洁的要求。据《论语·颜渊》记载，季康子问政于孔子，孔子对曰："政者，正也。子帅以正，孰敢不正？"孔子的话言简意赅地道明了政治的本性。《管子·法法》亦云："政者，政也。"可见先秦思想家对政治的本质已经形成共识。这里的"正"含义非常丰富，虽然历来对它有不同的理解，但都承认它指的是政治的本性和应然本质。"正"的本义为位置居中，不斜偏为正，故持中即守正。《管子·法法》中谈道，"止过而逮不及也"，而"过与不及也，皆非正也"。持中守正是中华伦理道德的根本观念，这种观念认为，天地万物皆有其中正之位，万物唯有各守其道，各尽其责，在各自中正之位行事，做应该做的事，而不去妄为，不干扰和影响他物或他人，宇宙和社会就会和谐有序。所以中国古代思想家认为，"正"并不是人为的要求，而是天道、天命的体现和要求，即"正也者，所以正定万物之命也"（《管子·法法》）。正是根据这种正的要求，古代思想家对统治者尤其是君王提出了明确的"正"的要求，如朱熹曰："害仁者，凶暴淫虐，灭绝天理，故谓之贼。害义者，颠倒错乱，伤败彝伦，故谓之残。一夫，言众叛亲离，不复以为君也。"（《四书章句集注》）

正是从政治的本性出发，中国古代思想家建立了一整套清正廉洁的政治哲学思想体系：清廉离不开法律保障，"非廉无以行法，非法无以佐廉"（陈宏谋《从政遗规》上），"治国无法，则乱；有法而不能用，则乱"（《尹文子·大道上》）；清廉的关键在"慎独"，"莫见乎隐，莫显乎微，故君子慎其独也"（《中庸》）；慎独不是出于畏惧，而应是修身的结果，所以"自天子以至于庶人，壹是皆以修身为本"（《大学》）；修身需要"格物、致知、诚意、正心"，需要追求"明明德、亲民、止于至善"的境界，以"明明德于天下"（《大学》），等等。中华人民共和国成立以后，作为执政党的中国共产党为了保持党和国家工作人员的廉洁，一直致力于加强党风廉政建设。一方面，大力弘扬中华优秀廉政文化中包含的深刻政治哲理，强调党政干部加强自身修养，提高自身的免疫力；另一方面，几十年如一日地进行反腐斗争，且力度不断加大。党的十八大以来，中国采取了更为系统完整的腐败治理措施，如把权力关进制度的笼子，逐步健全国家法律法规建设，尤其是坚持不敢腐、不能腐、不想腐一体推进，落实无禁区、全覆盖、零容忍深入开展反腐斗争。"反腐败斗争取得压倒性胜利并全面巩固，消除了党、国家、军队内部存在的严重隐患，确保党和人民赋予的权力始终用来为人民谋幸福。"① 中国共产党的廉政建设的理论和经验不仅对于其他国家构建清明政治具有借鉴和启示意义，而且丰富了当代中国应用政治哲学理论。

需要指出的是，中国政治哲学的上述贡献不单纯是理论上的，其中的一些基本观点和原则已经转变成为中国人的观念和信念，成为中华优秀文化传统的核心内容。它们源自中国文化传统，又通过提炼和提升创新和丰富中国文化传统，其中有些一经产生就融入中国人的实践和生活（如"身家国天下一体""德法兼治"），有些在历史演进过程中不断完善并最终成为中华文化的根本理念（如"以民为本""人民至上"），有些由于时代的局限而不能变成现实，但中国人念兹在兹，不懈追求其实现，直至梦想成真（如"天下大同""天下为公""天下太平"）。这是中国政治哲学的显著特色，也是中国文化推崇"知行合一"的特质在政治哲学上的体现。

第五节　中国政治哲学的基本经验

中国政治哲学能够对中国政治发展和世界政治文明进步作出独特而重要的贡献，是因为它在形成和演进的过程中创造了自己独特的研究视角、研究对象和研究范式，积累了独具特色的研究经验。在构建中国特色政治哲学已成为学界普遍共识的今天，很有必要在对其历史进行检视和反思的基础之上，

---

① 习近平：《高举中国特色社会主义伟大旗帜　为全面建设社会主义现代化国家而团结奋斗——在中国共产党第二十次全国代表大会上的报告》，人民出版社2022年版，第14页。

弘扬其经验，发挥其优势，并通过与西方政治哲学的比照，完善当代中国特色政治哲学的构建，使之既具有中国特色又彰显政治真理。这里着重从当代中国特色政治哲学构建的角度阐述几条值得弘扬的基本经验。

第一，中国政治哲学立足于人类本性和社会本体探求政治的应然本质，而不局限于对政治现象的观察分析。中国政治哲学充分肯定政治对于人类生活的必要性和重要性。严复对此作过明确的阐述："凡是人群，莫不有治人、治于人之伦理。治人者君，治于人者臣。君臣之相维以政府。有政府者，谓之国家。"① 中国历史上反对政治的无政府主义主张比较少见。20 世纪初，无政府主义曾登陆中国，但传入不久就受到了本土学者的抵制。章太炎曾批评说，"言无政府主义不如言无生主义"②。无政府主义仅在中国知识界流传过四十多年，就因缺乏合适的文化土壤而退出了中国历史舞台。③ 在肯定政治必要的前提下，中国政治哲学通过反思和批判现实政治或实然政治（包括政治关系、政治行为、政治体系、政治文化等④），着眼于天地万物的本性，揭示人类政治的真实本性及应然本质，目的是使政治的应然本质体现为优越于既定政治的理想政治。王安石说："先王之道德出于性命之理，而性命之理，出于人心。"（《临川先生文集·虔州学记》）被誉为"治国之本"的黄老之学经典《黄帝四经》，法天地以尽人事，其中的"法"很大程度上表现为"法天地"，或者说以天地之道作为人事之"法"，人间的"法"被看作天道的投影或者说对天道的效仿。⑤ 在中国政治哲学家看来，政治实质上是治理社会的活动，而社会是由个人作为终极实体和终极主体的。因此，政治哲学要通过揭示社会的本性或本然本质（通常被看作社会本体）以及构成社会的人的本性来揭示政治的真实本性，进而阐明政治的应然本质。

先秦道家和儒家就是在反思批判现实政治的基础上构建宇宙本体并引申出人类本性的，虽然他们的结论不尽相同，但都认为人类本性与天地万物的本

---

① 严复：《政治讲义》，载王栻主编《严复集》第 5 册，中华书局 1986 年版，第 1253 页。
② 太炎（章太炎）：《排满平议》，《民报》第 21 号，1908 年 6 月 10 日，第 1 页。
③ 参见张全之《无政府主义与中国近现代文学》，博士学位论文，南京大学，2004 年。
④ 参见王浦劬等《政治学基础》，北京大学出版社 2018 年版。
⑤ 参见梁涛主编《中国政治哲学史》第一卷，中国人民大学出版社 2019 年版，第 177 页。

性相通，而且实质上都是善的，或者是"含德之厚［者］，比于赤子"（《老子》五十五章），或者是"仁义礼智，非由外铄我也，我固有之也"（《孟子·告子上》）。基于这种看法，儒家认为社会就其本性而言是天下为公的仁爱共同体，而政治的本性或应然本质就是构建这种共同体之"道"，体现为"齐家、治国、平天下"；道家认为人类社会就其本性而言是效法道构建的与道、天、地具有同等地位的共同体，社会治理必须"以道莅天下"（《老子》六十章），实行无为而治，"自然无为"是政治本性之所在。秦朝以后传统社会的思想家对人类本性、社会本体都存在将伦理纲常本体化的共同问题。韩愈反先秦儒家道德之形而上学传统，认为儒家之道并非本于天道，而是源自尧舜的人道。① 二程更是宣称："人伦者，天理也"，"礼即是理也"（《二程集·河南程氏遗书》卷十五）。值得注意的是，儒道两家的主流观点都是从宇宙本体引申出人类本性和社会本体，从而揭示政治的本性或应然本质，而不是通过观察分析政治现象来揭示政治的现实本质。

中国政治哲学在从传统到现代的转换过程中接受了马克思主义政治哲学并使之发展成为现代中国的主导政治哲学。马克思主义政治哲学产生于19世纪的德国，虽然没有受到多少中国传统政治哲学的影响，但在致思路径和方法论上却与之不谋而合。这就是在反思批判现实政治的过程中，从人类本性和社会本体追寻政治的本性或应然本质。马克思关于人类本质的著名论述"人的本质不是单个人所固有的抽象物，在其现实性上，它是一切社会关系的总和"②，揭示的就是人类本性的社会特性。人类本性的社会性与自为性是在社会实践中相互生成的，因此马克思提出"社会生活在本质上是实践的"③。马克思以此为基础建立的唯物史观进一步揭示了社会的应然本质及其发展规律，为马克思主义政治哲学奠定了坚实的社会本体论基础。当代中国的主导政治哲学就是马克思主义政治哲学同中国政治实际和中华优秀传统政治文化相结合的产物，它对中国传统政治哲学本体论基础实行了革命性变革，与此同时又坚持从人类本性和社会本体揭示政治应然本质的致思路径和方法论。

---

① 参见邓国坤、贾睿《传统与偏传统——韩愈道统思想新探》，《船山学刊》2018年第6期。
② 《马克思恩格斯选集》第1卷，人民出版社2012年版，第135页。
③ 《马克思恩格斯选集》第1卷，人民出版社2012年版，第139页。

· 第九章　中国政治哲学 ·

如此，当代中国政治哲学就走上了一条弘扬和创新传统中国政治哲学的新路。

中国政治哲学研究的这种致思路径和方法论，既不同于近代以来西方政治哲学基于人和社会的现实本质来揭示政治本质的做法，也不同于现代政治科学主要着眼于政治现象揭示政治本质的做法。马基雅维里说："关于人类，一般地可以这样说：他们是忘恩负义、容易变心的，是伪装者、冒牌货，是逃避危难、追逐利益的。"① 他认为，自私贪婪的本性必然会导致人与人之间的战争状态，因此在由人组成的社会里只有凭借一种外在的权力（国家，特别是强有力的君主）才能维持正常的秩序。在霍布斯眼里，国家的本性就在于，"这就是一大群人相互订立信约、每人都对它的行为授权，以便使它能按其认为有利于大家的和平与共同防卫的方式运用全体的力量和手段的一个人格"②。西方近代以来的政治哲学以及现代政治科学（政治学）在方法论上的最大问题在于，从人类现实生活中普遍存在的自私行为得出人的本性是自私的结论，并据此提出政治的本质在于遏制人的自私本性导致的极端利己行为，从而维护社会的基本秩序。如此一来，它就忽视了人的社会性必然要求的政治的积极性一面，即政治是人实现其社会性进而实现整个人类本性（包括自为性和社会性）的生存方式。在文明社会，如果没有政治，人就不能实现本性、实现自我，也就不可能形成完善的人格，从而获得幸福。现代新儒家熊十力先生有云："凡政治哲学上大思想家，其立论足开学派者，必其思想于形而上学有根据。"③ 这是熊先生对中国政治哲学经验和特点有充分根据的概括总结。中国政治哲学由人类本性和社会本体引申出政治真实本性和应然本质的致思路径和方法论，避免了西方近代以来政治哲学和现代政治科学的上述问题，使政治哲学更重视政治对于社会成员人性实现的重要意义，这也是中国政治哲学非常重视道德在社会治理中的重要作用的深层原因。

第二，中国政治哲学视天下即世界为其研究对象，而不只是专注于对国家问题的研究。一般而言，政治哲学的使命是研究人类基本共同体治理的哲学问题。然而，进入文明社会后人类基本共同体的情形比较复杂，基本共同

---

① ［意］尼科洛·马基雅维里：《君主论》，潘汉典译，商务印书馆1985年版，第80页。

② ［英］霍布斯：《利维坦》，黎思复、黎廷弼译，杨昌裕校，商务印书馆1985年版，第132页。

③ 《熊十力全集》第5卷，湖北教育出版社2001年版，第306页。

体在西方学者看来是有很明显疆域边界的国家，在中国则并不是国家，而是天下。这种情况导致政治哲学在西方产生时关注的是国家治理，而在中国产生时关注的是天下治理，这种情形后来成为西方和中国政治哲学研究对象范围的两种不同传统和观念。"与西方的政治思路完全不同，中国政治不是从国家问题开始的，而是从世界问题开始的。"① 中国政治哲学可以说是天下主义的，它所理解的天下是"非一人之天下，天下之天下"，所追求的是"天下平"，而"公则天下平"，所以治天下"必先公"（《吕氏春秋·贵公》）。在长达两千多年的漫长历史时期，"天下主义"逐渐演化为一个内容丰富的思想体系，包含社会理想、核心理念、基本原则和实践要求等。

在中国传统哲学史上，儒家是力倡天下主义的典型代表。针对春秋晚期"礼崩乐坏"的局面，孔子冀望回到他所想象的西周初期的礼乐秩序。他认为，西周之所以能够"协和万邦"就在于"天下有道"（《论语·季氏》），因而"天下之民归心"（《论语·尧曰》）。他主张通过"克己复礼"实现"天下归仁"，从礼乐之道走向天下有道。"至礼不让而天下治，至赏不费而天下士悦，至乐无声而天下民和。"（《孔子家语》）孔子开创的儒家"天下主义"传统，在孟子和荀子那里得到了发扬。但从孔子到孟子和荀子，"天下"概念发生了政治上的质变，从一个基于血缘的宗亲分封体系，即孔子的西周楷模，发展为一个等级制的政治共同体，它是由家、国（邦）、天下几个不同层次组成的等级制政治结构，而"天下"在政治上分为国（邦）、天下两个层级。两汉之后，"大一统天下秩序"成为儒家"天下主义"的主线，"海内郡县即中国""中国即天下"以及"天下一家""王天下"（"德化天下"）成为处理中国与蛮夷关系的政治指南。②

作为数千年的政治文化以及政治哲学传统，"天下主义"所包含的丰富而系统的观念、原则、规范和制度因素，始终未曾离开中国人的精神生活与社会实践。中华人民共和国成立后，传统天下主义中的"和而不同""协和万邦""天下一家""天下大同"等观念仍是中国人的身家国天下认知和世界情

---

① 赵汀阳：《坏世界研究：作为第一哲学的政治哲学》，中国人民大学出版社2009年版，第76页。

② 参见周桂银《中国古代"天下主义"的千年传统：演进、内涵和特征》，《世界经济与政治论坛》2021年第2期。

怀，影响着当代中国的对外关系实践和国际秩序追求。今天，从马克思主义视域下的世界历史的时代转换和中华优秀传统文化视域下的天下观念的现代构建出发，有助于更深刻准确地为人类命运共同体构建开创新的理论空间和实践可能。① 天下主义是中华民族文化的优秀传统，更是中国政治哲学的宝贵经验，这种经验隐蕴着天下情怀、人类大爱，是政治哲学追求世界永久和平和人类普遍幸福的基调。在今天，政治哲学的重要任务之一就是通过弘扬和创新天下主义观念，构建全新的世界治理理论体系，为人类走向世界大同提供中国政治方案。

第三，中国政治哲学将个人人格完善与社会整体和谐紧密关联起来研究，而不局限于对政治社会的探讨。政治哲学的直接对象是基本共同体或社会，其使命是为社会治理提供哲学依据。政治哲学的这一特点很容易使研究者的眼光仅限于社会（国家）本身，而忽视构成社会的终极主体——个人。从历史角度看，在政治哲学产生的时候，生活在苦难时世的思想家们都是着眼于受苦受难的民众，考虑应该有什么的社会以及如何构建和治理这样的社会，因此，他们的眼中都有民众个体，其目的是他们过上好生活。同时，由于社会是由个人组成的，好社会的构建和存续也需要好个人或好公民，好个人的问题也就自然地进入了政治哲学家的研究视野。不过，自近代开始，西方思想家不再关注个人人格尤其是德性是否完善，而只关注个人行为是否违规。美国学者斯蒂芬·达沃尔指出："对于亚里士多德来说，基本问题不是像对于密尔、霍布斯或康德来说的，什么是道德正当或责任的基本原则，以及这怎么可能在哲学上得到辩护的问题。相反，亚里士多德会问：什么是生活的目的？什么类型的生活对于人类是最好的？"② 在中国则不同，人格完善和社会和谐这两者自始至终都受到思想家和政治家的重视，当今中国更要求"更好推动人的全面发展、社会全面进步"③。将个人问题与社会问题紧密关联起来研究，也是中国政治哲学的独特研究范式和宝贵经验。

在传统社会，先秦儒家最早注意到且最重视"个人—家庭—国家—天下"

---

① 参见彭秋归《世界历史、天下观念与人类命运共同体构建》，《世界社会主义研究》2019 年第 10 期。

② Stephen Darwall (ed.), *Virtue Ethics*, Oxford: Blackwell Publishing, 2003, p.1.

③ 《习近平谈治国理政》第三卷，外文出版社 2020 年版，第 9 页。

之间的内在关联，其政治哲学乃至整个思想体系实质上就是一条通过修身成人实现经邦济世的"内圣外王之道"。在儒家看来，社会是由精英（君子）治理的，这些精英如果能够达到圣人境界，社会就能实现大同的理想，这就是儒家倡导的"圣人之治"①。然而，君子和圣人是不会自然长成的，必须通过修身才能成就。因此，如何引导人们通过修身成为君子以至于圣人就成了儒家关注的焦点。孔子清楚地表达了这一点，他在回答学生提出的怎样成为君子的问题时指出修身的三重目的，即"修己以敬""修己以安人""修己以安百姓"（《论语·宪问》）。《大学》则明确提出以"修身"为核心的"三纲八目"作为实现社会理想的根本路径，从而使修身与齐家、治国、平天下打通。从此，内圣外王之道就成了儒家政治哲学的根本遵循，也成为中国政治哲学研究的基本定势。道家也主张"圣人之治"，但与儒家重视"修身齐家治国平天下"的积极作为不同，老子强调"无为而无不为"。梁启超从道德的角度阐明了个人与国家之间的这种内在关联，他在《新民说·论私德》一文中说："是故欲铸国民，必以培养个人之私德为第一义；欲从事于铸国民者，必以自培养其个人之私德为第一义。"② 中华人民共和国成立之后，中国政治哲学不仅继承了传统政治哲学将个人人格完善与社会整体和谐紧密关联的经验，而且在许多方面对这一经验进行了提升、创新并付诸实践。尤其值得注意的是，高度重视学生的思想政治教育，高度重视公民道德建设，高度重视依法治国与以德治国相结合。仅就个人道德建设而言，改革开放以来党中央先后出台了《公民道德建设纲要》（2001年）和《新时代公民道德建设实施纲要》（2019年）。从国家治理和政治哲学的角度看，将个人人格完善与社会整体和谐有机结合起来作为政治追求的最终目的，是中国式现代化和人类文明新形态的基本内容和重要标志，也是中国传统政治哲学研究和国家治理实践的基本经验的现代弘扬和创造。

第四，中国政治哲学注重在实践探索中构建和完善其体系，而不仅仅专注于纯粹的学术研究。政治哲学作为实践哲学从来都不仅仅是单纯的学术研究，而是指向政治实践的，旨在改变和完善政治现实，在这一点上中国政治

---

① 参见刘志、上官酒瑞《孔子"圣人之治"与柏拉图"哲学王统治"比较分析》，《船山学刊》2016年第5期。

② 梁启超：《新民说·论私德》，《新民丛报》1930（38—39），第1—2页。

哲学尤其如此。中国的政治哲学家具有强烈的天下情怀，他们都出于改善社会政治现实、使社会更加美好的初衷来研究政治哲学问题。

纵观辛亥革命前的中国历史，真正有作为、有影响的政治哲学家（如二程、朱熹、王阳明等）大多有或长或短的从政经历，甚至一些政治家（如汉武帝、唐太宗、范仲淹、王安石、康熙帝、孙中山等）也有自己独到的政治哲学思想。可以说，中国传统政治哲学在相当程度上源自创立者的政治实践，纯粹的政治哲学学术研究并不多见。思想家正是在政治实践中洞察政治问题并从哲学上提出根本性的解决方案，进而构想理想社会并寻求实现路径。在从传统社会向现代社会转换的过程中，中国走的是一条不同于西方的中国式现代化新路，而这条新路没有现成的政治哲学理论可供应用，必须在实践的过程中探索。这是一个政治哲学和政治实践双重构建、相互生成的过程，现代中国主导政治哲学因而始终与实践紧密缠绕，许多政治哲学观点和主张隐含在政治话语和政治实践之中，需要通过分析概括加以阐明。毛泽东政治哲学就体现在他领导中国人民从事革命和建设的复杂政治实践和丰富政治思想理论之中，而其博大精深的内容、厚重深邃的意蕴是由后来的研究者阐明和揭示的。[①]

改革开放以来，作为学科的政治哲学兴起，但其研究整体上看也主要是围绕着执政党中国共产党的政治主张展开的，许多研究得到了国家的指导和支持。因此，注重在政治实践中寻找政治的时代课题展开政治哲学研究，仍然是当代中国政治哲学的显著特色和独特优势。在从传统社会向现代社会转换的过程中，中国主导政治哲学更是中国共产党在领导中国人民革命、建设和改革的伟大奋斗实践中形成的，是马克思主义政治哲学同中国具体实际、中华优秀传统文化在奋斗实践中相结合的产物。在奋斗实践中探索和创立政治哲学，又运用政治哲学指导奋斗实践，这是中国现代主导政治哲学生成和发展的重要经验。这一现代经验无疑是对传统经验的弘扬，但也有了根本性的创新。这主要体现在，中国现代主导政治哲学再也不像古代政治哲学那样主要是由单个思想家创立的学说，而是中国共产党的领导人集中全中国人民的政治哲学智慧，尤其是汇聚学术界、理论界学者的相关研究成果创立的理

[①] 参见范湘涛、范贤超《论毛泽东政治哲学及其当代价值》，《湖湘论坛》2013年第5期。

论体系。因此，中国现代主导政治哲学不再是纯然个人性的，而是人民性的，是中国共产党和广大人民群众的实践探索与理论创造良性互动的结晶。

中国历代政治哲学家都把改变现实世界当作自己的神圣使命，追求"为天地立心，为生民立命，为往圣继绝学，为万世开太平"（《宋元学案》卷十七《横渠学案上》），体现了高度的社会责任感和深厚的仁爱情怀。对于肩负着为改变世界出谋划策使命的政治哲学家而言，这种责任感和情怀任何时候都是不可缺少的，否则，政治哲学就有可能成为经院哲学那样的无果之花。因此，中国政治哲学注重政治实践与政治哲学相互生成和促进的经验体现了政治哲学的本性要求和使命担当。

第十章 西方政治哲学

西方政治哲学的正式诞生可追溯到苏格拉底，迄今约2500年。在这个漫长的历史时段，有无数政治哲学家思考、探索政治哲学问题，他们给后人留下了丰富的政治哲学思想遗产，其中饱含政治哲学智慧。这些思想遗产给今人和后人研究政治哲学提供了深厚的学术滋养和取之不尽的思想宝库，也为当代和未来人类构建美好政治社会、实现人类永久和平和普遍幸福提供了丰富多彩的理论方案和精彩纷呈的智慧源泉。不可否认，由于时代的变迁以及政治哲学家个人的局限，西方政治哲学思想中也有一些陈旧的甚至糟粕的成分。这就需要我们以反思批判的态度研究西方政治哲学史，吸取精华、剔除糟粕，总结其经验教训，使之更好地为今天的理论研究和社会现实服务。

第一节 西方政治哲学的外延

西方政治哲学纵向涵盖古希腊罗马时期、中世纪、近代、现当代等不同时代的政治哲学，横向包括不同层次的政治哲学（包括政治哲学原理、元政治哲学及政治哲学史、应用政治哲学）、其他理论形态的政治哲学思想（包括现代体现在政治学、法学、社会学、教育学等学科中的政治哲学思想）、隐含在其他各种载体（史诗、政治家讲话、政治实践）中的非理论形态的政治哲学等不同形态的政治哲学。这些形态的政治哲学各不相同、各具价值、各有个性，彼此之间有矛盾、冲突，也有一些相同或相通的内容和精神，而且都程度不同地具有西方文化和哲学的性质和特色。所有这些政治哲学形态都属于西方政治哲学的范畴，这种意义上的政治哲学是广义的西方政治哲学，其中许多有价值的资源还有待不断挖掘。然而，我们今天所主要关注的不是所有这些政治哲学，而是这样的政治哲学：它们在西方和世界历史上具有一定影响，对于今天仍然具有学术价值或现实意义，而且继承了西方文化传统，富有西方历史和文化个性和特色。这种意义上的政治哲学可视为狭义的西方政治哲学，这是对于今天政治哲学和政治学研究、对于政治活动和政治生活最具有价值，而又尚未得到应有的挖掘、整理和阐释的政治哲学，需要我们给予重点关注。

对于这种狭义的西方政治哲学，我们可以进一步作出外延上的界定：西方政治哲学是指在轴心时代以来西方社会不同历史时期产生的各种政治哲学中，那些具有西方历史背景和文化根基的，对当时和后世产生过一定学术影响和现实影响的，至今仍然具有重要价值或启示意义的不同层次的理论政治哲学。这里所说"西方社会"指源自古希腊罗马文化传统的国家，自古以来包括古希腊和古罗马、中世纪罗马天主教教廷统治的西欧国家，近现代西欧各国以及主要继承了西欧文化传统的国家，如美国、加拿大、澳大利亚、新西兰等。西方政治哲学指的就是这些国家自轴心时代以来约2500年西方政治哲学家关于政治的哲学理论。对于这一外延界定，需要作以下进一步阐述。

第一，西方政治哲学主要是就理论形态的政治哲学而言的，那些散见于各种载体中的政治哲学思想、观点、看法不属于严格意义上的西方政治哲学。今天人们所说的政治哲学主要是指政治哲学思想，其成果不一定是得到确证的政治哲学知识。政治哲学思想可能是指政治哲学理论，也可能是指政治哲学观点、看法。政治哲学观点和看法都可以说是政治哲学思想，但不一定是政治哲学理论，或者不是真正意义上的"哲学"。比如，《圣经》中的"在上有权柄的，人人当顺服他，因为没有权柄不是出于上帝的"（《圣经·罗马书》13：1）说法，就是一种政治哲学观点，认为一切权力都出自上帝，所以所有人都要顺服上帝。诸如此类的政治哲学观点、看法就不属于西方政治哲学理论，不是狭义的政治哲学，而是政治哲学观点。狭义或严格意义上的西方政治哲学主要是指西方政治哲学家以政治为对象进行思考和探求形成的具有理论形态的政治哲学，如柏拉图的《国家篇》《法篇》，亚里士多德的《政治学》，奥古斯丁的《上帝之城》，洛克的《政府论》，罗尔斯的《公正论》等。这里所说的"政治哲学家"，主要指有政治哲学理论的哲学家（如亚里士多德）、神学家（如奥古斯丁）、政治理论家（如马基雅维里）、法学家（如汉斯·凯尔森）等，以及当代西方的政治科学（现代政治学）研究者。需要注意的是，本书所谈的政治哲学家不一定是典型的哲学家，而是具有政治哲学理论的思想家，哲学家与政治哲学家不是包含关系，而是交叉关系。西方理论形态的政治哲学往往会从非理论形态的政治哲学的文献（如《荷马史诗》《圣经》《人权宣言》等）中吸取营养，因此这样的重要历史文献也会进入西方政治哲学史研究的视野。比如，研究古希腊政治哲学的起源时要研究《荷马史诗》中的政治哲学思想，研究基督教政治哲学的起源时要研究《圣经》中的政治哲学思想。

第二，西方政治哲学包括元理论、基本理论（原理）和应用理论三个基本层次，但主要是指政治哲学的基本理论。最初的西方政治哲学都是直接研究政治现象和政治问题的原理性研究或对象性研究。例如，亚里士多德的《政治学》就是研究城邦问题，它以"人是天生的政治动物"为前提，分析城邦的形成及基础，探讨各种城邦的政体、制度，研究各政体的分类和变革，并提出了他关于理想城邦的设想。从政治哲学诞生开始一直到今天，基本理论研究是政治哲学的主体部分。关于政治哲学的元理论研究可追溯到黑格尔死后出版的《哲学史讲演录》，这部哲学史中包含了对历史上的政治哲学思想的阐述。但真正对政治哲学史进行专门研究的是列奥·施特劳斯，他从20世纪40年代就开始对政治哲学进行反思，先后发表了《论古典政治哲学》（1945）、《政治哲学与历史》（1949）等论文，到50年代发表了具有代表性的论文《论霍布斯政治哲学的基础》（1954）、《什么是政治哲学》（1955）、《洛克的自然法学说》（1958），上述这些论文后收集到了《什么是政治哲学》（1959）一书。以这本书出版为标志，施特劳斯开创了对政治哲学本身的反思性研究，创立了元政治哲学。1963年，他和约瑟夫·克罗波西共同主编了人类历史上的第一部《政治哲学史》。与其他哲学史不同，《政治哲学史》是一部反思性的著作，根据他们的元政治哲学理论对西方历史上重要的政治哲学家进行了阐述。在20世纪70年代，伴随着全球性重大问题的日益凸显，这些问题既进入了伦理学的视野，也为政治哲学家所关注，在应用伦理学诞生的同时，应用政治哲学也相伴而行。其中最为突出的重大问题就是社会公正，罗尔斯的公正论严格说就是一种应用政治哲学研究，因为他所针对的是西方国家现实存在的严重两极分化问题，而不是像柏拉图、亚里士多德那样研究一般意义上的公正。其他还有很多问题也属于应用政治哲学研究的范畴，如战争、饥馑、难民、恐怖主义、公民不服从等，只不过这些问题也为应用伦理学所关注。实际上，20世纪应用哲学的发展就主要体现在政治哲学和伦理学方面，而且两者之间并无严格界限。所以，到了今天，理论形态的政治哲学实际上包括元理论、基本理论（原理）和应用理论三个层次，或者说存在基础领域、主体领域和应用领域三个领域。它们的研究对象不同，元理论以政治哲学基本理论为对象，基本理论以政治现象和政治问题为对象，应用理论则以现实中突出的政治问题为对象，但它们都属于理论形态的政治哲学，只是研究的对象、层次或领域不同。

第三，在西方历史乃至世界历史上具有一定学术影响和现实意义的西方政治哲学才是我们关注的西方政治哲学。自古至今，西方的政治哲学理论丰富多彩，其中有许多湮没在历史长河之中，只有那些有学术影响和现实影响的理论才会流传下来并将继续流传下去，这样的理论也才会为政治哲学研究者所关注、所采用、所传承和创新。这里所说的"学术影响"并不限于对当时和后来的政治哲学的影响，也包括对其他学科的影响，尤其是对与政治相关的学科的影响。罗尔斯的公正论就已经成为当代政治学的重要理论依据，任何政治学理论研究都需要参照或借鉴其观念和原则。这里所说的"现实意义"主要是指对国家的构建和运行、对社会政治生活具有规范和指导作用。马克思主义政治哲学虽然产生于西方社会，但对西方社会现实没有多少直接影响，而对社会主义国家影响重大。因此，考察西方政治哲学的影响和意义不能仅限于西方社会，而要着眼于人类、世界。当然，也有一些在历史上被湮没的有价值的政治哲学文献后来被发现、被挖掘，它们同样会产生学术影响或具有现实意义。亚里士多德曾作过马其顿国王亚历山大大帝的老师，亚历山大死于征战途中后，雅典人开始反对马其顿的统治，亚里士多德因此逃到加尔西斯避难，他的著作也被查禁，以至于有哲学史家称"600年西方学者无人见过亚里士多德的作品"。直到12世纪之后，西方人才通过阿拉伯哲学家阿维洛伊重新见到了亚里士多德著作，并从希伯来语转译为拉丁语。亚里士多德著作（包括政治哲学著作）重现于世，对中世纪经院哲学大师托马斯·阿奎那产生了直接的深刻影响，也对后来西方的政治实践乃至整个世界的政治实践产生了深远影响。

第四，产生于西方的政治哲学不一定是真正的西方政治哲学，具有西方文化底蕴和特色是西方政治哲学的重要标志。西方政治哲学像西方文化一样，有古希腊的世俗文化、古罗马的法制文化、古希伯来的宗教文化、意大利的市场文化四个源头。这些文化都会以基因的形式在西方人的血脉中传承，对于今天的西方人来说,这四种文化基因都会或隐或显地体现出来,它们可以通过教育被激活并在西方人的人生中得到体现。真正的西方价值哲学是以这种文化基因为深厚土壤的,具有不可磨灭的西方文化印记,其中隐含着西方文化的基因,不是在这种土壤中生长的政治哲学就不是地道的西方政治哲学。对于不是西方人的政治哲学家,他们也只有长期在西方世界生活并真正西方化,他的政治哲学才可能算是真正的西方政治哲学,否则,即使他在西方写的政治哲学著作属于政治哲学,也很难称得上西方政治哲学。20世纪以来,中国有不少学者长期生活在美国,也写了许多著作,包括政治哲学著作,但他们的政治哲学似乎未见得到西方学者的普遍认可。阿马蒂亚·森的政治哲学思想得到西方世界的认可,他虽然不是西方人,但他生活在英国长期统治的印度,英国的奴化教育也为他注入了一些西方文化基因。

第二节 西方政治哲学的一般内涵

我们从外延上将西方政治哲学界定为从轴心时代一直到今天西方世界不同层次的政治哲学理论,但这个范围仍然很宽广,涉及约2500年的历史上西方世界不同国家和地区的各种政治哲学理论。为了便于从总体上把握西方政治哲学,我们有必要再从内涵上对西方政治哲学作出一般性的界定。作出这个内涵上的界定无疑是一件十分困难的事情,需要以对西方社会的相关历史文献和社会现实状况及其相互关系进行深入研究并形成完整的研究成果为前提。这里笔者根据自己对西方文献资料和社会现实的粗浅了解作出初步的界定,供学界同仁讨论和批评。

在笔者看来,西方政治哲学是以国家为主要研究对象,以为国家治理提供社会理想、价值目标、核心理念和基本原则为主要使命,以理想社会、社会公正、政体和制度的合理性、权力的合法性和制约、法治的重要性及其与自然法的关系、公民社会及其与国家的关系、公民的德性和权利等问题为重点,以思辨构想为主要方法的哲学理论。对于这个内涵界定,我们可以从以下四个方面加以展开。

第一,西方政治哲学是一种哲学理论。政治哲学首先存在着一个学科属性问题。从其最初诞生时的本义看,西方古典政治学(政治哲学)是属于哲学的一个特殊领域或专门学科。古典政治哲学在苏格拉底、柏拉图那里诞生时就与哲学本体论、伦理学紧密联系在一起,本体论是哲学的根基,而伦理学和政治学(政治哲学)是哲学的两个特殊领域。本体论从宇宙、社会、人类三者关系的角度研究人性及其体现的人生问题。人性有两个根本特性,即自为性和社群性,自为性主要是伦理学研究的领域,社群性则是政治学研究的领域。显然,这种古典政治学并不是现代意义上的政治学的一个层次,如同西方古典伦理学不是现代伦理学的一个层次(道德哲学)一样,而是哲学的一个特殊领域。西方古典政治学作为本来意义的政治哲学,也不是与现代意义上的政治学相交叉的学科,而是哲学研究的专门学科,是哲学的一个内在分支。当然,西方古典政治哲学更不是哲学的应用学科,因为应用哲学是20世纪70年代才出现的新领域。今天的西方政治哲学应该是古典政治哲学的现代化,而不是在它之外的作为政治学一个层次或基础的学科。只有让政治哲学保持其哲学的性质,才能与政治以及政治科学保持一定的张力,通过反思和批判来规导政治及政治科学。相反,如果把政治哲学作为政治学的一个层次或基础,它就会丧失反思力、批判力和规导力,最终成为服务政治和政治学的工具。

第二,西方政治哲学实质上是一种哲学政治价值观,它为国家治理提供社会理想(价值目标)、核心理念和基本原则。进入文明社会后,国家治理都有某种政治价值观作为终极的依据,但国家治理者并不都对此有意识。自轴心时代开始,西方政治哲学理论中包含的核心内容和实质内涵就是政治价值观,政治哲学家创立政治哲学的初衷就是给统治者提供这种价值观。这种价值观与统治者自发形成的甚至政治科学家创立的价值观的根本区别在于,它们是有哲学尤其是哲学价值论(在古代主要体现为伦理学或道德哲学)作为其理论基础和根据的,其合理性通常是得到了哲学论证的,因而我们可称之为哲学政治价值观。

哲学政治价值观一般包含三大要素,即社会理想或终极目标、核心理念和基本原则。社会理想是政治哲学家所构想的理想社会,它可能是最好的(如柏拉图的"理想国"),也可能是次好的(如柏拉图的"次佳城邦"——马格尼西亚),将它具体化就成了以终极价值目标为终极追求的价值目标体系。核心理念是一定历史阶段实现社会理想或价值目标所需要解决的重要问题,如西方启蒙时代的自由、平等问题。基本原则则是实现价值目标和贯彻价值理念的过程中所必须遵循的一些原则。西方政治哲学理论体系形形色色，但究其实质，无非是就社会理想、价值理念、基本原则而言的。不过，一些政治哲学家的政治哲学体系不那么完整，其中可能只有哲学政治价值观的某些因素，如有理想蓝图而没有使之得以实现的实施方案。

当国家统治者接受政治哲学理论时也就接受了包含于其中的政治价值观。当然，从两千多年的西方历史看，一方面，并不是所有的统治者都接受政治哲学家提供的政治价值观；另一方面，他们即使接受，也并非全盘接受，而是根据自己统治的需要有选择地或加以改造地接受，所接受的部分在实施的过程中还可能有很大的变动。中世纪基督教教会统治者接受了奥古斯丁的政治价值观，但他们实际奉行的政治价值观与之还是有很大的差异，它更强调教徒现世对教会的服从，而不是对来世的追求。近代以来西方各国所选择的哲学政治价值观虽然大致相同，但各国政治家将它同本国实际和传统相结合后所形成的主导政治价值观却不尽相同甚至差异很大。

第三，国家始终都是西方政治哲学研究的主要对象，与国家直接相关的问题是西方政治哲学始终关注的主题。西方政治哲学从诞生开始就主要关注城邦，即古代意义上的国家，后来罗马共和国和罗马帝国成为古罗马政治哲学家的研究视域。基督教虽然看起来面向全人类，但后来的历史事实表明，基督教在其教会的控制之下把一切异教都视为仇敌，甚至严厉打击异端思想。在西罗马帝国分崩离析之后长达千年时间里，西欧始终处于由代表世俗权力的王权（皇权）和代表宗教权力的教权（神权）构成的二元统治局面。两种权力相互依存、相互制约，在漫长的中世纪黑暗时期此消彼长，形成了一种错综复杂的政治局面。其间经历了 5 世纪至 10 世纪的王权教权合作、11 世纪至 13 世纪的教权居于上风、13 世纪至 15 世纪教权开始衰落的历史过程。从政治哲学的角度看，直接研究世俗国家的政治哲学几乎没有，只是一些神学家特别是托马斯·阿奎那从政治哲学的角度论及王权与教权的关系问题。近代政治哲学家更是以国家为关注对象，马基雅维里政治哲学指向的就是建立统一的意大利，后来的启蒙思想家也大多着眼于民族国家考虑政治问题，其理想是构建不同于封建王国的理性王国。近代的民族解放运动不断强化政治哲学家的国家意识，一些著名的政治哲学家（如霍布斯、洛克、亚当·斯密、约翰·密尔等）都是着眼于国家构建自己的政治哲学。只有少数政治哲学家有世界视野和人类情怀，如斯多亚派提出过"世界城邦"的构想，康德研究了世界公民和世界永久和平等问题,马克思把人类的解放作为终极追求,但这些思想在当时并没有引起人们的注意。进入 20 世纪之后,国家仍然是西方有影响的政治哲学家关注的中心,罗尔斯的新自由主义、诺齐克的新古典自由主义、桑德尔的社群主义等都是研究国家的政治哲学。不过,在全球化的背景之下,一系列新出现的全球性问题也引起了一些西方政治哲学家对世界共同体的重视和探讨,如哈贝马斯就提出过民族国家扬弃论,倡导建立"无世界政府的世界内政"(实即世界共同体)。① 由以上阐述可见,西方的政治哲学总体上看是一种以国家治理为主要研究内容的国家政治哲学,比较缺乏世界视野和人类情怀。这种政治哲学与西方一直以来流行的国家至上主义有某种深刻的内在关联。

西方政治哲学以国家为主要研究对象,他们眼中的社会主要是国家,只是国家随着历史的变迁发生了由小到大、由简单到复杂、由奴隶制到封建制再到民主制的变化。于是,怎样使那种苦难的、战乱的或社会问题重重的现实国家变成理想国家是西方政治哲学的核心主题。围绕这一主题,政治哲学家们关注的第一个问题是"什么样的国家是好国家",而社会公正又是这个问题的焦点,几乎每一位政治哲学家都关注这个问题并提供了答案。在西方政治哲学家看来,好国家的决定性因素在于政治制度及其体现——政治体制,这在古希腊被称为"政体"或"政制",在近现代被称为"政府形式"。政治制度决定治理方式,这两个问题在西方是一体两面的问题,古希腊政治哲学家在最初着手研究政治哲学时就注意到这一重大问题。在西方最终确立了现代民主制度之后,由于这一制度仍然存在着诸多问题,当代西方政治哲学家还在苦苦探索民主制的完善路径,迄今为止这一问题仍然没有得到很好的解决。国家和政府依靠政治权力实行社会治理,政治权力是公权力,它存在着产生的正当性、运用的合法性问题以及权力的制约问题,这是西方政治哲学家始终思考的焦点问题。柏拉图晚年已经意识到了法治的重要性,近代启蒙思想家更将法治作为国家治理的唯一方式。法治理论将法律视为"国王",那么就涉及法律产生的根据问题,西方政治哲学家注重从宇宙中或人性中寻求法律的根据,这就是自然法或本性法,因此对自然法的研究几乎贯穿西方古

---

① 参见曹兴、樊沛《哈贝马斯"无世界政府的世界内政"理念述评》,《世界民族》2015 年第 1 期。

今。在两千多年的历史上，很长时间公民社会被看作同构同质的，但到了当代一些政治哲学家提出了公民社会与国家的分离问题，两者之间关系的历史也因此被重新加以审视。国家以公民为基本的或终极的社会成员，又以公民的好生活为终极追求，两者之间相互依存、相互制约，好则共生共荣，坏则鱼死网破，这一极为复杂的关系问题始终被古今西方政治哲学家高度重视。总体上看，古代高度重视公民的德性问题，认为公民应成为国家的好公民，而近现代更强调公民权利是天赋的，而且至高无上，国家存在的意义就在于维护和扩大公民的权利。当然，古今政治哲学家研究了无以计数的政治哲学问题，以上所述只是其中的一些焦点性问题，把握了关于这些问题的西方政治哲学才能抓住其要害。

第四，西方政治哲学主要是西方政治哲学家运用思辨方法构建的哲学知识。施特劳斯说："政治哲学就是理解政治事物本性的尝试。"[1] 这种说法非常正确，他强调的是理解政治事物的本性，而非它们的本质。自然科学也好，社会科学也好，它们的一个共同特点是采取对现象观察、实验、调查等方法揭示事物的本质。这种现象的本质不一定是事物的真正本性即本然本质，而是事物的实然本质，事物的真正本性是采取这些方法所不能揭示的。一般来说，自然现象背后的本质是与其本性相一致的。比如，我们通过观察可以发现所有的动物都谋求生存得好，鸟建窝，蚁筑巢无不如此，于是我们就可以从这些现象揭示动物的本质在于谋求生存得好。从哲学上看，动物的这种实然本质就是它的本性或本然本质的体现，因为动物是是其所是的自在存在，其实然本质就是其本性即本然本质的体现。施特劳斯所说的"政治事物"[2]完全是人为事物，而创造这些事物的人作为自为存在，可以是其所不是，其实然本质可能不是本性即本然本质的体现。例如，人们常常从许多人的自私自利、贪得无厌、见利忘义等行为得到人的本性是恶的。这种看法实际上是混淆了人的实然本质与其本然本质即人性之间的区别，他们所看到的是人的实然本质，但它并不是人的本然本质的体现。人的本然本质是谋求生存得更

---

[1] ［美］列奥·施特劳斯：《什么是政治哲学》，李世祥译，华夏出版社2019年版，第6页。

[2] ［美］列奥·施特劳斯：《什么是政治哲学》，李世祥译，华夏出版社2019年版，第3页。

好，人在实现本性的过程中受环境的影响可能会变得邪恶，但这不是本性使然，而是人与环境相互作用的结果。因为如果人性本恶，人类就不可能进化到今天，成为宇宙中的最高贵者。政治哲学，就其探讨活动的根本任务而言，就是哲学家运用思辨的方法探讨人的政治本性的学问，这种政治本性其实就是人性的社会性的典型形态。哲学家的思辨方法，主要不是观察、实验、调查等科学方法，而是对政治现象和政治问题以及政治理论进行反思、批判，并在此基础上根据理论逻辑构建政治哲学理论的非科学方法。只不过这种思辨方法在古代主要体现为从宇宙本体引申出社会本体或社会本性（如苏格拉底从宇宙的善目的引申出社会的善目的），而近现代主要体现为从自然状态引申出社会状态。其方法论在本质上是一致的，它们都不是科学的经验归纳，而是哲学的思辨构想。

第三节 西方政治哲学的总体特征

西方政治哲学历史悠久、内容丰富，其思想观点宛如晴夜星空精彩纷呈，与同样历史悠久的中国政治哲学相比较，有其自身标志性的总体特征。概括地说，其最突出的特征有以下四个方面。

其一，历史演进的多源性与断裂性。与中国政治哲学都源于以《易经》为代表的文化传统不同，西方政治哲学在演进的过程中不断有不同的文化传统加入，而这种加入又往往否定了先前的传统。西方政治哲学最早的文化渊源是古希腊的人文文化，紧接着古罗马的法治文化取而代之，古罗马文化深受古希腊文化的影响又独具个性，成为西方政治哲学的新背景。伴随着罗马帝国版图的扩大，古希伯来的宗教文化汇入古希腊罗马文化之中，并与之相结合形成了基督教文化，从而为西方政治哲学提供了与希腊罗马文化实质上不同的宗教文化资源。13世纪开始在意大利兴起的市场文化是对基督教文化的否定，但其在发展过程中又深受基督教文化的影响，后来在文艺复兴运动中吸取了古希腊罗马文化丰富的滋养。[①] 总体上看，古希腊的人文文化、古罗

[①] 参见江畅《西方德性思想史》古代卷，载《江畅文集》第5卷，人民出版社2022年版，第31—33页。

马的法治文化、古希伯来的宗教文化和近代早期意大利的市场文化的先后更替使西方政治哲学具有多源性特征。

文化渊源的多源性使西方政治哲学具有明显的断裂性特征。西方政治哲学从诞生到今天长达2500年,其间经历过古希腊罗马、中世纪和近现代三个大的历史阶段,社会形态发生过从奴隶社会到封建社会、从封建社会到资本主义社会两次断裂性变化。作为时代政治精神的精华和升华,西方政治哲学也有相应的古希腊罗马政治哲学、中世纪政治哲学和近现代政治哲学三种基本形态,并且发生了从古希腊罗马政治哲学到基督教神学政治哲学,再到近现代政治哲学的重大转变。这种演进断裂性的最显著标志是社会理想由人间转向天国再转向人间、价值取向从德性幸福转向天堂幸福再转向世俗幸福。虽然后来的西方政治哲学在深层次上隐含着古希腊罗马的精神元素,尤其是以个体为本位,追求个人幸福,崇尚自由、公正、法治,但这三个阶段的政治哲学是性质上完全不同的政治哲学形态。

正是在这种复杂多变的文化背景和社会形态的断裂性变革中,西方政治哲学总体上呈现出内容丰富庞杂、观点多元对立的状态。这种状况在西方近现代尤其明显。麦金太尔认为,在我们的文化中,似乎没有任何确保道德上一致的合理方法,而且这些争论没完没了,显然无法找到终点,相互对立的论证具有概念上的不可通约性。之所以如此的前提在于,它们有一个历史起源意义上的广阔多样性。它们有的来自亚里士多德、托马斯·阿奎那,有的来自马基雅维里、卢梭、马克思等。这种前提多元主义的情形"既可以很好地适用于交叉着不同观点的有条理的对话,也可适用于杂章碎片的不和谐的杂烩"[1]。道德哲学的情形如此,政治哲学的情形甚至更为突出,如共产主义政治哲学与自由主义政治哲学就是完全对立的。

其二,理论根基的多变性与迥异性。哲学起源于对世界本体的思考,这种思考的理论形态就是哲学本体论,本体论不仅是哲学最早的学科,而且是哲学的根基或支撑,任何一种政治哲学之为哲学,就是基于某种本体论对政治进行思考和探讨。有些政治哲学家的政治哲学虽然表面看起来没有本体论作为根据,实际上隐含了本体论的承诺。西方政治哲学同样有其本体论根基,

---

[1] [美]阿拉斯代尔·麦金太尔:《德性之后》,龚群、戴扬毅等译,中国社会科学出版社2020年版,第12页。

但是不同时代的政治哲学甚至同一时代的政治哲学所创立或依循的本体论很不相同。

从历史发展看，西方政治哲学的本体论根基发生了一个从包含社会本体在内的宇宙本体到单纯的社会本体的重大变化。在西方政治哲学开创者苏格拉底那里，政治哲学的根基是目的论本体论。他认为，宇宙万物的本体不是始基而是目的，这种目的就是善或好。根据这种目的论本体论，城邦的目的被确定为让其公民过上好生活或幸福生活，而幸福就在于灵魂的善即德性，如何使公民有德性从而获得幸福就成了政治哲学的核心问题。苏格拉底的这种思想为柏拉图和亚里士多德所传承，也被基督教神学家部分吸收，因此西方古代的政治哲学被称为目的论的政治哲学。然而，从西方现代早期开始，政治哲学家不再关心宇宙本体而只关心社会本体，从社会本体论引申出政治哲学。霍布斯、洛克等自由主义政治哲学家构想了一种事实上不存在的自然状态，这种自然状态不是整个自然的状态，而是社会的原初状态。自然状态都是危害人类生存的，于是人们通过理性的权衡根据自然法订立契约、组建社会、制定法律。这种社会本体论的主旨是寻求国家产生和存在的正当性、权力的合法性和限度的本体论根据，为作为理想社会的"理性王国"构建提供哲学论证和理论依据。这种政治哲学没有宇宙本体作为根基，更不考虑苏格拉底的那种作为本体的目的，因而被称为契约论的政治哲学。以契约论为基础的政治哲学取向一直影响到今天，以罗尔斯的公正论政治哲学为典型代表。这是西方政治哲学本体论根基的一次重大变化，除此之外还有不少重要变化，如从目的论本体论转向宇宙理性论本体论（斯多亚派）、从宇宙理性论本体论转向上帝论本体论（基督教神学家）、从古典的"先道德后契约"的契约论（洛克）转向"先契约后道德"的契约论（罗尔斯）[1] 等。

从同一时代看，不同政治哲学的本体论根基也有很大差异。不用说西方近现代有霍布斯、洛克、卢梭、康德、罗尔斯等人不尽相同的契约论，即便是苏格拉底、柏拉图和亚里士多德师徒三人的目的论本体论也有很大的差别。苏格拉底的本体论是典型的目的论本体论。他将"目的"引入对宇宙万物存在的解释，认为事物的产生和存在不仅是有目的的，或者不如

---

[1] 参见应奇《罗尔斯与近代西方政治文化传统》，《浙江社会科学》1999 年第 6 期。

说被赋予了目的，而且这种目的就是成为最好的。这里的"最好"就是"善"。追求"最好"就是事物的本性，也是所有事物的共同的本然本质，成为最好的就是使事物自己的本然本质得到充分的实现。柏拉图的本体论是理念论，他认为作为世界之共同本然本质的理念才是世界的真正根源，由理念构成的世界是原型世界，现实世界则是理念世界的影子。① 苏格拉底那里作为事物本然本质的"善"变成了理念世界中最高的理念，它是所有事物追求的终极目的，这种目的只有哲学家才能认识，所以也只有哲学家（或有哲学智慧的人）才能够担当国王的大任。亚里士多德在批判自己老师的理念论的基础上建立了实体论本体论，他先把个体事物视为实体，后来又把构成事物的形式视为实体。在他看来，以往哲学关于世界本原的探讨其实就是关于世界原因的探讨，他从中归纳出了质料因、形式因、动力因、目的因，后来又将这四因归结为质料因和包含动力因和目的因的形式因。显然，亚里士多德的本体论仍然保留了目的论的特点，但目的只是本原之一，其本体论地位大大下降。正是因为三位哲学家的本体论有所不同，他们的政治哲学也就有了明显的差异。

其三，思想旨趣的理想性与实践性。哲学既要构建本体世界、可能世界又要构建理想世界（主要是理想社会）。一般而言，构建理想世界是价值论的使命，但作为学科形态的价值论出现之前，这一使命主要由政治哲学担当。在西方，自柏拉图第一次提供了一个理想社会即所谓"理想国"之后，历代具有开创性的政治哲学家都基于对现实社会的反思和批判，致力于理想社会的构建，提供了一个又一个理想社会的模型。其中最为著名的有斯多亚派的"世界城邦"、奥古斯丁的"上帝之城"、托马斯·莫尔的"乌托邦"、自由主义者的"理性王国"、马克思恩格斯的"共产主义社会"等。大多数提供理想社会的政治哲学家都为理想社会的实现设计了实践方案，如马克思就有无产阶级革命和无产阶级专政理论。一些信奉某种理想社会的政治哲学家也参与这种实践方案的修改完善，罗尔斯就是一位典型的代表，他不仅给理性王国增添了公正元素，而且为其实现构建了完整的理论体系。正因为西方政治哲学家高度重视政治哲学的实践性，西方政治哲学和伦理学一样在西方历来被视为实践哲学。整体上看，西方政治哲学

---

① 参见强以华、唐东哲《西方形而上学思想史》I，人民出版社 2018 年版，第 58 页。

史可以说就是根据不同时代的时代精神，针对不同时代的重大问题，致力于谋划理想社会及其实现方案的历史过程，整体上兼备理想性和实践性。即使是基督教神学家也一方面不断完善天国理想的蓝图，另一方面又不断完善走向天国的路径。

其四，学术观点的多元性与对立性。在西方多元思想文化渊源和断裂性历史演进过程中生长和发展的政治哲学，无论是从纵向看还是从横向看，其基本观点呈现为多种多样的面貌，而且许多基本观点完全对立。

从纵向看，古希腊有苏格拉底和柏拉图的政治哲学、亚里士多德政治哲学，古罗马有罗马斯多亚派政治哲学、西塞罗政治哲学、基督教教父政治哲学，中世纪有基督教或天主教神学政治哲学，近代有共和主义政治哲学、自由主义政治哲学、马克思主义政治哲学，现当代有罗尔斯政治哲学、诺齐克政治哲学、桑德尔政治哲学等。在这些政治哲学中，虽然其中有某些共同的观点和精神，但总体上看它们都是彼此不同的，属于性质迥异的政治哲学，其中有的是完全对立的。教父政治哲学就是与苏格拉底—柏拉图政治哲学完全对立的，近代的几种主要政治哲学则都对中世纪神学政治哲学持完全否定的态度。当然，在多元的政治哲学之间，有的一致性大于差异性和对立性，有的则反之。前者如苏格拉底—柏拉图政治哲学与亚里士多德政治哲学，后者如神学政治哲学与自由主义政治哲学。

从横向看，西方政治哲学的多元性和对立性更为突出。西方古代的政治哲学往往并没有因为时代巨变而完全死亡，或隐或显地得到了传承。如此一来，到了现当代，西方政治哲学的种类、派别越来越多，它们多元并存，彼此对峙，甚至相互对立。比如，由基督教分裂而形成的许多教派都有自己的政治哲学主张，它们今天都存在于西方社会，对人们和社会不同程度地发生着影响。这些政治哲学主张都是基督教神学政治哲学与时代和区域实际相结合的产物，这是显性的传承。近代的共和主义政治哲学源自古希腊罗马政治哲学，虽然变化很大，但其中包含着古典政治哲学的一些基因和元素，这是隐性的传承。于是，到了当代西方，各种政治哲学都活跃在西方世界的舞台，都力图对西方社会的国家治理和政治生活发生影响。在这种多元对立的政治哲学环境中，政治家往往只能采取罗尔斯所说的寻求"重叠共识"的方式以求其政治主张上的平衡和协调，这实乃无奈之举。

第四节　西方政治哲学的学术价值与实践意义

西方思想家创立的种种政治哲学学说，虽然有些在今天看起来不一定都是正确的，有的甚至是虚幻的、荒谬的，但他们都真心实意、苦心孤诣地为构想种种理想社会图景及其实现路径的方案不懈努力。其用意在于用自己创立的理论规导国家治理活动，以指引社会走出苦难、迈向美好的未来。所有这些努力不仅给人类留下了宝贵的精神财富，也反映了政治哲学家为人类过上美好生活孜孜以求地追求真理的精神，记录了人类不断追求进步和完善的心路历程。西方政治哲学为人类作出的学术价值和实践意义是极其丰富而深刻的，需要通过不断深入的研究才能使其彰显，这里我们初步归纳为以下四个主要方面。

第一，为政治存在的合理性提供哲学论证，促进了西方社会的政治自觉和政治自信。今天，人们生活在政治社会中似乎是理所当然、毋庸置疑的，但人类对政治社会的认同经历过一个漫长的过程，政治哲学家对政治社会合理性的论证对这一认同的形成起到了极其重要的，甚至可以说决定性的促进作用。以国家为载体的政治社会是一种非血缘性的地域性社会，原始社会解体进入文明社会，人类就从血缘性社会进入了非血缘性的国家，维系社会秩序的亲情纽带没有了，社会秩序靠的是社会成员必须服从的政治权力。这种国家不是自然形成的，也不是自发运行的，而是需要运用政治权力来加以治理的，政治在西方就意味着运用政治权力治理国家。这种政治权力对于被统治者、统治者内部的非掌权者是外在的、异己的，于是就会发生被统治者的反抗（如古罗马的斯巴达克斯起义），也会发生统治者内部的相互倾轧（如古希腊城邦的僭主篡位）。

西方最早的政治哲学家就诞生在这样一个统治者在国家治理上面临严重困境的时代。面对时代问题，他们一方面努力论证人类从亲情社会走向政治社会的必然性和国家治理（政治）的合理性，另一方面努力构想人类必然进入的政治社会应当是什么样的社会。古希腊的三位思想巨匠苏格拉底、柏拉图和亚里士多德都致力于做这方面的工作，着重从人的社会性和人的多样性需要的满足方面证明人类进入政治社会是人的本性使然，而且更有利于人过上好生活。柏拉图就曾论证说,"由于有种种需要,我们聚居在一起,成为伙伴和帮手,我们把聚居地称作城邦或国家"①。与此同时,他们在反思和批判现实政治的过程中通过探讨人类与宇宙万物之间的相通性和特殊性来给人类政治生活定位,描绘人类的理想社会以及政治应发挥的作用。这些哲学家不像以前的自然哲学家纯然出于好奇心研究宇宙本体,而是出于解决现实的政治问题探讨宇宙本体,旨在基于宇宙本体构想理想社会并为之提供论证,从而为唤醒西方人国家治理的政治自觉作出了重要贡献,增强了西方人的政治自信。苏格拉底被判死刑后在法庭上作申辩时陈述说:"放弃自己的私事,多年来蒙受抛弃家人的耻辱,自己忙于用所有时间为你们做事,像一名父亲或长兄那样看望你们每个人,敦促你们对美德进行思考。"② 他说他能为自己陈述的真实性提供最令人信服的证据就是他的贫穷。柏拉图的理念论将"善"作为宇宙万物以及所有理念追求的最高目标,就为他所构想的理想国将全体社会成员的幸福作为终极追求奠定了坚实的理论基础,并为后世思想家构想理想社会指明了方向。

西方早期哲学家对政治存在的合理性的论证在后来得到了普遍认可,并深深扎根于西方人的内心深处。此后西方历史上除个别思想家(如19世纪德国哲学家麦克斯·施蒂纳)之外,几乎没有重要思想家是无政府主义者。与之形成对照的是,受西方影响较少的俄国曾一度无政府主义盛行,所以俄国思想家别尔嘉耶夫在《俄罗斯思想》中说"无政府主义主要是俄罗斯人的创造"③,其言外之意它不是西方的舶来品。从历史事实看,历史上的各种起义、战争和宫廷政变都旨在推翻国家的统治者,而不是否定国家本身,这表明古典政治哲学家给政治存在的合理性提供的论证已经使西方人树立了牢固的国家观念,对国家存在的正当性有充分信心。不过,他们给政治家提供的关于理想社会及其实现的思想和方案并没有得到应有的重视,这应是西方后

---

① [古希腊]柏拉图:《国家篇》,载《柏拉图全集》第2卷,王晓朝译,人民出版社2003年版,第326页。
② [古希腊]柏拉图:《申辩篇》,载《柏拉图全集》第1卷,王晓朝译,人民出版社2002年版,第19—20页。
③ [俄]尼·别尔嘉耶夫:《俄罗斯思想》,雷永生、邱守娟译,生活·读书·新知三联书店1995年版,第124页。

来的社会长期处于乱局之中的重要原因。尽管如此，一代又一代的政治哲学家仍然根据时代的变化和现实的不同问题不断重复着古典哲学家的那种为政治家提供理想社会图景及其实践方案的努力。

第二，阐明政治的目的和价值及其与社会美好、人生幸福的内在关联，为西方的政治活动指明了方向。在人类进入文明社会的过程中（在西方这个过程至少有两千年以上），具有政治性的社会治理活动一直都进行着，人们也都承认其必要性，但无论是社会治理者还是普通民众，对政治对于社会及其成员究竟具有什么价值，缺乏清醒的认识。社会治理者治理社会虽然在具体操作上是有意识的，但没有也不可能基于对政治价值的清晰意识确立正确的政治价值目标。即使为政治活动确立了某种价值目标也纯粹是经验性的，其合理性没有得到充分的论证，一方面这种目标难以实现，另一方面即使实现了也未必是正确的、理想的。西方思想家创立政治哲学的重要目的之一就是弄清政治对于人类和社会应该具有什么价值，现实的政治是否具有这种价值，以及怎样使现实的政治具有这种应该具有的价值。在研究和回答这一问题的过程中，政治哲学家就必定要将政治与社会成员的人生及其生活于其中的社会关联起来。柏拉图在谈到城邦的起源时就曾指出："我认为城邦之所以产生，乃是因为我们无人是自给自足的，我们全都需要很多东西。"①

在这方面，西方思想家的贡献主要在于提供了以下几个方面的政治哲学结论。一是只有政治才有可能为社会成员确立共同的社会理想。西方思想家之所以高度重视社会理想的构想，其实就是为了给社会治理者提供这种共同社会理想的方案。虽然他们提供的方案各不相同，但给社会治理者提供了选择的余地，也为他们寻求"重叠共识"提供了多元思想体系。二是只有运用政治的力量才有可能实现某种理想社会方案。理想社会再好也不可能自发地变成现实，也不可能通过某一个人变成现实，而必须运用政治权力调动各方面的力量才能变成现实。三是只有政治才能给共同体及其成员提供生命保障，应对外敌侵略、内部倾轧和重大的天灾人祸。在没有血缘关系作为基础的社会，如果没有国家提供底线性的保障，其成员的生命安全就会受到来自自然的、社会外部的和社会内部的威胁。亚里士多德说："人一旦趋于完善就是最

---

① ［古希腊］柏拉图：《国家篇》，载《柏拉图全集》（增订版）中卷，王晓朝译，人民出版社2018年版，第56页。

优良的动物,而一旦脱离了法律和公正就会堕落成最恶劣的动物。"① 这里说的法律和公正就需要社会提供。上述这些结论为西方政治文明发展指明了方向。

第三,研究和回答以国家为形式的政治社会的深层次问题,为西方社会现实政治问题的解决提供了理论方案。西方社会一进入文明社会就进入了以国家为形式的政治社会,因而国家就成为政治哲学家关注的对象。此后,国家一直都是西方政治社会的形式,而且政治社会与公民社会基本上是同质同构的,只是到了第二次世界大战后才谈到两者之间的分离问题,而实际上直至今天两者也没有完全分离,因此国家始终都是政治哲学关注的主要对象。两千多年来,西方政治哲学研究了许多有关国家的问题,其中更被注重的是国家的一些深层次问题。亚里士多德的研究发现,"在现存的诸政体中,公民只能够实现相对于该政体的好生活,而只有在最佳政体中,一个人才具备达到最高善的条件,以有德性的生活为目的,其中的资源、制度和安排才能够确保最好的生活的实现"②。这种"最佳政体"的探讨就属于政治的深层次问题。

归纳起来,西方政治哲学家主要研究和回答了理想社会、社会公正、国家产生的正当性及其应然本质、政体和制度的合理性、权力的合法性及其制约、法治及其与自然法的关系、公民社会及其与国家的关系、公民的德性和权利等问题。③ 所有这些问题都是政治或国家治理的基础性问题,这些问题不解决,国家治理就是没有根基和依据的,其合理性、合法性、正当性问题就无法谈起。正是因为政治哲学家为这些问题提供了不尽相同的可供选择的答案,西方的国家治理才逐渐走向现代化,走向完善,以至于西方国家获得了第二次世界大战后的社会稳定和繁荣局面。这一局面的时间虽然不太长,但这是西方历史上未曾有过的,而且从目前的情况看,这种局面还会长期持续下去,至少不会再倒退到历史上不断发生的混乱状态。

西方政治哲学理论贡献的最重要意义就在于,它使西方人懂得了什么样

---

① [古希腊]亚里士多德:《政治学》,载苗力田主编《亚里士多德全集》第九卷,中国人民大学出版社1994年版,第7页。

② 董波:《亚里士多德〈政治学〉的结构问题》,《现代哲学》2017年第3期。

③ 参见江畅《西方政治哲学重点关注的八大问题》,《理论月刊》2022年第8期。

的社会才是应该选择的最好社会，懂得了怎样才能够走向这样的社会，懂得了国家治理应有的价值取向、能动作为和合理限度。正是政治哲学使西方人具有政治智慧，而政治智慧使西方人创造了饮誉世界的座座文明高峰，尤其是古希腊的人文成就、古罗马的法治实践、中世纪的宗教文化、近现代的现代文明等。从区域而非单个国家的角度看，西方文明是人类进入文明社会以来创造的最发达、最丰富多彩的文明之一。马克思、恩格斯说"资产阶级在它的不到一百年的阶级统治中所创造的生产力，比过去一切世代创造的全部生产力还要多，还要大"①，这只是就西方近代的生产力而言的，整个西方文明的成就远不止如此。西方文明的形成和成就是政治治理的结果，而政治哲学为此作出了重要贡献。当然，西方社会过去一直存在着诸多问题、弊端，即便在现代文明高度发达的当代，仍然存在着尚待克服的深层次问题。而这些问题与社会治理者没有充分践行政治哲学家提供的方案有关，也与作为国家治理依据的政治哲学本身存在着诸多偏颇有关。因此，今天西方政治哲学仍任重道远。

第四，揭示国家治理必须遵循的应然法则和基本原则，为西方政治实践活动提供了规范和指导。我们知道，西方自古至19世纪末，政治哲学与政治科学是融为一体的，统称为政治学，一直到19纪末才开始有了明确的政治哲学概念。政治哲学家在研究国家的深层次问题的同时，也将这些政治哲学原理运用于国家构建和治理实践，揭示了不少政治活动应遵循的基本法则。政治科学家研究政治现象是为了揭示其政治现象背后的本质和法则，政治哲学家与之不同，他们是在反思和批判政治现象的前提下，以哲学本体论为依据，着眼于社会理想揭示政治的本性或本然本质，这种本质的要求就是应然本质，在实际政治活动中体现为应然法则。西方政治哲学家通过哲学思辨方法揭示了不少这样的政治活动的应然法则，这些应然法则是国家治理活动中应遵循的价值真理。它们虽然具有应然性，但具有极其重要的实践价值。国家治理不遵循它们，即使社会还能维持下去，也难以达到理想状态。西方政治哲学家揭示了不少这样的应然法则，这里仅列举其中最重要的四条。

其一，社会成员应该自由平等。这一应然法则是由政治哲学家提出和论证的。卢梭断定："放弃自己的自由，就是放弃自己做人的资格，就是放弃人

---

① 《马克思恩格斯选集》第1卷，人民出版社2012年版，第405页。

类的权利,甚至就是放弃自己的义务。对于一个放弃了一切的人,是无法加以任何补偿的。"① 法国空想社会主义者勒鲁(Plerre Leroux,1797—1871)认为,"平等是自然万物的萌芽,它出现在不平等之前,但它将会推翻不平等,取代不平等","人类精神统治着现实社会,并把平等作为社会的准则和理想"。② 显然,这是一条无法从政治现象揭示的应然法则,因为自古以来的政治现象都是社会成员不能充分地按自己的意愿行事,束缚太多,而且存在着富人与穷人、强者和弱者、贵族与平民的区别,这种现象背后的实然本质和实然法则无疑是社会成员生而不自由不平等。

其二,社会应当由其全体成员共同治理,即所谓民主。与柏拉图同时代的古希腊哲学家德谟克利特就已经断言:"在一种民主制度中受贫穷,也比在专制统治下享受所谓幸福好,正如自由比受奴役好一样。"③ 虽然西方古代政治哲学家普遍不看好政治民主制,但自启蒙运动开始,思想家在总结人类历史上各种政制的经验教训的基础上,根据人类社会本性的应然要求,最终认定在所有的政制中只有民主制是最佳的选择。民主的传统含义是人民统治,而近代以来逐渐转变成为社会由人民共建、共享、共治。这也是无法从政治现象揭示出来的应然法则,因为即使到了今天,西方现实社会都不是真正由全体社会成员治理的,而是统治者(传统社会)或富有者(现代社会)治理的。

其三,社会成员治理国家的权力应当体现为法律的权力。卢梭首次明确表达了这种应然法则,指出"统治者是法律的臣仆,他的全部权力都建立于法律之上"④。美国政治哲学家潘恩在《常识》中进一步提出,"在自由国家中,法律应该成为国王"⑤。这条法则更是无法从政治现象揭示出的应然法则,因为历史上统治者大多运用法律来进行统治,而不愿意将自己的权力置

---

① [法]卢梭:《社会契约论》,何兆武译,商务印书馆1980年版,第16页。
② [法]勒鲁:《论平等》,王允道译,肖厚德校,商务印书馆1988年版,第14—15页。
③ 北京大学哲学系外国哲学史教研室编译:《古希腊罗马哲学》,商务印书馆1961年版,第120页。
④ [法]卢梭:《论政治经济学》,王运成译,商务印书馆1962年版,第9页。
⑤ [美]潘恩:《常识》,载《潘恩选集》,马清槐等译,商务印书馆1981年版,第36页。

于法律之下，自己的权力由法律授予，并必须在法律的范围内依法行使。

其四，政治权力应当受到有效制约。孟德斯鸠第一次明确指出："为了防止滥用权力，必须通过事物的统筹协调，以权力制止权力。"① 此后，政治权力应当受到制约，否则就会腐败，这是西方绝大多数政治哲学家的共识。阿克顿的"权力趋向腐败，绝对权力绝对腐败"② 的论断，将这种共识表达到了极致。这同样是一条无法从政治现象揭示的应然法则，因为西方历史上国家的权力往往不受法律制约，从政治现象揭示的法则必定不会是限制权力而只会是放任权力。

在西方政治哲学家看来，国家的构建和治理遵循这些应然法则就是正当的、合理的、合法的。所有这些应然法则都是政治哲学真理，它们无疑对西方的政治社会和政治生活产生了直接影响，虽然其中有些没有得到遵循、贯彻，但它们始终都可以发挥规导西方国家构建和治理实践的重要作用，也为人们提供了用以判断西方国家和社会好坏的标准。随着近代以来西方文化向世界的扩散和传播，这些政治哲学真理已经或正在成为全人类的共识，对今天世界各国产生了广泛而深远的影响。

第五节　西方政治哲学的经验与局限

西方政治哲学之所以具有自己独特的理论价值和实践意义，之所以能够对西方政治发展和世界政治文明进步作出重大贡献，根本原因在于西方历史上的政治哲学家在构建自己的政治哲学体系的过程中创造了自己独特的研究视角、研究对象和研究范式，他们的研究为今天的人类留下了不少的宝贵经验和值得记取的教训。这两个方面都需要我们在研究西方政治哲学史的过程中加以总结、概括和提炼，也值得今天深化我国政治哲学研究认真学习和借鉴。这里着重从当代中国特色政治哲学构建的角度阐述西方政治哲学中的几条值得借鉴的基本经验，并指出其主要局限和问题。

---

① ［法］孟德斯鸠：《论法的精神》上卷，许明龙译，商务印书馆 2009 年版，第 166 页。
② 转引自许良英《也谈阿克顿的名言》，《炎黄春秋》2010 年第 7 期。

第一，注重对重大时代政治问题的哲学反思、批判和回应。黑格尔说："就个人来说，每个人都是他那时代的产儿。哲学也是这样，它是被把握在思想中的它的时代。"① 哲学是时代精神的精华和升华，作为实践哲学的政治哲学尤其如此。自进入文明社会开始至第二次世界大战结束前，西方世界始终处于动荡变化之中，时代变化迅速，重大政治问题不断涌现。西方政治哲学家历来深切关注时代提出的重大政治问题，并在反思、批判的基础上对时代之问作出哲学的回答。

苏格拉底、柏拉图和亚里士多德的政治哲学，就是在古希腊伯罗奔尼撒战争之后城邦制面临严重危机的时代条件下对古希腊各种城邦的现实进行反思和批判的基础上建立的，并针对时代问题提出了理想社会及其实现方式的方案。古希腊雅典城邦经过梭伦（前640—前558）改革和克利斯提尼（前570—前508）改革，到公元前伯里克利（前495—前429）执政的时代，大部分社会问题已经解决，民主制度建立起来。抵抗波斯的最终胜利，使雅典进入了政治、经济、文化全面繁荣的古典时期（前480—前323）。但是，长达27年的伯罗奔尼撒战争（前431—前404）使成千上万的人丧生，由战争引发的经济问题加剧了希腊许多城邦已有的各种矛盾，并激发了血腥的内战，城邦之间的战争成为生活的常态，人民处于苦难和悲痛的不幸境地。正是在这种背景下，究竟存在不存在幸福，如果存在幸福，那么什么是幸福、如何获得幸福的幸福问题就成了时代之问，苏格拉底、柏拉图、亚里士多德师徒三人的政治哲学就是对这些问题作出的回答。个人幸福是道德哲学问题，而城邦或国家的幸福问题则是政治哲学问题，而他们都是着眼于整个城邦的幸福考虑个人幸福问题的。正如有学者指出的："为了克服内乱以及支撑内乱的强力理论，柏拉图政治哲学的建构围绕着统一共同体展开。……而统一共同体最终是要看顾好人的灵魂，使城邦公民能够过上美好的生活。"② 芝诺、西塞罗、奥古斯丁、托马斯·阿奎那、马基雅维里、霍布斯、洛克、亚当·斯密、约翰·密尔、罗尔斯等西方著名政治哲学家无不如此。

不可否认，同样是对时代问题的反思和批判，有些时代的政治哲学家得

---

① ［德］黑格尔：《法哲学原理》，范扬、张企泰译，商务印书馆1961年版，序言第14页。

② 刘玮主编：《西方政治哲学史》第一卷，中国人民大学出版社2019年版，第79页。

出的是对现存政治否定的结论（如近代启蒙思想家），而有些时代的政治哲学家得出的是对现存政治诊疗和完善的结论（如罗尔斯），因此对时代之问的回答有些是重构性的，有些是修补性或完善性的。但是，着眼于时代提出的重大政治问题展开政治哲学研究，注重在对现实的反思和批判的基础上构建政治哲学体系，这是西方政治哲学家一以贯之的做法，也是他们给今天政治哲学研究提供的宝贵经验。

第二，注重彰显政治哲学的规范和指导特性。政治哲学作为实践哲学，像道德哲学一样是规导性的学问，它不是对政治现象的归纳总结，也不是致力于透过政治现象揭示其实然本质，并根据实然本质提出实然法则，而是运用哲学思辨的方法通过反思批判现实，着眼于世界本体引申出人类本性和社会本性，从而揭示政治的本性或本然本质，并根据政治本然本质的要求提出其应然法则。因此，政治哲学不是事实科学，而是价值学科，对政治现实具有规范性和指导性。西方政治哲学家从苏格拉底开始就对此有清醒的意识，并努力按照政治哲学的这种特性创立政治哲学体系。在这方面最典型的也许是尼采。他对西方基督教传统乃至西方自苏格拉底以来的道德和政治乃至整个文化传统进行了全面深刻的反思和批判，并在"重估一切价值"的基础上构建了以"酒神精神"为精髓、以"强力意志"为核心内容、以"超人"为目标的"主人道德"体系。[①] 这种体系既是他的道德哲学，也是他旨在改变整个社会政治文化的政治哲学。

人们经常说，20世纪以前的西方政治学既包含政治哲学的内容，也包含现代意义上的政治学（政治科学）的内容。从形式上看，情形确实如此，但实质上并非如此。20世纪以前西方政治学（传统政治学）中的实际操作部分与现代政治学（政治科学）其实并不相同。西方传统政治学中的实操部分是建立在通过哲学思辨方法揭示的应然本质及应然法则的基础之上的，而作为社会科学的现代政治学，其实操部分是建立在从政治现象揭示的实然本质及实然法则基础之上的。例如，自然法学派政治哲学中的政治学虽然没有严格意义上的本体论基础，但仍然有自然状态说、自然权利说、社会契约论作为它的政治哲学理论基础，但现代意义上的政治学再也没有这种理论基础。例

[①] 参见江畅《西方德性思想史》近代卷，载《江畅文集》第 6 卷，人民出版社 2022 年版，第 630 页。

如，英国安德鲁·海伍德的《政治学》教材分政治理论、政治互动、政府机构三个部分，而政治理论部分讲述的是什么是政治，以及政府、体系、政体、政治意识形态、民主和国家等一般性政治问题。[1] 显然，这部教材中就没有任何政治哲学理论作为其基础，不考虑政治的本然本质。不过，在西方政治哲学家尤其是古典政治哲学家看来，只有将政治科学建立在政治的应然本质及应然法则的基础之上，也就是说政治科学只有以政治哲学为理论依据，政治科学才能真正发挥对现实政治的规导作用，这样的政治学才是真正有意义的。这是西方政治哲学积累的更为重要的、更有价值的经验。

第三，注重政治哲学理论的创新和超越。政治哲学像其他各门学问一样，生命力在于创新，而学问的创新并非完全重叠锅灶，而是在反思和批判前人学问的基础上实现超越。当然，西方政治哲学家对前人或他人的批判和超越不是简单地否定，而是批判地继承，是在扬弃的基础上创新。注重理论上的超越和创新是西方政治哲学的突出特点和基本经验。

苏格拉底能够成为西方政治哲学的开创者，就在于他能够深刻反思、批判并超越前人的自然哲学和当时的智者派思想。柏拉图是苏格拉底的学生，但他并不囿于师说，构建了自己的理念论，并以此为基础创立了以理想国为理想社会的政治哲学。亚里士多德师从柏拉图二十年，但他以"吾爱吾师，吾更爱真理"的求真精神在学习的过程中反思、批判老师的学说。例如，苏格拉底寻求普遍定义时并没有把普遍定义当作与个体事物分离存在的东西，但他的学生柏拉图则把它们当作分离存在的东西，并把它们叫作理念，认为凡是被普遍述说的东西都有理念。[2] 而在亚里士多德看来，"善"这个概念不是指善理念，而是指事物中最好的东西。它存在于个体事物之中，不能与事物分离，事物因为这种最好的本性而为人们所追求和获得。亚里士多德似乎也承认共同善的存在，这种共同善存在于一切事物之中，因而也可以说是一般善、普遍善。但是他指出："善似乎是与理念不同的。理念是可以分离的，也是自满自足的；而共同的善由于存在于一切事物中，所以，与分离存在的理念不同。因为可以分离的东西以及它的自满自足的本性不可能存在于一切

---

[1] 参见［英］安德鲁·海伍德《政治学》（第3版），中国人民大学出版社2013年版。

[2] 参见［古希腊］亚里士多德《形而上学》，载苗力田主编《亚里士多德全集》第七卷，中国人民大学出版社1993年版，第297页。

事物中。"① 正是在破解老师体系的根本性问题的基础上，亚里士多德建立了自己的政治哲学体系，最终超越了自己的老师也成为政治哲学大家。苏格拉底师徒三人开创了西方政治哲学史上创新和超越传统，此后注重创新和超越成为西方政治哲学研究的惯例或风习，也是其基本精神。斯多亚派延续了约五百年，在创始人芝诺之后涌现出克利安梯斯（Kleanthes，前330—前231）、克吕西普（Chrysippos，前281至前277—前208）、巴内修（Paneitios，前185—前110）、波塞东纽（Po-seidonios，前135—前51）、塞涅卡、爱比克泰德以及马可·奥勒留等一大批重要的政治哲学家，其原因就在于他们都具有超越和创新精神。

以上所说的是同一学派别内部的不同思想家之间后人对前人的批判和超越，至于不是同一个学派的思想家之间的超越和创新更是比比皆是，奥古斯丁对柏拉图、托马斯·阿奎那对亚里士多德、霍布斯和洛克对中世纪政治哲学、卢梭对洛克、马克思和恩格斯对自由主义政治哲学家、桑德尔对罗尔斯等，都存在超越和创新的关系。例如，桑德尔就站在社群主义政治哲学的立场上对以罗尔斯为代表的新自由主义进行了严厉的批判。他指出，"尽管自由主义的自由观不乏其吸引人之处，但它缺乏公民资源来维持自治。这一缺陷导致它难以处理困扰我们公共生活的无力感。我们据以生活的公共哲学不能维护它所允诺的自由，因为它不能激发共同体感和自由所必需的公民参与"②。

第四，注重个性化政治哲学体系的构建。政治哲学之为哲学，就在于它不只是对政治问题提出观点（通常以命题的形式呈现），而是为所提出的观点提供理论论证；不只是提供直接的理论论证，而是提供有深度的哲学论证。为政治观点提供哲学论证才是政治哲学的真正使命。

从西方政治哲学史看，为政治观点提供哲学论证有两种方式。一是根据已有的某种哲学原理（包括本体论、知识论、价值论的原理）为政治观点作论证，这是人们广泛使用的方式，即使不是政治哲学家（比如政治理论家、政治家）也可以采取这种方式。二是为了给政治观点提供理论依据而创立某

---

① ［古希腊］亚里士多德：《大伦理学》，载苗力田主编《亚里士多德全集》第八卷，中国人民大学出版社1994年版，第243页。
② ［美］迈克尔·桑德尔：《民主的不满——美国在寻求一种公共哲学》，曾纪茂译，刘训练校，江苏人民出版社2008年版，第6页。

种哲学原理，这种哲学原理可能是包含本体论、知识论和价值论三个基本方面，也可能是其中的某一个方面，这通常是政治哲学家采取的方式，西方政治哲学家就是如此。

为政治观点提供哲学论证而创立某种哲学原理，其结果就会形成具有个性特色的政治哲学体系。柏拉图、亚里士多德、奥古斯丁、托马斯·阿奎那、康德、黑格尔、尼采、海德格尔、萨特等哲学家，在一定意义上可以说就是为了给自己的政治观点提供论证而创立了包含本体论、知识论和价值论的政治哲学体系。比如，康德就是为了给自由提供论证创立了批判哲学，他说："我不得不扬弃知识，以便为信仰腾出地盘。"① 这里所说的"信仰"就是自由。海德格尔则是为了克服人的沉沦使人意识到自己的真实本性（能在）创立了存在论本体论。他对现代文明进行反思得出了这样一种结论：西方自古以来的本体论是一种不彻底的本体论，其根本问题在于，它没有揭示作为一种特殊存在而存在于世界中的人（他称为"此在"）的那种"能在"的本真状态，即人是那种具有各种可能性可供选择的自由主体。由于缺乏这种形而上学的揭示，所以在现实生活中，此在的本真状态被遮蔽，而在现代文明世界，它更湮没于"常人"的控制之下。于是，他呼唤人们警醒，从"沉沦"状态"返回事物本身"，意识到自己的"能在"的本性。② 当然，也有不少政治哲学家并没有为论证政治观点创立包括本体论、知识论和价值论的庞大哲学体系，而只是创立了某个方面的政治哲学体系，如霍布斯、洛克、卢梭、罗尔斯只是创立了社会契约论（大致上属于社会本体论），马基雅维里、边沁只是创立了人性论（大致上属于人类本体论）。西方政治哲学的经验告诉我们，构建个性化政治哲学体系是给政治观点提供论证所必需的，也是实现政治哲学超越和创新的必要条件。

西方政治哲学研究积累了值得借鉴和发扬的丰富经验，但时代、国别以及政治家个人视界、立场和学识等方面的局限，导致西方政治哲学研究也存在着一些重大问题。这些问题是今后政治哲学研究尤其需要克服的。

---

① ［德］康德：《纯粹理性批判》（第2版），载《康德著作全集》第3卷，李秋零译，中国人民大学出版社2004年版，第18页。

② 参见江畅《西方德性思想史》现代卷（上），载《江畅文集》第7卷，人民出版社2022年版，第758—759页。

第一，视野局限于国家，缺乏天下情怀。除少数学派和哲学家（如斯多亚派、康德、哈贝马斯等），西方政治哲学家大多只研究城邦或国家的政治问题，而不研究人类的、世界的政治问题，缺少世界眼光和人类情怀，更没有达到中国政治哲学的那种"亲亲而仁民，仁民而爱物"（《孟子·尽心上》），"民吾同胞，物吾与也"（《西铭》）境界。正因为西方政治哲学只关注本国或西方世界自身的利益，而不顾其他国家或非西方国家的生存和发展，导致了西方国家实践上的重大偏误。比如，美国的世界发展观就是一种霸权独赢发展观，即将美国的利益凌驾于世界各国的发展之上，在确保美国利益的前提下各国可能获得一定的发展空间，也可能完全丧失了发展的空间。而要实现这种发展观，美国就必须向那些难以控制的国家输出"劣质民主"，来瘫痪其政府的行政管理能力。① 对于美国的这种霸权主义行径，美国的实用主义政治哲学是脱不了干系的。

第二，轴心时代以后，不重视政治本然本质的探讨，导致政治哲学屈从于现实。从希腊化时代开始，尤其是近代以来，西方政治哲学家不再着眼于宇宙本体、人类本性和社会本性探讨政治的本性或本然本质。他们或者从既定的政治教条出发为之提供哲学论证，或者只注重从现象、经验出发探讨政治的实然本质，从而为现实政治提供理论基础。奥古斯丁的政治哲学就属于前一种情况。按照罗素的说法，"圣奥古斯丁固定了一直到宗教改革为止的教会神学，以及以后路德与加尔文的大部分教义"②。奥古斯丁研究、宣扬、阐释《圣经》四十余年，总共著述 90 余种、230 余部，此外还有不少书信和布道等短篇作品。所有这些作品都主要是总结和归纳基督教教义的，或者为其提供论证和辩护。至于后一种情形，马基雅维里、自然法学派以至于当代的罗尔斯都是如此。比如，西方多数学者认为，罗尔斯的公正论政治哲学是"对福利国家的资本主义的平等主义分支所做的哲学辩护"③。西方轴心时代

---

① 参见程恩富、方兴起《国外新自由主义思潮影响日趋式微》，《人民论坛》2016年第 3 期。

② [英] 罗素：《西方哲学史》（上卷），何兆武、李约瑟译，商务印书馆 1963 年版，第 413 页。

③ 参见周濂主编《西方政治哲学史》第三卷，中国人民大学出版社 2019 年版，第 245 页。

以后的政治哲学家这样做的结果是,政治哲学丢掉了它应有的规导性,成为为现实政治论证、辩护的工具,变成为现实政治的完善出谋划策的经验性政治理论,其独立性尤其是批判性丧失。

第三,忽视国家的实体和主体性质,国家应有的能动作用没有得到充分阐发。启蒙运动以来的自由主义政治哲学把国家视为"守夜人",不具有独立性和主体性,其职能只是维护社会秩序。"古典自由主义理论的守夜人式的国家,其功能仅限于保护它所有的公民免遭暴力、偷窃、欺骗之害,并强制实行契约等,这种国家看来是再分配的。"① 主张国家不干预社会生活或极为有限的干预,导致了社会贫富、强弱两极分化的严重社会问题,而排除国家应履行的增进社会福利和培育公民德性等职能,其结果是"人人为自己,上帝为大家"的冷酷无情的物化社会。在1929年至1933年的大萧条中,处于支配地位的传统自由主义思潮被国家干预主义思潮取代。但是,国家干预主义并未真正在西方获得主流地位。就美国而言,由于美国国会这个新自由主义(指新古典自由主义)思潮的大本营,往往对美国政府的国家干预主义政策采取某种限制,使国家干预主义未能取代新自由主义的主流地位。②

第四,对西方历来存在的重大政治问题缺乏应有的反思和批判。西方国家在国际关系上历来存在霸权主义、强权政治、对外侵略扩张、恃强凌弱等罪恶行径。整个西方价值观的一个共同特征就是强力主义。"所谓'强力主义'是指凭借自己的综合实力尤其是经济和军事实力对外攻城略地、抢占资源的对外扩张的主张和行径。"③ 强力主义是西方占主导地位的价值观形态的一个共同的实践特征。西方通过侵略扩张建立了很多帝国,如亚历山大帝国、罗马帝国、拜占庭帝国、西班牙帝国、大英帝国等。它们曾经强悍无比,纵横世界,不过,这繁多的帝国最终都走向了覆灭,而且后世再没有崛起。在西方的历史上和现实中,这种强力主义也常常表现为称霸世界的所谓霸权主

---

① [美]罗伯特·诺齐克:《无政府、国家与乌托邦》,何怀宏等译,中国社会科学出版社1991年版,第35页。

② 参见程恩富、方兴起《国外新自由主义思潮影响日趋式微》,《人民论坛》2016年第3期。

③ 江畅:《西方价值观检视》,《武汉科技大学学报》(社会科学版)2020年第4期。

义。西方政治哲学家大多对此熟视无睹,甚至为之提供哲学论证或辩护。尼采说:"强大的意志指挥软弱的意志。除了为意志而意志之外,根本不存在别的什么因果关系。"① 此类表达就很难避免为强权政治提供论证的嫌疑。

---

① [德]尼采:《权力意志——重估一切价值的尝试》,张念东、凌素心译,商务印书馆1991年版,第148页。

第十一章　马恩政治哲学

马克思和恩格斯政治哲学（简称为"马恩政治哲学"）虽然属于西方政治哲学的范畴，但对现代世界政治哲学尤其是对现代中国政治哲学产生了广泛而深远的影响，而且是当代中国特色政治哲学构建的主要理论依据，所以本书专门设立一章概要地阐述马恩政治哲学的形成和发展、基本内涵和总体特征、重点研究和回答的问题、主要贡献、理论和实践价值及重大意义。近些年来，国内政治哲学界大谈马克思政治哲学，而将恩格斯弃之不顾，这是一种非历史主义的态度。马克思和恩格斯的政治哲学是一个整体，不应将它们分开，更不应只谈马克思的政治哲学而不谈恩格斯的政治哲学。为了克服这种偏颇，本书鲜明地将他们两人的政治哲学作为一个整体加以研究和阐述。

马克思在其论著中从未提出和使用过政治哲学概念[①]，但这并不意味着马恩没有政治哲学，历史上许多政治哲学家（如柏拉图、亚里士多德、孔子、老子等）都没有使用过政治哲学概念，但他们有政治哲学是大家公认的。马克思主义实质上是从根本上、总体上研究回答人类政治问题的思想体系，从世界比较公认的学科属性看，当属于政治哲学的范畴，其学科属性类似于中国古代的儒学和西方近现代的自由主义。然而，对于这一点无论是国内还是国外都缺乏应有的共识。就国内而言，我国现在的学科分类中有马克思主义学科，所以许多学者都不认为马克思主义是政治哲学，有些学者即使承认马恩有政治哲学，也认为它不过是马克思主义中的一个部分。就国外而言，虽然一般都承认马恩有政治哲学，但并不认为马恩思想体系就是政治哲学。更有甚者以当代西方政治哲学范式为根据提出："马克思的许多信念和预见都被合情合理地推翻了，而几乎没有人愿意再去捍卫他思想中的僵死内容。特别

[①] 参见段忠桥《政治哲学、马克思政治哲学与唯物史观——与吴晓明教授商榷》，《社会科学辑刊》2020年第4期。

地，很少有分析的马克思主义者愿意去捍卫被称为'历史唯物主义'的马克思的历史理论。"① 历史唯物主义是马恩政治哲学的根基，不去捍卫它，那就意味着丢掉了其根本。

笔者不仅肯定马恩有系统的政治哲学，而且认为马恩的思想体系就是一种政治哲学体系，而通常所说的他们的科学社会主义是其主体内容，他们的哲学、经济学都是其基础，属于马恩政治哲学体系。在此前提下，本章拟对上述马恩政治哲学的一般性问题提出粗浅看法，以求对从总体上把握马恩政治哲学有所助益。

第一节　马恩政治哲学的一般意涵及本体论根基

马恩没有写过以政治哲学命名的著作，但阐述政治哲学的著作十分丰富，其中最为重要的有：《〈黑格尔法哲学批判〉导言》《国民经济学批判大纲》《1844年经济学哲学手稿》《关于费尔巴哈提纲》《德意志意识形态》《共产党宣言》《〈政治经济学批判〉序言》《政治经济学手稿（1857—1858年手稿）》《政治经济学手稿（1861—1863年手稿）》《资本论》《法兰西内战》《哥达纲领批判》《反杜林论》《社会主义从空想到科学的发展》《自然辩证法》《在马克思墓前的讲话》《家庭、私有制和国家的起源》《路德维希·费尔巴哈与德国古典哲学的终结》等。这里，笔者拟以马恩的这些主要著述为依据，对马恩政治哲学的一般意涵及其本体论根基作概要性阐述。

概括地说，马恩政治哲学以唯物史观为主要本体论根基，以全人类彻底解放为现实目标，以从必然王国进入自由王国为社会理想，以每一个个人的全面而自由的发展为社会发展的终极目的，以无产阶级革命和无产阶级为实现现实目标的主要手段，以劳动成为生活的第一需要而各尽所能地为社会作贡献，为实现理想社会的内在动力和基本途径的政治哲学体系。对于这一界定，我们可以作以下进一步的阐述。

马恩政治哲学把人类彻底解放视为共产主义运动的现实目标。近代资产

---

① ［加］威尔·金里卡：《当代政治哲学》，刘莘译，上海译文出版社2015年版，第213页。

阶级为了发展资本主义,以"自由""平等"为旗帜,同封建专制制度进行了坚决的斗争,展开了广泛的思想革命、政治革命和经济革命(包括工业革命和科学技术革命)。通过一系列卓有成效的革命斗争,资产阶级最终战胜了封建主义,使生产力和资本主义获得了极大的发展。所以说,"资产阶级在历史上曾经起过非常革命的作用"①。但是,同资产阶级并肩战斗的无产阶级却仍然处于被奴役和被压迫的境况之中,而当时无产阶级的状况和斗争使马恩看到了资本主义的不合理性,看到了解放无产阶级从而解放全人类的社会发展必然趋势。因此,他们认为只要无产阶级得到解放全人类就会获得彻底解放,于是就以人类解放这种时代需要为己任致力于理论探索。早在《〈黑格尔法哲学批判〉导言》中,马克思就提出,"彻底的革命、普遍的人的解放,不是乌托邦式的梦想"②,主张哲学要把无产阶级当作自己的物质武器,无产阶级也要把哲学当作自己的精神武器。在《1844年经济学哲学手稿》中,马克思第一次以共产主义为出发点和目的,对人类解放问题进行了系统的研究,指出"共产主义是对私有财产即人的自我异化的积极的扬弃,因而是通过人并且为了人而对人的本质的真正占有","是人和自然界之间、人和人之间的矛盾的真正解决"。③《共产党宣言》更明确宣称,"共产党人可以把自己的理论概括为一句话:消灭私有制"④,提出无产阶级只有解放全人类,才能最后解放自己。后来恩格斯在《社会主义从空想到科学的发展》中指出:"完成这一解放世界的事业,是现代无产阶级的历史使命。深入考察这一事业的历史条件以及这一事业的性质本身,从而使负有使命完成这一事业的今天受压迫的阶级认识到自己的行动的条件和性质,这就是无产阶级运动的理论表现即科学社会主义的任务。"⑤ 显然,把人类彻底解放确立为共产主义运动的现实奋斗目标是马恩政治哲学一以贯之的理论主张。

共产主义即自由王国是马恩政治哲学的社会理想。全人类彻底解放是马恩政治哲学的现实追求,而人类获得解放之后从必然王国进入自由王国则是

---

① 《马克思恩格斯选集》第1卷,人民出版社2012年版,第402页。
② 《马克思恩格斯选集》第1卷,人民出版社2012年版,第12页。
③ 《马克思恩格斯文集》第1卷,人民出版社2009年版,第185页。
④ 《马克思恩格斯选集》第1卷,人民出版社2012年版,第414页。
⑤ 《马克思恩格斯选集》第3卷,人民出版社2012年版,第817页。

马恩政治哲学的社会理想,这种自由王国就是共产主义社会,或"自由人联合体"。解放并不意味着自由,真正的自由不是人随心所欲的"任性"(黑格尔语),而是人成为自然、社会和自身的真正主人。对于这一社会理想,马恩也很早就已确立。在《论犹太人问题》中,马克思指出:"任何解放都是使人的世界即各种关系回归于人自身。"[①] 政治解放也是如此,其目的是使人成为独立的个体和法人,并成为人类共同体的平等的自主的成员。在《1844年经济学哲学手稿》中,马克思已经把人的解放与共产主义的实现联系了起来,认为人的解放的过程就是共产主义实现的过程。"这种共产主义,作为完成了的自然主义,等于人道主义,而作为完成了的人道主义,等于自然主义,它是人和自然界之间、人和人之间的矛盾的真正解决,是存在和本质、对象化和自我确证、自由和必然、个体和类之间的斗争的真正解决。它是历史之谜的解答,而且知道自己就是这种解答。"[②] 在《德意志意识形态》中,马恩进一步从克服分工所导致的异化的角度阐述共产主义,把共产主义理解为消灭现存的异化状况的运动。在马恩看来,只要人们还处在自然形成的社会中,只要特殊利益和共同利益之间还有分裂,也就是说,只要分工还不是出于自愿,而是自然形成的,那么人本身的活动对于人来说就成为一种异己的、同他人对立的力量,这种力量压迫着人,而不是人驾驭着这种力量。马恩虽然强调共产主义是消灭现存状况的现实运动,但并不否定前人所创造的一切,而是把它们看作改造的前提。他们指出:"共产主义和所有过去的运动不同的地方在于:它推翻一切旧的生产关系和交往关系的基础,并且第一次自觉地把一切自发形成的前提看做是前人的创造,消除这些前提的自发性,使这些前提受联合起来的个人的支配。因此,建立共产主义实质上具有经济的性质,这就是为这种联合创造各种物质条件,把现存的条件变成联合的条件。"[③] 在马恩看来,到了共产主义的高级阶段,没有民族分隔和对立,公共权力失去了政治性质,随着社会生产的无政府状态的消失,国家的政治权威将会消失,个体生存斗争也就停止了,人在一定意义上,才最终地脱离了动物界,从动物的生存条件进入真正的人的生存条件。"人终于成为自己的社会结合的主

---

① 《马克思恩格斯文集》第1卷,人民出版社2009年版,第46页。
② 《马克思恩格斯文集》第1卷,人民出版社2009年版,第185—186页。
③ 《马克思恩格斯选集》第1卷,人民出版社2012年版,第202页。

人，从而也就成为自然界的主人，成为自身的主人——自由的人。"① 在恩格斯看来，完成这一解放世界的事业，是现代无产阶级的历史使命。马克思分析说，事实上，自由王国只是在必要性和外在目的规定要做的劳动终止的地方才开始，因而按照事物的本性来说，它存在于真正物质生产领域的彼岸。"这个领域始终是一个必然王国。在这个必然王国的彼岸，作为目的本身的人类能力的发挥，真正的自由王国，就开始了。但是，这个自由王国只有建立在必然王国的基础上，才能繁荣起来。"②

每一个个人的全面而自由发展是马恩政治哲学的终极追求。在马恩看来，在没有了阶级和阶级对立后的社会，所有人都是自由的，"代替那存在着阶级和阶级对立的资产阶级旧社会的，将是这样一个联合体，在那里，每个人的自由发展是一切人的自由发展的条件"③，而社会则是一种"以每一个个人的全面而自由的发展为基本原则"④ 的自由人联合体。在共产主义社会，人的自由发展并不是片面的，而是全面的，特别是克服了由分工导致的异化和畸形发展。在马恩看来，在共产主义社会，现在已被机器破坏了的分工，即把一个人变成农民、把另一个人变成鞋匠、把第三个人变为工厂工人、把第四个人变成交易投机者的分工，将完全消失，社会成员可以摆脱旧的社会分工对自己的束缚，按照自己的兴趣行事。"在共产主义社会里，任何人都没有特殊的活动范围，而是都可以在任何部门内发展，社会调节着整个生产，因而使我有可能随着自己的兴趣今天干这事，明天干那事，上午打猎，下午捕鱼，傍晚从事畜牧，晚饭后从事批判，这样就不会使我老是一个猎人、渔夫、牧人或批判者。"⑤ 教育将使年轻人能够很快熟悉整个生产系统，将使他们能够按社会需要或者他们自己的爱好，轮流地从一个生产部门转到另一个生产部门。这样，根据共产主义原则组织起来的社会，将使自己的成员能够全面发挥他们的才能从而得到全面发展。根据共产主义原则组织起来的社会一方面不容许阶级继续存在，同时这个社会的建立本身又为消灭阶级提供了手段，

---

① 《马克思恩格斯选集》第 3 卷，人民出版社 2009 年版，第 817 页。
② 《马克思恩格斯文集》第 7 卷，人民出版社 2009 年版，第 929 页。
③ 《马克思恩格斯选集》第 1 卷，人民出版社 2012 年版，第 422 页。
④ 《马克思恩格斯选集》第 2 卷，人民出版社 2012 年版，第 267 页。
⑤ 《马克思恩格斯选集》第 1 卷，人民出版社 2012 年版，第 165 页。

因此在这里各个不同的阶级也必然消灭。从事农业和工业的将是同一些人，而不是两个不同的阶级，因而城市与乡村的对立也将消失。马克思在《资本论》中设想，在一个自由人联合体中，他们用公共的生产资料进行劳动，并且自觉地把他们许多个人的劳动力当作一个社会劳动力来使用。

马恩政治哲学主要诉求无产阶级革命和无产阶级实现现实目标。马恩充分有力地证明资本主义必然灭亡、共产主义必然胜利，但认为这个必然过程并不是自发的，而是需要先进生产力的代表——无产阶级通过无产阶级革命和无产阶级专政才能实现。以往的理论之所以不能解决历史问题，甚至走向神秘主义，就是因为它们忽视了改变世界的革命实践。马恩认为，无产阶级要解放自己，就必须进行无产阶级革命，通过无产阶级的不断革命达到废除一切私有制的目的，实现共产主义。恩格斯指出，现代工人运动已经被看作现代被压迫阶级即无产阶级的运动，被看作他们反对统治阶级即资产阶级的历史上必然的斗争的或多或少发展了的形式，被看作阶级斗争的形式，而这一阶级斗争和过去一切阶级斗争不同的一点是：现代被压迫阶级即无产阶级如果不同时使整个社会摆脱阶级划分，从而摆脱阶级斗争，就不能争得自身的解放。因此，共产主义现在已经不再意味着凭空设想的一种尽可能完善的社会理想，而是意味着深入理解无产阶级所进行的斗争的性质、条件以及由此产生的一般目的。[①] 马恩告诫德国工人，为了达到自己的最终胜利，他们首先必须自己努力，他们应该认清自己的阶级利益，尽快采取自己独立政党的立场，其战斗口号应该是："不断革命。"[②] 马恩力图使无产阶级相信，他们只有通过革命才能获得解放，才能拥有自己成为主人的新世界。无产者只有废除自己的现存的占有方式，从而废除全部现存的占有方式，才能取得社会生产力。无产阶级没有什么自己的东西必须加以保护，他们必须摧毁至今保护和保障私有财产的一切。"无产者在这个革命中失去的只是锁链。他们获得的将是整个世界。"[③] 马恩认为，无产阶级的革命就是社会主义革命。"这种社会主义就是宣布不断革命，就是无产阶级的阶级专政，这种专政是达到消灭一切阶级差别，达到消灭这些差别所由产生的一切生产关系，达到消灭和

[①] 参见《马克思恩格斯选集》第4卷，人民出版社2012年版，第203页。
[②] 《马克思恩格斯选集》第1卷，人民出版社2012年第3版，第564页。
[③] 《马克思恩格斯选集》第1卷，人民出版社2012年版，第435页。

这些生产关系相适应的一切社会关系,达到改变由这些社会关系产生出来的一切观念的必然的过渡阶段。"① 马恩认为当时无产阶级要通过革命的途径建立自己的政权,但并不否认还有其他途径的可能性,如争取普选权等。

马恩政治哲学相信理想社会实现的动力来自劳动成为生活的第一需要。到了共产主义的高级阶段,社会分工消失,人们自觉地将劳动作为生活的第一需要,尽其所能地为社会作贡献,社会因而生产力高度发达,物质生活富足充裕。在这样的条件下,社会可以按照人们的需要进行劳动产品的分配。"在共产主义社会高级阶段,在迫使个人奴隶般地服从分工的情形已经消失,从而脑力劳动和体力劳动的对立也随之消失之后;在劳动已经不仅仅是谋生的手段,而且本身成了生活的第一需要之后;在随着个人的全面发展,他们的生产力也增长起来,而集体财富的一切源泉都充分涌流之后,——只有在那个时候,才能完全超出资产阶级权利的狭隘眼界,社会才能在自己的旗帜上写上:各尽所能,按需分配!"② 马克思认为,要提高社会生产水平,造就全面发展的人,就要将生产劳动同智育和体育结合起来。"未来教育对所有已满一定年龄的儿童来说,就是生产劳动同智育和体育相结合,它不仅是提高社会生产的一种方法,而且是造就全面发展的人的唯一方法。"③ 在恩格斯看来,私有制废除将产生如下主要结果:"由社会全体成员组成的共同联合体来共同地和有计划地利用生产力;把生产发展到能够满足所有人的需要的规模;结束牺牲一些人的利益来满足另一些人的需要的状况;彻底消灭阶级和阶级对立;通过消除旧的分工,通过产业教育、变换工种、所有人共同享受大家创造出来的福利,通过城乡的融合,使社会全体成员的才能得到全面发展。"④

以实践为基础的唯物史观是马恩政治哲学的本体论根基。马克思对从康德开始到黑格尔那里集大成的德国古典哲学的基本精神实行了革命性变革,他批判并抛弃了这种精神的唯心主义形式,吸取了合理的思想内核,在唯物主义的基础上批判地继承和发展了这种基本精神。马克思认为,实践并不像黑格尔所理解的那样是一种理念,更不是什么绝对精神的体现,而是人们改

---

① 《马克思恩格斯选集》第1卷,人民出版社2012年版,第532页。
② 《马克思恩格斯选集》第3卷,人民出版社2012年版,第364—365页。
③ 《马克思恩格斯选集》第2卷,人民出版社2012年版,第230页。
④ 《马克思恩格斯选集》第1卷,人民出版社2012年版,第308—309页。

造客观世界（包括自然界和社会）的感性物质活动。正是在这种实践活动中，人们能动地认识自然界，认识社会，认识人自身，实现实践和认识的统一，实现思维和存在的转化。在马恩那里，实践是他们哲学思想的基本概念，他们把自己称为"实践的唯物主义者"①。马克思所理解的实践，与德国古典哲学家所理解的实践不同，它不是一种精神性理念，也不只是一种道德实践，而是人类改造世界的感性的物质活动。这种物质性活动不同于动物的生存本能活动，它是自由的自觉活动，而这种自由自觉的活动才是人区别于动物的特性。马克思说："一个种的整体特性、种的类特性就在于生命活动的性质，而自由的有意识的活动恰恰就是人的类特性。"② 在马克思看来，人们首先必须吃、穿、住，必须取得生存的生活必需品，因此人们必须进行生产劳动，改造环境。环境的改变和人的活动是一致的，改造环境的物质活动就是实践。"环境的改变和人的活动或自我改变的一致，只能被看做是并合理地理解为革命的实践。"③ 正是改造环境的实践活动才使人作为改造环境的主体并与被改造的环境作为客体发生分化，"通过实践创造对象世界，改造无机界"④，使自然人化，从而使主体和客体达到统一。就是说，只有人们改造世界的客观活动才是主体和客体统一的基础。人为了改造环境，满足人的需要，就要认识自然，于是就产生了思想、意识。人的思想、意识就是实践主体对客体的反映。所以，"这种历史观（即唯物史观——引者）和唯心主义历史观不同，它不是在每个时代中寻找某种范畴，而是始终站在现实历史的基础上，不是从观念出发来解释实践，而是从物质实践出发来解释各种观念形态"⑤。人的思想是否正确，是否具有真理性，能否成为指导改造世界的思想武器，也要由实践来证明。同时，思想的东西、观念的东西要变为现实，也只能通过实践才能实现。在实践中，人的主体能动性至关重要，这种能动性就在于主体能够能动地认识世界，同时能够能动地改造世界，而这种能动性的根源又在于实践。只有在实践中，人才能发展自己的主体能动性，才能能动地认识世

---

① 《马克思恩格斯选集》第 1 卷，人民出版社 2012 年版，第 155 页。
② 《马克思恩格斯选集》第 1 卷，人民出版社 2012 年版，第 56 页。
③ 《马克思恩格斯选集》第 1 卷，人民出版社 2012 年版，第 134 页。
④ 《马克思恩格斯选集》第 1 卷，人民出版社 2012 年版，第 56 页。
⑤ 《马克思恩格斯选集》第 1 卷，人民出版社 2012 年版，第 172 页。

・政治哲学概论・

界和改造世界，使世界人化，这样人也就获得了自身的自由。而这种自由又在实践中体现为对自然和社会的必然性的能动的认识、利用和改造，如此，人就在实践的基础上达到了必然和自由的统一。

在马恩看来，人的实践不是个人的活动，而是社会历史的活动。这种活动总是在一定的历史条件下以一定的生产方式进行的，生产方式（包括生产力和生产关系）一方面是实践活动的社会条件，另一方面制约着整个社会生活、政治生活和精神生活的过程。在以一定生产方式进行社会生产的过程中，人们一定会发生必然的、不以他们的意志为转移的关系，"这些生产关系的总和构成社会的经济结构，即有法律的和政治的上层建设竖立其上并有一定的社会意识形式与之相适应的现实基础"①。在马恩看来，在实践基础上所发生的生产方式内部的矛盾以及生产关系和上层建筑的矛盾是社会运动发展的动力，"随着经济基础的变更，全部庞大的上层建筑也或慢或快地发生变革"②。这样，马恩就以实践为基础说明了整个社会的结构，揭示了社会发展的规律，从而克服了德国古典哲学用精神性的神秘观念说明社会运动发展的缺陷，建立了唯物史观。"人的根本就是人本身"，"人是人的最高本质"③，要使人成为人，要使人获得自由，就必须推翻那些使人受奴役、受屈辱、把人不当人看的一切关系，包括人与自然的关系和人与社会的关系，使人成为自然和社会的主人。马恩正是从他们以实践为基础的唯物史观得出了如下结论：要使人获得解放，获得自由，也就是要获得自己的真正本质，就必须改变现存的社会关系。

第二节 马恩政治哲学的基本特征

从以上简要阐述可以看出，马恩政治哲学具有理想性与实践性有机统一、人类性与阶级性有机统一、革命性与建设性有机统一、系统性与深刻性有机统一四大基本特征。这些特征充分显示了马恩政治哲学的完整性、正确性和

---

① 《马克思恩格斯选集》第2卷，人民出版社2012年版，第2页。
② 《马克思恩格斯选集》第2卷，人民出版社2012年版，第3页。
③ 《马克思恩格斯选集》第1卷，人民出版社2012年版，第10页。

先进性，是马恩政治哲学不同于历史上任何其他政治哲学的主要标志和个性特色。深刻理解马恩政治哲学的这些基本特征有助于对马恩政治哲学以至于整个马克思主义全面的理解和把握，也是破解"马克思主义为什么行"这一当代中国之问的密钥。

理想性与实践性的有机统一。提出理想社会模式并为之提供论证，从而为社会确立一种终极价值追求，是政治哲学的重要特征。在马恩之前，中西历史上的思想家提出过多种有影响的理想社会模式，如西方有柏拉图的"理想国"、斯多亚派的"世界城邦"、基督教的"新天新地"和"千年王国"、托马斯·莫尔的"乌托邦"、启蒙思想家的"理性王国"等[1]，中国有孔子的"大同"、老子的"小邦（国）寡民"或"安平太"[2]、庄子的"至德之世"[3]等。像历史上的许多政治哲学家一样，马恩把对理想社会的构想作为政治哲学研究的首要任务，但与他们有两个方面的不同，它是理想性与实践性的高度统一，而其理想性又具有先进性，其实践性正在使它变为现实。

其一，马恩的理想社会具有其他所有理想社会模式无可比拟的先进性。从时间上看，马恩构想的理想社会即共产主义社会是人类历史上最后出现的一个理想社会模式，此后无论是西方还是中国几乎再没有产生有影响的理想社会模式。最后出现并不意味着最好，但马恩的理想社会就其内容而言确实是最先进的。这首先体现在它吸取了历史上社会理想中合理的内容。比如，它吸取了斯多亚派的世界城邦思想，在共产主义社会，国家不复存在，"各国人民之间的民族分隔和对立日益消失"[4]，且与中国孔子的大同社会不谋而合；它主张实行生产资料公有制、按需分配的思想来自托马斯·莫尔的乌托邦；它将启蒙思想家理性王国的自由、平等、民主、法治规定性由虚变实，最终落实到社会中每一个个人的全面而自由的发展。正因为兼收并蓄历史上理想社会模式的各家之长，并在此基础上根据现代社会的时代精神和实践要求进行综合创新，马恩的理想社会就超越了历史上所有理想社会模式，成为

---

[1] 参见江畅《西方政治哲学重点关注的八大问题》，《理论月刊》2022年第8期。

[2] 蒋瑜、黎千驹认为老子的政治理想是"安平太"（参见《老子的社会政治理想及治理策略试探》，《武陵学刊》2022年第9期）。

[3] 参见江畅《中国政治哲学重点关注的八大问题》，《湖北社会科学》2023年第2期。

[4] 《马克思恩格斯选集》第1卷，人民出版社2012年版，第419页。

人类历史上最美好的理想社会，可以说就是人间的"新天新地"。马恩理想社会的先进性还体现在，它植根于以大工业生产的生产方式为基础的现代化，是根据人类社会发展的必然规律，尤其是资本主义社会生产力与生关系之间以及与之相应的资产阶级与无产阶级之间不可克服的矛盾所作的对未来社会的预测。它是站在时代和历史的最前沿和制高点，反映和代表了人类社会发展的总趋势，这是历史上任何其他理想社会模式所不能与之相提并论的。更为重要的是，人类社会的现代化远未完成，今天我们还处于与马恩同一个现代化时代，所以他们的理想社会虽然产生于100多年前，但仍然有着鲜活的生命力，可谓之我们时代的"高卢雄鸡"。

其二，马恩的理想社会克服了所有其他理想社会模式的空想性和虚伪性。中西传统社会思想家提供的各种理想社会几乎都是空想，无论是孔子的"大同"、老子的"小国寡民""安平太"，还是柏拉图的"理想国"、斯多亚派的"世界城邦"，基督教的"新天新地"和"千年王国"，都从未在历史上变成过现实，事实已经证明这些理想都是不具有可行性的空想或梦想。中国先秦儒家的思想虽然后来被奉为占统治地位的官方思想，但其大同理想并未成为专权时代社会追求的终极目的，甚至被完全遗忘，直至清朝末年才得到康有为、孙中山的弘扬。西方近代启蒙思想家提出的"理性王国"倒是被西方资产阶级付诸了实践，并成为西方世界的社会现实，但他们所追求的自由平等对于广大的无产阶级而言都是没有可能享受的权利，因而是虚幻缥缈的，"同启蒙学者的华美诺言比起来，由'理性的胜利'建立起来的社会制度和政治制度竟是一幅令人极度失望的讽刺画"[①]。与所有上述理想社会模式不同，马恩提出并论证的理想社会在当代中国正在变成现实，今天中国人已经不再是谈论马克思主义是否行，而是谈论马克思主义为什么行。[②] 更值得注意的是，中国提出并致力于推动构建人类命运共同体，为世界谋大同，得到联合国和越来越多的国家的赞同。可以预测，马恩政治哲学所擘画的共产主义理想社会正在成为越来越多的当代人的共同追求。

人类性与阶级性的有机统一。政治哲学存在着立场问题，即站在什么立场上为哪些人研究和构建政治哲学的问题。在中西政治哲学史上，研究者研

---

① 《马克思恩格斯选集》第3卷，人民出版社2012年版，第779页。
② 参见《马克思主义为什么行？总书记这些话里有答案》，求是网，2021年6月26日。

究政治哲学有四种基本立场：一是站在社会中所有人的立场上，为了维护基本共同体（主要是国家）的所有人的利益研究政治哲学，如中国古代的道家政治哲学（为"小国"的社会成员）、西方近代的自由主义政治哲学（为某一西方国家的所有人）；二是站在社会成员的立场上，为了维护基本共同体内被视为正式成员而不是全体社会成员的利益研究政治哲学，如亚里士多德政治哲学（为城邦的自由民）、基督教政治哲学（为基督教信众）；三是站在社会治理者的立场上，为了维护统治者的利益研究政治哲学，如董仲舒政治哲学（为皇权专制统治者）、罗尔斯政治哲学（为美国统治者）；四是站在全人类的立场上，为了维护全人类的利益研究政治哲学，如马恩的政治哲学。在这四种立场中，唯有全人类立场才真正反映或体现政治本性及其实践要求，因为政治的本性是人民性，追求基本共同体中所有人的幸福。① 马恩政治哲学的立场属于第四种，它与其他政治哲学包括中国先秦儒家的立场存在着两方面的重要区别：一方面，马恩政治哲学具有更明确的全人类立场意识，其目的直指全人类解放和幸福；另一方面，马恩政治哲学根据唯物史观和阶级分析的方法，找到了实现人类解放和幸福的力量——无产阶级，认为共产主义社会要依靠无产阶级构建，强调无产阶级只有解放全人类才能最后解放自己。如此，马恩政治哲学就实现了全人类性与阶级性的有机统一，从而克服了历史上其他所有政治哲学的局限性和偏颇，实现了政治哲学在学术立场上的革命性变革。

中国先秦儒家有明确的天下观念，其政治哲学研究的目的是使天下苍生摆脱苦难，过上幸福生活。孔子在谈到修身时明确指出了修身的目的，其对象范围是不断扩展的：从"修己以敬"到"修己以安人"，再到"修己以安百姓"。（《论语·宪问》）这里的"百姓"可以理解为天下的百姓，也可以理解为他身处的诸侯国的百姓，其范围并不十分明确。孟子谈"亲亲而仁民，仁民而爱物"（《孟子·尽心上》）将仁爱的范围扩大到了全人类乃至万物。《大学》提出"修身、齐家、治国、平天下"以"明明德于天下"，更明确地将政治的范围扩展到了全天下。但是，孔子和孟子以至于当时所有中国人心目中的"天下"大致上指周朝的天下，完全没有地球上不同国家或民族的观念，更没有整个世界的观念。与先秦儒家不同，马恩生活在西方资产阶级

---

① 详见本书第一章第二节。

"开拓了世界市场,使一切国家的生产和消费都成为世界性的"① 时代,他们已经有了明确的由各个国家和民族构成的世界的观念、由各个国家和民族的人民构成的人类的观念,而这是真正意义上的世界和人类。相对于先秦儒家政治哲学关注的"天下",马恩政治哲学关注的"全人类"才为政治哲学确立了真正应关注的终极对象。当然,我们也可以将马恩的"全人类"视为先秦儒家"天下"的现代版本,但必须肯定马恩政治哲学不仅克服了先秦儒家的历史局限性,而且突破了其他所有政治哲学在立场上的阶级偏狭性,终结性地锚定了政治哲学的终极对象范围。

在依靠什么力量来实现天下生民或全人类幸福的问题上,马恩政治哲学与先秦儒家也存在着根本性的区别。先秦儒家认为,实现"天下齐"或"明明德于天下",只能通过不断修身而最终成为圣人的个人。儒家没有明确说明圣王是一位还是多位,但从他们的思想倾向看真正的圣王应是一位,而不是多位。然而,即使是多位也都是个人的力量,更为重要的是,从普通人修身成为圣人难度极大。按照《礼记·礼运》的说法,自尧舜之后,就没有君王是圣人,最杰出的禹、汤、文、武、成王、周公六位中前五位君王充其量不过是贤君(有道德的君王),所构建的社会也只是"天下为家"的"小康",而不是"天下为公"的"大同"。从夏到西周1200多年都没有出现过一个圣王,天下还有可能实现"大同"吗?孟子说"五百年必有王者兴"(《孟子·公孙丑下》),即使五百年能够出现一位圣王,那这五百年中圣王不在位的时间也不会有"大同"社会。儒家政治哲学在实现理想依靠的力量问题上,显然就是马恩所批判的英雄史观。与中国的圣人史观不同,马恩政治哲学确立的群众史观为全人类解放和共产主义实现找到了依靠力量。

早在《神圣家族》之中,马恩就针对以鲍威尔为首的青年黑格尔派信奉的英雄史观指出,"批判的批判什么都没有创造,工人才创造一切"。工人不仅创造物质财富,也创造精神财富,"甚至就以他们的精神创造来说,也会使得整个批判感到羞愧"②。马恩在批判青年黑格尔派的同时阐发了"无产阶级能够而且必须解放自己"的思想,指出:"历史活动是群众的事业,随着历史

---

① 《马克思恩格斯选集》第1卷,人民出版社2012年版,第404页。
② 《马克思恩格斯全集》第2卷,人民出版社1957年版,第22页。

活动的深入，必将是群众的扩大。"① 马恩这里阐述的群众史观在后来的一系列著作中得到了丰富和完善。正是根据这种群众史观，马恩提出，随着大工业的发展，资产阶级无意中造成了自身无力抵抗的工业进步，而且还生产了它自己的掘墓人。"资产阶级不仅锻造了置自身于死地的武器；它还产生了将要运用这种武器的人——现代的工人，即无产者。"② 马恩认为，无产阶级在反对资产阶级的斗争中一定会联合为阶级，他们会通过革命使自己成为统治阶级，并以统治阶级的资格用暴力消灭资本主义生产关系。在马恩看来，无产阶级在消灭旧的生产关系的同时，也就消灭了阶级对立的存在条件，消灭了阶级本身的存在条件，从而消灭了它自己这个阶级的统治，共产主义社会也就到来了。

革命性与建设性有机统一。马恩虽然认为资本主义必然灭亡是不可改变的自然规律，而且认为这些规律本身出现了"以铁的必然性发生作用并且正在实现的趋势"③，但并不认为这个过程是自发的，而是需要先进生产力的代表——无产阶级通过无产阶级革命和无产阶级专政才能实现。在马恩看来，在当前同资产阶级对立的一切阶级中，只有无产阶级才是真正革命的阶级。其余的阶级都随着大工业的发展而日趋没落和灭亡，无产阶级却是大工业本身的产物。无产阶级要解放自己，就必须进行无产阶级革命，通过无产阶级的不断革命达到废除一切私有制的目的，实现共产主义。马恩在《共产主义者同盟中央委员会告同盟书》中告诫德国工人，为了要达到自己的最终胜利，首先必须自己努力：他们应该认清自己的阶级利益，尽快采取自己独立政党的立场，一时一刻也不能因为听信民主派小资产者的花言巧语而动摇对无产阶级政党的独立组织的信念；其战斗口号应该是不断革命。④ 马恩认为，无产阶级的革命就是社会主义革命。"这种社会主义就是宣布不断革命，就是无产阶级的阶级专政，这种专政是达到消灭一切阶级差别，达到消灭这些差别所由产生的一切生产关系，达到消灭和这些生产关系相适应的一切社会关系，

---

① 《马克思恩格斯文集》第 1 卷，人民出版社 2009 年版，第 287 页。
② 《马克思恩格斯选集》第 1 卷，人民出版社 2012 年版，第 406 页。
③ 《马克思恩格斯选集》第 2 卷，人民出版社 2012 年版，第 82 页。
④ 参见《马克思恩格斯选集》第 1 卷，人民出版社 2012 年版，第 564 页。

达到改变由这些社会关系产生出来的一切观念的必然的过渡阶段。"① 马恩指出，工人阶级革命的第一步就是使无产阶级上升为统治阶级，争得民主，但"工人阶级不能简单地掌握现成的国家机器，并运用它来达到自己的目的"②，而必须建立无产阶级专政。

马恩认为，无产阶级进行革命还需要共产党的领导。在他们看来，共产党不是同其他工人政党相对立的特殊政党，他们没有任何同整个无产阶级的利益不同的利益。共产党人的最近目的是使无产阶级形成为阶级，推翻资产阶级的统治，由无产阶级夺取政权，而其最终目的是消灭私有制。"从这个意义上说，共产党人可以把自己的理论概括为一句话：消灭私有制。"③ 废除先前存在的所有制关系，并不是共产主义所独具的特征，共产主义的独具特征是要废除资产阶级的所有制。共产党主张运用暴力的手段达到其目的。"共产党人不屑于隐瞒自己的观点和意图。他们公开宣布：他们的目的只有用暴力推翻全部现存的社会制度才能达到。"④ 同时，共产党人支持一切反对现存的社会制度和政治制度的革命运动，努力争取全世界民主政党之间的团结和协调。为此，马恩号召："全世界无产者，联合起来！"⑤

无产阶级要破坏一个旧世界，更要建设一个新世界，破坏旧世界正是为了建设新世界。按马恩的构想，无产阶级在取得政治统治地位之后，首先要建立民主的国家制度，从而直接或间接地建立无产阶级的统治。同时，无产阶级还要利用自己的政治统治，一步一步地夺取资产阶级的全部资本，把一切生产工具集中在国家即组织成为统治阶级的无产阶级手里，并且尽可能快地增加生产力的总量。在马恩看来，要做到这一点，首先必须对所有权和资产阶级生产关系实行强制性干涉措施，这些措施在经济上似乎是不够充分和无法持续的，但是在运动进程中它们会越出本身，而且作为变革全部生产方式的手段是必不可少的。⑥ 马克思主张实行土地国有化。土地国有化将彻底改

---

① 《马克思恩格斯选集》第1卷，人民出版社2012年版，第532页。
② 《马克思恩格斯选集》第3卷，人民出版社2012年版，第95页。
③ 《马克思恩格斯选集》第1卷，人民出版社2012年版，第414页。
④ 《马克思恩格斯选集》第1卷，人民出版社2012年版，第435页。
⑤ 《马克思恩格斯选集》第1卷，人民出版社2012年版，第435页。
⑥ 参见《马克思恩格斯选集》第1卷，人民出版社2012年版，第421页。

变劳动和资本的关系,并最终消灭工业和农业中的资本主义生产方式。他认为,只有到那时,阶级差别和各种特权才会随着它们赖以存在的经济基础一同消失。靠他人的劳动而生活将成为往事,与社会相对立的政府或国家政权将不复存在。农业、矿业、工业,总之,一切生产部门将用最合理的方式逐渐组织起来。生产资料的全国性集中将成为由自由平等的生产者组成的各联合体所构成的社会的基础,这些生产者将按照共同的合理的计划进行社会劳动。①

马恩在总结法国"巴黎公社"经验的时候,提出了关于无产阶级掌权后应采取的一系列措施。工人阶级一旦取得统治权,首先不能继续运用旧的国家机器来进行管理,其次必须采取措施防止国家和国家机关由社会公仆变为社会主人,最后要把有组织的劳动和集中在垄断者手里的生产资料转变为自由的联合劳动形式和社会的生产资料。② 马恩认为,法国的"巴黎公社"就是这样做的典范。马恩根据巴黎公社的经验特别讨论了无产阶级掌权后如何对待国家的问题。他们认为,对于掌权后的无产阶级来说,国家只不过是一个不得不暂时保留的东西,最终是要让它消亡的,国家的管理职能将由承担社会责任的公仆来履行。在恩格斯看来,国家再好也不过是在争取阶级统治的斗争中获胜的无产阶级所继承下来的一个祸害;胜利了的无产阶级也将同公社一样,不得不立即尽量除去这个祸害的最坏方面,直到在新的自由的社会条件下成长起来的一代有能力把国家这个废物全部抛掉。③ 马克思指出:"政府的压迫力量和统治社会的权威就随着它的纯粹压迫性机构的废除而被摧毁,而政府应执行的合理职能,则不是由凌驾于社会之上的机构,而是由社会本身的承担责任的勤务员来执行。"④ 因此,马恩把国家看作无产阶级夺取政权后需要暂时加以利用的东西,但它最终要退出历史舞台,取而代之的是类似于巴黎公社那样的作为社会公仆的"廉价政府"。

系统性与深刻性有机统一。在马恩之前,西方历史上产生过不少政治哲

---

① 参见《马克思恩格斯选集》第 3 卷,人民出版社 2012 年版,第 178 页。
② 参见江畅《西方德性思想史》近代卷,载《江畅文集》第 6 卷,人民出版社 2022 年版,第 613—614 页。
③ 参见《马克思恩格斯选集》第 3 卷,人民出版社 2012 年版,第 55 页。
④ 《马克思恩格斯选集》第 3 卷,人民出版社 2012 年版,第 168 页。

学体系，在其之后也产生了一些政治哲学体系。在马恩政治哲学产生之前，最有影响的政治哲学有柏拉图、亚里士多德、自由主义者、黑格尔等人或学派的政治哲学，在恩格斯逝世之后最有影响的政治哲学有罗尔斯、桑德尔的政治哲学。这六种最有影响的政治哲学都存在着明显的理论局限或缺陷，它们或者是残缺的（如罗尔斯的政治哲学只关注公正问题）；或者是系统而不深刻的（如自由主义政治哲学缺乏本体论的根基，其社会契约论并不是严格意义上的社会本体论）；或者是虽系统而深刻的，却缺乏全人类立场（如柏拉图的政治哲学站在自由民立场上）。与所有这些政治哲学体系相比较，马恩政治哲学站在全人类立场上实现了系统性和深刻性的有机统一，充分体现了政治真实本性及其实践要求，从而实现了政治哲学的革命性变革和历史性跨越，一直到今天，它虽然得到了丰富发展，但并没有被超越。

  前文已谈到，政治哲学肩负着研究回答政治的本性及其实践要求是什么、社会中所有人如何过上好生活的理想社会及其实现、什么样的政治制度才是合法的、构建社会治理体系及其运行机制的根本理念和基本原则是什么、政治权力的正当性何在等问题，并为现实社会中存在的各种重大现实问题的解决提供对策等主要使命。从政治哲学肩负的这些主要使命来看，上述六种政治哲学各自都存在着局限和缺陷。柏拉图和亚里士多德的政治哲学虽然大量讨论政体问题，并且非常具体地设计了理想社会的图景，但它们都站在自由民（奴隶主）的立场上，不仅忽视了奴隶阶级，也将妇女、儿童排除在社会成员之外。而且，他们把理性视为人的本性，而忽视了人的本性的社会性方面。自由主义政治哲学谋划的以自由、平等、民主和法治为主要规定性的理性王国看起来十分完善，但实践的结果却导致贫富两极分化、社会生活物化、个人原子化等诸多严重的社会问题。事实表明，这种政治哲学在理论设计上就存在着多方面的严重缺陷[①]，其根源在于不可能为作为其理论基础的社会契约论提供合理性论证。黑格尔政治哲学最大的缺陷就是恩格斯所批评的，它

---

  ① 自由主义政治哲学存在着将社会价值目标定位于利益、忽视人与人之间存在的那些不可能完全克服的差异、没有考虑到市场经济本身的偏颇和可能导致的消极后果等设计问题。（参见江畅《西方德性思想史》近代卷，载《江畅文集》第6卷，人民出版社2022年版，第65页）

"只是一种就方法和内容来说唯心主义地倒置过来的唯物主义"①，过分重视认识对自由的意义，而完全忽视了政治主体实践的决定性作用。罗尔斯政治哲学只关注公正问题，对其他许多重大政治哲学问题没有给予关注，如社会成员的普遍幸福问题他就完全没有涉及。他的政治哲学并不是严格意义的政治哲学，而是公正哲学。更为重要的是他的社会契约论不是社会本体论，因而其公正论缺乏坚实的基础。桑德尔政治哲学在主旨上存在着与罗尔斯类似的问题，只不过他重视的不是公正，而是德性，或者说从德性方面理解公正。

与上述政治哲学理论相比较，马恩政治哲学的最大优势在于，它在揭示政治本性及其实践要求的基础上研究回答了政治哲学一系列重大问题，具有系统性和深刻性。马恩政治哲学站在全人类立场上，根据政治的本性及其实践要求，提出"共产主义才是人的本质的现实的生成，是人的本质对人来说的真正的实现"②，把"每一个个人的全面而自由的发展"作为终极政治目的和基本原则③；以解放全人类为奋斗目标，论证以"自由人的联合体"代替国家的历史必然性，主张"一切人，或至少是一个国家的一切公民，或一个社会的一切成员，都应当有平等的政治地位和社会地位"④；把法律看作"人民自由的圣经"⑤，强调用法律保护人民的自由权利；认为"只有在不仅消灭了阶级对立，而且在实际生活中也忘却了这种对立的社会发展阶段上，超越阶级对立和超越对这种对立的回忆的、真正人的道德才成为可能"⑥；把"廉价政府"作为新型社会的治理机构，要求"一切官吏对自己的一切职务活动方面都应当在普通法庭上遵照普通法向每一个公民负责"⑦；指出"平等是正义的表现，是完善的政治制度或社会制度的原则"⑧，"真正的自由和真正的平等只有在公社制度下才能实现……这样的制度是正义所要求的"⑨。马恩政

---

① 《马克思恩格斯选集》第 4 卷，人民出版社 2012 年版，第 233 页。
② 《马克思恩格斯文集》第 1 卷，人民出版社 2009 年版，第 217 页。
③ 《马克思恩格斯选集》第 2 卷，人民出版社 2012 年版，第 267 页。
④ 《马克思恩格斯选集》第 3 卷，人民出版社 2012 年版，第 480 页。
⑤ 《马克思恩格斯全集》第 1 卷，人民出版社 1995 年版，第 176 页。
⑥ 《马克思恩格斯选集》第 3 卷，人民出版社 2012 年版，第 471 页。
⑦ 《马克思恩格斯选集》第 3 卷，人民出版社 2012 年版，第 348 页。
⑧ 《马克思恩格斯文集》第 9 卷，人民出版社 2009 年版，第 352 页。
⑨ 《马克思恩格斯全集》第 3 卷，人民出版社 2002 年版，第 482 页。

治哲学这些主张的直接理论基础是唯物史观，而其根基是人类谋求生存得更好的本性。马恩政治哲学一方面充分肯定人的自为性，将人的活动理解为具有能动性的人的实践，认为人生存的环境是由人改变的，而环境的改变是与人自身的改变、与人的活动一致的，这种一致性"只能被看做是并合理地理解为革命的实践"[1]；另一方面又深刻阐明了人的社会性，提出了"人的本质不是单个人所固有的抽象物，在其现实性上，它是一切社会关系的总和"[2]的著名论断。如此，马恩政治哲学从理论构建上看就真正实现了体系性和深刻性的有机统一、真理性与实践性的有机统一。

第三节 马恩政治哲学的独特贡献

马恩政治哲学是西方哲学史上有史以来最庞大的理论体系，内容极其丰富，对人类的政治哲学、政治实践和政治文化均有很大的贡献。所谓贡献，就人类而言，就是一个主体给他者提供能够满足其需要的价值物。这里说的"主体"可以是个人、组织群体、基本共同体、整个人类，这里说的"他者"指他人、组织群体、基本共同体、整个人类。主体所作的贡献有两种情形：一种是可替代的，即一主体所作的贡献是其他主体也能完成的；另一种不可替代的，即一主体所作的贡献是其他主体无法完成的。我们这里讨论的马恩政治哲学的贡献指的就是它所独有的、特别的、其他政治哲学不可替代的贡献。一般而言，在哲学史上能够留下来的政治哲学所作的贡献都具有独特性，否则就会被历史淘汰，这样的政治哲学无疑是具有深远意义的政治哲学。以"改变世界"为主旨的马恩政治哲学最大的独特贡献在于，它为全人类的彻底解放和普遍幸福指明了方向，提供了宏伟蓝图和实践方案，其影响并不局限于政治哲学，而且已经并还将扩展、渗透到人类的政治实践和政治文明；它在马恩生活的时代就已经产生了广泛影响，到20世纪更是产生了震撼整个世界的影响，可以预见将来会为人类命运共同体和人类共同价值体系的构建提供理论指导和实践遵循。这里从四个方面阐述马恩政治哲学对人类最重要的

---

[1] 《马克思恩格斯选集》第1卷，人民出版社2012年版，第134页。
[2] 《马克思恩格斯选集》第1卷，人民出版社2012年版，第135页。

独特贡献。

第一，构建了以人类彻底解放和普遍幸福为终极目的的政治哲学体系。在西方政治哲学史上，有不少政治哲学体系在历史上和现实中都有相当大的影响，但明确以人类的彻底解放和普遍幸福为终极目的的政治哲学体系首推马恩政治哲学。从西方政治哲学史看，苏格拉底和柏拉图建立了第一个政治哲学体系，柏拉图的学生亚里士多德在继承和批判老师的基础上又建立了一个完整的政治哲学体系，并直接冠名为"政治学"，但这两个政治哲学体系研究的对象都主要是城邦的政体或政制。他们生活在城邦分裂和内乱的时代，其政治哲学研究的主旨是为城邦由乱到治进而达到理想状态提供指导。"为了克服内乱以及支撑内乱的强力理论，柏拉图政治哲学的建构围绕着统一共同体展开"，其目的是"通过哲学力量与政治力量的结合来再造城邦的良好政制"[1]。虽然柏拉图也将城邦的幸福作为政治哲学研究的终极目的，但其范围是城邦，而不是全人类。亚里士多德更为明确地把政治哲学的研究对象规定为政体。他说："我们不仅应当研究什么是最优良的政体，而且要研究什么是可能实现的政体，并同时研究什么是所有的城邦都容易实现的政体。"[2] 需要注意的是，柏拉图和亚里士多德眼中城邦的社会成员仅限于自由民，不包括奴隶、妇女和儿童。斯多亚派克服了柏拉图和亚里士多德的局限，主张建立"世界城邦"，但其视域也仅局限于罗马帝国的地盘，而且也缺乏对世界城邦构建的整体设计，尤其是没有考虑其实现路径和力量，因而不过是一个梦想。近代西方霍布斯、洛克等自由主义者构建了以由有理性的个人构成的"理性王国"为社会理想的政治哲学，而且这种理想王国在西方得到了实现。但是，实践的结果正如恩格斯所指出的，"这个理性的王国不过是资产阶级的理想化的王国"[3]。至于罗尔斯、桑德尔等人的政治哲学主要是为了解决西方尤其是美国的社会政治问题提出的对策性理论体系，不仅没有考虑非西方国家，更没有考虑全人类的福祉问题，只是考虑解决西方社会存在某方面的问题（如

---

[1] 参见刘玮主编《西方政治哲学史》第一卷，中国人民大学出版社2018年版，第79、87页。

[2] ［古希腊］亚里士多德：《政治学》，载苗力田主编《亚里士多德全集》第九卷，中国人民大学出版社1994年版，第119页。

[3] 《马克思恩格斯选集》第3卷，人民出版社2012年版，第776页。

绝对贫困、德性缺失等)。与以上所述以及未提及的西方政治哲学不同,马恩政治哲学是旨在解放无产阶级从而解放全人类进而实现每一个个人全面而自由发展的政治哲学,它实现了西方政治哲学史上的创造性超越。

马恩政治哲学对前人的创造性超越体现在许多方面,最集中的体现就是它旨在为人类彻底解放和普遍幸福提供理论指导。马恩早年的经历使他们看到西方资本主义国家的社会现实与启蒙思想家所宣扬的天堂般的"理性王国"之间的巨大反差,用恩格斯的话说,工人阶级的苦难状况"是我们目前存在的社会灾难最尖锐、最露骨的表现"[1]。马恩对广大被压迫被剥削的苦难民众的无限同情和强烈社会责任感,促使他们深入反思导致这种反差的原因,寻求改变这种严酷现实的出路。他们研究发现,资本主义社会的一切弊端和罪恶都是人全面异化的表现。这种全面异化是人同人相异化、人同自己的类本质相异化、人同自己的活动相异化、人同自己的劳动产品相异化[2],其根源在于资产阶级私有制。

在马恩看来,资产阶级虽然战胜了封建主义,但在封建私有制的基础上建立了资产阶级私有制,而这种新的私有制"就它的无人性和残酷性来说不亚于古代的奴隶制度"[3]。因此,必须消灭一切私有制才能使全人类得到解放。在马恩看来,通过资产阶级革命,西方消灭了第一、二等级,使资产阶级获得了解放,等到无产阶级消灭资产阶级时,无产阶级也就消灭了自身,彻底消灭了阶级。所以,无产阶级在解放自己的同时就能使全人类得到彻底的解放,也就再也没有被压迫被剥削的阶级。马恩注意到,启蒙思想家的"理性王国"只求把人们从封建主义、天主教教会和宗教社会中解放出来,让人们自由地追求自己的利益,其实就是让人们放任自流、随心所欲,其结果就是社会异化、两极分化,给广大劳动人民带来了苦难。针对自由主义政治哲学的这种局限,马恩从理论上提出并论证不仅要消灭私有制,以使人获得充分自由,而且要通过生产关系和社会制度的变革,构建不同于资本主义社会的共产主义社会。这种共产主义社会不仅不像资本主义社会那样"无人性和残酷性",而且是以"每一个个人的全面而自由的发展"

---

[1] 《马克思恩格斯选集》第1卷,人民出版社2012年版,第84页。
[2] 参见《马克思恩格斯选集》第1卷,人民出版社2012年版,第57—58页。
[3] 《马克思恩格斯选集》第1卷,人民出版社2012年版,第19页。

为基本原则的自由人联合体。如此，马恩政治哲学就克服了自由主义政治哲学的阶级局限性和理想蓝图本身的局限性，成为人类走向大同和美好的政治哲学依据。

第二，描绘了具有现实可行性的美好理想社会蓝图。在中西思想史上，有许多人为未来社会提出过理想图景，除了哲学家，也有不少神学家、文艺家等，其中大多是幻想、梦想，很少真正成为人们追求的理想。这些理想图景一般都体现了他们对未来的美好期待，但真正完整系统的并不多。马恩政治哲学给人类提供了一个既十分美好又切实可行的理想蓝图，我们可以从理想图景和可行性两个方面考察马恩政治哲学的贡献。

在中西思想史上，对理想社会作过比较完整描述的主要有孔子的"大同"、托马斯·莫尔的"乌托邦"、柏拉图的"理想国"、自由主义者的"理性王国"。孔子的"大同"理想并不是一种严格意义的理论阐述，而是他针对鲁君失礼产生的对尧舜"大道之行"社会的憧憬，所描绘的确实是一种人性化、人道化、人情化的理想社会图景，所以自古至今都令中国人向往。但是，"大同"只是一种对想象的"现实"的描述，并没有对理想社会进行理论构建，整个方案不仅过于简单，而且是一种圣人之治的人治设计，没有考虑作为社会终极成员的个人的发展问题。柏拉图的"理想国"虽然追求的是"作为整体的城邦所可能得到的最大幸福"[①]，但是这种理想国不仅将奴隶、妇女和儿童排除在社会之外，而且将社会内部也划分为统治者、护卫者和普通劳动者三个等级，三个不同等级的人各安其位、各司其职、各守本位，"整个城邦将得到发展和良好的治理，每一类人都将得到天性赋予他们的那一份幸福"[②]。显然，柏拉图的理想国是等级制的、人治的，理想国由于是参照斯巴达实行军事共产主义管制，也就没有个人自由发展的空间。莫尔的"乌托邦"以公有制为基础、社会成员人人平等、实行按需分配，"每人一无所有，而又每人富裕"[③]，但它只是一个想象中的小海岛，莫尔根本没有想到为整个人类

---

① [古希腊]柏拉图：《国家篇》，载《柏拉图全集》第2卷，王晓朝译，人民出版社2003年版，第390页。

② [古希腊]柏拉图：《国家篇》，载《柏拉图全集》第2卷，王晓朝译，人民出版社2003年版，第391页。

③ [英]托马斯·莫尔：《乌托邦》，戴镏龄译，商务印书馆1982年版，第115页。

社会提供理想图景。自由主义者设计的"理性王国"是一种十分完整的理想社会,他们推崇自由、平等、民主、法治、市场,但认为"人们联合成为国家和置身于政府之下的重大的和主要的目的,是保护他们的财产"①。由于它以私有财产神圣不可侵犯为根本原则,其实践结果导致了如前所述的社会异化和两极分化等问题。与所有这些理想社会方案不同,马恩的共产主义社会是一种完善的"自由人联合体",它以公有制为基础,实行有计划的产品经济,物质文明高度发达,社会成员过上充裕的物质生活,实行按需分配,每一个人都能获得全面而自由的发展,没有阶级对立、城乡差异、民族分隔和对立。人类成为自然、社会和自身的主人,人类从必然王国进入了自由王国。②

　　历史上绝大多数社会理想都是幻想、空想,甚至连梦想都称不上,真正具有可行性的只有少数几个,主要是自由主义者的"理性王国"、罗尔斯的"公正"社会、孔子的天下"大同"。"理性王国"可以说是人类历史上第一个真正变为现实的理想。之所以如此,一个重要原因在于,它是在市场经济经过几百年发展开始成熟时产生,完全顺应了市场经济发展的需要,是自由主义者根据市场经济追求利益最大化的本性将人的本性归结为自私和贪婪,然后根据这种本性来设计它的整个社会方案。霍布斯就是据此将自然权利理解为"每一个人按照自己所愿意的方式运用自己的力量保全自己的天性——也就是保全自己的生命——的自由"③。"理性王国"有人性论依据,顺应了市场经济本性的要求,充分反映了当时新兴的资产阶级的利益和愿望,因此得到了资产阶级的普遍拥护。于是,资产阶级利用自身的强大经济实力通过一系列革命运动使之变成了现实。罗尔斯的社会公正理想的情形很不相同,他的公正论严格来说并不想构想某种社会理想,而不过是想为西方各国已经实行长达几十年的福利主义政策提供哲学论证。早在第一次世界大战之后,凯恩斯主义产生、罗斯福新政出台表明,西方国家已经开始采取给社会成员提供最低生活保障以消灭绝对贫困的政策。所以,如果说罗尔斯的社会公正

---

　　① [英]洛克:《政府论》下篇,叶启芳、瞿菊农译,商务印书馆1964年版,第77页。
　　② 参见《马克思恩格斯选集》第3卷,人民出版社2012年版,第815页。
　　③ [英]霍布斯:《利维坦》,黎思复、黎廷弼译,杨昌裕校,商务印书馆1985年版,第97页。

是一种理想，那不过是将已经成为社会现实的政策上升为社会理想，这种已见诸现实的"理想"显然不存在可行性问题。孔子的"大同"原本是一种托古的幻想，在整个皇权专制时代几乎无人谈及，直到清朝末期康有为才对它加以弘扬，写了《大同书》。但到了今天，中国共产党将马恩的"共产主义"同孔子的"大同"相结合，把为"为世界谋大同"① 作为当代中国的神圣使命，并通过一系列措施使之变为现实。在可行性方面，马恩的社会理想与自由主义者的社会理想一样具有现实可行性。它早在马恩生活的时代就已经开始成为工人运动的奋斗目标，从 20 世纪到今天有不少国家努力将它变为现实。尤其是在当代，正是在追求将共产主义从理想变成现实的过程中，中华民族实现了从站起来、富起来到强起来的历史性飞跃，开辟了一条不同于西方现代化的中国式现代化道路，创造了人类文明的新形态。今天中国还在强力推进构建人类命运共同体，追求世界大同的实现。这一切不仅证明马恩的社会理想具有可行性，而且显现了它的旺盛生命力。

第三，找到了实现理想蓝图的强大社会力量。历史上许多社会理想变成了空想、幻想，除了对理想蓝图的设计有致命性缺陷，重要原因之一是没有找到实现社会理想的社会力量。当然，历史上的社会理想中也不乏仅仅是一些人纯粹的希冀，他们甚至根本没有想到要实现它，莫尔的"乌托邦"就是如此。从那些真诚希望自己设计的社会理想得到实现的思想家的情形看，他们的方案存在着一个共同的缺陷，那就是我们通常所说的英雄史观。英雄史观被认为是唯心史观的一种表现形式，其要害在于颠倒社会存在和社会意识的关系，夸大精神意识的作用，否定历史发展的客观规律；否定物质生产是社会历史的前提基础，进而否定作为物质生产主体的人民群众是历史的创造者；把英雄和群众对立起来，夸大英雄伟人的作用，认为少数杰出人物可以主宰历史。② 在人类历史上，英雄史观十分流行，如朱熹说"天不生仲尼，万古如长夜"；梁启超说"历史者英雄之舞台也，舍英雄几无历史"，"舍豪杰则无世界"，大人物"心理之动进稍易其轨，而全部历史可以改观"；19 世纪英国历史学家托马斯·卡莱尔称伟大人物构成世界历史的灵魂，"世界历史

---

① 《习近平会见联合国秘书长古特雷斯》，《人民日报》2018 年 4 月 9 日。
② 参见周泽之《唯心·客观·辩证三位一体——黑格尔英雄史观解析》，《深圳大学学报》（人文社会科学版）2005 年第 1 期。

就是伟大人物的传记"。① 黑格尔明白地表达了英雄史观,他明确宣称:"人民就是不知道自己需要什么的那一部分人。知道别人需要什么,尤其是知道自在自为的意志即理性需要什么……这恰巧不是人民的事情。"② 在他看来,人民"只是一群无定形的东西","他们的行动完全是自发的、无理性的、野蛮的、恐怖的"。③ 马恩在《神圣家族》中针对黑格尔的英雄史观,尤其是青年黑格尔派认为"在历史活动中重要的不是行动着的群众,不是经验的活动,也不是这一活动的经验的利益,相反,'在这些活动中','重要的'仅仅是'一种思想'"的观点,第一次明确表达了"历史活动是群众的活动"的群众史观立场。④ 正是根据这种立场,马恩找到了实现其理想社会的社会力量——无产阶级。

马恩认为,历史上的自由民和奴隶、贵族和平民、领主和农奴、行会师傅和帮工,一句话,压迫者和被压迫者,始终处于相互对立的地位,进行不断的、有时隐蔽有时公开的斗争。正是阶级斗争使整个社会受到革命的改造,因此,"革命是历史的火车头"⑤。不过,历史上每一次斗争的结局通常是斗争的各阶级同归于尽,从封建社会的灭亡中产生出来的现代资产阶级社会并没有消灭阶级对立,它只是用新的阶级、新的压迫条件、新的斗争代替了旧的。在马恩看来,在当时同资产阶级对立的一切阶级中,只有无产阶级是真正革命的阶级,其余的阶级都随着大工业的发展而日趋没落和灭亡,无产阶级却是大工业本身的产物。"一方面是被本身的生活状况必然引向社会革命的那个阶级即无产阶级的发展,另一方面是生产力的发展,生产力发展到越出资本主义社会范围就必然要把它炸毁,同时生产力提供了为社会进步本身的利益而一举永远消灭阶级差别的手段。"⑥ 马恩告诉无产者,他们只有通过革命才能获得解放,才能拥有自己成为主人的新世界。他们指出,过去一切阶

---

① 参见周泽之《唯心·客观·辩证三位一体——黑格尔英雄史观解析》,《深圳大学学报》(人文社会科学版) 2005 年第 1 期。
② [德] 黑格尔:《法哲学原理》,范扬、张企泰译,商务印书馆 1961 年版,第 319 页。
③ [德] 黑格尔:《法哲学原理》,范扬、张企泰译,商务印书馆 1961 年版,第 323 页。
④ 参见《马克思恩格斯文集》第 1 卷,人民出版社 2009 年版,第 287 页。
⑤ 《马克思恩格斯选集》第 1 卷,人民出版社 2012 年版,第 527 页。
⑥ 《马克思恩格斯选集》第 3 卷,人民出版社 2012 年版,第 256 页。

级在争得统治之后，总是使整个社会服从于它们发财致富的条件，企图以此来巩固它们已经获得的生活地位。过去的一切运动都是少数人的，或者为少数人谋利益的运动，而无产阶级的运动是绝大多数人的、为绝大多数人谋利益的运动。无产阶级作为现代社会的最下层，如果不炸毁构成官方社会的整个上层，就不能抬起头来，挺起胸来。无产者只有废除自己的现存的占有方式，从而废除全部现存的占有方式，才能取得社会生产力。无产者没有什么自己的东西必须加以保护，他们必须摧毁至今保护和保障私有财产的一切。①"无产者在这个革命中失去的只是锁链。他们获得的将是整个世界。"② 从整个人类思想史的角度看，即便是启蒙思想家也缺乏马恩这样一种对新社会构建的社会力量的清楚认识和充分信心。正是在这种理论的指导下，中国共产党领导中国人民翻身得解放，建立人民当家作主的社会主义中国。

第四，从理论和实践的结合上开辟了破坏旧世界建设新世界的可靠路径。历史上一些政治哲学家在提出社会理想的同时也策划了实现社会理想的基本路径，比较典型的有先秦儒家政治哲学、苏格拉底—柏拉图政治哲学、自由主义者政治哲学。先秦儒家思想家对实现理想社会提供了不尽相同的途径。例如，孔子提供的"修己以敬""修己以安人""修己以安百姓"（《论语·宪问》）；孟子主张王道仁政，认为施仁政可以无敌于天下，即所谓"行仁政而王，莫之能御也"（《孟子·公孙丑上》），"夫国君好仁，天下无敌"（《孟子·离娄上》）。但在历史上得到更多公认的还是先秦儒家在《礼记·大学》中提出的"格物致知诚意正心修身齐家治国平天下"主张，而其根本在于修身，但能做到这一点的只有圣人。对于理想社会的实现，先秦儒家诉诸圣人、圣王，而苏格拉底—柏拉图诉诸哲人、哲王。在他们看来，除非哲学家在城邦中当王，或者我们现在称之为王或掌权者的人真正而充分地从事哲学思考，也就是说，除非政治力量和哲学完全协和一致，否则城邦的弊端是不会有尽头的，人类的命运也不会好转。③ 自由主义者则主张通过社会契约组成政府来实现理性王国，其最集中的表达是洛克的社会契约论。他认为，在任何地方，

---

① 参见《马克思恩格斯选集》第1卷，人民出版社2012年版，第411页。
② 《马克思恩格斯选集》第1卷，人民出版社2012年版，第435页。
③ 参见刘玮主编《西方政治哲学史》第一卷，中国人民大学出版社2018年版，第100页。

不论多少人结合成一个社会，他们都放弃其自然法的执行权而把它交给公众，在那里，也只有在那里才有一个政治的或公民的社会。其形成过程是这样的："处在自然状态中的任何数量的人们，进入社会以组成一个民族、一个国家，置于一个有最高统治权的政府之下；不然就是任何人自己加入并参加一个已经成立的政府。这样，他就授权社会，或者授权给社会的立法机关（这和授权给社会的性质一样），根据社会公共福利的要求为他制定法律，而他本人对于这些法律的执行也有（把它们看作自己的判决一样）尽力协助的义务。"① 事实表明，无论是圣人之治还是哲人之治在历史上都未曾实现过，结果大多是君王专制；而社会契约论在西方历史上只有美国建国与"五月花号"帆船上 41 名自由的成年男子制定并签字通过的《五月花号公约》有直接关系之外，其他西方现代国家都并非通过订立契约的方式而是通过资产阶级革命的方式组建的。与上述思想家不同，马恩对于未来社会实现的路径不是停留于理性构想，而主要是根据当时欧洲无产阶级与资产阶级对立和斗争的实际情况提出方案。他们指出，共产主义现在已经不再意味着凭空设想的一种尽可能完善的社会理想，而是意味着深入理解无产阶级所进行的斗争的性质、条件以及由此产生的一般目的。②

在马恩看来，从封建社会的灭亡中产生出来的现代资产阶级社会并没有消灭阶级对立，它只是用新的阶级、新的压迫条件、新的斗争代替了旧的，只不过"它使阶级对立简单化了。整个社会日益分裂为两大敌对的阵营，分裂为两大相互直接对立的阶级：资产阶级和无产阶级"③。马恩认为，无产阶级要解放自己，就必须进行无产阶级革命，通过无产阶级的不断革命达到废除一切私有制的目的，实现社会主义。马恩在《中央委员会告共产主义者同盟书》中告诫德国工人阶级，为了获得自己的最终胜利，他们首先必须自己努力：他们应该认清自己的阶级利益，尽快采取自己独立政党的立场，一时一刻也不能因为听信民主派小资产者的花言巧语而动摇对无产阶级政党的独立组织的信念，其战斗口号应该是"不断革命"④。马恩认为，无产阶级的革

---

① ［英］洛克：《政府论》下篇，叶启芳、瞿菊农译，商务印书馆 1964 年版，第 54 页。
② 参见《马克思恩格斯选集》第 4 卷，人民出版社 2012 年版，第 203 页。
③ 《马克思恩格斯选集》第 1 卷，人民出版社 2012 年版，第 401 页。
④ 参见《马克思恩格斯选集》第 1 卷，人民出版社 2012 年版，第 564 页。

命就是共产主义革命。"这种社会主义就是宣布不断革命,就是无产阶级的阶级专政,这种专政是达到消灭一切阶级差别,达到消灭这些差别所由产生的一切生产关系,达到消灭和这些生产关系相适应的一切社会关系,达到改变由这些社会关系产生出来的一切观念的必然的过渡阶段。"①

通过革命的途径实现共产主义是马恩根据当时欧洲的实际情况提出的,并不否认还有其他途径的可能性。恩格斯早年就说过,《共产党宣言》"早已宣布,争取普选权、争取民主,是战斗的无产阶级的首要任务之一"②。恩格斯在晚年又根据资本主义社会发生的新变化对无产阶级革命斗争的策略作出了新的探索和思考。例如,他称赞德国社会民主党"给了世界各国的同志们一件新的武器——最锐利的武器中的一件武器,向他们表明了应该怎样使用普选权"③;他也非常赞同"法国马克思主义纲领"中所说的"选举权已经被他们……由向来是欺骗的工具变为解放的工具"④。恩格斯还具体列举了选举权对工人阶级的种种好处,并得出了"我们用合法手段却比用不合法手段和用颠覆的办法获得的成就多得多"⑤ 等结论。不过,恩格斯在 1888 年《共产党宣言》英文版序言中仍然强调:"不管最近 25 年来的情况发生了多大的变化,这个《宣言》中所阐述的一般原理整个说来直到现在还是完全正确的。"⑥

马恩关于实现共产主义社会路径的理论的重要贡献有两个方面。一方面,它为当时和后来无产阶级夺取政权指明了现实道路。俄国十月革命就是在马恩这一理论指导下取得成功的,中国新民主主义革命和社会主义革命也是这一理论在中国的成功运用。另一方面,它给人类实现共产主义社会道路的选择以方法论的指导,即不能凭空设想,而要从实际出发,根据社会现实情况作出切实可行的选择。在人类走向世界共同体的过程中,各国都需要根据马恩政治哲学作出符合本国实际的正确选择。

---

① 《马克思恩格斯选集》第 1 卷,人民出版社 2012 年版,第 532 页。
② 《马克思恩格斯选集》第 4 卷,人民出版社 2012 年版,第 389 页。
③ 《马克思恩格斯选集》第 4 卷,人民出版社 2012 年版,第 388 页。
④ 《马克思恩格斯选集》第 4 卷,人民出版社 2012 年版,第 389 页。
⑤ 《马克思恩格斯选集》第 4 卷,人民出版社 2012 年版,第 396 页。
⑥ 《马克思恩格斯选集》第 1 卷,人民出版社 2012 年版,第 386 页。

第四节　马恩政治哲学的独到价值

与古今中外各种政治哲学相比较，马恩政治哲学具有自身独具的不可替代的价值。因为这种价值，它已经给人类政治文明进步、人类迈向彻底解放和普遍幸福作出了独特的贡献；也因为这种价值，它至少在可预见的范围内还会对人类政治文明和社会发展具有重要的规导意义。马恩政治哲学的价值很丰富，具有立体性，包括不同方面、不同层次、不同向度，这里仅仅提出和讨论对当代世界各国政治哲学研究最具有弘扬和借鉴意义的五个方面。

马恩政治哲学给政治哲学提供了唯物史观的本体论基础。中西政治哲学最初几乎都是与本体论一起诞生的，古希腊的主流政治哲学主要是以目的论本体论为基础的，而中国先秦儒道两家的政治哲学则主要是以道德论本体论为基础的。它们的共同特点是着眼于宇宙本体为政治哲学原理提供论证，其基本思路是从宇宙万物的本性或本体（苏格拉底的"善"和儒道两家的"道"）引申出人类的本性，再从人类的本性引申出社会的本性以及政治的本性。这种致思路径的问题在于作为政治哲学根基的宇宙万物本性并不是对宇宙万物本性的揭示，而是对宇宙万物本性的构想，因而其立论的根据后来屡遭质疑。西方近代政治哲学基本上丢弃了古典政治哲学的本体论传统，从假设的自然状态引申出自然权利，进而以保护自然权利为根据建立社会契约论作为政治哲学的根据。显然，作为社会契约论根据的自然状态说和自然权利说不是真正意义上的本体论，因此近代以来西方主流形态的政治哲学事实上没有本体论根基。其消极后果是，政治哲学丧失了应有的以批判精神为前提的规导功能，而沦为为西方现实政治作论证和辩护的工具。[①] 与所有这些政治哲学不同，马恩以唯物史观为根据创立政治哲学，而唯物史观是对人类社会的本然本质和历史的发展规律的揭示。唯物史观认为，人们在社会生产中发生同他们的物质生产力的一定发展阶段相适合的生产关系，其总和构成社会

[①] 政治哲学作为哲学的专门学科，在近代的命运与整个哲学一样政治化（意识形态化（参见江畅《弘扬哲学的本义及其精神：当代中国特色哲学体系构建的前提要件》，《江海学刊》2023年第2期）。

的经济结构，它是构成法律的和政治的上层建筑以及与之相适应的一定的社会意识形式的现实基础；社会的物质生产力发展到一定阶段，便同它们一直在其中运动的现存生产关系或财产关系发生矛盾，于是这些关系便由生产力的发展形式变成生产力的桎梏。那时社会革命的时代就到来了，全部庞大的上层建筑会随着经济基础的变更或慢或快地发生变革。① 唯物史观所阐述的生产力与生产关系、经济基础与上层建筑及意识形态之间的关系是在批判考察人类历史并着眼于人类本性所揭示的社会及其发展的真理。政治哲学的真正使命就在于根据这一社会及其发展的真理揭示政治的本性及其实践要求，从而为社会运行和变革提供理论上的规范和指导。如此，马恩政治哲学就克服了以前思想家以构想的宇宙本体或假设的自然状态为政治哲学根基的局限，为政治哲学提供了坚实的本体论基础。

这里需要指出，我国学界对马恩唯物史观的理解通常主要局限于它的直接含义，即生产力决定生产关系，经济基础决定上层建筑，而忽视了它的隐含含义。这种隐含含义包括两个方面。一是实践观。马恩的实践观早于唯物史观创立，在一定意义上可以说实践观是唯物史观的基础和前提。马恩认为人类历史上发生的社会革命和社会变革都不是自发的、自然的过程，而是阶级斗争的结果，是通过革命实现的。"至今一切社会的历史都是阶级斗争的历史"，而"一切阶级斗争都是政治斗争"②，都是革命实践。在马恩看来，人生存的环境是由人改变的，而环境的改变是与人自身的改变、与人的活动一致的，这种一致性"只能被看做是并合理地理解为革命的实践"。因此，"全部社会生活在本质上是实践的"③。这种实践不仅可以证明人自己思维的真理性，而且可以使以往理论无法解决的历史发展问题得到合理的解决。对于实践的唯物主义者即共产主义者来说，全部问题都在于使现存世界革命化，实际地反对并改变现存的事物。④ 据此，马克思宣称："哲学家们只是用不同的方式解释世界，问题在于改变世界。"⑤ 二是辩证法。恩格斯指出，"辩证法

---

① 参见《马克思恩格斯选集》第 2 卷，人民出版社 2012 年版，第 2—3 页。
② 《马克思恩格斯选集》第 1 卷，人民出版社 2012 年版，第 409 页。
③ 《马克思恩格斯选集》第 1 卷，人民出版社 2012 年版，第 134 页。
④ 参见《马克思恩格斯选集》第 1 卷，人民出版社 2012 年版，第 155 页。
⑤ 《马克思恩格斯选集》第 1 卷，人民出版社 2012 年版，第 136 页。

的规律是从自然界的历史和人类社会的历史中抽象出来的"①，既适用于自然界，也适用于人类社会。他认为，唯物史观把历史看作人类的发展过程，而它的任务就在于发现这个过程的辩证规律，所以"现代唯物主义本质上都是辩证的"②。马恩哲学中的历史辩证法主要是恩格斯阐明的，对历史辩证法的忽视是许多学者轻视恩格斯的重要原因之一。唯物史观是马恩最大的理论贡献，以为唯物史观是马克思一个人的创造而与恩格斯无关或关系不大，必定会导致对恩格斯的轻视。从以上分析可以看出，唯物史观是以实践观为基础、以辩证法为实质内涵的历史观。

马恩政治哲学给政治哲学确立了全人类立场和价值取向。"政治哲学研究者总是站在某一立场上研究政治哲学"③，研究者的立场决定着他们政治哲学的价值取向，即他们立足于谁、为了谁进行政治哲学研究。在历史上，研究政治哲学的思想家有几种基本立场：有些站在社会中所有人的立场上，把社会中所有的人都当人看，政治哲学研究立足并面向他们，中国先秦思想家、西方近代启蒙思想家都是如此；有些站在社会成员的立场上研究政治哲学，这里说的"社会成员"不包括那些不具备成员资格的人，如古希腊社会的奴隶、妇女和儿童，亚里士多德的政治哲学持这种立场；有些站在社会治理者或统治者的立场上，研究政治哲学是为了维护既定的政治统治，这方面比较典型的代表是董仲舒；有些则是站在全人类的立场上，研究政治哲学是为了全人类的解放、自由和幸福，马恩政治哲学就是这样的政治哲学。需要指出的是，先秦时期孔子、老子等的思想家都有天下情怀，也有不少空想社会主义者着眼于全人类提出自己的社会理想，但他们由于时代局限而没有明确的世界意识和全人类意识，还有不少空想社会主义者的理想局限于某个局部，如"乌托邦""太阳城"等。考察中西政治哲学史不难发现，在政治哲学史上，只有马恩政治哲学才是真正站在全人类的立场上，谋求全人类的彻底解放和普遍幸福。马克思曾明确宣称："旧唯物主义的立脚点是市民社会，新唯

---

① 《马克思恩格斯选集》第3卷，人民出版社2012年版，第901页。
② 《马克思恩格斯选集》第3卷，人民出版社2012年版，第795页。
③ 江畅：《政治哲学的立场、意向和方法——以当代中国特色政治构建为视角》，《阅江学刊》2023年第2期。

物主义的立脚点则是人类社会或社会的人类。"① 马恩政治哲学的全人类立场并不是他们宣称的，而是在他们的理论中得到了充分的体现，这一点前文在谈到马恩政治哲学的独特贡献时已充分论及。

问题在于，为什么说站在全人类立场上的马恩政治哲学具有独特的价值呢？从历史的角度看，由于时代局限和阶级局限，历史上不少思想家站在社会中部分人的立场上，虽然难以避免，不可苛求，但是他们的政治哲学是违背人类社会及其治理所需要的政治的人民性的。人类之所以要结成社会是人类的社会本性使然，每一个人都必须在社会中生存，这可以说是人类本性赋予人的自然权利，任何人都没有权利剥夺他人的这种同自己所享有的权利同样的权利。社会原本是人为的、属人的、为人的。② 这里说的"人"指的是所有人，社会应该为其中所有人共建、共治、共享，即孔子的"大道之行也，天下为公"（《礼记·礼运》）。只是人类进入文明社会之后由于私有制及与之相应的私有观念的产生，社会分裂为阶级，那些在经济上占统治地位的阶级"借助于国家而在政治上也成为占统治地位的阶级，因而获得了镇压和剥削被压迫阶级的新手段"③。如果说社会历史发展导致原本为其成员共建、共治和共享的社会成为一部分人统治另一部人的国家，那么，政治哲学的使命就是要使人们认清社会及其治理的人民性本性，并使之得以实现，而不能为社会中一部分人统治另一部分人提供论证和辩护。马恩在他们长期与苦难民众交往的过程中，在启蒙思想的启发下，深刻认识到了社会及其政治的这种真正本性，并站在全人类的立场上创立了为人类解放和幸福提供规导的政治哲学。显然，马恩政治哲学的这种立场是对以往其他政治哲学立场的根本转换，是一切追求政治真理的政治哲学应持有的政治立场。

马恩政治哲学给政治哲学规定了将每一个个人的全面而自由的发展作为政治的终极目的。在中西历史上，所有成体系的政治哲学都会构想并设定一种社会理想，有的还提出人格理想，其中会包含明言或隐含的社会终极目的（也就是政治哲学规定的政治的终极目的）。孔子的"大同"所描述的是社会呈现的美好社会状况，而他自己以及后儒所关心的是人如何通过修身成为真

---

① 《马克思恩格斯选集》第 1 卷，人民出版社 2012 年版，第 136 页。
② 参见江畅《德性论》，载《江畅文集》第 4 卷，人民出版社 2022 年版，第 170 页。
③ 《马克思恩格斯选集》第 4 卷，人民出版社 2012 年版，第 188 页。

正意义上的人，即所谓"修身成人"①。但儒家没有在"大同"与"成人"之间建立联系，给人们指出的成人之道是"内圣外王之道"，但事实上绝大多数人不可能在这条道路上走下去，甚至没有可能走上这条道路。亚里士多德师徒三人认为城邦要达到理想状态，需要公民具有公民德性乃至好人德性，在最优秀的城邦中"某一人或某一家族或许多人在德性方面超过其他一切人"②。但他们的终极目的并不明确，看不出社会追求的终极目的究竟是城邦的幸福还是个人的德性，而且他们重视个人的德性，轻视个人的全面发展和个性发展。洛克明确规定政府是"为了人民的和平、安全和公共福利"③，但自由主义者首推的价值其实是自由，他们把自由看作与生俱来、不可转让、不可剥夺的神圣权利。对此，约翰·密尔说："任何人的行为，只有涉及他人的那部分才须对社会负责。在只涉及本人的那部分，他的独立性在权利上则是绝对的。对于本人自己，对于他自己的身和心，个人乃是最高主权者。"④自由主义者的问题在于没有讲清楚社会的公共福利与个人的自由和发展的关系，以及个人的自由与发展的关系，导致社会由于缺乏应有的理论规导而出现了不少难以克服的严重社会病。从中西历史上几位有代表性、有影响的政治哲学家看，他们在政治的终极目的问题上的观点是含混的、杂乱的，缺乏清醒的意识。正是鉴于西方历史上所有政治哲学在社会政治的终极目的问题上存在的局限和偏颇，马恩为未来社会规定了以每一个个人的全面而自由的发展为基本原则。从马恩政治哲学的本意来看，这一原则其实就是社会应该追求的终极目的。

马克思的这一规定的最重要的意义在于，它体现了人类的本性，也体现了社会的本性和政治的本性。自古以来，关于人类本性或人的本性有种种不同的理解和规定，但有一点是能够得到公认的，即人类本性在于谋求生存得更好。⑤ 这里所说的"生存"指的是人作为一个整体的生存，即生活，涵括

---

① 江畅：《"修身成人"的现代意蕴》，《伦理学研究》2022 年第 4 期。
② ［古希腊］亚里士多德：《政治学》，载苗力田主编《亚里士多德全集》第九卷，中国人民大学出版社 1994 年版，第 116 页。
③ ［英］洛克：《政府论》下篇，叶启芳、瞿菊农译，商务印书馆 1964 年版，第 80 页。
④ ［英］约翰·密尔：《论自由》，程崇华译，商务印书馆 1959 年版，第 11 页。
⑤ 参见江畅《德性论》，载《江畅文集》第 4 卷，人民出版社 2022 年版，第 129 页。

家庭生活、职业生活、个性生活、网络生活等生活的各个方面。"生存得更好"就是人生活的各个方面都好,而且还与时俱进,越来越好。人的全面而自由的发展体现的正是人类本性的这种要求,达到这种要求就是人的幸福状态,这是一种好生活或美好生活。不过,马恩的规定并不是要求所有人在所有方面都一样地发展好,而是尊重个人的自由选择,个人可以而且应该在全面发展的前提下根据自己的愿望和条件有所侧重,从而体现自己好生活的个性。如此,全社会成员的好生活就会呈现多样性和审美性。人的全面而自由的发展,究其实质,就是要求社会努力使人的人性潜能得到尽可能充分的开发和发挥,也意味着使每一个人的生存需要、发展需要(特别是精神需要)和享受需要得到尽可能好的满足。由于人的全面发展包含道德的完善,以道德完善为前提,因而全面而自由的发展要求个人成为道德之人、自由之人和全面发展之人,达到三者的有机统一。因此,一个获得全面而自由的发展的人能通过努力奋斗逐步使其人性闪耀善和美的光辉,人格完善而高尚,个性获得健康而丰富的发展,生活充满乐趣、充满创意和充满魅力。①

马恩政治哲学给政治哲学提出了一系列具有普适性的核心理念和基本原则。考量一种政治哲学价值大小的重要标准之一,是看它给当时和后世留下了多少为人们所普遍认同甚至信奉的核心理念和基本原则。可以说,一种价值哲学这样的理念和原则越多,其价值越大。政治哲学这样,道德哲学亦如此,孔子的道德哲学给后人留下了大量的核心理念(如仁爱、中庸、推己及人、和而不同、见贤思齐、修己等),所以他的思想影响深远。在中西历史上,那些至今仍有影响的政治哲学都有一些核心理念或基本原则流传到后世,但我们稍加梳理就会发现,没有任何一个政治哲学体系像马恩政治哲学那样提供那么多对人类有影响的政治哲学理念。在马恩政治哲学诞生之前,对整个人类现代社会影响最大的是自由主义政治哲学,它形成的过程长,参与其中的思想家很多,给人类提供了很多影响深远的核心理念。其中比较重要的有自由、平等、人权、民主、法治、市场、公正、有限政府八大理念。马恩承认自由主义政治哲学所有这些核心理念在理论上的合理性,但针对它与现实的反差,揭露、批判了其虚伪性。马恩政治哲学的核心理念包括两个部分:一是对自由主义政治哲学的八大理念进行批判性改造,将其融入自己的体系,

---

① 参见江畅《我们需要什么样的幸福观?》,《光明日报》2017 年 1 月 23 日。

可以说是一种批判继承基础上的超越；二是提出了自由主义政治哲学中没有的核心理念，其中最重要的至少有以下九个：人类解放、共产主义、自由发展、全面发展、真正民主、廉价政府、社会公仆、各尽所能、按需分配。这九个理念是马恩政治哲学具有独特价值的贡献。在这九个理念中，有些也与自由主义政治哲学有渊源关系，如自由发展、真正民主、廉价政府，但实行了创造性转化或创新性发展。

马恩政治哲学提供的九大核心理念的独到价值主要在于，它们克服了自由主义政治哲学核心理念的局限和偏颇，而且在此基础上实现了创新性超越。自由发展、真正民主、廉价政府就是对自由主义政治哲学的自由、民主、有限政府的创造性转化和创新性发展。比如，洛克说："所谓自由就是说，我们可以按照自己的选择或意志，有执行或不执行的能力。"① 洛克这里说的自由指的是人的意志自由。洛克的自由观对于西方近代肯定人的自由具有重大时代意义，但这种自由是一种抽象的自由，如果社会条件不允许，这种自由就不能得到实现。马恩则强调人的自由发展，而且强调"每个人的自由发展是一切人的自由发展的条件"②，这样就给每个人的自由提供了社会保障。马恩讲的"真正民主"的实质涵义在于人民当家作主，其关键在于建立"属于人民、由人民掌权的政府"③，显然这种民主可以克服自由主义者代议式民主的财团实际掌控国家权力、"多数暴政"等局限和弊端。"廉价政府"也是对"有限政府"的超越，它们之间的一个显著区别是，后者不过是一个"守夜人"④，而前者要"尽可能快地增加生产力的总量"⑤。人类解放、共产主义、社会公仆、各尽所能、按需分配等核心理念则是马恩创造性提出的，它们更鲜明地体现了马恩政治哲学的人民性。在所有自由主义文献中，我们找不到把无产阶级从资产阶级私有制及其导致的全面异化、两极分化等奴役中解放出来以实现全人类彻底解放的思想；共产主义的基础是

---

① [英]洛克：《人类理解论》，关文运译，商务印书馆1959年版，上册，第218页。
② 《马克思恩格斯选集》第1卷，人民出版社2012年版，第422页。
③ 《马克思恩格斯选集》第3卷，人民出版社2012年版，第107页。
④ 参见[美]罗伯特·诺齐克《无政府、国家与乌托邦》，何怀宏等译，中国社会科学出版社1991年版，第35页。
⑤ 《马克思恩格斯选集》第1卷，人民出版社2012年版，第421页。

生产资料公有制，而自由主义的基本立场是资产阶级的，其主要使命就是为"保护他们的财产"的政府提供合理性论证和辩护；廉价政府是同一切旧国家政权从本质上划清了界限的，可以"防止国家和国家机关由社会公仆变为社会主人"①的真正的人民政府。至于"各尽所能"和"按需分配"，更是马恩为未来社会公正所作的全新谋划，完全超出了自由主义思想家的狭隘眼界和想象。

马恩政治哲学给政治哲学明确了以改变世界为根本使命和实践要求。政治哲学作为哲学的专门学科，和道德哲学一样，虽然比哲学的其他学科更具有实践性，但本质上还是理论学科。在西方历史上，政治哲学家提出的种种政治方案程度不同地影响了政治家的政治设计和政治实践，但是似乎未见有政治哲学家明确宣称政治哲学的使命就是改变世界，也少有政治哲学家直接参与将自己的政治哲学方案转变为现实的实践活动。马恩针对以往哲学的局限在政治哲学史上第一次明确宣称："哲学家们只是用不同的方式解释世界，问题在于改变世界。"②显然，马克思这里不是要哲学家直接参与改变世界的实践活动，而是指出哲学家不能仅仅将自己的学术活动限于对世界作出解释，还要研究如何改变现实世界，尤其是要改变资产阶级对无产阶级的压迫和剥削的现实，从政治哲学的角度为改变世界指明方向、设计方案，为人民群众改变世界提供规导，使无产阶级从而使全人类获得彻底解放和普遍幸福。马恩对哲学和政治哲学提出这种希望和要求，不单纯是要哲学家们改变研究方式和习惯，更是要哲学家们增强社会责任感和学术使命感。在哲学诞生的时代，古典哲学家就根据人类的本然本质和本然位置，以及人类可能作为的空间，探讨人类应有的总体状况和终极目的，构想人生和社会的理想图景及其实现路径，为人类确立追求的目标和遵循的原则。他们的研究实际上就明确了哲学的责任和使命，但在后来的发展中哲学研究日益书斋化，专注学理的研究和理论的构建，不能承担起应有的规导社会实践的作用。③马恩关于哲学应着眼于改变世界展开研究的主张是对古典哲学精神的弘扬，可以大大增强

---

① 《马克思恩格斯选集》第 3 卷，人民出版社 2012 年版，第 55 页。
② 《马克思恩格斯选集》第 1 卷，人民出版社 2012 年版，第 136 页。
③ 参见江畅《弘扬哲学的本义及其精神：当代中国特色哲学体系构建的前提要件》，《江海学刊》2023 年第 2 期。

哲学的社会功能。

第五节　马恩政治哲学的当代意义

马恩政治哲学不是一种在历史上存在过并发生作用的过时理论，而是对于人类走向彻底解放和普遍幸福、对于世界走向大同、对于人类政治文明进步和整个人类进步都具有重大意义的理论。马恩政治哲学是密涅瓦的猫头鹰，又是高卢的雄鸡，能够有效规范和指导政治活动，照亮人类社会不断朝着更加光明的未来的前行之路。关于什么是政治哲学，中西政治哲学史上有种种不同观点。笔者比较赞同列奥·施特劳斯和陈晏清教授的观点。列奥·施特劳斯认为政治哲学"旨在真正了解政治事物的本性以及正当的或好的政治秩序"[1]，陈晏清教授把政治哲学看作"对政治事物的内在本性进行形而上的反思，对政治事物进行善恶好坏之别的价值判断"[2]。根据他们的观点，笔者将政治哲学界定为关于政治本性及其实践要求的哲学专门学科，认为政治哲学需要着重研究和回答政治本性的人民性、政治目的的合理性、政治制度的合法性和政治活动尤其是政治治理的公正性和政治权力的正当性五大基本问题。马恩政治哲学研究和回答了这五大基本问题，这里主要从这五个方面对马恩政治哲学的当代意义加以初步梳理和阐述。

其一，马恩政治哲学的政治本性论，为政治文明进步奠定了牢固的动力基础。政治并不是人类一诞生就出现的，而是人类进入文明社会过程中的产物，那时社会关系日益复杂化要求以公共权力作后盾进行社会治理，于是政治就产生了。但是，一直到轴心时代思想家才开始对政治进行反思和批判，思考什么是政治的问题，中西政治哲学史上从而形成了种种关于政治的理论观点。这些观点看到了政治及其现实本质的某一方面或某一个层次，但并没有揭示政治的真实本性，即使从政治现实发现了政治本质，那也只是政治的实然本质，并非体现政治真实本性的应然本质。马克斯·韦伯说"'政治'意

---

[1]　[美]列奥·施特劳斯：《什么是政治哲学》，李世祥等译，华夏出版社2019年版，第3页。

[2]　陈晏清：《政治哲学的时代使命》，《求是学刊》2006年第3期。

指力求分享权力或力求影响权力的分配"①，就只注意到了政治的权力方面，而没有注意到其他方面，更没有揭示政治的真实本性。马恩没有一般地谈论政治的本性问题，但深刻揭示了政治的真实本性即人民统治和治理社会。

马恩对政治的人民性本性的揭示体现在两个方面。一是在无产阶级革命和无产阶级专政时期政治的主体是无产阶级，政治的目的是无产阶级解放。而他们所说的"无产阶级"就是这个时期的人民。他们认为，"至今一切社会的历史都是阶级斗争的历史"②，而一切阶级斗争都是政治斗争。在资本主义时代，整个社会分裂为资产阶级和无产阶级的直接对立，资产阶级不仅锻造了置自身于死地的强大的生产力，还产生了将要运用这种武器的无产阶级。无产阶级肩负着通过无产阶级革命和无产阶级专政斗争使自身获得解放，从而实现全人类解放的历史使命，其终极目的是建立共产主义新社会。二是在无产阶级夺得政权、争得民主后，全人类都成了政治主体，而政治的终极目的则是使每一个个人获得全面而自由的发展。在马恩看来，当无产阶级消灭了资产阶级时也就"消灭了它自己这个阶级的统治"③，人类进入无阶级的共产主义社会。于是，政治也就回归了它的本性——"属于人民、由人民掌权"④，即由人民统治和治理社会。

轴心时代以来，人类社会的政治越来越受到政治哲学的影响。例如，当政治哲学家把政治的本性理解为国家的权力及其分配时，政治权力问题就会成为政治关注的焦点。马恩政治哲学对政治本性的深刻揭示，其最重要意义在于，它拨开了政治哲学史和政治史上的种种迷雾，以强有力的论证证明全人类——最广义的人民才是真正的政治主体，社会应该由人民统治和治理，而统治和治理社会的终极目的和根本原则就是"每一个个人的全面而自由的发展"。今天，人类的基本共同体从国家走向世界已经成为不可逆转的大趋势⑤，

---

① 转引自［美］艾伦·C·艾萨克《政治学：范围与方法》，郑永年等译，浙江人民出版社1987年版，第21页。
② 《马克思恩格斯选集》第1卷，人民出版社2012年版，第400页。
③ 《马克思恩格斯选集》第1卷，人民出版社2012年版，第422页。
④ 《马克思恩格斯选集》第3卷，人民出版社2012年版，第107页。
⑤ 参见江畅《世界共同体与文明多样性》，《江苏海洋大学学报》（人文社会科学版）2020年第3期。

马恩政治哲学的政治本性论为世界共同体的构建和人类政治文明的未来发展提供了人民是社会主体、人民至上的根本理念和人民当家作主的根本原则。

其二，马恩政治哲学的政治目的论，为人类获得普遍而永久的幸福指明了正确的前进道路。政治是人为事物，人类创造它不是随意的，而是有意识、有目的的。政治是有目的的，但目的是什么，尤其是终极目的是什么，轴心时代以来的思想家各持一端。政治目的有终极目的与非终极目的之分，终极目的指根本性目的和总体性目的，非终极目的指特殊性目的、具体性目的。思想家在政治的特殊性、具体性目的上有不少共识，但在终极目的上存在着分歧，甚至是根本分歧。例如，董仲舒就认为政治的终极目的就是建立天下"大一统"①，即所谓"六合同风，九州共贯也"（《汉书·王吉传》）；柏拉图将"整个城邦幸福"作为建立城邦的终极目的②，也就是作为哲人王统治的终极目的；自由主义者则把"永恒的真理、永恒的正义、基于自然的平等和不可剥夺的人权"③作为资本主义社会的理想，当然也就是把它作为终极政治目的。与历史上所有政治目的论不同，马恩政治哲学把"每一个个人的全面而自由的发展"作为社会的基本原则，实际上也就是把它作为社会和政治的终极目的。对终极政治目的的这种规定不仅充分体现了政治本性、社会本性和人类本性，而且找到了人类终极政治目的的真理，为全人类获得普遍而永久的幸福提供了基本遵循。

人的本性或人类本性在于谋求生存得更好，生存得更好就是要将人性的潜能充分地开发出来，使之形成不断完善的人格，而且还要使开发出来的完善人格得到充分发挥。人类之所以组成社会，就是要使人性潜能得到充分的开发并使开发出的人格得到充分发挥，以使人生幸福，这就是社会的本性之所在。社会需要治理，治理的终极目的就是使社会的本性充分体现出来，而这也就是政治的本性。马恩把"每一个个人的全面而自由的发展"作为社会

---

① 董仲舒的"大一统"概念虽然来自《公羊传·隐公元年》，但与之有根本区别，参见孙磊《〈春秋〉"大一统"与国家秩序建构——以西汉国家治理为中心》，《东南学术》2022年第6期。

② 参见[古希腊]柏拉图《国家篇》，载《柏拉图全集》（修订版）中卷，王晓朝译，人民出版社2018年版，第115页。

③ 《马克思恩格斯选集》第3卷，人民出版社2012年版，第776页。

和政治的终极目的和基本原则，最一般的要求就是要使全人类的每一个个人的人性潜能得到尽可能充分的开发，并使开发出来的潜能得到尽可能充分的发挥。人性的潜能得到充分开发和发挥的根本也就是人的生存需要、发展需要（特别是精神需要）和享受需要得到尽可能好的满足。从这种意义上看，马恩政治哲学所确立的终极目的和基本原则就是使全人类所有人的生存、发展和享受需要得到充分的满足，这就是马恩提出共产主义社会实行"各尽所能，按需分配"①的初衷和希冀。所以，马恩为政治目的确立的终极目的不仅体现了政治本性和社会本性的要求，而且体现了人类本性。在人类正在走向世界共同体、全人类即将成为一个大家庭的时代背景下，"每一个个人的全面而自由的发展"为人类政治的未来构建和发展提供了任何时候都不可违背的根本理念和基本原则。

其三，马恩政治哲学的政治制度论，为社会长治久安贡献了政治哲学智慧。在人类历史上，政治从一诞生开始直至今天都是以国家为载体，政治制度是以国家制度的面目呈现的，并且成为统治者维护统治的主要手段和依据。在轴心时代以前，政治制度往往源自文化传统包括图腾禁忌、风俗习惯、血缘关系等（如中国先秦时代的最重要制度——礼制就是以宗法制的上下尊卑秩序为依据的），也在相当大程度上体现了统治者的意志。尽管统治者努力为政治制度的合法性作论证，但政治制度仍然会遭到统治集团内部的对立势力和民众的质疑。从轴心时代开始，思想家开始致力于为所主张的政治制度的合法性寻求根据。例如，董仲舒就曾以上天为依据为"三纲"提供合法性论证，即所谓"王道之三纲可求于天"（《春秋繁露·基义》）；卢梭认为"法律乃是公意的行为"②，而全体人民作出规定的意志就是公意③；罗尔斯则认为作为民主社会制度首要德性的公正源自原初状态中社会成员在"无知之幕"下达成的共识④。历来的思想家都承认政治制度必须合法才能有效，但对政治制度合法性的根据是什么从未达成共识。马恩政治哲学第一次找到了政治制

---

① 《马克思恩格斯选集》第3卷，人民出版社2012年版，第365页。
② ［法］卢梭：《社会契约论》，何兆武译，商务印书馆1980年版，第51页。
③ 参见［法］卢梭《社会契约论》，何兆武译，商务印书馆1980年版，第50页。
④ 参见［美］约翰·罗尔斯《正义论》，何怀宏等译，中国社会科学出版社1988年版，第131页。

度合法性的真正根据，这就是作为社会全体成员的人民。

在马恩看来，是人民创造国家制度，而不是国家制度创造人民①，因而民主制是一切国家制度的本然本质，任何特殊的国家制度都应体现这种本然本质。民主制是与君主制相对立的，君主制是由君主决定的国家制度，它把人民仅仅看作政治制度的附属物，而民主制度是人民的自我规定，是内容和形式的真正统一。"民主制是内容和形式，君主制似乎只是形式，然而它伪造内容。"② 民主制是实行人民主权的政治形式，在民主制中，不是人为法律而存在，而是法律为人而存在，人的存在就是法律；而在君主制中，不是法律为人而存在，而是人为法律而存在，人是法律规定的存在。所以，"民主制是君主制的真理"③，"民主制是一切形式的国家制度的已经解开的谜"④。马克思反对黑格尔所谓立法权能改变国家制度的观点，指出"立法权并不创立法律，它只披露和表述法律"⑤。既然人民是政治制度的真正创造者，那么人民就应该直接参与立法，这就要求"扩大选举并尽可能普及选举，即扩大并尽可能普及选举权和被选举权"⑥。马克思认为，只有人民才有权决定国家制度，"从而必须使国家制度的实际承担者——人民成为国家制度的原则"⑦。政治哲学家在政治制度合法性根据问题上不能达成共识，也就不能在社会究竟需要什么样的制度问题上达成共识，这是导致今天世界上各国基本制度存在着巨大差异甚至对立的重要原因。

马恩政治制度论一方面在继承启蒙思想家的民主制度思想的基础上强调民主才是实现人民主权的形式，另一方面又创造性地提出全体人民才是民主制的真正创造者，由人民决定国家制度才是国家制度合法性的根据。马恩所理解的人民如前所述是全人类，是世界人民，因此马恩的政治制度论为当代人类命运共同体构建提供了政治制度制定和运用的基本理论依据。

其四，马恩政治哲学的政治活动理论，为人民对社会的统治和治理提供

---

① 参见《马克思恩格斯全集》第3卷，人民出版社2002年版，第40页。
② 《马克思恩格斯全集》第3卷，人民出版社2002年版，第39页。
③ 《马克思恩格斯全集》第3卷，人民出版社2002年版，第39页。
④ 《马克思恩格斯全集》第3卷，人民出版社2002年版，第39页。
⑤ 《马克思恩格斯全集》第3卷，人民出版社2002年版，第74页。
⑥ 《马克思恩格斯全集》第3卷，人民出版社2002年版，第150页。
⑦ 《马克思恩格斯全集》第3卷，人民出版社2002年版，第72页。

了可行的实践方案。政治活动在传统社会是政治统治活动与政治治理活动不作区分的统一政治活动，自西方近代开始，这两种政治活动被分开，公民作为主权者所从事的政治活动属于统治活动的范畴，而公民选举出来的代表组成的社会治理机构作为治权者（通常被称为政府）从事政治治理活动。但是，由于在资本主义社会公民发生严重的两极分化，其结果是那些富有者（资产阶级）控制着选举，公民主权实际上落空，发生了恩格斯所说的那种情形，即国家是"最强大的、在经济上占统治地位的阶级的国家"①。正是鉴于这种情况，马恩主张在资本主义时代，无产阶级要通过暴力革命等途径夺取政权，争得民主，使以作为阶级整体的无产阶级为主体的全体人民成为真正的主权者。更为重要的是，马恩还根据巴黎公社的经验提出实现人民主权的治权形式即"廉价政府"。廉价政府的权力基础是人民主权，它通过普选制获得其治权并通过政务公开化监督其治权的有效运行，它的根本任务是维护公民权利和增进公共利益。以往的国家政权"为了追求自己的特殊利益，从社会的公仆变成了社会的主人"②。马恩的重大贡献在于，将人民确定为社会主人，而将掌握治权的政府视为社会公仆，将以往国家政权颠倒了的社会主人与社会公仆关系重新颠倒过来，并提出了防止社会公仆变为社会主人的控制机制的初步方案。

在政治治理理论上，马恩关于国家的理论尤其值得重视。他们认为，国家无非是一个阶级镇压另一个阶级的机器③，而且在这一点上民主共和国并不亚于君主国。所以恩格斯说："国家再好也不过是在争取阶级统治的斗争中获胜的无产阶级所继承下来的一个祸害；胜利了的无产阶级也将同公社一样，不得不立即尽量除去这个祸害的最坏方面，直到在新的自由的社会条件下成长起来的一代有能力把这国家废物全部抛掉。"④ 显然，马恩已经清晰地预见世界将走向大同，全人类将会成为一家，他们据此告诉人们：代表阶级利益的国家这种政治形式，是完全不适应人类社会发展的总趋势的，必须以新的政治形式或载体来取代它。在他们看来，这种形式就是巴黎公社创造的、适

---

① 《马克思恩格斯选集》第 4 卷，人民出版社 2012 年版，第 188 页。
② 《马克思恩格斯选集》第 3 卷，人民出版社 2012 年版，第 54 页。
③ 列宁称之为"暴力机构"（《列宁选集》第 4 卷，人民出版社 1972 年版，第 31 页）。
④ 《马克思恩格斯选集》第 3 卷，人民出版社 2012 年版，第 55 页。

应整个人类整体的"廉价政府"。

其五，马恩政治哲学的政治权力论，为人民当家作主提供了充分的理论论证。恩格斯认为，政治权力就是公共权力，它是伴随着国家的出现产生的。[1] 公共权力是政治得以存在和发挥作用的凭借，是政治的决定性因素，因而历来受到政治哲学家的高度重视，而其正当性更受到政治家和社会公众的普遍关注。政治权力是政治主体的权力，包括政治主体统治社会的权力（主权）和治理主体治理社会的权力（治权），其正当性问题在于主权者凭什么有权力控制政治对象、治权者凭什么有权力控制社会治理对象。对于这一问题，历史上比较有影响的观点有上天授权说、公民授权说、上帝授权说、人民授权说。在四种观点中，上天授权和上帝授权的论证已经被科学发展否证，而作为公民授权说依据的社会契约论只不过是一种理性假设，只有马恩所主张的人民授权说才真正揭示了公共权力正当性在于人民授权这一真理。

马克思早在《黑格尔法哲学批判》中就针对黑格尔抬高君主主权、贬低人民主权的观点（"任性就是王权""王权就是任性"），根据卢梭的"人民主权"论提出，主权不可能双重存在，"不是君主的主权，就是人民的主权"[2]，其中必定有一个是不真实的。他认为，人民的主权不是从国王的主权中派生出来的，国王的主权却是以人民的主权为基础的，因此国家的主权是属于人民的公共权力，其正当性在于它源自人民。他强调，只有人民才有权决定国家制度，"从而必须使国家制度的实际承担者——人民成为国家制度的原则"[3]。《共产党宣言》中提出"无产阶级用暴力推翻资产阶级而建立自己的统治"[4]，其实就是号召无产阶级要让资产阶级凭借经济实力攫取的公共权力重新回到人民手中。马克思在《法兰西内战》中明确表达了这一点，他肯定巴黎公社"是社会把国家政权重新收回"，"是人民群众把国家政权重新收回"，"是人民群众获得社会解放的政治形式"。[5] 马恩这里所说的"人民"并不是指自由主义者所说的单个的公民，而是以无产阶级为主体的人民整体。

---

[1] 参见《马克思恩格斯选集》第4卷，人民出版社2012年版，第187页。
[2] 《马克思恩格斯全集》第3卷，人民出版社2002年版，第38页。
[3] 《马克思恩格斯全集》第3卷，人民出版社2002年版，第72页。
[4] 《马克思恩格斯选集》第1卷，人民出版社2012年版，第412页。
[5] 《马克思恩格斯选集》第3卷，人民出版社2012年版，第140页。

马恩强调共产党最近的首要目的是"使无产阶级形成为阶级"① 就是证明。马恩的这些论述充分表明,人民才是社会的主体、主人,只有来自人民并由人民掌握的公共权力才具有正当性,任何个人或阶级、集团攫取公共权力,无论他们为自己攫取的权力寻求什么样的理由,都是不正当的。马恩深刻认识到,政治的本性在历史上发生了异化,最典型的表现就是社会为了维护共同的利益而建立的以国家为首的特殊机关"为了追求自身的特殊利益,从社会的公仆变成了社会的主人"②。这种异化正是要通过无产阶级革命和无产阶级专政解决的问题,当然也不排除其他的非暴力途径。

---

① 《马克思恩格斯选集》第 1 卷,人民出版社 2012 年版,第 413 页。
② 《马克思恩格斯选集》第 3 卷,人民出版社 2012 年版,第 54 页。

进一步阅读书目

《周易》，崔波注译，中州古籍出版社 2007 年版。
《尚书》，顾迁注译，中州古籍出版社 2010 年版。
《管子》，姚晓娟、汪银峰注译，中州古籍出版社 2010 年版。
《老子》，李存山注译，中州古籍出版社 2008 年版。
《论语》，齐冲天、齐小乎注译，中州古籍出版社 2008 年版。
《墨子》，高秀昌注译，中州古籍出版社 2008 年版。
《礼记》，李慧玲、吕友仁注译，中州古籍出版社 2010 年版。
《孟子》，宁镇疆注译，中州古籍出版社 2007 年版。
《荀子》，安继民注译，中州古籍出版社 2008 年版。
《韩非子》，李维新等注译，中州古籍出版社 2008 年版。
《庄子》，安继民、高秀昌注译，中州古籍出版社 2008 年版。
（汉）董仲舒撰：《春秋繁露》，叶平注译，中州古籍出版社 2010 年版。
（明）黄宗羲：《明夷待访录》，段志强译注，中华书局 2011 年版。
康有为：《大同书》，姜义华、张荣华编校，中国人民大学出版社 2010 年版。

* * *

［古希腊］柏拉图：《国家篇》《政治家篇》，《柏拉图全集》（增订版）中卷，王晓朝译，人民出版社 2018 年版。

［古希腊］柏拉图：《法篇》，《柏拉图全集》（增订版）下卷，王晓朝译，人民出版社 2018 年版。

［古希腊］亚里士多德：《政治学》，《亚里士多德全集》第九卷，中国人民大学出版社 1994 年版。

［古罗马］奥古斯丁：《上帝之城》，王晓朝译，人民出版社 2006 年版。

《阿奎那政治著作选》，马清槐译，商务印书馆 1963 年版。

［古罗马］西塞罗：《西塞罗文集》（政治学卷），王焕生译，中央编译出版社 2010 年版。

［英］托马斯·莫尔：《乌托邦》，戴镏龄译，商务印书馆 1982 年版。

［意］尼科洛·马基雅维里：《君主论》，潘汉典译，商务印书馆 1985 年版。

［英］霍布斯：《利维坦》，黎思复、黎廷弼译，杨昌裕校，商务印书馆 1985 年版。

［英］洛克：《政府论》下篇，叶启芳、瞿菊农译，商务印书馆 1964 年版。

［法］孟德斯鸠：《论法的精神》上、下卷，许明龙译，商务印书馆 2009 年版。

［法］卢梭：《论人类不平等的起源和基础》，李常山译，东林校，商务印书馆 1962 年版。

［法］卢梭：《社会契约论》，何兆武译，商务印书馆 1980 年版。

［英］约翰·密尔：《论自由》，程崇华译，商务印书馆 1959 年版。

［英］约翰·穆勒：《功利主义》，徐大建译，世纪出版集团/上海人民出版社 2008 年版。

［英］J. S. 密尔：《代议制政府》，汪瑄译，商务印书馆 1982 年版。

［德］康德：《回答这个问题：什么是启蒙？》，载李秋零主编《康德著作全集》第 8 卷，中国人民大学出版社 2010 年版。

［德］康德：《关于一种世界公民观点的普遍历史的理念》，载李秋零主编《康德著作全集》第 8 卷，中国人民大学出版社 2010 年版。

［德］康德：《论永久和平》，载李秋零主编《康德著作全集》第 8 卷，中国人民大学出版社 2010 年版。

［德］黑格尔：《法哲学原理》，范扬、张企泰译，商务印书馆 1961 年版。

［德］黑格尔：《历史哲学》，王造时译，上海书店出版社 2006 年版。

［德］马克思：《〈黑格尔法哲学批判〉导言》《关于费尔巴哈的提纲》，载《马克思恩格斯选集》第 1 卷，人民出版社 2012 年版。

［德］马克思、恩格斯：《共产党宣言》，载《马克思恩格斯选集》第 1 卷，人民出版社 2012 年版。

［德］马克思：《〈政治经济学批判〉序言》，载《马克思恩格斯选集》第2卷，人民出版社2012年版。

［德］马克思：《法兰西内战》《哥达纲领批判》，载《马克思恩格斯选集》第3卷，人民出版社2012年版。

［德］恩格斯：《社会主义从空想到科学》，载《马克思恩格斯选集》第3卷，人民出版社2012年版。

［德］恩格斯：《家庭、私有制和国家的起源》，载《马克思恩格斯选集》第4卷，人民出版社2012年版。

［德］马克斯·韦伯：《新教伦理与资本主义精神》，于晓、陈维纲等译，生活·读书·新知三联书店1987年版。

［法］高宣扬：《当代政治哲学》上、下册，人民出版社2010年版。

［法］托克维尔：《论美国的民主》上、下卷，董果良译，商务印书馆1988年版。

［美］汉娜·阿伦特：《极权主义的起源》，林骧华译，生活·读书·新知三联书店2014年版。

［美］赫伯特·马尔库塞：《单向度的人：发达工业社会意识形态研究》，刘继译，上海译文出版社2008年版。

［英］弗里德里希·冯·哈耶克：《自由秩序原理》上、下，邓正来译，生活·读书·新知三联书店1997年版。

［美］列奥·施特劳斯：《什么是政治哲学》，李世祥等译，华夏出版社2019年版。

［美］列奥·施特劳斯、［美］约瑟夫·克罗波西主编：《政治哲学史》（第3版），李洪润等译，法律出版社2020年版。

［美］约翰·罗尔斯：《正义论》，何怀宏等译，中国社会科学出版社1988年版。

［美］约翰·罗尔斯：《政治哲学史讲义》，杨通进等译，中国社会科学出版社2011年版。

［美］约翰·罗尔斯：《政治自由主义》（增订版），万俊人译，译林出版社2011年版。

［美］约翰·罗尔斯：《作为公平的正义：正义新论》，姚大志译，中国社会科学出版社2011年版。

［美］罗伯特·诺齐克：《无政府、国家与乌托邦》，何怀宏等译，中国社会科学出版社1991年版。

［美］罗纳德·德沃金：《认真对待权利》，信春鹰、吴玉章译，上海三联书店2008年版。

［美］迈克尔·J. 桑德尔：《自由主义与正义的局限》，万俊人等译，译林出版社2001年版。

［英］霍布豪斯：《自由主义》，朱曾汶译，商务印书馆1996年版。

［英］杰弗里·托马斯：《政治哲学导论》，顾肃、刘雪梅译，中国人民大学出版社2006年版。

［英］乔纳森·沃尔夫：《政治哲学导论》，王涛等译，吉林出版集团有限责任公司2009年版。

［英］亚当·斯威夫特：《政治哲学导论》，佘江涛译，江苏人民出版社2008年版。

* * *

陈开先编著：《政治哲学史教程——一种解读人类政治文明传统的新视角》，科学出版社2010年版。

陈晏清等：《政治哲学的当代复兴》，中国社会科学出版社2011年版。

段忠桥：《何为政治哲学》，中国社会科学出版社2018年版。

段忠桥：《理性的反思与正义的追求》，黑龙江大学出版社2007年版。

段忠桥：《为社会主义平等主义辩护——G. A. 科恩的政治哲学追求》，中国社会科学出版社2014年版。

龚群：《中西政治哲学通史·现代美英政治哲学卷》，中国社会科学出版社2025年版。

江畅：《政治哲学：理论与历史》，中国社会科学出版社2024年版。

李佃来：《马克思主义政治哲学的历史阐释与当代建构》，中国人民大学出版社2023年版。

李石：《政治哲学导论》，中国人民大学出版社2022年版。

刘玮：《马基雅维利与现代性：施特劳斯政治现实主义与基督教》，华东师范大学出版社2012年版。

任剑涛：《政治哲学讲演录》，广西师范大学出版社2008年版。

孙中山：《三民主义》，东方出版社 2014 年版。

王立主编：《政治哲学导论》，中国人民大学出版社 2025 年版。

王雨辰：《中西政治哲学通史·西方马克思主义卷》，中国社会科学出版社 2025 年版。

应奇：《当代政治哲学十论》，浙江大学出版社 2021 年版。

应奇主编：《当代政治哲学名著导读》，江苏人民出版社 2018 年版。

张文喜、臧峰宇：《马克思主义政治哲学史》，中国人民大学出版社 2017 年版。

张志伟、韩东晖、干春松总主编：《西方政治哲学史》，中国人民大学出版社 2019 年版。

张志伟、韩东晖、干春松总主编：《中国政治哲学史》，中国人民大学出版社 2019 年版。

姚大志：《当代西方政治哲学》，北京大学出版社 2011 年版。

赵剑英、陈晏清主编：《马克思主义政治哲学：阐释与创新》，社会科学文献出版社 2007 年版。

赵汀阳：《坏世界研究：作为第一哲学的政治哲学》，中国人民大学出版社 2009 年版。

赵汀阳：《天下体系——世界制度哲学导论》，中国人民大学出版社 2011 年版。